Tempo e Narrativa

Paul Ricoeur

Tempo e Narrativa

1. A intriga e a narrativa histórica

Tradução
CLAUDIA BERLINER

Revisão da tradução
MÁRCIA VALÉRIA MARTINEZ DE AGUIAR

Introdução
HÉLIO SALLES GENTIL

Esta obra foi publicada originalmente em francês com o título
TEMPS ET RÉCIT. TOME 1 L'intrigue et le récit historique
por Editions du Seuil, Paris.
Copyright © Editions du Seuil, 1983.
Copyright © 2010, Livraria Martins Fontes Editora Ltda.,
São Paulo, para a presente edição.

« França.Br 2009 » *l'Année de la France au Brésil (21 avril – 15 novembre) est organisée :*
En France : par le Commissariat général français, le Ministère des Affaires étrangères
et européennes, le Ministère de la Culture et de la Communication et Culturesfrance.
Au Brésil : par le Commissariat général brésilien, le Ministère de la Culture et le
Ministère des Relations Extérieures.

"França.Br 2009" Ano da França no Brasil (21 de abril a 15 de novembro) é organizado:
No Brasil: pelo Comissariado geral brasileiro, pelo Ministério da Cultura e pelo
Ministério das Relações Exteriores.
Na França: pelo Comissariado geral francês, pelo Ministério das Relações exteriores e europeias,
pelo Ministério da Cultura e da Comunicação e por Culturesfrance.

1.ª **edição** *2010*
6.ª **tiragem** *2021*

Tradução
CLAUDIA BERLINER

Revisão da tradução
Márcia Valéria Martinez de Aguiar
Acompanhamento editorial
Maria Fernanda Alvares
Luciana Veit
Revisões
Renato da Rocha Carlos, Marisa Rosa Teixeira
e Ana Paula Luccisano
Produção gráfica
Geraldo Alves
Paginação
Studio 3 Desenvolvimento Editorial
Ilustração de capa
Xyno, detalhe de um portão de ferro em Munique. © iStockphoto
Projeto gráfico
Adriana Translatti

Dados Internacionais de Catalogação na Publicação (CIP)
(Câmara Brasileira do Livro, SP, Brasil)

Ricoeur, Paul, 1913-2005.
  Tempo e narrativa / Paul Ricoeur ; tradução Claudia Berliner ; revisão da tradução Márcia Valéria Martinez de Aguiar ; introdução Hélio Salles Gentil. – São Paulo : Editora WMF Martins Fontes, 2010.

  Título original: Temps et récit.
  Conteúdo : 1. A intriga e a narrativa histórica.
  ISBN 978-85-7827-053-7

  1. Narrativa (Retórica) 2. Tempo na literatura 3. Trama (Drama, novela etc.) 4. Mimese na literatura I. Gentil, Hélio Salles. II. Título.

08-10679   CDD-809.923

Índices para catálogo sistemático:
1. Narrativa : Retórica 809.923

Todos os direitos desta edição reservados à
Editora WMF Martins Fontes Ltda.
Rua Prof. Laerte Ramos de Carvalho, 133 01325-030 São Paulo SP Brasil
Tel. (11) 3293-8150 e-mail: info@wmfmartinsfontes.com.br
http://www.wmfmartinsfontes.com.br

PLANO DA OBRA – TEMPO E NARRATIVA

VOLUME 1
A intriga e a narrativa histórica

PRIMEIRA PARTE:
O CÍRCULO ENTRE NARRATIVA
E TEMPORALIDADE

Introdução
Prólogo

1. As aporias da experiência do tempo
2. A composição da intriga
3. Tempo e narrativa

SEGUNDA PARTE
A HISTÓRIA E A NARRATIVA

1. O eclipse da narrativa
2. Teses em defesa da narrativa
3. A intencionalidade histórica

Conclusões

VOLUME 2
A configuração do tempo na narrativa de ficção

TERCEIRA PARTE
A CONFIGURAÇÃO DO TEMPO
NA NARRATIVA DE FICÇÃO

Prefácio

1. As metamorfoses da intriga
2. As imposições semióticas da narratividade
3. Os jogos com o tempo
4. A experiência temporal fictícia

Conclusões

VOLUME 3
O tempo narrado

QUARTA PARTE
O TEMPO NARRADO

Introdução

I. A APORÉTICA DA TEMPORALIDADE
1. Tempo da alma e tempo do mundo: O debate entre Agostinho e Aristóteles
2. Tempo intuitivo ou tempo invisível? Husserl confrontado com Kant
3. Temporalidade, historialidade, intratemporalidade: Heidegger e o conceito "vulgar" de tempo

II. POÉTICA DA NARRATIVA
HISTÓRIA, FICÇÃO, TEMPO

Introdução
1. Entre o tempo vivido e o tempo universal: o tempo histórico
2. A ficção e as variações imaginativas sobre o tempo
3. A realidade do passado histórico
4. Mundo do texto e mundo do leitor
5. O entrecruzamento da história e da ficção
6. Renunciar a Hegel
7. Para uma hermenêutica da consciência histórica

Conclusões
Índices (volumes 1, 2 e 3)

ÍNDICE

Introdução XI
Prólogo 1

PRIMEIRA PARTE
O CÍRCULO ENTRE NARRATIVA E TEMPORALIDADE

1. As aporias da experiência do tempo 13
   O livro XI das Confissões *de Santo Agostinho*
   1. A aporia do ser e do não ser do tempo, 16 – 2. A medida do tempo, 26 – 3. *Intentio* e *distentio*, 32 – 4. O contraste da eternidade, 40

2. A composição da intriga 56
   Uma leitura da Poética *de Aristóteles*
   1. A célula melódica: o par *mímesis-mŷthos*, 58 – 2. A intriga: um modelo de concordância, 68 – 3. A discordância incluída, 75 – 4. O antes e o depois da configuração poética, 81.

3. Tempo e narrativa 93
   A tripla mímesis
   1. *Mímesis* I 96
   2. *Mímesis* II 112
   3. *Mímesis* III 122
      1. O círculo da *mímesis*, 124 – 2. Configuração, refiguração e leitura, 130 – 3. Narratividade e referência, 132 – 4. O tempo narrado, 140.

SEGUNDA PARTE
A HISTÓRIA E A NARRATIVA

1. O eclipse da narrativa 157
   1. O eclipse do acontecimento na historiografia francesa, 159 – 2. O eclipse da compreensão: o modelo "nomológico" na filosofia analítica de língua inglesa, 185.

2. Teses em defesa da narrativa 201
   1. *A desagregação do modelo nomológico* 201
      1. Uma explicação sem legalidade: William Dray, 201 – 2. A explicação histórica segundo Georg Henrik von Wright, 218.
   2. *Argumentos "narrativistas"* 237
      1. A "frase narrativa" segundo Arthur Danto, 238 – 2. Acompanhar uma história, 247 – 3. O ato configurante, 257 – 4. A explicação por composição da intriga, 267 – 5. "Como se escreve a história", 281.

3. A intencionalidade histórica 290
   1. A imputação causal singular, 301 – 2. As entidades de primeira ordem da historiografia, 317 – 3. Tempo da história e destino do acontecimento, 339.

Conclusões 373

Em memória de
Henri-Irénée Marrou

INTRODUÇÃO

Talvez o mais difícil nesta introdução seja evitar os adjetivos superlativos, a exaltação, o entusiasmo. É uma obra que merece ser enaltecida. É um empreendimento de grande fôlego, realizado com a determinação e o rigor que caracterizam o trabalho de pensamento de Paul Ricoeur, colocando em diálogo os mais diferentes autores, respeitando-lhes o trabalho e extraindo deles o mais relevante ao desenvolvimento de sua própria investigação. Do cuidado na leitura minuciosa, no acompanhamento desses pensamentos alheios, que parece muitas vezes ao leitor desatento um mero repassar de ideias alheias, extrai Ricoeur uma novidade, faz ver um aspecto do problema antes não pensado, faz avançar a investigação numa direção por vezes inusitada, promovendo uma articulação onde antes só parecia haver disjunção, fazendo uma aproximação onde antes só parecia ser possível o distanciamento.

É assim que começa o empreendimento, aproximando a conhecida meditação de Agostinho sobre o tempo no Livro XI das *Confissões* da também clássica meditação de Aristóteles sobre a tragédia na *Poética*, sem negar as distâncias entre elas, tomando para si a responsabilidade da articulação. A tese fundamental, fundadora do empreendimento, é forte: é a narrativa que torna acessível a experiência humana do tempo, o tempo só se torna humano através da narrativa. À força dessa tese correspondem as forças mobilizadas ao longo da obra para seu exame e sustentação: o porte dos autores trazidos ao debate, o rigor na apresentação e exame de suas contribuições, o trabalho de pensamento realizado com cada um deles e com a articulação entre eles, a sustentação da perspectiva do todo no horizonte de cada análise particular, a travessia de diferentes áreas do saber sem deixar de reconhecer o território de cada uma e sem perder de vista o norte orientador, sem sair da trilha, ou melhor, aceitando os desvios, mas para melhor compreender e aproveitar o território percorrido no esclarecimento da questão proposta.

Uma obra central em muitos sentidos. Em primeiro lugar, na própria cronologia das obras de Ricoeur, considerando-se que foi publicada originalmente em 1981-83, a meio caminho entre sua primeira grande obra, *Philosophie de la volonté I: le volontaire et l'involontaire*, publicada entre 1950, e a última, *Parcours de la Reconnaissance*, publicada em 2004. Trabalhador infatigável, o volume de sua produção é espantoso! Ao lado das obras maiores, sistemáticas, dedicadas por inteiro a um problema específico, Ricoeur publicou simultaneamente uma infinidade de ensaios em numerosas revistas – com destaque para sua longa colaboração com a *Esprit* de E. Mounier e a *Revue de Métaphysique et de Morale* de Louvain – ensaios em parte recolhidos posteriormente em coletâneas: *Histoire et Vérité* (1955, 2.ª ed. ampliada em 1964), *Le Conflit des Interprétations: essais d'herméneutique* (1969), *Du text à l'action: essais d'herméneutique II* (1986), *A l'école de la phénoménologie* (1986), *Lectures 1, 2 e 3* (1991, 1992 e 1994), *Le Juste I e II* (1995 e 2001).

Mais especificamente, no contexto das "grandes" obras, vem depois de *La Métaphore vive*, publicada em 1975 e antes de *Soi-même comme un autre*, publicada em 1990. Pode-se dizer que *Tempo e narrativa* faz a ponte entre os estudos sobre a linguagem e os estudos sobre a ação, desde que se reconheça que os temas não permaneceram assim estanques e não podem ser fixados em um só período de sua produção, sendo tal nomeação mais uma questão de ênfase, de foco principal. De certa maneira, embora ele afirme em *La Critique et la Conviction* não ter desenvolvido "uma filosofia", tendo sempre trabalhado com problemas específicos que lhe provocavam a reflexão, pode-se reconhecer que há não só uma coerência em sua trajetória, mas também algumas preocupações que a atravessam de uma ponta a outra. Trata-se talvez do que antigamente se nomeava como "antropologia filosófica", uma reflexão que procura compreender o homem que age no mundo e avalia eticamente suas ações, construindo esse mundo por sua ação e por sua palavra, apropriando-se dessas suas ações e construções pela reflexão.

O ensaio intitulado "Existence e hermenéutique", que abre a coletânea *Le Conflit des Interprétations*, pode ser lido como o esclarecimento de uma posição filosófica e mesmo de um projeto de investigação que, à luz da obra realizada posteriormente, revela-se tão surpreendentemente levado a cabo. Se o projeto esboçado em *Philosophie de la volonté I* foi considerado por ele mesmo como pretensioso demais e não realizado, esse outro projeto não definido como tal parece ter sido muito bem sucedido em seu desenvolvimento e, de certo modo, plenamente realizado. É assim que, situada da perspectiva desse programa de elucidação da experiência humana através das mediações da linguagem e dos símbolos, a obra *Tempo e narrativa* revela-se a passagem-chave das investigações sobre a linguagem à investigação do sujeito de ação, essa passagem tão bem nomeada no título da coletânea de ensaios publicada logo depois: *Du texte à l'action*.

Daquela aproximação a que nos referimos antes entre obras tão díspares quanto a *Poética* de Aristóteles e as *Confissões* de Agostinho nasce a formulação de uma noção de *mímesis* tão esclarecedora quanto talvez ainda pouco aproveitada. O seu desdobramento da *mímesis* em três momentos parece tornar bem compreensível, por exemplo, o importante "círculo hermenêutico". Também auxilia a compreender a linguagem em seu dinamismo criador, de uma maneira que sintetiza admiravelmente os estudos anteriores e abre caminho para os que se seguem, elucidando tanto seu pertencimento à história quanto sua capacidade de produzir sentido e conhecimento. As obras de linguagem, em particular as narrativas, revelam-se mediadoras entre um ponto de partida e um ponto de chegada, entre uma determinada configuração do mundo e outra. É nessa mediação que as narrativas produzem um conhecimento do mundo e, ao mesmo tempo, participam de sua configuração, em particular de sua dimensão temporal. O trabalho da imaginação na produção das obras de linguagem e o dinamismo que constitui uma determinada tradição cultural, combinando os movimentos de inovação e sedimentação, também ganham enorme esclarecimento. Os ensaios recolhidos em *Du text à l'action* complementam e desenvolvem o que se estabelece aqui, nesta primeira parte de *Tempo e narrativa*, os três capítulos iniciais que constroem, de modo admirável, a base para o que se segue.

O paradigma de narrativa que aí se constrói em termos do *mŷthos* (enredo, trama, intriga) da tragédia extraído da *Poética* de Aristóteles, como um "tecer da intriga", ampliado e aprofundado para além da forma tragédia, será então colocado à prova e desenvolvido em dois novos territórios, o da historiografia e o da narrativa de ficção. Assim, na segunda parte da obra, em contraposição à radicalização do modelo nomológico da história, Ricoeur sustentará o caráter inultrapassável de seu enraizamento na narrativa. Não se trata de defender a substituição do primeiro por uma história simplesmente narrativa, mas de discernir o lugar próprio da história entre as ciências e suas "condições de inteligibilidade", reconhecendo "o pertencimento da historiografia ao campo narrativo". Isso significa elucidar o seu vínculo essencial com a "competência de base que temos de seguir uma história", fazendo a "inscrição da historiografia no grande círculo mimético descrito na primeira parte", embora deixando para a última parte da obra a elucidação da maneira pela qual a história se insere na ação e na vida.

Como ele mesmo pede ao leitor em alguns momentos, é preciso paciência para percorrer sua obra com proveito. A "via longa" das mediações, com que distingue sua hermenêutica da "via curta" do acesso direto ao ser explorada por Heidegger, é realmente longa. Por isso as três seções dedicadas à história na segunda parte da obra constituem, em suas palavras, apenas "uma análise preparatória em relação à questão central do tempo e da narrativa". Ele considera necessário elucidar as relações entre "explicação histórica" e "compreensão narrativa", passando pelo exame cuidadoso das teorias nomológica e narrativista da história. Acompanha o movimento interno de cada uma das perspectivas, para revelar tanto suas possibilidades quanto seus próprios limites, antes de concluir de forma bem sustentada por aquela relação inevitável, ainda que indireta, entre historiografia e narração. Assim ele passa pela epistemologia sem perder de vista o horizonte ontológico de todo o empreendimento. A reflexão sobre a historiografia e seus modelos extremos só revelará todo seu alcance ao ser cruzada com a reflexão sobre as narrativas de ficção, já que é em conjunto que, afirma ele, narrativa histórica e narrativa de ficção refiguram o tempo. Como o leitor perceberá, *configuração, prefiguração* e *refiguração* são noções apresentadas e esclarecidas logo na formulação da *mímesis* em três momentos, embora venham a ganhar mais substância e densidade com o desenvolvimento da obra.

Se essa via longa exige do leitor, além de paciência, trabalho de pensamento para percorrer junto com Ricoeur muitas outras teorias, é justamente ela que lhe permite fazer bom uso das conquistas das disciplinas metódicas das ciências humanas ou sociais, reconhecendo sua contribuição. Ele evita opor simplesmente à verdade metódica das ciências uma outra verdade da experiência que não seria acessível àqueles métodos. Ricoeur procura desenvolver, ao longo de toda sua trajetória, um diálogo entre filosofia e ciência que não faz da primeira um mero apêndice da segunda nem da segunda um campo alheio à reflexão filosófica. Ele reconhecerá nas ciências da linguagem um modelo de explicação que não deve nada ao modelo bem sucedido das ciências da natureza e que pode ser bem aproveitado na reflexão filosófica, não como modelo geral de explicação, mas como um momento significativo de qualquer investigação, momento de *explicação* que permitirá à reflexão filosófica hermenêutica uma objetividade própria. A construção e o exercício de uma dialética entre explicação e compreensão como constitutiva do trabalho de interpretação é uma das conquistas da hermenêutica de Paul Ricoeur, elaborada a partir do foco na noção de *texto* como discurso escrito e expressa com clareza tanto nas conferências reunidas em *Interpretation Theory: Dis-*

course and the Surplus of Meaning como nos ensaios de *Du text à l'action*.

Assim, na terceira parte, dedicada às narrativas de ficção, Ricoeur parte da pergunta pelas possíveis transformações daquele paradigma de configuração narrativa estabelecido no início. Procura incorporar toda a riqueza dos estudos contemporâneos da estrutura das narrativas, desde as análises específicas do conto popular russo feitas por Vladímir Propp até a teoria mais geral da semiótica de Greimas, sem esquecer outras perspectivas menos conhecidas. Reconhece nesses trabalhos um aprofundamento significativo na compreensão das estruturas narrativas, uma elucidação de sua lógica interna que deve ser aproveitada. Mas simultaneamente identifica, no recorte que torna possível tais análises – o isolamento do texto de seu contexto, sua retirada do movimento de comunicação e de relação com o mundo –, uma implicação de alto custo. Trata-se do que ele nomeia como "descronologização", que acontece mesmo quando essas análises incluem os elementos temporais próprios à língua como sistema. É uma desconsideração das dimensões temporais próprias às narrativas enquanto discursos, dimensões que só são plenamente inteligíveis pela consideração de sua inserção na história dos homens da qual fazem parte.

Ricoeur destacará dessas análises os jogos com o tempo que a linguagem permite, de modo geral no uso dos tempos verbais na enunciação. De modo específico, nas narrativas, esses jogos ganham novas possibilidades pela existência de uma diferença básica entre o tempo do narrar e o tempo do narrado. São múltiplas as possibilidades de variação pela colocação da voz narrativa em diferentes posições temporais em relação aos acontecimentos que narra e em relação aos personagens dos quais narra a história, possibilidades amplamente exploradas pelas narrativas de ficção, particularmente pela forma própria da modernidade, o romance. Essas narrativas, justamente por se constituírem como "ficção", descoladas da pretensão de fazer referência imediata à realidade circundante como um discurso descritivo, tornam-se espaço privilegiado para exercícios de experimentação, as "variações imaginativas da experiência temporal". Além de trazerem à linguagem dimensões dessa experiência temporal que permaneceriam inacessíveis de outro modo, são exemplares do modo como as narrativas em geral configuram o tempo. A leitura que Ricoeur empreende dos romances de Thomas Mann, Virginia Woolf e Marcel Proust não só demonstra com clareza sua tese como também abre as portas para o estudo de outras dimensões da experiência humana do mundo trazidas à linguagem pelas narrativas e por outras formas de construção linguística. Ainda que as narrativas sejam, de sua perspectiva, as formas privilegiadas dessa configuração do tempo, Ricoeur reconhece que ele também pode ser configurado por outras formas, como a do poema lírico. É importante destacar como esse movimento do *trazer à linguagem* a experiência humana do mundo é significativo para a reflexão de Ricoeur. Ele reconheceu muito cedo em seu percurso – na investigação do mal que constituiu parte da obra *Philosophie de la volonté II: finitude et culpabilité*, publicada em 1960 – a inelutável mediação dos símbolos e da linguagem em nossa relação com o mundo, com os outros e com nós mesmos. Aprendeu que a reflexão filosófica se estabelece quase sempre como um trabalho de segundo grau, feito sobre uma apreensão linguística ou simbólica que é primeira – donde o seu caráter fundamentalmente hermenêutico.

Se a experiência humana do mundo é acessível à reflexão por essa mediação dos símbolos e da linguagem, esta última, por sua vez, só é plenamente inteligível por sua relação com aquela experiência, por estar inserida nessa experiência, por também fazer parte dela. Daí que a compreensão da configuração do tempo pelas narrativas exige não só a consideração dos elementos temporais presentes em sua estrutura como também sua inserção na *totalidade do arco hermenêutico* desenhado pelo desdobramento da *mímesis* em três momentos. A investigação de Ricoeur mostra de forma consistente que o papel da narrativa só se torna inteligível quando considerada em sua função de mediação entre dois momentos, quando se reconhece que ela tem um ponto de partida e um ponto de chegada no mundo. Só aí situada ela revela todo o seu sentido, em particular seu caráter de configuradora do tempo, estando ela também inserida no tempo, participando de uma história. É aí que se entrecruzam as narrativas de ficção e as narrativas históricas.

Nem só a narrativa histórica, com a construção do chamado tempo histórico – ou terceiro tempo, entre o tempo fenomenológico e o tempo cosmológico – nem só a narrativa de ficção, com suas variações imaginativas sobre este, tomadas isoladamente, configuram propriamente o tempo humano. É no seu entrecruzamento que ele é configurado, é no esclarecimento desse entrecruzamento que se pode compreender de que maneira as narrativas oferecem uma "resposta poética" às aporias filosóficas da reflexão sobre o tempo.

Na envergadura de seu projeto de investigação, Ricoeur não se detém na reflexão de Agostinho, reconhecendo que de lá para cá, na história da filosofia, muito se pensou sobre o tempo, muito se refinou e se aprofundou em sua compreensão. Traz então alguns dos grandes pensadores para sua investigação – Aristóteles, Husserl, Kant, Hegel e Heidegger – lendo-os com atenção e mostrando como, ao mesmo tempo que aprofundaram e refinaram nossa compreensão do tempo, não escaparam a conclusões aporéticas. É levando em consideração a força de pensamento desses autores e de seus trabalhos sobre o tempo que podemos entender a força e o valor da resposta poética da narrativa trazida à luz por Ricoeur.

Do longo caminho percorrido emerge, na conclusão de Ricoeur, num trabalho de releitura de seu próprio percurso que lhe é habitual, a formulação do que pode ser considerada uma base bastante sólida para o desenvolvimento de uma "hermenêutica da consciência histórica". Conclui a investigação sintetizando em três grandes aporias – a persistência de uma dupla perspectiva sobre o tempo, de uma totalidade que não se deixa totalizar e de uma representação que deixa escapar o que pretende representar – o que aparecia antes sob outras formas na leitura e no confronto entre os autores – as polarizações entre tempo intuído e tempo invisível, tempo da alma e tempo do mundo, temporalização e tempo "vulgar". O breve e denso reexame dessas aporias revela, ao mesmo tempo, "a *amplitude* do domínio em que a réplica da poética da narrativa à aporética do tempo é pertinente e o *limite* para além do qual a temporalidade, escapando ao enquadramento da narrratividade, retorna do problema ao mistério".

Suas conclusões abrem, dessa maneira, todo um programa de investigação de nossa condição de seres temporais. Principalmente com a formulação da noção de *identidade narrativa,* esse "rebento frágil e fecundo" nascido do entrecruzamento das narrativas históricas e das narrativas de ficção. Ela responde diretamente e com maior sucesso, afirma Ricoeur, à primeira aporia da temporalidade – a persistência de uma dupla perspectiva sobre o tempo, uma fenomenológica e outra cosmológica, perspectivas que não se deixam reduzir uma à outra, ocultam-se reciprocamente e remetem, em seu próprio movimento, em direção à outra, como que exigindo a presença dessa outra. A noção de uma identidade narrativa, assim como a constituição do tempo histórico, lança uma ponte entre elas. As poucas páginas dedicadas a essa noção expressam, em sua densidade e na riqueza de caminhos que abrem à investigação, o modo como no trabalho de Ricoeur sempre confluem para um ponto-chave as minuciosas análises anteriores.

Na continuidade do trabalho de pensamento de Ricoeur fica evidente como essa noção se constitui na base para um aprofundamento na compreensão da noção de sujeito, esse sujeito tão abandonado, recusado ou denegado por parte significativa da filosofia contemporânea. Ela estará no centro da obra maior que se segue, *Soi-même comme un autre,* em que Ricoeur elabora uma concepção de sujeito como *si-mesmo,* numa "hermenêutica do si" colocada a "igual distância da apologia do Cogito e de sua destituição", a igual distância de uma exaltação do sujeito como fundamento último e de uma negação radical de sua existência. Posto o problema em termos da *identidade* desse sujeito, eis uma formulação em *Tempo e narrativa* que expressa bem o problema e aponta o caminho que será tomado para resolvê-lo:

> "Sem o auxílio da narração, o problema da identidade pessoal está, de fato, fadado a uma antinomia sem solução: ou bem se supõe um sujeito idêntico a si mesmo na diversidade de seus

estados, ou então se considera, na esteira de Hume e de Nietzsche, que esse sujeito idêntico não passa de uma ilusão substancialista, cuja eliminação faz aparecer tão-somente um puro diverso de cognições, emoções e volições. O dilema desaparece se a identidade entendida no sentido de um mesmo (*idem*) for substituída pela identidade entendida no sentido de um si-mesmo (*ipse*); a diferença entre *idem* e *ipse* não é outra senão a diferença entre uma identidade substancial ou formal e a identidade narrativa. A ipseidade pode escapar ao dilema do Mesmo e do Outro na medida em que sua identidade repousa numa estrutura temporal conforme ao modelo de identidade dinâmica oriundo da composição poética de um texto narrativo."

A obra que aqui se apresenta convida a explorar a validade e o alcance de suas teses – como o próprio Ricoeur faz em suas conclusões – e abre muitas possibilidades de investigação, sugere muitos caminhos de pesquisa a serem percorridos. Deve-se reconhecer, entretanto, que ela faz isso depois de estabelecer solidamente um ponto de partida, num diálogo tão claro quanto rigoroso com o que de melhor se produziu nas áreas que toma como referência. Ao estabelecer um vasto campo de conexões entre problemáticas e abordagens habitualmente mantidas isoladas, entrelaçando múltiplas perspectivas teóricas e aproximando territórios habitualmente mantidos à distância, formulando perguntas nas suas fronteiras ou no atravessamento dessas fronteiras, Ricoeur não só permite novos olhares para velhos problemas, como também abre à exploração todo um novo continente. Lançar pontes e estabelecer passagens solidamente construídas são virtudes que merecem destaque nesta obra, cuja repercussão tende a ser cada vez mais fecunda.

Que não se intimide o leitor com a vastidão do empreendimento, que não se assuste com a quantidade de obras e autores mobilizados, que não desanime logo de início com o longo percurso anunciado e levado a cabo. Basta se dispor a seguir com a devida atenção o trabalho de pensamento que nela se faz. Encontrará na escrita de Ricoeur uma condução segura, que mantém no horizonte o norte aonde quer chegar, que não perde de vista seu objetivo maior e, ao mesmo tempo, com rara clareza e firmeza, percorre passo a passo o caminho, constrói cuidadosamente seu desenvolvimento, conduz o raciocínio com todo respeito ao pensamento alheio, tanto o dos autores com que trabalha como o do leitor a que se dirige.

Ricoeur conduz pela mão o leitor disposto à famosa "paciência do conceito", pelo encadeamento lógico de sua exposição, tão rigorosa quanto cristalina. Ele aproveita o que há de melhor na tradição cartesiana de direção do espírito, com um espírito geométrico que se faz hermenêutico. Um espírito que entende e sustenta de modo exemplar na sua prática de pensamento que o reconhecimento do caráter hermenêutico do pensamento não leva ao abandono do rigor e da clareza na exposição das ideias. Ao contrário, é justamente o reconhecimento da presença da interpretação em toda reflexão filosófica que pede, se não exige, para sua sustentação e eficácia, o exercício da razão em sua estrutura mais lógica. Eis o que nos oferece Ricoeur, o exercício da razão num discurso bem articulado, com uma bela exposição de argumentos encadeados numa linguagem cristalina.

A clareza e a distinção das ideias se fazem mais necessárias do que nunca, para que o reconhecimento do caráter hermenêutico do pensamento em seu inevitável pertencimento à história e à linguagem não se transforme numa autodestruição da filosofia e da reflexão ou no seu abandono em favor de discursos pretensamente poéticos e vagamente alusivos ou de práticas entregues cegamente aos princípios mais danosos do senso comum. Em Ricoeur a aproximação da filosofia de outras formas de conhecimento e de discurso não tem por objetivo negar ou dissolver suas diferenças, nem tem como consequência desfazer as fronteiras entre elas. Ao contrário, ele busca ressaltar e preservar as particularidades de cada uma no reconhecimento e sustentação de suas diferenças. É dessa diferença que vem justamente o interesse em tal aproximação, pela ampliação de perspectivas e pela dinamização que uma pode produzir sobre a outra. Para que isso ocorra é preciso sustentar a tensão e o conflito entre elas, não buscar a pacificação a qualquer custo pela abolição das diferenças.

Não está entre as menores tarefas da filosofia, tal como a entende Ricoeur, a arbitragem entre diferentes perspectivas e interpretações, sem nenhuma pretensão de legislar sobre elas. Ambição de certa maneira "medida", a de procurar tirar as consequências de cada uma e articular sua contribuição, situando-as no horizonte da totalidade da experiência humana, reconhecendo com Husserl que essa é uma tarefa infinita. Trata-se de um horizonte, uma totalização em processo que não pode ser levada a cabo por nenhuma perspectiva em particular, nem mesmo esta que se propõe esse horizonte de totalização, justamente porque se trata de um processo aberto, o da história dos homens capazes de iniciativa. É um processo de criação que inclui, entre outras dimensões, a da apropriação pela reflexão do "desejo de ser e esforço para existir" que se realiza na história, desdobrando-se no tempo. Reflexão que é também, como escreve Ricoeur, uma transformação da nossa inescapável *condição histórica* em *consciência histórica*, uma consciência que reconhece seus limites, trabalha com eles e é levada por eles a pensar mais e dizer melhor.

HÉLIO SALLES GENTIL

PRÓLOGO

La Métaphore vive [A metáfora viva] e Temps et récit [Tempo e narrativa] são duas obras gêmeas: publicadas uma após a outra, foram concebidas juntas. Embora a metáfora remeta tradicionalmente à teoria dos "tropos" (ou figuras de discurso) e a narrativa à teoria dos "gêneros" literários, os efeitos de sentido produzidos tanto por uma como pela outra remetem ao mesmo fenômeno central de inovação semântica. Em ambos os casos, esta se dá apenas no nível do discurso, ou seja, dos atos de linguagem de dimensão igual ou superior à frase.

Com a metáfora, a inovação consiste na produção de uma nova pertinência semântica por meio de uma atribuição impertinente: "A natureza é um templo onde viventes pilares..." A metáfora continua *viva* enquanto percebermos, através da nova pertinência semântica – e de certo modo em sua espessura –, a resistência das palavras em seu emprego usual e, portanto, também sua incompatibilidade no nível de uma interpretação literal da frase. O deslocamento de sentido que as palavras sofrem no enunciado metafórico, e era a isso que a retórica antiga reduzia a metáfora, não equivale ao todo da metáfora; é apenas um meio a serviço do processo que se situa no nível da frase inteira e tem por função salvar a nova pertinência da predicação "bizarra" ameaçada pela incongruidade literal da atribuição.

Com a narrativa, a inovação semântica consiste na invenção de uma intriga que, também ela, é uma obra de síntese: pela virtude da intriga, objetivos, causas, acasos são reunidos sob a unidade temporal de uma ação total e completa. É essa *síntese do heterogêneo* que aproxima a narrativa da metáfora. Em ambos os casos, algo novo – algo ainda não dito, algo inédito – surge na linguagem: aqui, a metáfora *viva*, isto é, uma nova pertinência na predicação, ali, uma intriga *inventada*, isto é, uma nova congruência no agenciamento dos incidentes.

Em ambos os casos, a inovação semântica pode ser relacionada com a imaginação produtiva e, mais precisamente, com o esquematismo que é sua matriz significante. Nas metáforas novas, o nascimento de uma nova pertinência semântica mostra maravilhosamente bem o que pode ser uma imaginação que produz segundo regras: "Metaforizar bem, dizia Aristóteles, é perceber o semelhante." Ora, que é perceber o semelhante senão instaurar a própria similitude aproximando termos que, "afastados" inicialmente, aparecem de repente "próximos"? É essa mudança de distância no espaço lógico que a imaginação produtiva opera. Esta consiste em *esquematizar* a operação sintética, em *figurar* a assimilação predicativa da qual resulta a inovação semântica. A imaginação produtiva em operação no processo metafórico é, pois, competência para produzir novas espécies lógicas por assimilação predicativa, a despeito da resistência das categorizações usuais da linguagem. Ora, a intriga de uma narrativa é comparável a essa assimilação predicativa: ela "toma juntamente"* e integra numa história inteira e completa os acontecimentos múltiplos e dispersos e, assim, esquematiza a significação inteligível vinculada à narrativa tomada como um todo.

Enfim, em ambos os casos, a inteligibilidade revelada por esse processo de esquematização se distingue tanto da racionalidade combinatória, que a semântica estrutural põe em jogo no caso da metáfora, como da racionalidade legisladora aplicada pela narratologia ou pela historiografia erudita, no caso da narrativa. Essa racionalidade visa antes a simular, no nível su-

---

* "Prendre ensemble" (tomar juntamente) é a leitura etimológica que Paul Ricoeur faz de "comprendre" (compreender). (N. da T.)

perior de uma metalinguagem, uma inteligência enraizada no esquematismo.

Consequentemente, quer se trate de metáfora ou de intriga, explicar mais é compreender melhor. Compreender, no primeiro caso, é voltar a captar o dinamismo em virtude do qual um enunciado metafórico, uma nova pertinência semântica emergem das ruínas da pertinência semântica tal como aparece numa leitura literal da frase. Compreender, no segundo caso, é voltar a captar a operação que unifica numa ação inteira e completa a diversidade constituída pelas circunstâncias, pelos objetivos e pelos meios, pelas iniciativas e pelas interações, pelas reviravoltas da fortuna e por todas as consequências não desejadas decorrentes da ação humana. O problema epistemológico levantado, quer pela metáfora, quer pela narrativa, consiste em grande medida em ligar a *explicação* empregada pelas ciências semio linguísticas à *compreensão* prévia que decorre de uma familiaridade adquirida com a prática linguageira, tanto poética como narrativa. Em ambos os casos, trata-se de esclarecer ao mesmo tempo a autonomia dessas disciplinas racionais e sua filiação direta ou indireta, próxima ou longínqua, a partir da inteligência poética.

O paralelismo entre metáfora e narrativa vai mais longe: o estudo da metáfora viva nos levou a levantar, para além do problema da estrutura ou do sentido, o da referência ou da pretensão à verdade. Em *A metáfora viva*, defendi a tese de que a função poética da linguagem não se limita à celebração da linguagem por si mesma, em detrimento da função referencial, tal como ela predomina na linguagem descritiva. Afirmei que a suspensão da função referencial direta e descritiva é apenas o inverso, ou a condição negativa, de uma função referencial mais dissimulada do discurso, que de certo modo é liberada pela suspensão do valor descritivo dos enunciados. É assim que o discurso poético traz para a linguagem aspectos, qualidades, valores da realidade, que não têm acesso à linguagem diretamente descritiva e só podem ser ditos por intermédio do jogo complexo entre a enunciação metafórica e a transgressão regrada das significações usuais de nossas palavras. Arrisquei-me, em consequência, a falar não só de sentido metafórico, mas de referência metafórica, para expressar esse poder do enunciado metafórico de redescrever uma realidade inacessível à descrição direta. Sugeri até fazer do "ver-como", a que se resume a potência da metáfora, o revelador de um "ser-como" no nível ontológico mais radical.

A função mimética da narrativa coloca um problema exatamente paralelo ao da referência metafórica. Aliás, não é mais que uma aplicação particular desta última à esfera do *agir* humano. A intriga, disse Aristóteles, é a *mímesis* de uma ação. Quando chegar o momento, distinguirei ao menos três sentidos do termo *mímesis*: remissão à pré-compreensão familiar que temos da ordem da ação, entrada no reino da ficção e, por fim, nova configuração, mediante a ficção, da ordem pré-compreendida da ação. É por este último sentido que a função mimética da intriga se aproxima da referência metafórica. Enquanto a redescrição metafórica reina sobretudo no campo dos valores sensoriais, páticos, estéticos e axiológicos, que constituem um mundo *habitável*, a função mimética das narrativas se exerce de preferência no campo da ação e de seus valores *temporais*.

É sobre esse último aspecto que vou me demorar neste livro. Vejo nas intrigas que inventamos o meio privilegiado mediante o qual reconfiguramos nossa experiência temporal confusa, informe e, no limite, muda: "Que é, pois, o tempo? – pergunta Agostinho. Se ninguém me perguntar, eu sei; se o quiser explicar a quem me fizer a pergunta, já não sei." É na capacidade da ficção de refigurar essa experiência temporal exposta às aporias da especulação filosófica que reside a função referencial da intriga.

Mas a fronteira entre cada uma dessas funções é instável. Em primeiro lugar, as intrigas que configuram e transfiguram o campo prático englobam não só o agir, mas o *padecer*, portanto também os personagens como agentes e como *vítimas*. A poesia lírica vizinha, pois, com a poesia dramática. Além disso, as circunstâncias que, como a palavra indica, cercam a ação, e as consequências não desejadas que fazem parte do trágico da ação, comportam também uma dimensão de passividade acessível, por outro lado, ao discurso poético, em particular no modo da elegia e da lamentação. Assim, redescrição metafórica e *mímesis* narrativa estão estreitamente imbricadas, a ponto de ser possível trocar os dois vocabulários e falar do valor mimético do discurso poético e da potência de redescrição da ficção narrativa.

O que se desenha desse modo é uma vasta esfera poética que inclui enunciado metafórico e discurso narrativo.

O núcleo inicial deste livro é constituído pelas *Brick Lectures*, dadas em 1978 na Universidade de Missouri-Columbia. O original em francês pode ser lido nos três primeiros capítulos de *La Narrativité* [A narratividade] (Paris, ed. do C.N.R.S., 1980). A ele se acrescenta a *Zaharoff Lecture*, dada na Taylor Institution, St. Giles', em 1979: "The Contribution of French Historiography to the Theory of History" [A contribuição da historiografia francesa para a teoria da história] (Oxford, Clarendon Press, 1980). Diversas partes do trabalho foram elaboradas de forma esquemática por ocasião de dois seminários dados na Universidade de Toronto, na cadeira Northrop Frye, e no âmbito do "Programa de Literatura Comparada". Vários esboços do conjunto constituíram matéria de meus seminários no Centro de Estudos de Fenomenologia e de Hermenêutica de Paris e na Universidade de Chicago, na cadeira John Nuveen.

Agradeço aos professores John Bien e Noble Cunningham da Universidade de Missouri-Columbia, G. P. V. Collyer da Taylor Institution, St. Giles' em Oxford, Northrop Frye e Mario Valdès da Universidade de Toronto, pelo amável convite, bem como a meus colegas e meus alunos da Universidade de Chicago por sua acolhida, sua inspiração e suas exigências críticas. Devo um reconhecimento todo especial a todos os participantes do Centro de Estudos de Fenomenologia e de Hermenêutica de Paris, que acompanharam minha investigação em toda a sua extensão e contribuíram para a obra coletiva *La Narrativité*.

Tenho uma dívida particular para com François Wahl, das Éditions du Seuil, cuja leitura minuciosa e rigorosa me permitiu melhorar a argumentação e o estilo deste livro.

PRIMEIRA PARTE
O CÍRCULO ENTRE NARRATIVA E TEMPORALIDADE

CAPÍTULO II

O CÍRCULO ENTRE NARRATIVA E TEMPORALIDADE

A primeira parte da presente obra visa expor as principais *pressuposições*, que o resto do livro deverá submeter à prova, das diversas disciplinas que tratam seja de historiografia, seja de narrativa de ficção. Essas pressuposições têm um núcleo comum. Quer se trate de afirmar a identidade estrutural entre a historiografia e a narrativa de ficção, como nos empenharemos em provar na segunda e na terceira partes, quer se trate de afirmar a profunda afinidade entre a exigência de verdade de cada um dos modos narrativos, como faremos na quarta parte, uma pressuposição domina todas as outras, qual seja, a de que a problemática última tanto da identidade estrutural da função narrativa como da exigência de verdade de toda obra narrativa é o caráter *temporal* da experiência humana. O mundo exposto por toda obra narrativa é sempre um mundo temporal. Ou, como repetiremos várias vezes no curso desta obra: o tempo se torna tempo humano na medida em que está articulado de maneira narrativa; em contraposição, a narrativa é significativa na medida em que desenha as características da experiência temporal. É a essa principal pressuposição que está dedicada nossa primeira parte.

Que a tese apresente um caráter circular é algo inegável. Afinal, é o que ocorre com toda asserção hermenêutica. Esta primeira parte tem por ambição responder a essa objeção. Empenhar-nos-emos no capítulo III em demonstrar que o círculo entre narratividade e temporalidade não é um círculo vicioso, mas um círculo saudável, cujas duas metades se reforçam mutuamente. Para preparar essa discussão, considerei poder dar à tese da reciprocidade entre narratividade e temporalidade duas introduções históricas independentes uma da outra. A primeira (capítulo I) é dedicada à teoria do tempo em Santo Agostinho, a segunda (capítulo II) à teoria da intriga em Aristóteles. A escolha desses dois autores tem uma dupla justificação.

Primeiramente, eles nos propõem duas entradas *independentes* no círculo de nosso problema: uma, pelo lado dos paradoxos do tempo, a outra, pelo lado da organização inteligível da narrativa. A independência delas não consiste apenas no fato de as *Confissões* de Santo Agostinho e a *Poética* de Aristóteles pertencerem a universos culturais profundamente diferentes, separados por muitos séculos e por problemáticas que não podem ser superpostas. O que é mais importante para nosso intuito é que um inquire a natureza do tempo, aparentemente sem se preocupar em fundar nessa inquirição a estrutura narrativa da autobiografia espiritual desenvolvida nos nove primeiros livros das *Confissões*. O outro constrói sua teoria da intriga dramática sem considerar as implicações temporais de sua análise, deixando para a *Física* o cuidado de se ocupar com a análise do tempo. É nesse sentido preciso que as *Confissões* e a *Poética* oferecem dois acessos independentes entre si para nosso problema circular.

Mas essa independência das duas análises não será o principal foco de nossa atenção. Elas não se limitam a convergir para a mesma interrogação a partir de dois horizontes filosóficos radicalmente diferentes: cada uma gera a imagem invertida da outra. Com efeito, a análise agostiniana dá do tempo uma representação na qual a *discordância* não cessa de desmentir o anseio de *concordância* constitutivo do *animus*. A análise aristotélica, em contrapartida, estabelece a preponderância da concordância sobre a discordância na configuração da *intriga*. Foi essa relação inversa entre concordância e discordância que me pareceu constituir o maior interesse da confrontação entre as *Confissões* e a *Poética* – confrontação que pode parecer ainda mais incongruente na medida em que vai de Agostinho a Aristóteles, desconsiderando a cronologia. Mas pensei que o encontro entre as *Confissões* e a *Poética*, na mente do mesmo leitor, ficaria mais dramático se fosse da obra em que predomina a perplexidade provocada pelos paradoxos do tempo para aquela em que, ao contrário, prevalece a confiança na capacidade do poeta e do poema de fazer triunfar a ordem sobre a desordem.

No capítulo III desta primeira parte o leitor encontrará a célula melódica da qual o resto da obra é o desenvolvimento e, às vezes, a derrubada. Nele nos ocuparemos exclusivamente – sem nenhuma outra preocupação de exegese histórica – do jogo invertido da concordância e da discordância que nos legaram as análises soberanas do tempo por Agostinho e da intriga por Aristóteles[1].

---

1. A escolha do vocabulário deve aqui muito à obra de Frank Kermode, *The Sense of an Ending, Studies in the Theory of Fiction*, Oxford University Press, 1966, à qual dedico uma análise particular na terceira parte da presente obra.

1. AS APORIAS DA EXPERIÊNCIA DO TEMPO
O livro XI das Confissões *de Santo Agostinho*

A principal antítese em torno da qual nossa própria reflexão vai girar encontra sua expressão mais aguda cerca do fim do livro XI das *Confissões* de Santo Agostinho[1]. Nele veem-se confrontadas duas características da alma humana, às quais o autor, com seu gosto marcado pelas antíteses sonoras, cunha de *intentio* e *distentio animi*. Será esse contraste que compararei posteriormente com aquele entre *mŷthos* e *peripéteia* em Aristóteles.

Duas observações preliminares devem ser feitas. Primeira observação: começo a leitura do livro XI das *Confissões* no ca-

---

1. Adotei a tradução francesa de E. Tréhorel e G. Bouissou, a partir do texto de M. Skutella (ed. Teubner, 1934), com introdução e notas de A. Solignac, Desclée de Brouwer, "Bibliothèque augustinienne", t. XIV, 1962, pp. 270-343. Meu estudo deve muito ao comentário erudito de E. P. Meijering, *Augustin über Schöpfung, Ewigkeit und Zeit. Das elfte Buch der Bekenntnisse*, Leiden, E. J. Brill, 1979. Insisto mais que ele no caráter aporético da *discussão* e sobretudo na *dialética* entre *distentio* e *intentio* que, em contraposição, é fortemente sublinhada por A. Solignac nas suas "Notas complementares" à tradução Tréhorel-Bouissou, pp. 572-91. A obra de Jean Guitton, *Le Temps et l'éternité chez Plotin et saint Augustin*, 1933, Paris, Vrin, 4.ª ed., 1971, não perdeu em precisão. Para as referências a Plotino, fiz uso da introdução e do comentário de Werner Beierwaltes, *Plotin über Ewigkeit und Zeit (Enéada III, 7)*, Frankfurt, Klostermann, 1967. Pode-se também consultar É. Gilson, "Notes sur l'être et le temps chez saint Augustin', *Recherches augustiniennes*, Paris, 1929, pp. 246-55, e John C. Callahan, *Four Views of Time in Ancient Philosophy*, Harvard University Press, 1948, pp. 149-204. Sobre a história do problema do instante, cf. P. Duhem, *Le Système du Monde*, Paris, Hermann, t. I, cap. V.

pítulo 14, 17 com a pergunta: "*Que é, pois, o tempo?*" Não ignoro que a análise do tempo está inserida numa meditação sobre as relações entre a eternidade e o tempo², suscitada pelo primeiro versículo do *Gênese*: *In principio fecit Deus*... Nesse sentido, isolar a análise do tempo dessa meditação é impor ao texto certa violência que o intuito de situar no mesmo espaço de reflexão a antítese agostiniana entre *intentio* e *distentio* e a antítese aristotélica entre *mŷthos* e *peripéteia* não basta para justificar. Todavia, essa violência acha alguma justificação na própria argumentação de Agostinho que, ao tratar do tempo, já não se refere à eternidade a não ser para marcar mais fortemente a deficiência ontológica característica do tempo humano e enfrenta diretamente as aporias que afligem a concepção do tempo como tal. Para corrigir um pouco o mal cometido contra o texto de Santo Agostinho, reintroduzirei a meditação sobre a eternidade num estágio posterior da análise, com o intuito de buscar nela uma *intensificação* da experiência do tempo.

Segunda observação preliminar: isolada da meditação sobre a eternidade pelo artifício metodológico que acabo de reconhecer, a análise agostiniana do tempo apresenta um caráter altamente interrogativo e até aporético, que nenhuma das teorias antigas do tempo, de Platão a Plotino, leva a tal grau de acuidade. Não só Agostinho (como Aristóteles) procede sempre a partir de aporias aceitas da tradição, mas a resolução de cada aporia dá lugar a novas dificuldades que não cessam de levar a investigação sempre mais adiante. Esse estilo, que faz com que todo avanço de pensamento suscite uma nova dificuldade, situa Agostinho alternadamente na vizinhança dos céticos, que não sabem, e dos platônicos e neoplatônicos, que sabem. Agostinho busca (o verbo *quaerere*, como veremos, reaparece de modo insistente ao longo de todo o texto). Talvez se deva até dizer que o que chamam de *tese* agostiniana sobre o tempo e que costumam qualificar de tese *psicológica* para opô-la à de Aristóteles e mesmo à de Plotino é ela mesma mais apo-

---

2. Essa meditação se estende de *1*, 1 a *14*, 17 e recomeça em *29*, 39 até o fim, *31*, 41.

rética do que Agostinho admitiria. Ao menos será isso que me aplicarei a mostrar.

As duas observações iniciais devem ser reunidas: a inserção da análise do tempo numa meditação sobre a eternidade dá à investigação agostiniana o tom singular de um "gemido" cheio de esperança, que desaparece numa análise que isola o argumento propriamente dito sobre o tempo. Mas é precisamente separando a análise do tempo de seu pano de fundo eternitário que fazemos destacarem-se suas características aporéticas. É verdade que esse modo aporético difere do dos céticos, no sentido de que não impede fortes certezas. Mas difere do dos neoplatônicos no sentido de que o núcleo assertivo nunca se deixa apreender na sua nudez fora das novas aporias que gera[3].

Esse caráter aporético da reflexão pura sobre o tempo é para toda a sequência da presente investigação da maior importância. Por dois motivos.

Primeiramente, deve-se reconhecer que não há em Agostinho nenhuma fenomenologia pura do tempo. E talvez nunca venha a haver depois dele[4]. Por isso, a "teoria" agostiniana do tempo é inseparável da operação *argumentativa* mediante a qual o pensador corta, uma depois da outra, as cabeças sempre renascentes da hidra do ceticismo. A partir de então, não há descrição sem discussão. É por isso que é extremamente difícil – e talvez impossível – isolar um núcleo fenomenológico da ganga argumentativa. A "solução psicológica" atribuída a Agostinho quiçá não seja nem uma "psicologia" que se possa isolar da retórica do argumento, nem mesmo uma "solução" que possa ser definitivamente subtraída ao regime aporético.

---

3. J. Guitton, atento à relação entre tempo e consciência em Santo Agostinho, observa que a aporia do tempo é também a aporia do eu (*op. cit.*, p. 224). Cita *Conf.* X, 16, 25: "Eu ao menos, Senhor, peno em cima disso e peno em cima de mim mesmo. Tornei-me eu mesmo uma terra excessivamente ingrata que me deixa encharcado de suor [*J. Guitton diz, com mais elegância*: uma terra de dificuldade e de suor]. Sim, não são mais as zonas celestes que escrutamos agora, nem as distâncias astrais, mas o espírito (*ego sum, qui memini, ego animus*)."

4. Essa audaciosa afirmação, retomada no final da primeira parte, será objeto de uma longa discussão na quarta parte.

Esse estilo aporético adquire, ademais, uma significação particular na estratégia de conjunto do presente trabalho. Uma das teses permanentes deste livro será a de que a especulação sobre o tempo é uma ruminação inconclusiva cuja única réplica é a atividade narrativa. Não que esta resolva por suplência as aporias. Se as resolve, é num sentido poético e não teórico do termo. A composição da intriga, diremos mais adiante, responde à aporia especulativa por um fazer poético capaz, decerto, de esclarecer (este será o principal sentido da *catarse* aristotélica) a aporia, mas não de resolvê-la teoricamente. Em certo sentido, o próprio Agostinho orienta para uma resolução desse tipo: a fusão do argumento com o hino na primeira parte do livro XI – que num primeiro momento colocaremos entre parênteses – já permite entender que somente uma transfiguração poética, não somente da solução, mas da própria questão, libera a aporia do não sentido que ela vizinha.

1. A aporia do ser e do não ser do tempo

A noção de *distentio animi*, acoplada à *intentio*, só se desprende lenta e penosamente da principal aporia que incita o espírito de Agostinho: a da *medida* do tempo. Mas essa própria aporia se inscreve no círculo de uma aporia mais fundamental ainda, a do ser ou do não ser do tempo. Pois só pode ser medido o que, de algum modo, *é*. Podemos deplorá-lo se assim quisermos, a fenomenologia do tempo nasce no meio de uma questão ontológica: "que é, pois, o tempo?", *quid* est *enim tempus*? (XI, *14*, 17[5]). Feita a pergunta, surgem todas as dificuldades antigas sobre o ser e o não ser do tempo. Porém, é notável que, desde o começo, o estilo inquisitivo de Agostinho se imponha: por um lado, a argumentação cética tende para o não ser, ao passo que uma confiança medida no uso cotidiano da linguagem obriga a dizer que, de um modo que ainda não

---

5. Doravante citaremos: *14*, 17; *15*, 18 etc., sempre que se tratar do livro XI das *Confissões*.

sabemos explicar, o tempo é. O argumento cético é bastante conhecido: o tempo não tem ser, porque o futuro ainda não é, porque o passado já não é e o presente não permanece. Contudo, falamos do tempo como tendo de ser: dizemos que as coisas por vir serão, que as coisas passadas foram e que as coisas presentes passam. Mesmo passar não é igual a nada. É notável que seja o uso da linguagem que sustente, provisoriamente, a resistência à tese do não ser. Falamos do tempo e falamos dele de maneira sensata, o que sustenta qualquer asserção sobre o ser do tempo: "Quando dele falamos, compreendemos o que dizemos; compreendemos também o que nos dizem quando dele nos falam" (*14*, 17[6]).

No entanto, embora seja verdade *que* falamos do tempo de maneira sensata e em termos positivos (será, foi, é), a impotência para explicar o *como* desse uso provém precisamente dessa certeza. O dizer do tempo certamente resiste ao argumento cético, mas a linguagem está ela mesma colocada em questão pela distância entre o "que" e o "como". Todos conhecem de cor o brado de Agostinho no começo de sua meditação: "Que é, pois, o tempo? Se ninguém me perguntar, eu sei; se o quiser explicar a quem me fizer a pergunta, já não sei" (*14*, 17).

Assim, o paradoxo ontológico opõe não só a linguagem ao argumento cético, mas a linguagem a si mesma: como conciliar a positividade dos verbos "ter passado", "sobrevir", "ser" e a negatividade dos advérbios "já não", "ainda não", "não... sempre"? Portanto, a pergunta fica circunscrita: *como* pode o tempo ser, se o passado já não é, se o futuro ainda não é e se o presente não é sempre?

Nesse paradoxo inicial se introduz o paradoxo central de onde sairá o tema da distensão. *Como* se pode medir *o que não é*?

---

[6]. Aqui, o contraste com a eternidade é decisivo: "Quanto ao presente, se fosse sempre presente e não passasse para o passado, já não seria tempo, mas eternidade" (*ibid.*). Pode-se contudo notar aqui que, seja qual for a inteligência que possamos ter da eternidade, o argumento pode se limitar a fazer apelo a nosso uso da linguagem que contém a palavra "sempre". O presente não é sempre. Assim, *passar* exige o contraste de *permanecer* (Meijering cita aqui o *sermo* 108 em que *passar* é contraposto de múltiplas maneiras a *permanecer*). Veremos ao longo de todo o argumento a definição do presente ir se depurando.

O paradoxo da medida é gerado diretamente pelo paradoxo do ser e do não ser do tempo. Mais uma vez, a linguagem é um guia relativamente seguro: *dizemos* um tempo longo e um tempo curto e de certo modo *observamos* o comprimento e *fazemos* medidas (cf. a apóstrofe, em 15, 19, da alma para si mesma: "Foi-te concedido perceberes as lentidões (*moras*) do tempo e medi-las. Que me responderás?"). Mais ainda, é somente do passado e do futuro que dizemos que são longos ou curtos: para antecipar a "solução" da aporia, é efetivamente do futuro que dizemos que ele se encurta e do passado, que ele se alonga. Mas a linguagem se limita a atestar o fato da medida; o *como*, uma vez mais, lhe escapa: "Como pode ser que...", "a título de quê" (*sed quo pacto*, 15, 18).

Num primeiro momento, Agostinho vai parecer dar as costas para a certeza de que é o passado e o futuro que medimos. Posteriormente, ao pôr o passado e o futuro no presente, por intermédio da memória e da expectativa, poderá salvar essa certeza inicial de um aparente desastre, transferindo para a expectativa e para a memória a ideia de um longo futuro e de um longo passado. Mas essa certeza da linguagem, da experiência e da ação só será recobrada depois de ter sido perdida e profundamente transformada. No que a isso se refere, uma das características da busca agostiniana é que a resposta final seja antecipada sob diversas modalidades, que devem primeiramente sucumbir à crítica antes que seu verdadeiro sentido brote[7]. Com efeito, Agostinho parece primeiro renunciar a uma certeza muito frouxamente argumentada: "Meu Senhor, minha luz, também aqui vossa verdade escarnecerá do homem?" (15, 18[8]). Portanto, será primeiro para o lado do presente que ele se voltará. Não era "enquanto era ainda presente" que o passado era longo (15, 18)? Também nessa pergunta algo da resposta final é antecipado, uma vez que memória e expectativa aparecerão como modalidades do presente. Mas, no estágio atual do

---

7. Esse papel das antecipações é bem sublinhado por Meijering em seu comentário.
8. Sobre o escárnio de Deus, cf. Meijering, pp. 60-1.

argumento, o presente ainda é contraposto ao passado e ao futuro. A ideia de um triplo presente ainda não veio à tona. É por isso que a solução baseada exclusivamente no presente tem de desmoronar. O fracasso dessa solução resulta de um depuramento da noção de presente, que já não é caracterizado apenas pelo que não permanece, mas pelo que não tem extensão. Esse depuramento, que leva o paradoxo ao seu ápice, tem parentesco com um argumento cético bem conhecido: cem anos podem ser presentes ao mesmo tempo (15, 19)? (O argumento, como se vê, dirige-se unicamente contra a atribuição de comprimento ao presente.) A continuação é conhecida: só é presente o ano em curso; e, no ano, o mês; no mês, o dia; no dia, a hora: "e essa hora única transcorre ela mesma em partículas fugidias: tudo o que debandou é passado, tudo o que lhe resta é futuro" (15, 20[9]).

Deve-se portanto concluir com os céticos: "Se pudermos conceber (*intelligitur*) um elemento de tempo (*quid... temporis*) que não possa mais ser dividido em parcelas de instantes, por mais pequeninas que sejam, só esse pode ser chamado presente...; mas o presente não tem espaço (*spatium*)" (*ibid.*[10]). Num estágio posterior da discussão, a definição do presente irá se depurar até a ideia de instante pontual. Agostinho dá expressão dramática à impiedosa conclusão da máquina argumentativa: "O tempo presente clama que não pode ser longo" (15, 20).

---

9. Agostinho, assim como os antigos, não dispõe de palavras para as unidades menores que a hora. Meijering (*op. cit.*, p. 64) remete aqui a H. Michel, "La notion de l'heure dans l'Antiquité", *Janus* (57), 1970, pp. 115 ss.

10. Sobre o argumento do instante indivisível mas sem extensão, encontraremos em Meijering (*op. cit.*, pp. 63-4) uma evocação dos textos de Sexto Empírico e uma remissão feliz à discussão estoica, apresentada por Victor Goldschmidt em *Le Système stoïcien et le Temps*, pp. 37 ss., 184 ss. É de notar que Agostinho está perfeitamente consciente da dependência de sua análise com relação a uma argumentação especulativa: *si quid intelligitur temporis...* Não há nada aqui que possa reivindicar uma fenomenologia pura. Além disso, observa-se de passagem o surgimento da noção de extensão temporal; mas ela ainda não está em condições de criar raízes: "Pois, se [o presente] se estendesse, dividir-se-ia em passado e futuro" (*nam si extenditur, dividitur...* 15, 20).

Que é, então, que *se mantém de pé* sob o tiroteio do ceticismo? Ainda e sempre a experiência, articulada pela linguagem e esclarecida pela inteligência: "E contudo, Senhor, percebemos (*sentimus*) os intervalos de tempo; comparamo-los (*comparamus*) entre si e dizemos que uns são mais longos e outros mais curtos. Medimos (*metimur*) também quanto um tempo é mais curto que outro" (*16*, 21). A afirmação do *sentimus, comparamus, metimur* é a de nossas atividades sensoriais, intelectuais e pragmáticas relativamente à mensuração do tempo. Mas essa obstinação do que é inevitável chamar de experiência não nos faz avançar nenhum passo na questão do "como". Falsas certezas continuam misturando-se à evidência autêntica.

Acreditamos dar um passo decisivo ao substituir a noção de presente pela de passagem, de transição, na esteira da declaração anterior: "É no momento em que passam (*praetereuntia*) que medimos os tempos, quando os medimos percebendo-os" (*16*, 21). A formulação especulativa parece aderir à certeza prática. Também ela deverá contudo sucumbir à crítica, antes de retornar, precisamente, como *distentio*, graças à dialética dos três presentes. Enquanto não tivermos formado a ideia da relação distendida entre expectativa, memória e atenção, não compreenderemos a nós mesmos quando repetirmos uma segunda vez: "Portanto, no momento em que o tempo passa, pode ser percebido e medido" (*ibid.*). A formulação é simultaneamente uma antecipação da solução e um impasse provisório. Portanto, não é por acaso que Agostinho para, no momento em que parece ter mais certeza: "Não afirmo, ó Pai, apenas busco..." (*17*, 22[11]). Mais que isso, não é no embalo dessa ideia de passagem que ele prossegue sua busca e sim retornando à conclusão do argumento cético: "O presente não tem extensão." Ora, para abrir caminho para a ideia de que o que medimos é de fato o futuro compreendido mais tarde como expectativa, e o passado compreendido como memória, é preciso manifestar-se

---

11. Meijering (*op. cit.*, p. 66) reconhece no *quaero* agostiniano o *zeteîn* grego que faz a diferença entre a aporia agostiniana e a insciência total dos céticos. J. Guitton discerne uma fonte não grega para o *zeteîn* na tradição sapiencial dos hebreus, que encontra um eco em *Atos, 17*, 26.

a favor do ser do passado e do futuro negado cedo demais, mas num sentido que ainda não somos capazes de articular[12]. Em nome de que se pode proferir a legitimidade de o passado e o futuro serem de algum modo? Uma vez mais, em nome do que dizemos e fazemos a respeito deles. Ora, que dizemos e fazemos a esse respeito? *Narramos* coisas que consideramos verdadeiras e *predizemos* acontecimentos que ocorrem tal como os antecipamos[13]. Portanto, é ainda a linguagem, assim como a experiência e a ação que ela articula, que aguentam firme contra o assalto dos céticos. Ora, predizer é prever, e narrar é "discernir pelo espírito" (*cernere*). O *De Trinitate* (15, 12, 21) fala, nesse sentido, do duplo "testemunho" (Meijering, *op. cit.*, p. 67) da história e da previsão. Portanto, é a despeito do argumento cético que Agostinho conclui: "Existem, portanto, (*sunt ergo*) coisas futuras e coisas passadas" (*17*, 22).

Essa declaração não é a simples repetição da afirmação rejeitada desde as primeiras páginas, ou seja, de que o futuro e o passado são. Os termos futuro e passado figuram agora como adjetivos: *futura* e *praeterita*. Esse imperceptível deslocamento abre, na verdade, caminho para a solução do paradoxo inicial sobre o ser e o não ser e, consequentemente, do paradoxo central sobre a medida. Estamos, com efeito, prestes a considerar como seres, não o passado e o futuro como tais, mas qualidades temporais que podem existir no presente sem que as coisas de que falamos quando as narramos ou as predizemos ainda existam ou já existam. Portanto, toda a atenção é pouca para as transições de Agostinho.

---

12. Só depois de ter conseguido resolver o primeiro paradoxo (ser/não ser) Agostinho poderá retomar essa asserção mais ou menos nos mesmos termos: "Medimos os tempos quando passam" (*21*, 27). Portanto, continua sendo com relação à noção de medida que a ideia de passagem se impõe. Mas ainda não dispomos dos meios para compreender esta última.

13. É preciso distinguir o argumento da predição, que concerne a todos os homens, e o argumento da profecia, que só concerne aos profetas inspirados: este segundo argumento levanta um problema diferente, o do modo como Deus (ou o Verbo) "instrui" os profetas (*19*, 25). Sobre esse ponto, cf. Guitton, *op. cit.*, pp. 261-70: o autor sublinha o caráter libertador da análise agostiniana da *expectatio* em comparação com toda a tradição pagã da *adivinhação* e da *mântica*. Nessa medida, a profecia continua sendo uma exceção e um dom.

No próprio limiar de sua resposta ao paradoxo ontológico, ele para mais uma vez: "Permiti, Senhor, minha Esperança, que eu leve mais adiante minhas investigações (*amplius quaerere*)" (*18*, 23). Não se trata aí de mera habilidade retórica ou piedosa invocação. A essa pausa, com efeito, segue-se um passo audacioso que conduzirá da afirmação que acabamos de expor à tese do triplo presente. Mas esse passo, como ocorre com frequência, adota a forma de uma pergunta: "Se as coisas futuras e as coisas passadas são, quero saber onde são" (*18*, 23). Começamos com a pergunta *como*. Continuamos com a pergunta *onde*. Não é uma pergunta inocente: consiste em buscar um *sítio* para as coisas futuras e passadas que são narradas e preditas. Toda a sequência da argumentação permanecerá dentro dos limites dessa pergunta, para acabar situando "na" alma as qualidades temporais implicadas na narração e na previsão. A transição pela pergunta *onde* é essencial para entender bem a primeira resposta: "Onde quer que estejam, sejam elas quais forem, [as coisas futuras ou passadas] só são ali como presentes" (*18*, 23). Parecemos estar dando as costas para a afirmação anterior de que aquilo que medimos é somente o passado e o futuro; mais ainda, parecemos renegar o reconhecimento de que o presente não tem espaço. Mas é de um presente totalmente outro que se trata, também ele tendo se tornado adjetivo plural (*praesentia*), alinhado a *praeterita* e *futura*, e pronto para acolher uma multiplicidade interna. Parecemos também ter esquecido a asserção: "É quando elas passam que medimos as coisas." Mas voltaremos a encontrá-la mais adiante, quando retornarmos à questão da medida.

É portanto no âmbito da pergunta *onde* que retomamos, para aprofundá-las mais adiante, as noções de narração e de previsão. Narração, diremos, implica memória, e previsão implica expectativa. Porém, o que é lembrar-se? É ter uma *imagem* do passado. Como isso é possível? Porque essa imagem é um vestígio deixado pelos acontecimentos que permanece fixado na mente[14].

---

14. Temos de citar o parágrafo todo: "Aliás, quando se narram coisas verídicas, mas passadas, é da memória que se tiram, não as próprias coisas, que passaram, mas as palavras concebidas a partir das imagens que elas [as coisas]

Como se pode notar: de repente tudo anda muito rápido, depois das lentidões calculadas que precederam. A previsão é explicada de modo não muito mais complexo; é graças a uma expectativa presente que as coisas futuras são presentes para nós como por vir. Temos delas uma "pré-percepção" (*praesentio*) que nos permite "anunciá-las de antemão" (*praenuntio*). A expectativa é, assim, o análogo da memória. Consiste numa imagem que já existe, no sentido de que precede o acontecimento que ainda não é (*nondum*); mas essa imagem não é um vestígio deixado pelas coisas passadas e sim um "sinal" e uma "causa" das coisas futuras que assim são antecipadas, pré-percebidas, anunciadas, preditas, proclamadas de antemão (note-se a riqueza do vocabulário corrente da expectativa).

A solução é elegante – mas como é laboriosa, como é custosa e quão pouco garantida!

Solução elegante: confiando à memória o destino das coisas passadas e à expectativa o das coisas futuras, pode-se incluir memória e expectativa num presente ampliado e dialetizado, que não é nenhum dos termos anteriormente rejeitados: nem o passado, nem o futuro, nem o presente pontual, nem mesmo a passagem do presente. É conhecida a famosa formulação, cujo vínculo com a aporia que ela supostamente resolve é muito comumente esquecido: "Talvez fosse próprio dizer: há três tempos, o presente do (*de*) passado, o presente do (*de*) presente, o presente do (*de*) futuro. De certo modo, há com efeito na (*in*) alma esses três modos de tempo que não vejo em outra parte (*alibi*)" (20, 26).

Ao dizer isso, Agostinho tem consciência de que se afasta um pouco da linguagem comum na qual, contudo, se apoiou,

---

gravaram no espírito, como vestígios, ao passarem pelos sentidos" (*18*, 23). A abundância das preposições de lugar é impressionante: é da (*ex*) memória que se tiram... as palavras concebidas a partir (*ex*) das imagens que estão gravadas no (*in*) espírito; "minha infância, que já não é, está no (*in*) tempo passado que já não é; mas sua imagem... é no (*in*) tempo presente que a vejo, porque ainda está na (*in*) memória" (*ibid.*) A pergunta *onde* ("se... as coisas futuras e as coisas passadas são, quero saber *onde* (*ubicumque*) são") pede a resposta "em".

com prudência é verdade, na sua resistência ao argumento cético: "Não é no sentido próprio (*proprie*) que se diz: 'Há três tempos, o passado, o presente e o futuro'" (*ibid.*). Mas, acrescenta ele, como que à margem: "Raramente falamos das coisas em termos próprios, geralmente falamos em termos impróprios (*non proprie*), mas entende-se o que pretendemos dizer" (*ibid.*). Portanto, nada impede que se continue a falar como se costuma fazer do presente, do passado e do futuro: "Não me importo nem me oponho nem critico tal uso, contanto que se entenda o que se diz..." (*ibid.*). Portanto, a linguagem corrente é tão-somente reformulada de modo mais rigoroso.

Para que se entenda o sentido dessa retificação, Agostinho apoia-se numa tríplice equivalência que, parece, não necessita explicação para ser entendida: "O presente do passado é a memória, o presente do presente é a visão (*contuitus*) [mais adiante teremos *attentio*, termo que marca melhor o contraste com a *distentio*], o presente do futuro é a expectativa" (*20*, 26). Como sabemos disso? Agostinho responde laconicamente: "Se nos permitem falar assim, vejo (*video*) três tempos; sim, confesso (*fateorque*), são três" (*ibid.*). Essa visão e essa confissão constituem efetivamente um núcleo fenomenológico para toda a análise; mas o *fateor*, ligado ao *video*, demonstra de que debate essa visão é a conclusão.

Solução elegante, mas solução laboriosa.

Tomemos a memória: é preciso dotar certas imagens da capacidade de fazer referência a coisas passadas (cf. a preposição latina *de*); estranha capacidade, com efeito! Por um lado, o vestígio existe agora, por outro, ele *vale pelas* coisas passadas que, nessa condição, existem "ainda" (*adhuc*) (*18*, 23) na memória. Essa pequena palavra "ainda" (*adhuc* é simultaneamente a solução da aporia e a fonte de um novo enigma: como é possível que as imagens-vestígios, os *vestigia*, que são coisas presentes, gravadas na alma, sejam ao mesmo tempo "a respeito do" passado? A imagem do futuro coloca uma dificuldade semelhante; diz-se que as imagens-sinais "já são" (*jam sunt*) (*18*, 24). Mas "já" significa duas coisas: "o que já é não é futuro e sim presente" (*18*, 24); nesse sentido, não se veem as próprias coisas futuras que "ainda *não*" são (*nondum*). Mas "já" marca, além da existência presente do sinal, seu caráter de antecipação: dizer que as coisas "já são" é dizer que por meio do sinal anuncio coisas futuras, que posso predizê-las; assim, o futuro é "dito de antemão" (*ante dicatur*). A imagem antecipadora não é portanto menos enigmática que a imagem vestigial[15].

O que constitui enigma é a própria estrutura de uma imagem que ora vale como vestígio do passado, ora como sinal do futuro. Parece que para Agostinho essa estrutura é pura e simplesmente vista tal como se mostra.

O que constitui um enigma maior ainda é a linguagem quase espacial com que a pergunta e a resposta são escritas: "Se com efeito as coisas futuras e as coisas passadas são, quero saber onde são" (*18*, 23). A que responde: "Há de certo modo *na* (*in*) alma esses três modos de tempo que não vejo em outra parte (*alibi*)" (*20*, 26). Terá sido por ter formulado a pergunta em termos de "lugar" (*onde* são as coisas futuras e passadas?) que se obtém uma resposta em termos de "lugar" (*na* alma, *na* memória)? Ou não será, antes, a quase espacialidade da imagem-vestígio e da imagem-sinal, inscrita *na* alma, que chama a pergunta sobre o sítio das coisas futuras e passadas?[16] Não saberíamos responder a isso neste ponto da análise.

Custosa, a solução da aporia do ser e do não ser do tempo pela noção de um triplo presente fica ainda menos garan-

---

15. E talvez o seja um pouco mais. Tomemos a premeditação de uma ação futura: como toda expectativa, é presente, ao passo que a ação futura ainda não é. Mas o "sinal"-"causa" é aqui mais complicado que a simples previsão. Pois o que antecipo é não só o começo da ação, mas sua realização; transportando-me de antemão para além de seu começo, vejo seu começo como o passado de sua realização futura; falamos então no futuro anterior: "Quando o tivermos empreendido (*aggressi fuerimus*), quando o que premeditamos tiver recebido de nossa parte um começo de realização (*agere coeperimus*), então essa ação será, porque não será futura mas presente" (*18*, 23). O futuro presente é antecipado aqui no futuro anterior. O estudo sistemático dos tempos verbais por Harald Weinrich, em *Tempus*, levará ainda mais longe esse tipo de investigação (cf. terceira parte, cap. III).

16. A linguagem quase cinética do trânsito do futuro para o passado através do presente (cf. abaixo) consolidará ainda mais essa linguagem quase espacial.

tida enquanto não se tiver resolvido o enigma da *medida* do tempo. O triplo presente ainda não recebeu o selo definitivo da *distentio animi* enquanto não se tiver reconhecido nessa própria triplicidade a falha que permite atribuir à própria alma uma extensão de um tipo diferente da que foi recusada para o presente pontual. Por seu lado, a própria linguagem quase espacial fica em suspenso enquanto não se tiver privado essa extensão da alma humana, fundamento de toda medida do tempo, de todo suporte cosmológico. A inerência do tempo à alma só adquire todo seu sentido depois de eliminada por via argumentativa qualquer tese que ponha o tempo na dependência do movimento físico. Nesse sentido, o "vejo, confesso" de *20, 26* não está firmemente garantido enquanto não se tiver formado a noção de *distentio animi*.

2. A medida do tempo

É resolvendo o enigma da medida que Agostinho chega a essa última caracterização do tempo humano (*21-31*).

A questão da medida é retomada do ponto em que fora deixada em *16, 21*: "Disse há pouco que medimos os tempos quando passam (*praetereuntia*)" (*21, 27*). Ora, essa asserção retomada com veemência ("Sei porque os medimos e não podemos medir o que não é" (*ibid.*)) transforma-se imediatamente em *aporia*. O que passa é, com efeito, o presente. Ora, como já admitimos, o presente não tem extensão. O argumento, que uma vez mais nos lança na direção dos céticos, merece ser analisado detalhadamente. Primeiramente, desconsidera a diferença entre passar e estar presente no sentido de que o presente é o instante indivisível (ou, como se dirá mais adiante, o "ponto"). Somente a dialética do triplo presente, interpretada como distensão, poderá salvar uma asserção que precisa primeiro se perder no labirinto da aporia. O principal, porém, é que o argumento adverso é construído precisamente com os recursos do conjunto de imagens quase espaciais de que se revestiu a apreensão do tempo como triplo presente. Passar é, com efeito, transitar. É portanto legítimo indagar-se: "de que (*unde*) e por o que (*qua*) e para que (*quo*) ele passa?" (*ibid.*). Como se vê, é o termo "passar" (*transire*) que suscita essa captura na quase espacialidade. Ora, se seguirmos a direção dessa expressão figurada, deve-se dizer que passar é ir *do* (*ex*) futuro, *pelo* (*per*) presente, *para* (*in*) o passado. Esse trânsito confirma assim que a medida do tempo se faz "num certo espaço" (*in aliquo spatio*) e que todas as relações entre intervalos de tempo concernem a "espaços de tempo" (*spatia temporum*) (*ibid.*). O impasse parece ser total: o tempo não tem espaço – ora, "não medimos o que não tem espaço" (*ibid.*).

Nesse ponto, Agostinho faz uma pausa, como fez antes, em cada momento crítico. É inclusive aqui que a palavra *enigma* é pronunciada: "Meu espírito arde em ânsias de compreender esse enigma (*aenigma*) tão complicado" (22, 28). Na verdade, são as noções correntes que são abstrusas, como sabemos desde o começo desta investigação. Mas, mais uma vez, diferentemente do ceticismo, o reconhecimento do enigma vem acompanhado de um desejo ardente que, para Agostinho, é uma figura do amor: "Dai-me o que amo; sim, amo, e Vós mo concedestes" (*ibid.*[17]). Aqui revela-se o lado hínico da busca que a investigação sobre o tempo deve à sua inserção numa meditação sobre o Verbo eterno. Voltaremos a isso mais adiante. Limitemo-nos, por ora, a sublinhar a confiança medida que Agostinho deposita na linguagem comum: "Dizemos... faz quanto tempo? (*quam diu*)... quanto tempo! (*quam longo tempore*)... é o que dizemos, é o que ouvimos. Os outros nos compreendem e nós os compreendemos" (22, 28). É por isso que, diremos nós, há *enigma*, mas não insciência.

Para resolver o enigma, é preciso descartar a solução cosmológica a fim de obrigar a investigação a buscar apenas na alma, portanto na estrutura múltipla do triplo presente, o fundamento da extensão e da medida. A discussão relativa à rela-

---

17. Meijering sublinha aqui o papel da concentração que, no final do livro, será vinculada à esperança de estabilidade, que dá ao presente humano uma certa semelhança com o presente eterno de Deus. Pode-se também dizer que a narração dos livros I-IX é a história da busca dessa concentração e dessa estabilidade. Sobre esse ponto, cf. quarta parte.

ção do tempo com o movimento dos astros e com o movimento em geral não constitui, pois, nem um aperitivo, nem um desvio.

A visão de Agostinho nunca foi menos independente da polêmica cuja longa história se estende do *Timeu* de Platão e da *Física* de Aristóteles à *Enéada* III, 7 de Plotino. A *distentio animi* foi duramente conquistada durante e ao final de uma argumentação cerrada que põe em jogo a dura retórica da *reductio ad absurdum*.

Primeiro argumento: se o movimento dos astros é o tempo, por que não dizê-lo também do movimento de qualquer corpo (*23*, 29)? Esse argumento antecipa a tese de que o movimento dos astros poderia variar, portanto acelerar e desacelerar, o que é impensável para Aristóteles. Os astros são assim reduzidos à categoria dos outros corpos móveis, seja o torno do oleiro ou a enunciação das sílabas pela voz humana.

Segundo argumento: se os luzeiros do céu parassem e o torno do oleiro continuasse a girar, seria preciso medir o tempo por outra coisa que não fosse o movimento (*ibid.*). Mais uma vez o argumento supõe abalada a tese da imutabilidade dos movimentos celestes. Uma variante do argumento: falar do movimento do torno do oleiro leva um tempo que não é medido pelo movimento astral supostamente alterado ou parado.

Terceiro argumento: subjacente às pressuposições anteriores está a convicção, instruída pelas Sagradas Escrituras, de que os astros são apenas luminares destinados a marcar o tempo (*ibid.*). Assim rebaixados, por assim dizer, os astros não podem, por seu movimento, constituir o tempo.

Quarto argumento: se nos perguntam o que constitui a medida que chamamos de "dia", pensamos espontaneamente que as vinte e quatro horas do dia são medidas por um circuito inteiro do Sol. Mas, se o Sol girasse *mais rápido* e fizesse seu circuito em uma hora, o "dia" não seria mais medido pelo movimento do Sol (*23*, 30). Meijering destaca o quanto, pela hipótese de uma velocidade variável do Sol, Agostinho se afasta de toda a tradição: nem Aristóteles, nem Plotino, que no entanto distinguem tempo e movimento, empregaram esse argumento. Para Agostinho, sendo Deus o senhor da criação, ele pode mudar a velocidade dos astros como o oleiro pode mudar a de seu torno, ou o recitador a enunciação de suas sílabas (Josué parar o Sol vai no mesmo sentido da hipótese da aceleração de seu movimento, que, como tal, é independente do argumento do milagre). Somente Agostinho ousa admitir que se possa falar de espaço de tempo – um dia, uma hora – sem referência cosmológica. A noção de *distentio animi* servirá precisamente de substituto para esse suporte cosmológico do espaço de tempo[18].

É, com efeito, essencial notar que, ao término do argumento que dissocia totalmente a noção de "dia" da de movimento celeste, Agostinho introduz pela primeira vez a noção de *distentio*, sem, deve-se dizer, nenhuma outra qualificação: "Vejo portanto que o tempo é uma certa distensão. Mas vejo? Ou creio ver que vejo? Sois Vós, ó Luz, ó Verdade, que o demonstrareis" (23, 30).

Por que essa reticência, o momento em que o caminho parece estar prestes a se abrir? Na verdade, a questão da cosmologia ainda não está fechada, apesar dos argumentos precedentes. Só foi descartada a tese extrema de que "o tempo é o movimento de um corpo" (24, 31). Mas Aristóteles também a tinha refutado ao afirmar que, embora não fosse o movimento, o tempo era "algo do movimento". O tempo não poderia ser a medida do movimento sem ser o movimento? Para que o tempo seja, não basta que o movimento seja potencialmente mensurável? À primeira vista, Agostinho parece fazer essa grande concessão a Aristóteles quando escreve: "Uma coisa é o movimento de um corpo, outra coisa é o que nos serve para medir sua duração; a partir daí, quem não percebe qual dessas

---

18. Essa substituição explica por que Agostinho não faz mais nenhum uso da distinção entre *motus* e *mora*: "Busco saber se o que constitui o dia é o próprio movimento (*motus*), ou se é a duração (*mora*) em que esse movimento se realiza ou se são estas duas coisas conjuntamente" (23, 30). Descartadas as três hipóteses e abandonada a investigação sobre o sentido da palavra "dia", a distinção torna-se inconsequente. Não se pode dizer, com Guitton (*op. cit.*, p. 229), que para Agostinho "o tempo não é nem *motus* nem *mora*, mas mais *mora* que *motus*". A *distentio animi* vincula-se tão pouco a *mora* quanto a *motus*.

duas coisas se deve preferencialmente chamar tempo?" (*24*, 31[19]).

Quando diz que o tempo é antes a medida do movimento que o próprio movimento, não é num movimento regular dos corpos celestes que está pensando e sim na medida do movimento da alma humana. Com efeito, se admitirmos que a medida do tempo é feita por comparação entre um tempo mais longo e um tempo mais curto, é preciso haver um termo fixo de comparação; este não pode ser o movimento circular dos astros, uma vez que já se admitiu que ele podia variar. O movimento pode parar, o tempo não. Com efeito, não medimos tanto as paradas quanto os movimentos? (*ibid.*)

Sem essa hesitação não se entenderia por que, depois do argumento aparentemente vitorioso contra a identificação do tempo com o movimento, Agostinho se entrega uma vez mais a uma confissão de total ignorância: sei que meu discurso sobre o tempo está no tempo; sei portanto que o tempo existe e que o medimos. Mas não sei nem o que é o tempo, nem como medi-lo: "Ai de mim, que nem ao menos sei o que não sei!" (*25*, 32).

No entanto, é na página seguinte que irrompe a formulação decisiva: "Em consequência (*inde*), pareceu-me que o tempo não é outra coisa senão uma distensão, mas de quê? Ignoro, e seria de admirar que não fosse a do próprio espírito" (*26*, 33). Em consequência de quê? E por que essa formulação cheia de rodeios (seria de admirar que não...) para afirmar a tese? Uma vez mais, se houver algum núcleo fenomenológico nessa as-

---

19. Essa hesitação de Agostinho deve ser relacionada com duas outras asserções: a primeira, de que o movimento dos grandes luminares "marca" o tempo; a outra, de que para distinguir o momento em que um intervalo de tempo começa e aquele onde acaba é preciso "marcar" (*notare*) o lugar de onde parte e aquele aonde chega o corpo em movimento; se não, não podemos afirmar "quanto tempo demorou o movimento do corpo ou de suas partes, de tal ponto a tal outro" (24, 31). Essa noção de "marca" parece ser o único ponto de contato que ainda perdura entre tempo e movimento em Agostinho. A questão passa a ser saber se essas marcas espaciais, para cumprir sua função de referência do comprimento do tempo, não obrigam a vincular a medida do tempo ao movimento regular de algum outro corpo móvel que não seja a alma. Voltaremos a falar mais adiante dessa dificuldade.

serção, ele é inseparável da *reductio ad absurdum* que eliminou as outras hipóteses: como meço o movimento de um corpo por meio do tempo e não o contrário, como não posso medir um tempo longo a não ser por meio de um tempo curto e como nenhum movimento físico oferece uma medida fixa de comparação, supondo-se o movimento dos astros variável, *resta que* a extensão do tempo é uma distensão da alma. É certo que Plotino já dissera isso antes de Agostinho; no entanto, tinha em mente a alma do mundo, não a alma humana[20]. É por isso que tudo está resolvido e tudo continua em suspenso, mesmo depois de se ter pronunciado a palavra-chave: *distentio animi*. Enquanto não tivermos vinculado a *distentio animi* à dialética do triplo presente, ainda não teremos compreendido a nós mesmos.

A continuação do livro XI (*26*, 33-*28*, 37) tem por objetivo garantir essa ligação entre os dois principais temas da investigação: entre a tese do triplo presente, que resolvia o primeiro enigma, o de um ser que carece de ser, e a tese da distensão do espírito, chamada a resolver o enigma da extensão de uma coisa que não tem extensão. Resta então pensar o triplo presente

---

20. Sobre esse ponto, cf. o comentário de Beierwaltes *ad loc.* (Plotino, *Enéada*, III, 7, 11, 41) *diastasis zoês*; A. Solignac, *op. cit.*, "Notes complémentaires", pp. 588-91; E. P. Meijering, *op. cit.*, pp. 90-3. A adaptação livre dos termos plotinianos *diástema-diástasis* no meio cristão remonta a Gregório de Nissa, como estabeleceu J. Callahan, autor de *Four Views of Time in Ancient Philosophy*, em seu artigo "Gregory of Nyssa and the Psychological View of Time", *Atti del XII Congresso internazionale di filosofia*, Veneza, 1958 (Florença, 1960), p. 59. Esse dado é confirmado no estudo de David L. Balás, "Eternity and Time in Gregory of Nyssa's *Contra Eunomium*", in *Gregory von Nyssa und die Philosophie* (II Colóquio internacional sobre Gregório de Nissa, 1972), Leiden, E. J. Brill, 1976. No mesmo colóquio, T. Paul Verghese estabelece que a noção de *diastèma* serve essencialmente de critério para distinguir a trindade divina da criatura: em Deus não há *diástema* entre o Pai e o Filho, não há intervalo, não há espaçamento. O *diástema* caracteriza desde então a Criação como tal e, singularmente, o intervalo entre o Criador e a criatura (T. Paul Verghese, "Diastema and Diastasis in Gregory of Nyssa. Introduction to a Concept and the Posing of a Concept", *ibid.*, pp. 243-58). Essa adaptação dos termos plotinianos pela patrística grega, supondo que tenha chegado até Agostinho, não afeta a originalidade deste último; só ele tira a *distentio* exclusivamente da extensão da alma.

como distensão e a distensão *como* a do triplo presente. É essa a genialidade do livro XI das *Confissões* de Agostinho, na esteira do qual prosseguirão Husserl, Heidegger e Merleau-Ponty.

3. Intentio *e* distentio

Para dar esse último passo, Agostinho retoma uma asserção anterior (*16*, 21 e *21*, 27), que não só ficou em suspenso como apareceu engolida pelo assalto cético, qual seja, a de que é *quando o tempo passa* que o medimos; não o futuro que não é, não o passado que já não é, nem o presente que não tem extensão, mas "os tempos que passam". É na própria passagem, no trânsito, que se deve buscar concomitantemente a *multiplicidade* do presente e seu *dilaceramento*.

A função dos três famosos exemplos do som que está ressoando, que acabou de ressoar e dos dois sons que ressoam um depois do outro é fazer aparecer esse dilaceramento como sendo o do triplo presente.

Esses exemplos exigem grande atenção, pois a variação de um para outro é sutil.

Primeiro exemplo (*27*, 34): suponhamos um som que começa a ressoar, que continua a ressoar e que cessa de ressoar. Como falamos dele? Para a compreensão dessa passagem, é importante notar que ela está toda escrita no passado; só falamos da ressonância do som quando ela cessou; o ainda não (*nondum*) do futuro é dito no passado (*futura erat*); o momento em que ressoava, portanto seu presente, é nomeado como desaparecido: era quando ressoava que podia ser mensurado; "mas, mesmo então (*sed et tunc*), aquele som não era estável (*non stabat*): ia (*ibat*) e se ia (*praeteribat*)" (*27*, 34). Portanto, é no passado que se fala da própria passagem do presente. O primeiro exemplo, longe de fornecer uma resposta apaziguadora para o enigma, parece aumentá-lo. Mas, como sempre, a direção da solução está no próprio enigma, na mesma medida em que o enigma está na solução. Um aspecto do exemplo permite manter o rumo: "Com efeito (*enim*), ao ir-se, estendia-se (*tendebatur*) numa espécie de espaço temporal (*in aliquod spatium*

temporis) onde seria possível medi-lo, já que o presente não tem nenhum espaço" (*ibid.*). A chave deve ser buscada pelo lado do que passa, enquanto distinto do presente pontual[21].
O segundo exemplo explora essa trilha, mas fazendo variar a hipótese (27, 34 ss). Não se falará da passagem no passado, mas no presente. Eis um outro som que ressoa: suponhamos que ele ainda ressoa (*adhuc*): "Meçamo-lo enquanto (*dum*) ressoa." Agora é no futuro anterior que se fala de sua cessação, como se fosse um futuro passado: "Quando tiver parado (*cessaverit*) de ressoar, já (*jam*) será passado e não será mais (*non erit*) algo que possa ser medido" (*ibid.*). A pergunta do "quanto tempo" (*quanta sit*) é então formulada no presente. Onde está, então, a dificuldade? Ela resulta da impossibilidade de medir a passagem quando ela continua no seu "ainda" (*adhuc*). Com efeito, é preciso que algo cesse para que haja um começo e um fim, portanto um intervalo mensurável.
Contudo, se só medimos o que cessou de existir, voltamos a cair na aporia anterior. Esta até aumentou um pouco mais, se não medimos os tempos que passam nem quando eles cessaram, nem quando continuam. A própria ideia de tempo que passa, isolada em função do argumento, parece ter sido engolida pelas mesmas trevas que tragaram a ideia do futuro, do passado e do presente pontual: "Não medimos, por conseguinte, nem os tempos futuros nem os passados, nem os presentes, nem os que estão passando"[22] (*ibid.*).
De onde vem, então, nossa certeza de *que* medimos (a contestação: "e, contudo, medimos" reaparece duas vezes nesse

---

21. Note-se a leve variação da expressão: um pouco antes, Agostinho recusou ao presente pontual a possibilidade de medida "*quia nullo spatio tenditur*", "porque não se estende por nenhum espaço" (26, 33). A meu ver, "*tenditur*" anuncia a *intentio* da qual a *distentio* é o avesso. Com efeito, o presente pontual não tem nem tensão nem distensão: só podem tê-lo "os tempos que passam". É por isso que no parágrafo seguinte ele pode dizer do presente, que passa (*praeteriens*), que ele "se estende" numa espécie de lapso de tempo. Já não se trata do ponto, mas do presente vivo, simultaneamente estendido e distendido.

22. A. Solignac sublinha o caráter aporético dessa página ao dar como subtítulo para a tradução de 27, 34: "Exame mais aprofundado. Novas aporias" (*op. cit.*, p. 329).

parágrafo dramático), se ignoramos o *como*? Existe algum meio de medir os tempos que passam concomitantemente quando cessaram e quando continuam? É precisamente nessa direção que o terceiro exemplo orienta a investigação.

O terceiro exemplo (27, 35), o da recitação de cor de um verso – no caso, o *Deus creator omnium*, retirado do hino de Santo Ambrósio –, traz uma complexidade maior que a do som contínuo, ou seja, a alternância de quatro sílabas longas e de quatro sílabas breves dentro de uma única expressão, o verso (*versus*). É essa complexidade do exemplo que obriga a reintroduzir a memória e a retrospecção que a análise dos dois exemplos anteriores ignorou. Portanto, é apenas no terceiro exemplo que se opera a costura entre a questão da medida e a do triplo presente. A alternância entre as quatro breves e as quatro longas introduz com efeito um elemento de comparação que recorre imediatamente ao sentimento: "Declamo e proclamo, e assim é pois que o sentimos por uma sensação manifesta (*quantum sensitur sensu manifesto*)."[23] Mas Agostinho só introduz o sentir para exacerbar a aporia e guiar rumo à sua resolução, não para cobri-la com o manto da intuição. Pois, se as breves e as longas só o são por comparação, não temos a possibilidade de superpô-las como dois côvados sobre um côvado. É preciso reter (*tenere*) a breve e aplicá-la (*applicare*) sobre a longa. Ora, o que é reter algo que cessou? A aporia permanece intacta se falamos das sílabas em si mesmas, como acima se falava do som em si mesmo, isto é, das coisas passadas e futuras. A aporia se resolve se falamos, não das sílabas que já não são ou ainda não são, mas de seus vestígios na memória e de seus sinais na expectativa: "Não são elas mesmas (*ipsas*) que meço, elas que já não são, mas algo na (*in*) minha memória, que ali permanece fixado (*in-fixum manet*)" (*ibid.*).

Reencontramos o presente do passado, herdado da análise que punha fim ao primeiro enigma – e, com essa expressão, to-

---

23. Se o *sensitur* contraria os céticos, o *quantum*, nota Meijering (*op. cit.*, p. 95), marca uma reserva para com os epicuristas, confiantes demais na sensação. Agostinho adotaria aqui a via do meio do platonismo, a de uma confiança comedida nos sentidos controlados pela inteligência.

das as dificuldades da imagem-vestígio, do *vestigium*. No entanto, a vantagem é imensa: sabemos agora que a medida do tempo não deve nada à do movimento exterior. Além disso, encontramos, no próprio espírito, o elemento fixo que permite comparar os tempos longos e os tempos curtos: com a imagem-vestígio, o verbo importante já não é passar (*transire*), mas permanecer (*manet*). Nesse sentido, os dois enigmas – o do ser/não ser e o da medida do que não tem extensão – são resolvidos ao mesmo tempo; por um lado, foi para nós mesmos que voltamos: "É em ti (*in te*), meu espírito, que meço os tempos" (27, 36). E como? Desde que permaneça, depois da passagem delas, a impressão (*affectio*) deixada no espírito pelas coisas ao passarem: "A impressão, que as coisas ao passarem deixam em ti, ali permanece (*manet*) depois de sua passagem, e é ela que meço enquanto é presente, não aquelas coisas que passaram para produzi-la" (27, 36).

Não se deve pensar que esse recurso à impressão encerra a pesquisa[24]. A noção de *distentio animi* ainda não terá recebido tudo o que lhe é devido enquanto não tivermos contrastado a passividade da impressão com a atividade de um espírito tendido em direções opostas, entre a expectativa, a memória e a atenção. *Somente um espírito assim diversamente tendido pode ser distendido.*

Essa face ativa do processo exige retomar o exemplo anterior da recitação, mas agora em seu dinamismo: compor de antemão, confiar à memória, começar, percorrer, todas elas operações ativas que acompanham em sua passividade as ima-

---

24. Aqui minha análise difere da de Meijering, que se dedica quase que exclusivamente ao contraste entre a eternidade e o tempo e não sublinha a dialética interna do próprio tempo entre intenção e distensão. É verdade, como diremos mais adiante, que esse contraste é acentuado pela visada da eternidade que anima a *intentio*. Em contrapartida, Guitton insiste fortemente nessa tensão do espírito da qual a *distentio* é como que o avesso: "Com o progresso de sua reflexão, Santo Agostinho teve de atribuir ao tempo qualidades opostas. Sua extensão é uma *extensio*, uma *distentio* que inclui uma *attentio*, uma *intentio*. Desse modo, o tempo acha-se interiormente ligado à *actio* da qual é a forma espiritual" (*op. cit.*, p. 232). Por isso, o instante é um "ato do espírito" (*ibid.*, p. 234).

gens-sinais e as imagens-vestígios. Mas nos enganaremos sobre o papel dessas imagens se deixarmos de sublinhar que recitar é um ato que procede de uma expectativa voltada para o poema inteiro e depois para o que resta do poema até que (*donec*) a operação tenha se esgotado. Nessa nova descrição do ato de recitar, o presente muda de sentido: não é mais um ponto, nem mesmo um ponto de passagem, é uma "intenção presente" (*praesens intentio*) (27, 36). Se a atenção merece ser chamada de intenção é na medida em que o trânsito pelo presente tornou-se uma transição ativa: o presente já não é somente atravessado, "a intenção presente faz o futuro passar (*traicit*) para o passado, fazendo o passado crescer por diminuição do futuro, até que pela consumição do futuro tudo seja passado" (27, 36). É certo que o conjunto de imagens quase espaciais de um movimento *do* futuro *para* o passado *pelo* presente não foi abolida. Encontra sem dúvida sua justificação última na passividade que acompanha o processo inteiro. Contudo, já não nos enganamos com a representação de dois lugares, um dos quais se enche à medida que o outro se esvazia, a partir do momento em que dinamizamos essa representação e discernimos o jogo de ação e paixão que nela se dissimula. Com efeito, não haveria futuro que diminui, passado que cresce, sem um "espírito que faz essa ação (*animas qui illud agit*)" (28, 37). A passividade acompanha com sua sombra três ações, agora expressas por três verbos: o espírito "espera (*expectat*) e está *atento* (*adtendit*) [esse verbo lembra a *intentio praesens*] e ele se lembra (*meminit*)" (*ibid.*). O resultado é "que o que ele espera, atravessando aquilo ao que está atento, passa (*transeat*) para o que ele se lembra" (*ibid.*). Fazer passar também é passar. Aqui, o vocabulário não cessa de oscilar entre a atividade e a passividade. O espírito espera e se lembra, no entanto a expectativa e a memória estão "na" alma, na condição de imagens-vestígios e de imagens-sinais. O contraste se concentra no presente. Por um lado, na medida em que passa, reduz-se a um ponto (*in puncto praeterit*): é a expressão mais extrema da ausência de extensão do presente. Mas, na medida em que faz passar, na medida em que a atenção "encaminha (*pergat*) para a ausência o que será presente", deve-se dizer que "a atenção tem uma duração contínua" (*perdurat attentio*).

É preciso saber discernir esse jogo entre o ato e a afecção na expressão complexa de uma "longa expectativa do futuro", pela qual Agostinho substitui aquela, absurda, de um longo futuro, e na de uma "longa lembrança do passado", que toma o lugar da de um longo passado. É *na* alma, portanto a título de impressão, que a expectativa e a memória têm extensão. Mas a impressão só está na alma na medida em que o espírito *age*, isto é, espera, presta atenção e se lembra. Em que consiste então a distensão? No próprio contraste entre três tensões. Se os parágrafos *26*, *33-30*, *40* são o tesouro do livro XI, o parágrafo *28*, 38, sozinho, é a maior joia desse tesouro. O exemplo do canto, que engloba o do som que dura e cessa e o das sílabas longas e breves, é aqui mais que uma aplicação concreta: marca o ponto de articulação da teoria da *distentio* com a do triplo presente. A teoria do triplo presente, reformulada em termos de tripla intenção, faz brotar a *distentio* da *intentio* fragmentada. É preciso citar o parágrafo todo: "Preparo-me para cantar um canto que conheço. Antes de começar, minha expectativa se estende (*tenditur*) para o conjunto desse canto; mas, assim que começo, à medida que os elementos retirados de minha expectativa tornam-se passado, minha memória se estende (*tenditur*) para eles por sua vez; e as forças vivas de minha atividade (*actionis*) são distendidas (*distenditur*), para a memória por causa do que já disse e para a expectativa por causa do que vou dizer. No entanto, minha atenção (*attentio*) está presente; e é por ela que transita (*traicitur*) o que era futuro para se tornar passado. Quanto mais essa ação avança e avança (*agitur et agitur*), mais se abrevia a expectativa e se alonga a memória, até que a expectativa inteira se consuma, quando a ação inteira acabou e passou para a memória" (*28*, 38).

Todo esse parágrafo tem por tema a dialética da expectativa, da memória e da atenção, consideradas não mais isoladamente, mas em interação. Já não se trata de imagens-vestígios, nem de imagens antecipatórias, mas de uma ação que abrevia a expectativa e alonga a memória. O termo *actio* e a expressão verbal *agitur*, intencionalmente repetida, traduzem a impulsão que rege o conjunto. Diz-se que a própria expectativa e a memória são "estendidas", a primeira para o conjunto do poema antes do começo do canto, a segunda para a parte já decorrida do canto; quanto à atenção, sua tensão consiste toda ela no "trânsito" ativo do que era futuro para o que se torna passado. É essa ação combinada da expectativa, da memória e da atenção, que "avança e avança". A *distentio* não é, então, nada mais que a falha, a não coincidência das três modalidades da ação: "as forças vivas de minha atividade são distendidas, para a memória por causa do que já disse e para a expectativa por causa do que vou dizer".

A *distentio* tem algo a ver com a passividade da impressão? Pareceria que sim, se aproximarmos esse belo texto, de onde a *affectio* parece ter desaparecido, do primeiro esboço de análise do ato de recitar (27, 36). Ali a impressão ainda parece ser entendida como o avesso passivo da própria "tensão" do ato, ainda que mudo, de recitar: algo permanece (*manet*) na própria medida em que "atravessamos (*peragimus*) em pensamento poema, verso e discurso". É "a intenção presente [que] faz passar (*traicit*) o futuro para o passado" (27, 36).

Portanto, se aproximarmos, como creio ser possível fazer, a passividade da *affectio* e da *distentio animi,* devemos dizer que as três visadas temporais se dissociam na medida em que a atividade intencional tem como contrapartida a passividade gerada por essa mesma atividade e que, por falta de algo melhor, designamos como imagem-vestígio ou imagem-sinal. Não se trata apenas de três atos que não coincidem, é a atividade e a passividade que se contrariam, para não falar da discordância entre as duas passividades, uma vinculada à expectativa, a outra, à memória. Portanto, quanto mais o espírito se faz *intentio*, mais sofre *distentio*.

A aporia do tempo longo ou breve está resolvida? Está, se admitirmos: 1) que o que medimos não são as coisas futuras ou passadas, mas sua expectativa e sua lembrança; 2) que estas são afecções que possuem uma espacialidade mensurável de um gênero único; 3) que essas afecções são como o avesso da atividade do espírito que avança e avança; finalmente, 4) que essa ação é ela mesma tripla e por isso se distende na medida em que se estende.

A bem dizer, cada um desses estágios da solução constitui um enigma:

1) Como medir a expectativa ou a lembrança sem se apoiar nas "marcas" que delimitam o espaço percorrido por um corpo móvel, portanto sem levar em consideração a alteração física que gera o percurso do corpo móvel no espaço?

2) Que acesso independente podemos ter à extensão do vestígio na medida em que ele estaria puramente "no" espírito?

3) Dispomos de algum outro meio de exprimir a ligação entre a *affectio* e a *intentio*, além de uma dinamização progressiva da metáfora das localidades atravessadas pela expectativa, pela atenção e pela lembrança? No tocante a isso, a metáfora do trânsito dos acontecimentos através do presente parece insuperável: é uma boa metáfora, uma metáfora viva, porque mantém unidas a ideia de "passar", no sentido de cessar, e a de "fazer passar", no sentido de comboiar. Não parece haver nenhum conceito que "supere" (*aufhebt*) essa metáfora viva[25].

4) A última tese, se ainda a podemos chamar assim, constitui o enigma mais impenetrável, aquele ao preço do qual podemos dizer que a aporia da medida foi "resolvida" por Agostinho: que a alma se "distende" à medida que ela se "estende", eis o supremo enigma.

Mas é precisamente enquanto enigma que a resolução da aporia da medida é preciosa. O achado inestimável de Santo Agostinho, ao reduzir a extensão do tempo à distensão da alma, é ter ligado essa distensão à falha que não cessa de se insinuar no coração do triplo presente: entre o presente do futuro, o presente do passado e o presente do presente. Assim, ele vê a *discordância* nascer e renascer da própria *concordância* das visadas da expectativa, da atenção e da memória.

É a esse enigma da especulação sobre o tempo que responde o ato poético da composição da intriga. A *Poética* de Aristóte-

---

25. Kant defrontará com o mesmo enigma de uma passividade ativamente produzida com a ideia de *Selbstaffektion*, na segunda edição da *Crítica da razão pura* (B 67-69). Voltarei a isso na quarta parte (capítulo II).

les não resolve especulativamente o enigma. Aliás, não o resolve de jeito nenhum. Ela o faz trabalhar... poeticamente – produzindo uma figura invertida da discordância e da concordância. Para essa nova travessia, Agostinho não nos deixa sem uma palavra de estímulo: o exemplo frágil do *canticus* recitado de cor torna-se subitamente, cerca do final da investigação, um paradigma poderoso para outras *actiones* nas quais a alma ao se estender sofre distensão: "O que acontece no canto como um todo, acontece em cada uma de suas partes e em cada uma de suas sílabas; isso acontece numa ação mais longa (*in actione longiore*), da qual aquele cântico talvez seja apenas uma pequena parte; isso acontece na vida inteira do homem, cujas partes são todas as ações (*actiones*) do homem; isso acontece na série inteira dos séculos vividos pelos filhos dos homens, cujas partes são todas as vidas dos homens" (*28*, 38). Todo o império do narrativo se desenrola aqui virtualmente, desde mais simples poema até a história universal, passando pela história de uma vida inteira. É a essas extrapolações, simplesmente sugeridas por Agostinho, que a presente obra está dedicada.

4. O contraste da eternidade

Resta eliminar a objeção formulada no começo deste estudo contra uma leitura do livro XI das *Confissões* que isole artificialmente as seções *14, 17-28,* 37 da grande meditação sobre a eternidade que as contém. Respondemos apenas parcialmente à objeção ao sublinhar a autonomia que essa investigação deve ao seu perpétuo confronto com os argumentos céticos, que versavam essencialmente sobre o tempo. Nesse sentido, a própria tese de que o tempo está "na" alma e encontra "na" alma o princípio de sua medida basta-se amplamente a si mesma, uma vez que responde a aporias interiores à noção de tempo. Para ser compreendida, a noção de *distentio animi* só necessita de seu contraste com a *intentio* imanente à "ação" do espírito[26].

---

26. Duas outras objeções poderiam vir à mente. Em primeiro lugar, que dizer da relação da *distentio animi* agostiniana com a *diástasis zoês* de Plotino? E

Contudo, falta algo para o sentido *plenário* da *distentio animi*, que só o contraste com a eternidade traz. Mas o que falta não concerne ao que eu chamaria de sentido *suficiente* da *distentio animi*: ou seja, ao sentido que basta para replicar às aporias do não ser e da medida. O que falta é de outra ordem. Distingo três incidências principais da meditação da eternidade sobre a especulação concernente ao tempo.

Sua primeira função é situar toda a especulação sobre o tempo no horizonte de uma *ideia-limite* que obriga a pensar simultaneamente o tempo e o outro do tempo. Sua segunda função é intensificar a própria experiência da *distentio* no plano existencial. Sua terceira função é convocar essa mesma experiência a se superar na direção da eternidade e, portanto, a se *hierarquizar* interiormente, opondo-se à fascinação pela representação de um tempo retilinear.

a) Que a meditação de Agostinho verse indivisamente sobre a eternidade e o tempo é algo incontestável. O livro XI das *Confissões* abre-se com o primeiro versículo do *Gênese* (numa das versões latinas conhecidas na África na época da redação das *Confissões*): "*In principio fecit Deus...*" Ademais, verifica-se que a meditação que preenche os catorze primeiros capítulos do livro XI junta, de modo indivisível, o louvor do salmista a uma especulação de tipo amplamente platônico e neoplatônico[27].

---

que dizer da relação do livro XI inteiro com a narração dos nove primeiros livros das *Confissões*? À primeira objeção, respondo que meus propósitos excluem que eu trate, como historiador das ideias, da relação de Agostinho com Plotino. Em contrapartida, reconheço de bom grado que uma boa compreensão da mutação sofrida pela análise plotiniana do tempo pode contribuir para aguçar o enigma que Agostinho legou para a posteridade. Algumas notas de rodapé evidentemente não seriam suficientes. Remeto para o comentário de A. Solignac e de Meijering das *Confissões* para preencher essa lacuna, bem como ao estudo de Beierwaltes sobre *Ewigkeit und Zeit bei Plotin*. Quanto à relação entre a especulação sobre o tempo e a narração dos nove primeiros livros, tenho o maior interesse nela. Voltarei a tratar desse assunto na quarta parte da presente obra no contexto de uma reflexão sobre a *repetição*. Algo disso já poderá ser vislumbrado aqui mesmo, quando evocarmos a *confessio* em que está contida a obra inteira de Agostinho.

27. No tocante a isso, não poderíamos considerar simples ornamento retórico a grande prece de 2, 3 (para a qual o tradutor francês muito acertadamente resolveu dar uma versão versificada [optamos por adotar neste trecho

Nesse duplo registro, a meditação não deixa lugar para nenhuma derivação, em nenhum sentido conveniente da palavra, da eternidade a partir do tempo. O que é posto, confessado, pensado, de um só lance, é o contraste entre a eternidade e o tempo. O trabalho da inteligência não se volta de forma alguma para a questão de saber se a eternidade é. A anterioridade da eternidade com relação ao tempo – num sentido da anterioridade que ainda precisa ser determinado – está dada no contraste entre "o ser que não foi criado e todavia existe" e o ser que tem um antes e um depois, que "muda" e que "varia" (4, 6). Esse contraste é dado num brado: "Existem, pois, o céu e a terra; bradam que foram criados, porque mudam e variam" (ibid.). E Agostinho sublinha: "Sabemo-lo" (ibid.[28]). Dito isso, o traba-

---

a tradução de J. Oliveira Santos, S.J., e A. Ambrósio de Pina, S.J., publicada na coleção *Os Pensadores* (N. da T.)]): ela contém a célula melódica que a especulação bem como o hino desenvolverão:

> C'est à toi qu'est le jour, c'est à toi qu'est la nuit:
> Sur un signe, à ton gré, s'envolent les instants.
> Donne-nous de larges espaces de ce temps
> Pour nos méditations sur les secrets de ta loi,
> Et quand nous frapperons à cette porte ne la ferme pas.

[Vosso é o dia e vossa é a noite. A um aceno da vossa vontade, os instantes voam. Concedei-me, por conseguinte, tempo para meditar os segredos da vossa lei, e não a fecheis aos que lhe vêm bater à porta]

A especulação e o hino se unem na "confissão". É em tom de confissão que o *principium* de *Gênese 1*, 1 é invocado na prece de 2, 3:

> Puissé-je te confesser (*confitear tibi*) tout ce que j'aurai trouvé
> Dans tes livres, et entendre la voix de la louange
> Et te boire et considérer la merveille de ta loi,
> Depuis le principe où tu fis le ciel et la terre,
> Jusqu'au règne éternel avec toi dans ta sainte cité!

[Oxalá Vos confesse tudo o que encontrar nos vossos livros e ouça a voz dos vossos louvores. Possa eu inebriar-me de Vós e considerar as maravilhas da vossa lei, desde o princípio em que criastes o céu e a terra, até ao tempo em que partilharemos convosco do reino perpétuo da vossa Santa Cidade.]

28. Nesse saber resumem-se a afinidade e a diferença radical entre Plotino e Agostinho. O tema da criação faz essa diferença. Guitton avalia toda a sua profundidade em algumas páginas densas (*op. cit.*, pp. 136-45): Santo Agostinho, diz ele, "verteu no molde fornecido pelas *Enéadas* uma inspiração alheia a Plotino, mais que isso, contrária a seu espírito, e que toda a sua dialética ten-

lho da inteligência resulta das dificuldades suscitadas por esta própria confissão da eternidade: "Fazei com que eu ouça e compreenda como (*quomodo*) no princípio criastes o céu e a terra" (3, 5) (pergunta retomada no começo de 5, 7). Nesse sentido, dá-se com a eternidade o mesmo que com o tempo: que ela exista não constitui problema; como ela existe deixa perplexo. É dessa perplexidade que procede a primeira função da asserção da eternidade com relação à do tempo: a função da ideia-limite.

Essa primeira função resulta do próprio encadeamento entre confissão e questionamento, ao longo dos catorze primeiros capítulos do livro XI das *Confissões*. À primeira pergunta: "Mas como (*quomodo*) criastes o céu e a terra...?" (5, 7), responde-se, no mesmo espírito de louvor que acima: "Foi no vosso Verbo que os criastes" (*ibid.*). Mas dessa resposta nasce uma nova pergunta: "Mas como é que falastes?" (6, 8). Responde-se, com a mesma certeza, pela eternidade do *Verbum*: "É simultânea (*simul*) e eternamente (*sempiterne*) que tudo (*omnia*) se diz. Se assim não fosse, já haveria tempo e mudança, e não a verdadeira eternidade e a verdadeira imortalidade" (7, 9). E Agostinho *confessa*: "Tudo isso sei, meu Deus, e por isso Vos dou graças" (7, 9).

Interroguemos, pois, essa eternidade do Verbo. Surge um duplo contraste que, antes de ser fonte de novas dificuldades, é fonte de negatividade no que concerne ao tempo.

---

dia a negar, a impedir que nascesse ou a dissolver" (p. 140). Da ideia de criação resultam um cosmo temporário, uma conversão temporal, uma religião histórica. Por isso, o tempo é justificado tanto quanto é fundado. Quanto ao antropomorfismo do qual o emanatismo plotiniano parece escapar, podemos nos indagar se os recursos *metafóricos* do antropomorfismo *material* de Agostinho não são mais preciosos, no que concerne ao esquema da causalidade criadora, que o exemplarismo neoplatônico que subsiste na identidade do mesmo e não escapa de um antropomorfismo mais sutil, porque puramente *formal*. A *metáfora* criacionista nos mantém em alerta e de sobreaviso, ao passo que o exemplarismo nos seduz por seu caráter filosófico (sobre esse ponto, cf. Guitton, *op. cit.*, pp. 198-9). Sobre "o criador eterno da criação temporal", cf. o comentário exaustivo de Meijering, *op. cit.*, pp. 17-57. Ali encontraremos todas as referências ao *Timeu* e às *Enéadas*.

Em primeiro lugar, dizer que as coisas são feitas no Verbo é negar que Deus cria à maneira de um artífice que faz a partir de algo: "Não criastes o universo no universo, pois ele não era (*quia non erat*) enquanto lugar onde pudesse ser criado antes que (*antequam*) fosse criado para ser" (5, 7). A criação *ex nihilo* é antecipada aqui, e esse nada original impõe desde já ao tempo uma deficiência ontológica.

Mas o contraste decisivo, gerador de novas negações – e de novas dificuldades – é aquele que opõe o *Verbum* divino e a *vox* humana: o Verbo criador não é como a voz humana que "começa" e "some", como as sílabas que "ressoam" e "passam" (6, 8). O Verbo e a voz são tão irredutíveis um ao outro e tão inseparáveis quanto o ouvido interno, que ouve a Palavra e recebe a instrução do mestre interior, e o ouvido externo, que recolhe os *verba* e os transmite à inteligência vigilante. O *Verbum* permanece; os *verba* desaparecem. Com esse contraste (e a "comparação" que o acompanha), impõe-se novamente ao tempo um indicador negativo: Se por um lado o *Verbum* permanece, os *verba*, por sua vez, "não são, pois fogem e passam" (6, 8[29]). Nesse sentido, as duas funções do não ser coincidem.

A progressão da negação não deixará mais de acompanhar a do questionamento que, por sua vez, se associa à confissão de eternidade. Uma vez mais, com efeito, a interrogação surge da resposta precedente: "Não criais de outro modo que não seja

---

29. Embora essa deficiência ontológica tenha uma outra função na argumentação além do não ser do argumento cético sobre o tempo, ligado ao "ainda não" do futuro e ao "já não" do passado, ela imprime contudo sobre esse não ser a marca da falta de ser própria da condição de criatura: "Sabemos, Senhor, sabemos: é na medida em que não é o que era e em que é o que não era que uma coisa desaparece e aparece" (7, 9). Doravante, os dois adjetivos "eterno" (e seu sinônimo, "imortal") e "temporal" se opõem. Temporal significa não eterno. Mais adiante, indagar-nos-emos se a negação não pode ser usada nos dois sentidos. Já aqui, em 7, 9, ser eterno implica *não* "ceder lugar", *não* "suceder". No que concerne aos sinônimos da eternidade (*immortalisas, incorruptibilitas, incommutabilitas,* cf. Meijering, *op. cit.,* p. 32, que remete nessa ocasião a *Timeu* 29c). Retenhamos, pois, esses dois primeiros momentos da função-limite da ideia de eternidade contida nas duas negações: *não* é como um artífice, com um material *anterior,* que o Verbo cria; *não* é com uma voz que ressoa *no tempo* que o Verbo fala.

dizendo; e, no entanto (*nec tamen*), nem tudo o que fazeis com a vossa palavra é feito simultaneamente e desde toda a eternidade" (*7*, 9). Em outros termos, como uma criatura temporal pode ser criada por e no Verbo eterno? "Por que tudo isso, peço-vos que me digais, Senhor, meu Deus? Em certa medida entendo, mas não sei como exprimi-lo" (*8*, 10). A eternidade, nesse sentido, é fonte de enigmas tanto quanto o tempo.

A essa dificuldade, Agostinho responde atribuindo ao Verbo uma "razão eterna" que designa às coisas criadas começarem a ser e terminarem de ser[30]. Mas essa resposta contém em germe a principal dificuldade que porá longamente à prova a sagacidade de Agostinho no tocante ao antes da criação: com efeito, essa designação de um começo e de um fim pela razão eterna implica que esta conheça "o momento quando" (*quando*) essa coisa deve ter começado ou terminado. Esse *quando* nos atira em alto-mar.

E, sobretudo, torna plausível e respeitável a pergunta dos maniqueístas e de alguns platônicos, que outros pensadores cristãos tinham considerado ridícula e tratado com escárnio.

Eis portanto Agostinho confrontado com as prementes objeções do adversário que adotam a forma de três perguntas: "Que fazia Deus antes (*antequam*) de criar o céu e a terra?" "Se estava ocioso e não fazia nenhum trabalho, por que não continuou sempre assim posteriormente, abstendo-se, como antes, de trabalhar?" "Se Deus tinha uma vontade eterna de produzir uma criação, por que ela também não é eterna?" (*10*, 12). Nas respostas de Agostinho, iremos nos interessar pelo pro-

---

30. O tradutor e o intérprete das *Confissões* da "Bibliothèque augustinienne" marcam um corte entre *9*, 11 e *10*, 12 e dividem assim o livro XI: I. A criação e o Verbo criador (*3*, 5-*10*, 12). II. O problema do tempo: a) o antes da criação (*10*, 12-*14*, 17); b) o ser do tempo e sua medida (*14*, 17-*29*, 39). Minha própria análise leva-me a reagrupar I e IIa) sob o mesmo título da intensificação da *distentio animi* por seu contraste com a eternidade. Além disso, a questão, aparentemente absurda, que começa em *10*, 12 pertence ao mesmo estilo aporético marcado pelas perguntas *como*? (*5*, 7) e *por quê*? (*6*, 8) que concluímos serem suscitadas pela própria confissão da eternidade. Enfim, a aporia e as respostas à aporia darão lugar a um mesmo aprofundamento do tratamento negativo da temporalidade começado em *3*, 5.

gresso da negatividade ontológica que afeta a experiência, ela mesma negativa no plano psicológico, da *distentio animi*.

Antes de propor sua resposta pessoal a essas dificuldades que, uma vez mais, resultam da confissão da eternidade, Agostinho depura uma última vez sua noção de eternidade. A eternidade é "sempre estável" (*semper stans*) por contraste com as coisas que não são "nunca estáveis". Essa estabilidade consiste no fato de que "no eterno... nada passa, tudo é totalmente presente (*totum esse praesens*), ao passo que nenhum tempo é totalmente presente" (*11*, 13). A negatividade atinge aqui seu apogeu: para pensar até o fim a *distentio animi*, isto é, a falha do triplo presente, é preciso poder "compará-la" com um presente *sem* passado *nem* futuro[31]. É essa extrema negação que sustenta a resposta ao argumento aparentemente frívolo.

Se Agostinho despende tanto esforço para refutá-lo é porque ele constitui uma aporia gerada pela própria tese da eternidade[32].

A resposta à primeira formulação da objeção é direta e clara: "Antes de criar o céu e a terra, Deus não fazia nada" (*12*, 14). É certo que a resposta deixa intacta a suposição de um antes, mas o importante é que esse antes está marcado pelo nada: o "nada" do "não fazer nada" é o antes da criação. Portanto, é

---

31. Já Platão, em *Timeu* 37c, excluíra o passado e o futuro da eternidade, embora ainda não falasse de eterno presente. Meijering, *op. cit.*, p. 46, cita outros textos de Agostinho que interpretam o *stare* e o *manere* de Deus como eterno presente. Meijering, p. 43, destaca enfaticamente que Agostinho aceita a parte do argumento de *10*, 12 que diz que "a vontade de Deus não é uma criatura, mas é anterior a toda criatura... É portanto à própria substância de Deus que pertence sua vontade". O mesmo comentador aproxima esse texto de Plotino, *Enéada* VI, *8*, 14; VI, *9*, 13. Identifica a primeira expressão do eterno presente no médio platonismo de Numênio, antes de sua formulação em Plotino (sobre esse ponto, remete a Beierwaltes, *op. cit.*, pp. 170-3), e depois em Gregório de Nissa e Atanásio.

32. Custa-nos imaginar hoje a vivacidade, para não dizer a violência, das querelas suscitadas pela ideia de uma criação temporal; Guitton mostra como estas eram ainda mais exacerbadas pelo conflito entre exegese literal e exegese alegórica, suscitado pela narrativa bíblica da criação "em seis dias" e mais particularmente pelo sentido a dar aos "três dias" que precederam à criação dos grandes luminares. Sobre esse ponto, cf. Guitton, *op. cit.*, pp. 177-91.

preciso pensar "nada" para pensar o tempo como algo que começa e termina. Desse modo, o tempo está como que rodeado de nada.

A resposta à segunda formulação é ainda mais digna de nota; não há um antes no que se refere à criação, porque Deus criou os tempos ao criar o mundo: "Sois o obreiro de todos os tempos." "Pois fostes vós que criastes esse mesmo tempo e os tempos não podiam passar antes que criásseis os tempos." A resposta suprime concomitantemente a pergunta: "Não havia então (*non erat tunc*) lá onde não havia tempo" (*13*, 15). Esse "não então" é de mesmo grau negativo que o *nada* do não fazer nada. Cabe portanto ao pensamento formar a ideia da ausência de tempo para pensar até o fim o tempo como passagem. O tempo deve ser pensado como *transitório* para ser plenamente vivido como *transição*.

Mas a tese de que o tempo foi criado com o mundo – tese que já pode ser lida em Platão, *Timeu* 38d – deixa aberta a possibilidade de haver outros tempos antes do tempo (*Confissões* XI, *30*, 40 fim, evoca essa possibilidade, seja a título de hipótese especulativa, seja para reservar uma dimensão temporal própria aos seres angelicais). Seja como for, é para fazer frente a essa possibilidade que Agostinho dá à sua tese o estilo da *reductio ad absurdum*: mesmo que houvesse um tempo antes do tempo, esse tempo continuaria sendo uma criatura porque Deus é o artífice de todos os tempos. Um tempo anterior a *toda* criação é portanto impensável. Esse argumento basta para afastar a suposição da ociosidade de Deus antes da criação: dizer que Deus estava ocioso é dizer que houve um tempo em que ele *nunca* criou antes de criar. As categorias temporais são portanto impróprias para caracterizar um "antes do mundo".

A resposta à terceira formulação da objeção do adversário dá a Agostinho a oportunidade para dar o último retoque à sua oposição entre tempo e eternidade. Para afastar qualquer ideia de "novidade" da vontade de Deus, é preciso dar à ideia de um *antes* da criação uma significação que elimine dele qualquer temporalidade. Deve-se pensar o antecedente como superioridade, como excelência, como altura: "Precedeis todos os tempos passados pela eminência (*celsitudine*) de vossa eternidade sempre presente" (*13*, 16). As negações ficam ainda mais agudas: "Os vossos anos não vão nem vêm" (*ibid*.). "Subsistem simultaneamente (*simul stant*)" (*ibid*.). O *simul stans* dos "anos de Deus", bem como o "hoje" de que fala o Êxodo, adquire a significação não temporal do que ultrapassa sem preceder. Passar é menos que ultrapassar.

Se insisti tanto na negatividade ontológica que o contraste entre a eternidade e o tempo faz aparecer na experiência psicológica da *distentio animi*, certamente não foi para encerrar a eternidade segundo Agostinho na função kantiana de uma ideia-limite. A conjunção do hebraísmo com o platonismo na interpretação do *ego sum qui sum* do Êxodo 3, 14 na sua tradução latina[33] proíbe-nos interpretar o pensamento da eternidade como um pensamento sem objeto. Além disso, a conjunção do louvor com a especulação demonstra que Agostinho não se limita a pensar a eternidade; dirige-se ao Eterno, invoca-o na segunda pessoa. O presente eterno declara-se a si mesmo na primeira pessoa: *sum* e não *esse*[34]. Também aqui a especulação é inseparável do reconhecimento daquele que se declara. É devido a isso que é inseparável do hino. Nesse sentido, pode-se falar de uma experiência de eternidade em Agostinho com as reservas que exporemos mais adiante. Mas é precisamente essa experiência de eternidade que se reveste da função de ideia-limite, a partir do momento em que a inteligência "compara" o tempo com a eternidade. É o efeito de retorno dessa "comparação" sobre a experiência viva da *distentio animi* que faz do pensamento da eternidade a ideia-limite no horizonte da qual se

---

33. A questão aqui não é da fidelidade da tradução latina ao hebraico, mas de sua eficácia na tradição filosófica.
34. A. Solignac (*op. cit.*, pp. 583-4) remete aqui a Étienne Gilson, *Philosophie et Incarnation chez saint Augustin*, onde são estudados os principais textos da obra de Agostinho sobre o famoso versículo do Êxodo e sobre outros versículos dos Salmos, em particular o *sermo* 7. A. Solignac comenta: "A transcendência da eternidade com relação ao tempo para Agostinho é a transcendência de um Deus pessoal que cria pessoas e conversa com elas. É, portanto, a transcendência de um *ser* que se possui num presente sem fim com relação à *existência* de seres cuja contingência se manifesta nas vicissitudes do tempo" (*op. cit.*, p. 584).

impõe à experiência da *distentio animi*, no plano ontológico, o indicador negativo da falta ou da falha de ser³⁵.

A repercussão – como teria dito Eugène Minkovski – dessa negação pensada sobre a experiência viva da temporalidade vai agora nos garantir que a carência de eternidade não seja apenas um limite pensado, mas uma falta sentida no coração da experiência temporal. A ideia-limite torna-se então a tristeza do negativo.

b) O contraste entre a eternidade e o tempo não se restringe, ao reunir o pensamento do tempo ao pensamento do outro do tempo, a cercar de negatividade a experiência do tempo. Transpassa-a de negatividade de ponta a ponta. Assim intensificada no plano existencial, a experiência de distensão é alçada ao nível da *queixa*. Esse novo contraste está contido em germe na admirável oração de 2, 3 já evocada acima. O hino envolve a queixa, e a *confessio* leva ambos juntos para a linguagem³⁶.

No horizonte da eternidade estável, a queixa revela sem nenhuma vergonha seus afetos próprios. "Que luz é essa que

---

35. Não discuto aqui a questão de saber se a ideia de eternidade é ela mesma inteiramente positiva, como dão a entender os termos *manere, stans, semper, totum esse praesens*. Na medida em que "começar", "cessar", "passar" são eles mesmos termos positivos, a eternidade é também o negativo do tempo, o outro do tempo. A própria expressão "totalmente presente" nega que o presente de Deus tenha um passado e um futuro. Ora, a memória e a expectativa são experiências positivas em razão da presença das imagens-vestígios e das imagens-sinais. O presente eterno parece ser uma noção puramente positiva apenas por meio de sua homonímia com o presente que passa. Para ser dito eterno, é preciso negar que seja o trânsito, passivo e ativo, do futuro para o passado. É estável na medida em que não é um presente *atravessado*. A eternidade também é pensada negativamente como o que não comporta o tempo, o que não é temporal. Nesse sentido, a negação é dupla: tenho de poder negar os aspectos de minha experiência do tempo para percebê-la como falha com relação ao que a nega. É essa dupla e mútua negação, para a qual a eternidade é o outro do tempo, que, mais que tudo, *intensifica* a experiência do tempo.

36. Pierre Courcelle, *Recherches sur les* Confessions *de saint Augustin*, Paris, de Boccard, 1950, cap. I, insiste na ideia de que o termo "confissão", em Santo Agostinho, vai muito além da confissão dos pecados e engloba a confissão de fé e a confissão de louvor. A análise do tempo e a elegia da *distentio animi* remetem a esse segundo e terceiro sentidos da *confessio* agostiniana. A narração, diremos mais adiante, também se inclui aí.

me ilumina (*interlucet*) e me fere (*percutit*) o coração sem o lesar? Estou ao mesmo tempo cheio de horror e cheio de ardor (*et inhorresco et inardesco*): cheio de horror na medida em que não me pareço com ela, cheio de ardor na medida em que me pareço com ela" (*9*, 11). No percurso narrativo das *Confissões*, por ocasião da narrativa das vãs tentativas de êxtase plotiniano, Agostinho já gemia: "E descobri que estava longe de vós na região da dessemelhança (*in regione dissimilitudinis*)" (VII, 10, 16). A expressão, que vem de Platão (*Pol.*, 273d) e que fora transmitida para o meio cristão por intermédio de Plotino (*Enéada* I, 8, 13, 16-17), ganha aqui um realce surpreendente: já não se remete, como em Plotino, à queda no lodaçal obscuro; marca, ao contrário, a diferença ontológica radical que separa a criatura do criador, diferença que a alma descobre precisamente em seu movimento de retorno e por seu próprio esforço para conhecer o princípio[37].

Mas, embora a discriminação do semelhante e do dessemelhante remeta à inteligência que "compara" (6, 8), sua repercussão abala o sentir em sua extensão e em sua profundidade. No tocante a isso, é notável que as páginas finais do livro XI, que terminam a inserção da análise do tempo na meditação sobre as relações entre a eternidade e o tempo (29, 39-31, 41), propõem uma última interpretação da *distentio animi*, marcada pelo mesmo tom de louvor e de queixa dos primeiros capítulos do livro. A *distentio animi* não designa mais apenas a "solução" das aporias da medida do tempo; exprime doravante a esgarçadura da alma privada da estabilidade do eterno presente. "Mas, porque a vossa misericórdia vale mais que nossas vidas, confesso que a minha vida é uma distensão... (*distentio est*

---

37. A expressão *in regione dissimilitudinis* deu lugar a inúmeros trabalhos lembrados pela importante nota complementar n.º 16 de A. Solignac (*op. cit.*, pp. 689-93). O destino dessa expressão, de Platão à Idade Média cristã, é destacado particularmente por Étienne Gilson ("*Regio dissimilitudinis* de Platon à saint Bernard de Clairvaux", *Mediaev. Stud.*, 9, 1947, pp. 108-30) e por Pierre Courcelle ("Traditions néo-platoniciennes et traditions chrétiennes de la région de dissemblance", *Archives d'histoire littéraire et doctrinale du Moyen Age*, 24, 1927, pp. 5-33, retomado como apêndice em *Recherches sur les Confessions de saint Augustin*).

vita mea)" (*29*, 39). Com efeito, é toda a dialética, interna ao próprio tempo, da *intentio-distentio* que é retomada sob o signo do contraste entre a eternidade e o tempo. Enquanto a *distentio* torna-se sinônimo da dispersão na multiplicidade e da errância do velho homem, a *intentio* tende a ser identificada com a reunião do homem interior ("Reúno-me seguindo o Uno", *ibid*.). A *intentio* já não é a antecipação do poema inteiro antes da recitação que o faz transitar do futuro para o passado, mas a esperança das coisas últimas, na própria medida em que o passado a ser esquecido não é mais o que a memória recolheu, mas o emblema do velho homem segundo São Paulo em *Filipenses 3*, 12-14: "Assim, esquecendo o passado, voltado não para as coisas futuras e transitórias, mas para aquelas que estão adiante e para as quais estou, não distendido, mas estendido (*non distentus sed extentus*), prossigo, num esforço, não de distensão (*non secundum distentionem*), mas de intenção (*sed secundum intentionem*), meu caminho rumo à palma à qual sou chamado lá no alto..." (*ibid*.). As mesmas palavras *distentio* e *intentio* reaparecem; mas não é mais num contexto puramente especulativo de aporia e de busca, e sim na dialética do louvor e da queixa[38]. Com essa mutação de sentido que se impõe à *distentio animi*, a fronteira que separa a condição do ser criado da do ser caído é tacitamente atravessada: "Dispersei-me (*dissilui*) nos tempos, cuja ordem ignoro..." (*ibid*.). Os "gemidos"

---

38. Será realmente preciso distinguir, com J. Guitton (*op. cit.*, p. 237), "dois movimentos interiores separáveis para a consciência, apesar de interagirem entre si, a *expectatio futurorum* que nos leva para o porvir e a *extensio ad superiora* que, em definitivo, nos orienta para o eterno"? Haverá "duas formas do tempo" (*ibid*.), sendo a segunda ilustrada pelo êxtase de Óstia? Não penso assim, se considerarmos a terceira incidência da eternidade na experiência do tempo de que falarei mais adiante. Também J. Guillon concorda com isso: o que distingue fundamentalmente Agostinho de Plotino e de Espinosa é a impossibilidade de "separar ontologicamente" (p. 243) a *extensio ad superioria*, que em Espinosa se chamará *amor intellectualis*, da *expectatio futurorum*, que em Espinosa torna-se *duratio*. O êxtase de Óstia confirma: diferentemente do êxtase neoplatônico, este é tanto uma falha quanto uma ascensão. Voltarei a isso na quarta parte, a narração é possível onde a eternidade atrai e alteia o tempo, não onde o abole.

entre os quais decorrem nossos anos são indivisamente os do pecador e os da criatura.

É no mesmo horizonte de eternidade que ganham sentido todas as expressões por meio das quais outras obras de Agostinho oferecem os recursos da metáfora à metáfora central da *distentio*. Num importante ensaio sobre "As categorias da temporalidade em Santo Agostinho"[39], em que interroga sobretudo as *Enarrationes in Psalmos* e os *Sermones*, o padre Stanislas Boros chega a quatro "imagens sintéticas", cada uma das quais junta o que outrora chamei a tristeza do finito com a celebração do absoluto: à temporalidade como "dissolução" associam-se as imagens de ruína, de desvanecimento, de atolamento progressivo, de fim não saciado, de dispersão, de alteração, de copiosa indigência; da temporalidade como "agonia" provêm as imagens de marcha para a morte, de doença e de fragilidade, de guerra intestina, de cativeiro de lágrimas, de envelhecimento, de esterilidade; a temporalidade como "banimento" agrupa as imagens de atribulação, de exílio, de vulnerabilidade, de errância, de nostalgia, de desejo vão; finalmente, o tema da "noite" governa as imagens de cegueira, de obscuridade, de opacidade. Cada uma dessas quatro imagens mestras e suas variantes obtém sua força de significância *a contrario* da simbólica oposta da eternidade, sob as figuras do recolhimento, da plenitude viva, do lar, da luz.

Separada desse simbolismo arborescente, engendrado pela dialética da eternidade e do tempo, a *distentio animi* seria o simples esboço de uma resposta especulativa dada às aporias que a argumentação cética não cessa de suscitar. Retomada na dinâmica do louvor e da queixa, a *distentio animi* torna-se uma experiência viva que reveste de carne o esqueleto de um contra-argumento.

c) A terceira incidência da dialética da eternidade e do tempo na interpretação da *distentio animi* não é menos considerá-

---

39. "Les catégories de la temporalité chez Saint Augustin", *Archives de philosophie*, t. XXI, 1958, pp. 323-85.

vel: ela suscita, no próprio coração da experiência temporal, uma hierarquia de níveis de temporalização, conforme essa experiência se afaste ou se aproxime de seu polo de eternidade. A ênfase, aqui, está colocada menos na dessemelhança que na semelhança entre a eternidade e o tempo na "comparação" que a inteligência faz entre ambos (6, 8). Essa semelhança se exprime na capacidade de aproximação da eternidade que Platão inscrevera na própria definição do tempo e que os primeiros pensadores cristãos tinham começado a reinterpretar em função das ideias de criação, de encarnação, de salvação. Agostinho dá a essa reinterpretação um caráter único ao juntar os temas da *instrução* pelo Verbo interior e do *retorno*. Entre o *Verbum* eterno e a *vox* humana, não há apenas diferença e distância, mas também instrução e comunicação: o Verbo é o mestre interior, buscado e ouvido "dentro" (*intus*) (8, 10): "Ouço (*audio*) aí a vossa voz, Senhor; a dizer-me que só nos fala aquele que nos instrui (*docet nos*)... Mas quem é que nos instrui além da Verdade Imutável?" (*ibid.*). Portanto, nossa primeira relação com a linguagem não é o fato de que falávamos, mas de que ouvíamos e que, para além dos *verba* exteriores, ouvíamos o *Verbum* interior. O retorno nada mais é que essa escuta: pois, se o princípio "não permanecesse enquanto vagueássemos errantes, não haveria para onde voltar. Porém, quando voltamos de nosso erro, voltamos pelo conhecimento. Para que tenhamos o conhecimento, ele nos instrui, pois ele é o Princípio e ele nos fala (8, 10). Assim se encadeiam instrução[40], reconhecimento e retorno. A instrução, poderíamos dizer, transpõe o abismo que se abre entre o *Verbum* eterno e a *vox* temporal. Ela alteia o tempo em direção à eternidade.

Esse é o próprio movimento do qual os nove primeiros livros das *Confissões* fazem narrativa. Nesse sentido, a *narração* realiza de fato o percurso cujas condições de possibilidade o livro XI reflete. Com efeito, esse livro demonstra que a atração da experiência temporal pela eternidade do Verbo não é de um

---

40. Ao que é preciso agregar a admoestação (*admonitio*), que A. Solignac comenta, *op. cit.*, p. 562.

tipo tal que a narração ainda temporal fique abolida numa contemplação subtraída às limitações do tempo. No tocante a isso, o fracasso das tentativas de êxtase plotiniano, relatadas no livro VII, é definitivo. Nem a conversão relatada no livro VIII, nem mesmo o êxtase de Óstia que marca o ponto culminante da narrativa no livro IX, suprimem a condição temporal da alma. Essas duas experiências culminantes apenas põem fim à errância, forma decaída da *distentio animi*, para suscitar, porém, uma peregrinação que reponha a alma nos caminhos do tempo. Peregrinação e narração estão fundadas numa aproximação da eternidade pelo tempo, a qual, longe de abolir a diferença, não cessa de aumentá-la. É justamente por isso que, quando Agostinho fustiga a frivolidade daqueles que atribuem a Deus uma vontade *nova* no momento da criação e opõe ao "coração borboleteante" deles o "coração estável" de quem ouve o Verbo (*11*, 13), ele só evoca essa estabilidade semelhante à do presente eterno para reiterar a diferença entre o tempo e a eternidade: "Quem... deterá [esse coração] e o fixará para que adquira um pouco de estabilidade (*ut paululum stet*), para que chegue a apreender ao menos um pouco do esplendor da eternidade sempre estável (*semper stantis*), a compará-la com os tempos que nunca são estáveis e a ver que não há comparação possível..." (*ibid.*). Ao mesmo tempo que a distância aumenta, a proximidade reitera a função de limite da eternidade com relação ao tempo: "Quem deterá o coração do homem, para que ganhe estabilidade e veja como a eternidade estável compõe (*dictet*) os tempos futuros e os tempos passados, ela que não é nem futuro nem passado?" (*ibid.*).

É certo que, quando a dialética da *intentio* e da *distentio* está definitivamente ancorada na da eternidade e do tempo, a tímida interrogação duas vezes lançada (quem deterá...? quem deterá...?) dá lugar a uma afirmação mais segura: "Então estarei estável (*stabo*) e sólido (*solidabor*) em vós, na minha verdadeira forma, a vossa Verdade" (*30*, 40). Mas essa estabilidade fica no futuro, tempo da esperança. É também do meio da experiência de distensão que o voto de permanência é pronunciado: "até o dia em que (*donec*) eu me derramarei em vós, purificado, liquefeito no fogo do vosso amor" (*29*, 39).

Assim, sem perder a autonomia que lhe confere a discussão das aporias antigas concernentes ao tempo, o tema da *distensão* e da *intenção* recebe de sua inserção na meditação sobre a eternidade e o tempo uma intensificação que será repercutida por toda a continuação da presente obra. Essa intensificação não consiste somente no fato de que o tempo é pensado como estando abolido no horizonte da ideia-limite de uma eternidade que lhe impõe o nada. Tampouco se restringe a transferir para o registro da queixa e do gemido o que ainda era apenas um argumento especulativo. Visa mais fundamentalmente a extrair da própria experiência do tempo recursos de hierarquização interna, cuja vantagem não é abolir a temporalidade, mas aprofundá-la.

A incidência desta última observação sobre todo o nosso projeto é considerável. Embora seja verdade que a principal tendência da teoria moderna da narrativa – tanto em historiografia como em narratologia – seja a de "descronologizar" a narrativa, a luta contra a representação linear do tempo não tem necessariamente como único resultado "logicizar" a narrativa e sim aprofundar sua temporalidade. A cronologia – ou a cronografia – não tem um só contrário, a acronia das leis ou dos modelos. Seu verdadeiro contrário é a própria temporalidade. Era sem dúvida preciso confessar o outro do tempo para estar em condições de fazer total justiça à temporalidade humana e para se propor não aboli-la, mas aprofundá-la, hierarquizá-la, desenvolvê-la segundo níveis de temporalização cada vez menos "distendidos" e sempre mais "estendidos", *non secundum distentionem, sed secundum intentionem* (*29, 39*).

2. A COMPOSIÇÃO DA INTRIGA
Uma leitura da Poética de Aristóteles

O segundo grande texto que incitou minha investigação foi a *Poética* de Aristóteles. Foram dois os motivos dessa escolha. Por um lado, encontrei no conceito de composição da intriga (*mŷthos*[1]) a réplica invertida da *distentio animi* de Agostinho. Agostinho geme sob a pressão existencial da discordância. Aristóteles discerne no ato poético por excelência – a composição do poema trágico – o triunfo da concordância sobre a discordância. É claro que sou eu, leitor de Agostinho e de Aristóteles, que estabeleço essa relação entre uma experiência viva em que a discordância dilacera a concordância e uma atividade eminentemente verbal em que a concordância repara a discordância.

Por outro lado, o conceito de atividade mimética (*mímesis*) pôs-me na trilha da segunda problemática, a da imitação criativa da experiência temporal viva pelo viés da intriga. Em Aristóteles, esse segundo tema dificilmente se discerne do primeiro, na medida em que a atividade mimética tende a se confundir com a composição da intriga. Portanto, só revelará toda a sua envergadura e conquistará sua autonomia na sequência desta obra[2]. Com efeito, a *Poética* nada diz sobre a relação entre a ati-

---

1. Veremos mais adiante por que é assim que traduzimos.
2. Contudo, vamos nos interessar por todas as anotações do texto de Aristóteles que sugiram uma relação de referência entre o texto "poético" e o mundo real "ético" sem, no entanto, superestimá-las.

vidade poética e a experiência temporal. A atividade poética como tal não tem nem mesmo alguma característica temporal marcada. O silêncio total de Aristóteles sobre esse ponto não deixa, contudo, de ter vantagens, na medida em que coloca nossa investigação, desde o começo, a salvo da acusação de circularidade tautológica, instaurando, assim, entre as duas problemáticas do tempo e da narrativa, a distância mais favorável para uma investigação das operações de mediação entre a experiência viva e o discurso.

Essas poucas observações já permitem entender que, para a sequência deste estudo, não pretendo de forma nenhuma fazer uso do modelo aristotélico como se fosse uma norma exclusiva. Evoco em Aristóteles a célula melódica de uma dupla reflexão, cujo desenvolvimento importa tanto quanto o impulso inicial. Esse desenvolvimento afetará os dois conceitos tomados de Aristóteles, o da composição da intriga (*mŷthos*) e o de atividade mimética (*mímesis*). Do lado da composição da intriga, será preciso eliminar certo número de restrições e interditos inerentes ao privilégio atribuído pela *Poética* ao drama (tragédia e comédia) e à epopeia. É impossível não assinalar desde já o aparente paradoxo que consiste em erigir a atividade narrativa em categoria que abrange o drama, a epopeia e a história, quando, por um lado, o que Aristóteles chama história (*historia*) no contexto da *Poética* desempenha antes o papel de contraexemplo e, por outro, a narrativa – ou pelo menos o que ele chama de poesia diegética – é contraposta ao drama, no interior da única categoria abrangente que é a *mímesis*; mais que isso, não é a poesia diegética, mas a poesia trágica que contém por excelência as virtudes estruturais da arte de compor. Como poderia a narrativa tornar-se o termo abrangente se no começo é apenas uma espécie? Teremos de mostrar até que ponto o texto de Aristóteles autoriza a dissociar o modelo estrutural de seu primeiro investimento trágico e suscita, gradativamente, uma reorganização de todo o campo narrativo. Aliás, por maiores que sejam as latitudes oferecidas pelo texto de Aristóteles, o conceito aristotélico de composição da intriga não pode ser para nós mais que o germe de um desenvolvimento considerável. Para conservar seu papel diretor, terá de se submeter à prova de outros contraexemplos singularmente mais temíveis, fornecidos seja pela narrativa moderna de ficção, o romance, digamos, seja pela história contemporânea, a história não narrativa, digamos.

Por sua vez, o pleno desdobramento do conceito de *mímesis* exige que se torne menos alusiva a relação referencial ao campo "real" da ação, e que esse campo receba outras determinações além das determinações "éticas" – consideráveis, aliás – que Aristóteles lhe atribui, para que possamos fazê-lo ir ao encontro da problemática estabelecida por Agostinho no que concerne à experiência discordante do tempo. O caminho para além de Aristóteles será longo. Não será possível dizer como a narrativa se relaciona com o tempo antes de ter sido formulada, em toda a sua amplitude, a questão da *referência cruzada* – cruzada na experiência temporal viva – da narrativa de ficção e da narrativa histórica. Se o conceito de atividade mimética é primeiro na *Poética*, nosso conceito de referência cruzada – herdeiro longínquo da *mímesis* aristotélica – só pode ser último e deve recuar para compor o horizonte de todo o meu projeto. É por isso que só será tratado de modo sistemático na quarta parte.

1. A célula melódica: o par mímesis-mŷthos

Não é meu intuito fazer um comentário da *Poética*. Minha reflexão é de segundo grau e supõe certa familiaridade com os grandes comentários de Lucas, Else, Hardison e, *last but not least*, o de Roselyne Dupont-Roc e Jean Lallot[3]. Os leitores que tiverem feito o mesmo percurso laborioso que eu fiz não terão

---

3. G. F. Else, *Aristotle's Poetics: The Argument*, Harvard, 1957. Lucas, *Aristotle. Poetics*, introduction, commentaires et appendices, Oxford, 1968. L. Golden-O. B. Hardison, *Aristotle's Poetics. A Translation and Commentary for Students of Literature*, Englewood Cliffs, N.J., Prentice-Hall, 1968. *Aristote, Poétique*, texto estabelecido e traduzido para o francês por J. Hardy, Paris, "Les Belles Lettres", 1969. *Aristote, La Poétique*, texto, trad. fr., notas por Roselyne Dupont-Roc e Jean Lallot, Paris, Éd. du Seuil, 1980. Quero também exprimir minha dívida para com a obra de James M. Redfield, *Nature and Culture in the Iliad. The Tragedy of Hector*, The University of Chicago Press, 1975.

dificuldade em reconhecer o que minha meditação deve a um ou outro.

Não é indiferente abordar o par *mímesis-mŷthos* mediante o termo que ao mesmo tempo lança e situa toda a análise: o adjetivo "poético" (com o substantivo subentendido: "arte"). Só ele já imprime a marca da produção, da construção, do dinamismo a todas as análises: e em primeiro lugar aos dois termos *mŷthos* e *mímesis*, que devem ser considerados operações e não estruturas. Quando Aristóteles, ao substituir o definido pelo definimento, disser que o *mŷthos* é "o agenciamento dos fatos em sistema" (*e tôn pragmáton sýstasis*) (50 a 5), deve-se entender por *sýstasis* (ou pelo termo equivalente *sýnthesis*, 50 a 5), não o sistema (como traduzem Dupont-Roc e Lallot, *op. cit.*, p. 55), mas o agenciamento (se quiserem, em sistema) dos fatos, a fim de marcar o caráter operatório de todos os conceitos da *Poética*. É precisamente por isso que, desde as primeiras linhas, o *mŷthos* é posto como complemento de um verbo que quer dizer compor. A poética é assim identificada, sem maiores formalidades, à arte de "compor as intrigas"[4] (1447 a 2). A mesma marca deve ser conservada na tradução de *mímesis*: quer se diga imitação ou representação (como os últimos tradutores franceses), o que se deve entender é a atividade mimética, o processo ativo de imitar ou de representar. Portanto, deve-se entender imitação ou representação em seu sentido dinâmico de composição da representação, de transposição em obras representativas. De acordo com a mesma exigência, quando Aristóteles enumerar e definir as seis "partes" da tragédia no capítulo VI, será preciso entender não as "partes" do poema mas as da arte de compor[5].

---

4. Adoto a tradução de Dupont-Roc e Lallot que corrijo num único ponto, traduzindo *mŷthos* por *intriga*, com base no modelo do termo inglês *plot*. A tradução por *história* se justifica; contudo, não a conservei devido à importância da história, no sentido de historiografia, em minha obra. A palavra francesa *histoire* com efeito não permite distinguir, como o inglês faz, entre *story* e *history*. Em contrapartida, a palavra *intriga* orienta imediatamente para seu equivalente: o agenciamento dos fatos, o que a tradução de J. Hardy por *fábula* não faz.
5. G. Else, *ad* 47 a 8-18. O comentador sugere até traduzir o termo *mímesis*, quando aparece no plural (47 a 16), por *imitatings*, a fim de manifestar que

É intencionalmente que insisto tanto nessa marca dinâmica, imposta pelo adjetivo poético a toda análise posterior. Quando, na segunda e terceira partes desta obra, defender o primado da compreensão narrativa, seja com relação à explicação (sociológica ou outra) em historiografia, seja com relação à explicação (estruturalista ou outra) na narrativa de ficção, defenderei o primado da atividade produtiva de intrigas com relação a qualquer espécie de estruturas estáticas, de paradigmas acrônicos, de invariantes intemporais. Por enquanto, é tudo o que posso dizer. A continuação será suficiente para esclarecê-lo.

Mas passemos ao par *mímesis-mŷthos*.

A *Poética* de Aristóteles tem um único conceito abrangente, o de *mímesis*. Esse conceito é definido apenas contextualmente e em um só de seus usos, aquele que nos interessa aqui, a imitação ou a representação da ação. Para sermos mais precisos: a imitação ou a representação da ação no registro da linguagem métrica, portanto acompanhada de ritmos (a que se agregam, no caso da tragédia, exemplo *princeps*, o espetáculo e o canto)[6]. Porém, é levada em conta somente a imitação ou a representação da ação própria à tragédia, à comédia e à epopeia, sem, contudo, ser devidamente definida no seu nível próprio de generalidade. Só é expressamente definida a imitação ou a representação da ação própria à tragédia[7]. Não atacaremos de frente esse poderoso maciço que é a definição da tragédia, seguiremos antes o fio que Aristóteles nos oferece no mesmo capítulo VI, quando dá a chave da construção dessa definição.

---

o processo mimético exprime a própria atividade poética. A terminação -*sis* como em *poíesis, sustasis, mímesis* sublinha o caráter de *processo* de cada um desses termos.

6. Todavia, as "representações em imagens" (47 a 19), evocadas no capítulo I – dedicado ao "como da representação" e não ao seu "o quê" e a seu "modo" (ver mais adiante) –, não cessam de fornecer paralelos esclarecedores tomados da pintura.

7. "A tragédia é a representação de uma ação nobre, levada até o fim e com alguma extensão, em linguagem com condimentos de espécie variada, utilizados separadamente segundo as partes da obra; a representação é feita pelos personagens do drama e não recorre à narração (*apaggelía*); e, ao representar a piedade e o temor, realiza uma depuração desse tipo de emoções" (cap. VI, 49 b 24-28).

Esta não se constrói de maneira genérica – por diferença específica –, mas por articulação em "partes": "Toda tragédia comporta necessariamente seis partes, que lhe dão sua qualidade. São elas a intriga, os caracteres, a expressão, o pensamento, o espetáculo e o canto" (50 a 7-9).

O que conservarei para a sequência de meu trabalho é a quase identificação entre as duas expressões: imitação ou representação de ação e agenciamento dos fatos. A segunda expressão é, como já dissemos, o definidor que Aristóteles põe no lugar do definido *mŷthos*, intriga. Essa quase identificação está garantida por uma primeira hierarquização entre as seis partes, que dá prioridade ao "o quê" (objeto) da representação – intriga, caracteres, pensamento – sobre o "por quê" (meio) – a expressão e o canto – e sobre o "como" (modo) – o espetáculo; depois, por uma segunda hierarquização no interior do "o quê", que põe a ação acima dos caracteres e do pensamento ("porque se trata sobretudo de uma representação de ação (*mímesis práxeos*) e, através dela, de homens que agem", 50 b 3). No final dessa dupla hierarquização, a ação aparece como a "parte principal", o "objetivo visado", o "princípio" e, por assim dizer, a "alma" da tragédia. Essa quase identificação está garantida pela fórmula: "É a intriga que é a representação da ação" (50 a 1).

Esse texto será doravante nosso guia. Ele nos impõe pensar juntos e definir um pelo outro a imitação ou a representação da ação e o agenciamento dos fatos. Essa equivalência exclui em primeiro lugar qualquer interpretação da *mímesis* de Aristóteles em termos de cópia, de réplica ao idêntico. A imitação ou a representação é uma atividade mimética na medida em que produz algo, ou seja, precisamente o agenciamento dos fatos pela composição da intriga. Saímos, num único movimento, do uso platônico da *mímesis*, tanto em seu emprego metafísico como em seu sentido técnico na *República III*, que opõe a narrativa "por *mímesis*" à narrativa "simples". Reservemos esse segundo ponto para a discussão da relação entre narrativa e drama. Conservemos de Platão o sentido metafísico dado à *mímesis*, ligado ao conceito de participação, em virtude do qual as coisas imitam as ideias e as obras de arte imitam as coisas. Enquanto a *mímesis* platônica afasta em dois graus a obra de arte do modelo ideal que é seu fundamento último[8], a *mímesis* de Aristóteles tem um único espaço de desdobramento: o fazer humano, as artes de composição[9].

Portanto, se reservarmos para a *mímesis* o caráter de atividade que a *poíesis* lhe confere, e se, ademais, nos agarrarmos ao fio da definição da *mímesis* pelo *mŷthos*, então não há por que hesitar em compreender a ação – complemento de objeto na expressão: *mímesis práxeos* (50 b 3) – como o correlato da atividade mimética regida pelo agenciamento dos fatos (em sistema). Discutiremos mais adiante outras maneiras possíveis de construir a relação da imitação com seu "o quê" (intriga, caracteres e pensamento). A estrita correlação entre *mímesis* e *mŷthos* sugere dar ao genitivo *práxeos* o sentido dominante, embora talvez não exclusivo, de correlato noemático de uma noese prática[10]. A ação é o "constructo" da construção em que consiste

---

8. Aqui, Aristóteles replica a Platão que replica a Górgias (Redfield, *op. cit.*, pp. 45 ss.). Este elogia o pintor e o artista por sua arte de enganar (*Dissoì lógoi* e *Elogio de Helena*). Sócrates tira daí o argumento contra a arte e seu poder de manipular a opinião. Toda a discussão da *mímesis* no livro X da *República* está dominada por essa desconfiança. É conhecida a famosa definição da arte como "imitação da imitação, afastada em dois graus do que é verdadeiro" (*República* X, 596a-597b) e, além disso, condenada a "imitar o *páthos* dos outros" (640e). Portanto, o legislador só pode ver na poesia o inverso da filosofia. A *Poética* é, assim, uma réplica à *República* X: a imitação, para Aristóteles, é uma atividade e uma atividade que *ensina*.

9. Os "meios" da representação, a que já aludimos, embora mais numerosos que os que a tragédia, a comédia e a epopeia empregam, nunca fazem sair das artes de composição.

10. Prefiro esse vocabulário husserliano ao vocabulário mais saussuriano escolhido pelos últimos tradutores franceses, que consideram a *mímesis* o significante, a *práxis* o significado, com exclusão de qualquer referente extralinguístico (Dupont-Roc e Lallot, *ad* 51 a 35, pp. 219-20). Primeiramente, o par significante-significado não me parece apropriado, por razões que explico em *A metáfora viva* e que tomo de Benveniste, à ordem semântica do discurso-frase e *a fortiori* à do texto, que é uma composição de frases. Além disso, a relação noético-noemática não exclui um desenvolvimento referencial, representado em Husserl pela problemática do preenchimento. Espero mostrar mais adiante que a *mímesis* aristotélica não se esgota na estrita correlação noético-noemática entre representação e representado, mas abre caminho para uma investigação dos referentes da atividade poética visados pela composição da intriga antes e depois da *mímesis-mŷthos*.

a atividade mimética. Mostrarei mais adiante que não se deve forçar demais essa correlação que tende a encerrar o texto poético em si mesmo, o que, como veremos, a *Poética* não implica de forma nenhuma. Ademais, a única instrução que Aristóteles nos dá é a de construir o *mŷthos*, portanto o agenciamento dos fatos, como o "o quê" da *mímesis*. Portanto, a correlação noemática é entre *mímesis práxeos*, tomado como um sintagma único, e o agenciamento dos fatos, como um outro sintagma. Transportar a mesma relação de correlação para o interior do primeiro sintagma, entre *mímesis* e *práxis*, é ao mesmo tempo plausível, fecundo e arriscado.

Não deixemos o par *mímesis-mŷthos* sem dizer uma palavra sobre as exigências adicionais que visam a explicar os gêneros já constituídos da tragédia, da comédia e da epopeia e, além disso, a justificar a preferência de Aristóteles pela tragédia. É preciso ficar muito atento a essas exigências adicionais. Pois são elas que, de certo modo, é preciso eliminar para extrair da *Poética* de Aristóteles o modelo de composição da intriga que nos propomos estender a toda composição que chamamos de narrativa.

A primeira exigência restritiva destina-se a explicar a distinção entre comédia, por um lado, tragédia e epopeia, por outro. Não se refere à ação como tal, mas aos caracteres, que Aristóteles subordina rigorosamente à ação, como mostraremos mais adiante. No entanto, é introduzida já no capítulo II da *Poética*: na verdade, a primeira vez em que Aristóteles tem de dar um correlato determinado para a atividade "daqueles que representam", define-o pela expressão "agentes": "aqueles que representam personagens em ação" (48 a 1). Se não vai diretamente à fórmula – a única canônica para a *Poética* – da *mímesis* como "representação de ação", é porque precisa introduzir muito cedo no campo da representação articulada pela linguagem ritmada um critério *ético* de nobreza ou de baixeza, que se aplica aos personagens conforme tenham tal ou qual índole. Com base nessa dicotomia, pode-se definir que a tragédia representa os homens "melhores" e a comédia, "piores"[11].

---

11. Melhor ou pior que o quê? O texto diz: melhor "que os homens atuais" (48 a 18). Discutirei mais adiante essa remissão da *Poética* a um aspecto da ação

A segunda exigência restritiva é aquela que separa, por um lado, a epopeia e, por outro, a tragédia e a comédia, as quais, dessa vez, estão do mesmo lado da linha divisória. Essa exigência merece a maior atenção, pois coincide com nosso propósito de considerar a narrativa como o gênero comum e a epopeia como uma espécie narrativa. Aqui, o gênero é a imitação ou a representação da ação, da qual a narrativa e o drama são espécies coordenadas. Que exigência impõe opô-los? Deve-se notar em primeiro lugar que não é uma exigência que divide os objetos, o "o quê" da representação, mas seu "como", seu modo[12]. Ora, embora os três critérios – os meios, o modo e o objeto – sejam, em princípio, igualmente legítimos, todo o peso da análise posterior fica do lado do "o quê". A equivalência entre *mímesis* e *mŷthos* é uma equivalência pelo "o quê". De fato, na ordem da intriga, a epopeia segue as regras da tragédia com apenas uma variante, a do "comprimento", que pode ser extraída da própria composição e que não conseguiria afetar as regras fundamentais do agenciamento dos fatos. O essencial é que o poeta – narrador ou dramaturgo – seja "compositor de intrigas" (51 b 27). Em seguida, deve-se notar que a diferença de modo, já relativizada como simples modo, não cessa de sofrer, no próprio interior de seu campo de aplicação, uma série de atenuações nas análises posteriores da *Poética*.

No começo (capítulo III), a diferença é nítida e clara: para aquele que imita, portanto para o autor da atividade mimética, de qualquer arte e a propósito de caracteres de qualquer qualidade, uma coisa é se comportar como "narrador" (*apaggelía,*

ética no mundo "real". Vincularei essa remissão a um uso do termo *mímesis* menos estritamente regido pela correlação noemática ao *mŷthos*. Deve-se notar que essa referência à ética se aplica de direito a todo o campo da atividade mimética, em particular à pintura. Nesse sentido, a distinção entre comédia e tragédia é apenas uma aplicação do critério do "como" às artes da linguagem versificada (48 a 1-18).

12. No seu comentário do capítulo III, dedicado ao modo da *mímesis*, Else nota que os três modos – narrativo, misto e dramático – constituem uma progressão que faz do modo dramático a imitação por excelência, em virtude do caráter direto da expressão da verdade humana, com os personagens fazendo eles mesmos a ação representada ou imitada (*op. cit.*, p. 101).

apaggéllonta); outra, é fazer dos personagens "os autores da representação", "na medida em que agem e agem efetivamente" (48 a 23[13]). Eis portanto uma distinção relativa à atitude do poeta para com seus personagens (é nesse sentido que constitui um "modo" de representação); ou o poeta fala diretamente e, então, narra o que seus personagens fazem; ou então lhes dá a palavra e fala indiretamente através deles: nesse caso, são eles que "fazem o drama" (48 a 29). Será que essa distinção nos proíbe reunir epopeia e drama sob o título de narrativa? De forma nenhuma. Em primeiro lugar, não caracterizaremos a narrativa pelo "modo", isto é, a atitude do autor, mas pelo "objeto", porque chamamos de narrativa exatamente aquilo que Aristóteles chama de *mŷthos*, isto é, o agenciamento dos fatos. Portanto, não nos diferenciaremos de Aristóteles no plano em que ele se coloca, o do "modo". Para evitar qualquer confusão, distinguiremos a narrativa em sentido amplo, definida como o "o quê" da atividade mimética, e a narrativa no sentido estrito da *diégesis* aristotélica, que chamaremos doravante de composição diegética[14]. Além disso, a transferência terminológica em nada contraria as categorias de Aristóteles uma vez que este não cessa de minimizar a diferença, seja do lado do drama, seja do lado da epopeia. Do lado do drama, diz que tudo o que a epopeia tem (intriga, caracteres, pensamento, ritmo), a tragédia também tem. E o que ela tem a mais (o espetáculo e a música) acaba não lhe sendo essen-

---

13. Aristóteles emprega simultaneamente *apaggelía* (cap. III) e *diégesis* (cap. XXIII e XXVI): "A epopeia que é uma narrativa (*en dè tê epopoiía dià tò diégesin*)" (59 b 26). O vocabulário vem de Platão (*República* III, 392c-394c). Mas, enquanto em Platão a narrativa "por mímesis" se opunha à narrativa "simples", como narrativa delegada a um personagem oposta à narrativa direta, com Aristóteles a *mímesis* torna-se a grande categoria abrangente da composição dramática e da composição diegética.
14. Em seu comentário do cap. XXIII, Dupont-Roc e Lallot, *op. cit.*, p. 370, não hesitam em falar de "narrativa diegética" e de "narrativa narrativa" para designar a narrativa narrada pelo narrador (segundo a definição do cap. III da *Poética*). Portanto, também devemos poder falar de narrativa dramática e atribuir assim ao termo narrativa um caráter genérico com relação a suas duas espécies, dramática e diegética.

cial. O espetáculo, em particular, é efetivamente uma "parte" da tragédia, mas "é totalmente estranho à arte e não tem nada a ver com a poética, pois a tragédia alcança sua finalidade mesmo sem concurso e sem atores" (50 b 17-19). Num trecho posterior da *Poética*, no momento de se entregar ao exercício clássico de distribuição dos prêmios (capítulo XXVI), Aristóteles concede à tragédia o mérito de dar a ver; no entanto, logo se retrata: "A tragédia, para produzir seu efeito próprio, pode prescindir de movimento, como a epopeia: a leitura revela sua qualidade"[15] (62 a 12). Já pelo lado da epopeia, a relação do poeta com seus personagens no ato de narrar não é tão direta quanto quer a definição. Há, inclusive, uma primeira atenuação incorporada desde o começo a ela: Aristóteles acrescenta um parêntese à sua definição do poeta como narrador: "Quer tornando-se outra coisa (é assim que Homero compõe), quer permanecendo o mesmo sem se transformar" (48 a 21-3). Homero é elogiado mais adiante (capítulo XXIII) precisamente pela sua arte de se apagar por trás de seus personagens dotados de caracteres, de deixá-los agir, falar em nome próprio, em suma, ocupar a cena. Com isso, a epopeia imita o drama. Aristóteles pode escrever, sem nenhum paradoxo, no começo do capítulo dedicado à "arte de representar pela narrativa em verso" (59 a 17): "Está claro que, como na tragedia, as intrigas devem ser construídas em forma de drama etc." (59 a 19). Assim, no par drama-narrativa, é o primeiro que qualifica lateralmente a segunda a ponto de lhe servir de modelo. Portanto, de inúmeras maneiras, Aristóteles atenua a oposição "modal" entre imitação (ou representação) diegética e imitação (ou represen-

---

15. Pode-se atenuar da seguinte maneira a contradição dos dois juízos sobre o espetáculo e, simultaneamente, a ligeira má-fé de Aristóteles, que quer fazer com que aceitem sua preferência pela tragédia sem transigir com seu modelo formal que exclui a encenação efetiva. Pode-se dizer, por um lado, com Dupont-Roc e Lallot (*op. cit.*, pp. 407-8), que o livreto de teatro contém todas as características constitutivas da atividade mimética sem a existência do espetáculo e, por outro lado, que o tipo de enunciação do texto dramático contém a exigência de ser dado a ver. Digo: o livreto, sem o espetáculo, é uma prescrição de espetáculo. O espetáculo efetivo não é necessário para que essa prescrição exista. A partitura de orquestra tem esse mesmo estatuto.

tação) dramática, oposição que, de qualquer maneira, não afeta o objeto da imitação, ou seja, a composição da intriga.

Uma última exigência merece ser posta sob o título do par *mímesis-mŷthos*, porque fornece a oportunidade de esclarecer o uso aristotélico da *mímesis*. A que subordina a consideração dos caracteres à da própria ação. A exigência parece limitante se considerarmos o desenvolvimento moderno do romance e a tese de Henry James[16], que dá ao desenvolvimento do caráter um direito igual ou até superior ao da intriga. Como nota Frank Kermode[17], para desenvolver um caráter, é preciso narrar mais; e, para desenvolver uma intriga, é preciso enriquecer um caráter. Aristóteles é mais exigente: "A tragédia é representação, não de homens, mas de ação, de vida e de felicidade (também a infelicidade reside na ação), e o objetivo visado é uma ação, não uma qualidade... Além disso, sem ação não poderia haver tragédia, ao passo que poderia haver tragédia sem caracteres" (50 a 16-24). Pode-se decerto atenuar o rigor das hierarquias observando que é uma simples questão de ordenar as "partes" da tragédia. Também a diferença entre a tragédia e a comédia é extraída das diferenças éticas que afetam os caracteres. Portanto, a atribuição de segundo lugar aos caracteres não desqualifica em nada a categoria do personagem. Aliás, encontraremos na semiótica narrativa contemporânea – originada em Propp – tentativas comparáveis à de Aristóteles para reconstruir a lógica narrativa a partir, não dos personagens, mas das "funções", isto é, dos segmentos abstratos de ação.

---

16. Henry James, prefácio a *The Portrait of a Lady* (1906) in *The Art of the Novel*, Nova York, 1934, ed. R. P. Blackmuir, pp. 42-8.

17. Frank Kermode, *The Genesis of Secrecy*, Harvard University Press, 1979, pp. 81 ss. No mesmo sentido, James Redfield observa que a *Ilíada* está construída em torno da cólera de Aquiles e também do destino trágico de Heitor. Porém, numa epopeia, em que os personagens não têm interioridade afirmada, a única coisa que importa é a interação dos caracteres. A partir daí, o caráter só adquire significação quando gera uma intriga (*ibid.*, p. 22). E deixa de haver disputa de prioridade se ademais entendermos por intriga *"that implicit conceptual unity which has given the work its actual form"* [a unidade conceitual implícita que deu à obra sua forma concreta (*ibid.*, p. 23). É essa a concepção que adoto ao longo de toda esta obra.

O essencial, porém, não é isso: ao dar precedência à ação sobre o personagem, Aristóteles estabelece o estatuto mimético da ação. É em ética (cf. *Ética nicomaqueia* II, 1105 a 30 ss.) que o sujeito precede a ação na ordem das qualidades morais. Em poética, a composição da ação pelo poeta rege a qualidade ética dos caracteres. A subordinação do caráter à ação não é portanto uma exigência de mesma natureza que as duas precedentes, ela sela a equivalência entre as duas expressões: "representação de ação" e "agenciamento dos fatos". Se a ênfase deve ser posta no agenciamento, então a imitação ou a representação tem de ser mais de ação que de homens.

2. A intriga: um modelo de concordância

Deixemos por um tempo entre parênteses a questão do estatuto da *mímesis*, uma vez que ela não se define exclusivamente pela composição da intriga, e voltemo-nos francamente para a teoria do *mŷthos* para discernir nela o ponto de partida de nossa própria teoria da composição narrativa.

Não podemos esquecer que a teoria do *mŷthos* é extraída da definição da tragédia que podemos ler no capítulo VI da *Poética* e que citamos acima. Portanto, Aristóteles só faz a teoria do *mŷthos* trágico.

A questão que não nos abandonará até o fim deste livro é saber se o paradigma de ordem, característico da tragédia, é suscetível de extensão e de transformação, a ponto de poder ser aplicado ao conjunto do campo narrativo. Contudo, essa dificuldade não deve nos deter. O rigor do modelo trágico tem a superioridade de pôr a exigência de ordem num nível muito alto no começo de nossa investigação da compreensão narrativa. Num primeiro momento, o contraste mais extremo que se instaura é com a *distensio animi* agostiniana. Assim, o *mŷthos* trágico emerge como a solução poética para o paradoxo especulativo do tempo, na própria medida em que a invenção da ordem é introduzida com exclusão de qualquer característica temporal. Será nossa tarefa e nossa responsabilidade extrair as implicações temporais do modelo, em conexão com a reorganização da teoria da *mímesis* que proporemos mais adiante. Mas o projeto de pensar juntos a *distentio animi* de Agostinho e o *mŷthos* trágico de Aristóteles parecerá ao menos plausível se concordarmos em considerar que a teoria aristotélica não põe a ênfase apenas na concordância, mas, de maneira muito sutil, no jogo da discordância no interior da concordância. É essa dialética interna à composição poética que faz do *mŷthos* trágico a figura invertida do paradoxo agostiniano.

É primeiro a concordância que a definição do *mŷthos* como agenciamento dos fatos sublinha. E essa concordância caracteriza-se por três aspectos: completude, totalidade, extensão apropriada[18].

A noção de "todo" (*hólos*) é o eixo central da análise que se segue. Ora, essa noção, longe de se orientar para uma investigação do caráter temporal do agenciamento, liga-se exclusivamente a seu caráter lógico[19]. E é precisamente quando a defi-

---

18. "Nossa tese é de que a tragédia consiste na representação de uma ação levada a termo (*teleías*), que forma um todo (*hóles*) e tem certa extensão (*mégethos*)" (50 b 23-25).

19. Else é particularmente firme no que se refere a essa disjunção entre o lógico e o cronológico (cf. comentário *ad* 50 b 21-34). A única coisa que conta é a necessidade interna que faz do verossímil ou do necessário "*the grand law of poetry*" [a grande lei da poesia] (*op. cit.*, p. 282). O comentador chega até a ver nesse esquema temporal idealmente denso "*a kind of Parmenidian 'on' in the realm of art*" [uma espécie de "ón" parmenidiano no âmbito da arte] (p. 294). Extrai o argumento do fato de, ao falar da epopeia no cap. XXIII, Aristóteles advertir contra aquele tipo de "crônicas que são necessariamente a exposição não de uma ação una, mas de um período único (*henòs khrónou*)" (59 a 22-23). A esse "*report of a single time*" [exposição de um período único], Aristóteles oporia seus universais que são "*timeless*" [intemporais] (p. 574). Não creio que seja preciso levar tão longe essa oposição entre o lógico e o cronológico, com o risco de renunciar à afinidade entre a *Poética* e a *Ética*. De minha parte tentarei, no próximo capítulo, elaborar uma noção não cronológica da temporalidade narrativa. O próprio Else acaso não fala dos acontecimentos contidos no drama como "*events which are not in time at least in the usual sense*" [acontecimentos que não estão no tempo, ao menos não no sentido corrente] (p. 574)? Por isso, a partir do momento em que se concede à epopeia o privilégio de poder "narrar várias partes da intriga que ocorrem simultaneamente (*hama*)" (59 b 27), o tempo dramático não pode ser completamente ignorado. A *perspectiva temporal única* imposta por uma ação executada pelos próprios personagens merece uma reflexão nossa sobre o tempo da narrativa dramática como distinto da narrativa diegética e sobre o tempo da intriga que rege ambas.

nição se avizinha da noção de tempo que mais se afasta dela: "Um todo, diz ele, é o que tem começo, meio e fim" (50 b 26). Ora, é somente em virtude da composição poética que algo vale como começo, como meio ou como fim: o que define o começo não é a ausência de antecedente, mas a ausência de necessidade na sucessão. Quanto ao fim, ele é de fato o que vem depois de outra coisa, mas "em virtude seja da necessidade, seja da probabilidade" (50 b 30). Somente o meio parece definido pela simples sucessão: "Ele vem depois de outra coisa e depois dele vem outra coisa" (50 b 31). Contudo, no modelo trágico, ele tem sua lógica própria, que é a da "reviravolta" (*metabolé*, *metabállein*, 51 a 14; *metábasis*, 52 a 16) da fortuna em infortúnio. A teoria da intriga "complexa" fará uma tipologia das reviravoltas de efeito propriamente trágico. Portanto, na análise dessa ideia de "todo", a ênfase está colocada na ausência de acaso e na conformidade às exigências de necessidade ou de probabilidade que regem a sucessão. Ora, se a sucessão pode, assim, estar subordinada a uma conexão lógica qualquer é porque as ideias de começo, meio e fim não são extraídas da experiência: não são aspectos da ação efetiva, mas efeitos do ordenamento do poema.

O mesmo pode ser dito da extensão. É só na intriga que a ação tem um contorno, um limite (*hóros*, 51 a 6) e, consequentemente, uma extensão. Mais adiante, ao tratar da estética da recepção, em germe em Aristóteles, voltaremos a falar do papel do olhar ou da memória na definição desse critério de conveniência. Seja qual for a capacidade do espectador de abarcar a obra com um único olhar, esse critério externo entra em composição com uma exigência interna à obra que é a única que importa aqui: "A extensão que permite a reviravolta da infelicidade em felicidade ou da felicidade em infelicidade por uma série de acontecimentos encadeados segundo o verossímil ou o necessário fornece uma delimitação (*hóros*) satisfatória do comprimento" (51 a 12-15). É certo que essa extensão só pode ser temporal: a reviravolta leva tempo. Mas é o tempo da obra, não o tempo dos acontecimentos do mundo: o caráter de necessidade se aplica a acontecimentos que a intriga torna contíguos (*ephexês, ibid.*). Os tempos vazios estão excluídos do cômputo. Ninguém pergunta o que o herói fez entre dois acontecimentos que na vida estariam separados: em *Édipo Rei*, nota Else, o mensageiro retorna no momento preciso em que a intriga exige sua presença: "Nem antes, nem depois" (*no sonner and no later, op. cit.*, p. 293). É também por razões internas à composição que a epopeia admite uma extensão maior: mais tolerante para com acontecimentos episódicos, também requer maior amplitude, sem, no entanto, desconsiderar a exigência de limite.

O tempo não só não é considerado, como é excluído: assim, a propósito da epopeia (capítulo XXIII), submetida às exigências de completude e de totalidade ilustradas admiravelmente pela tragédia, Aristóteles opõe dois tipos de unidades: por um lado, a unidade temporal (*henòs khrónou*) que caracteriza "um período *único* com todos os acontecimentos que ocorreram em seu transcurso, que afetam um só ou vários homens e mantêm entre si relações contingentes" (59 a 23-24); por outro, a unidade dramática, que caracteriza "uma ação *una*" (59 a 22) (que forma um todo e vai até seu termo, com começo, meio e fim). Portanto, inúmeras ações que ocorram num único período de tempo não fazem uma ação una. Homero é elogiado por ter escolhido na história da guerra de Troia – embora esta tenha um começo e um fim – "uma parte única", cujo começo e fim só a sua arte determinou. Esses comentários confirmam que Aristóteles não demonstra nenhum interesse pela construção do tempo que possa estar implicada na construção da intriga.

Se a relação interna da intriga é mais lógica que cronológica, de que lógica se trata? A bem dizer, a palavra lógica não é pronunciada, exceto pelo fato de que necessidade e probabilidade são categorias familiares do *Órganon*. Se o termo lógica não é pronunciado é porque se trata de uma inteligibilidade apropriada ao campo da *práxis* e não da *theoría*, vizinha portanto da *phrónesis*, que é a inteligência da ação. A poesia é com efeito um "fazer", e um "fazer" sobre um "fazer" – os "agentes" do capítulo II. Porém, não é um fazer efetivo, ético, mas precisamente inventado, poético. Por isso, é preciso discernir os aspectos específicos dessa inteligência mimética e mítica – no sentido aristotélico desses dois termos. Que se trata efetivamente de inteligência, é algo que Aristóteles adverte desde o capítulo IV, onde estabelece pela via genética seus conceitos diretores. Por que, pergunta ele, sentimos prazer em contemplar imagens de coisas em si mesmas repugnantes – animais ignóbeis ou cadáveres? "A causa disso é que aprender é um prazer não só para os filósofos, mas também para os outros homens (...); com efeito, se contemplar imagens proporciona deleite é porque as contemplando aprende-se a conhecer e conclui-se o que seja cada coisa, como quando se diz: esse é ele" (48 b 12-17). Aprender, concluir, reconhecer a forma: é esse o esqueleto inteligível do prazer da imitação (ou da representação)[20]. Mas, se não são os universais dos filósofos, que podem ser esses universais "poéticos"? Que sejam universais, não há dúvida, já que podem ser caracterizados pela dupla oposição entre o possível e o efetivo e entre o geral e o particular. O primeiro par é ilustrado, como se sabe, pela fa-

---

20. Sobre a "resposta intelectual" às imitações do artista, cf. G. Else (comentário *ad* 48 b 4-24). James Redfield também insiste com veemência nessa função *instrutiva* da imitação (*op. cit.*, pp. 52-5): o provável é universal à sua maneira (pp. 55-60); a intriga dá a conhecer (pp. 60-7). Assim, a *Poética* mantém um vínculo estreito com a retórica do século V e sua cultura da argumentação. Mas, enquanto no tribunal o argumento se soma à narrativa, ela mesma dependente do contingente, o drama inclui o argumento na narrativa e constrói as condições do acontecimento a partir da intriga: *"We can then define fiction as the outcome of a hypothetical inquiry into the intermediate causes of action, an inquiry which has led the poet to the discovery and communication in a story of some universal pattern of human probability and necessity"* [Podemos, portanto, definir a ficção como o resultado de uma hipotética inquirição sobre as causas intermediárias da ação, uma inquirição que levou o poeta a descobrir e comunicar numa história um padrão de necessidade e probabilidade humanas] (pp. 59-60). Portanto, *"fiction is the outcome of a kind of inquiry"* [ficção é o resultado igual à inquirição] (p. 79): Como é que isso pode ter acontecido? Quem agiria assim? No mesmo sentido, Golden: *"Through imitation, events are reduced to form and thus, however impure in themselves, the events portrayed are purified – clarified – into intelligibility"* [Por meio da imitação, os acontecimentos são reduzidos à forma e, assim, embora intrinsecamente impuros, os acontecimentos retratados são purificados – aclarados – e se tornam inteligíveis.] (*op. cit.*, p. 236).

mosa oposição entre a poesia e a história à maneira de Heródoto[21]: "Pois a diferença entre o cronista e o poeta não provém do fato de que um se exprime em versos e o outro em prosa (seria possível pôr em versos a obra de Heródoto e nem por isso ela deixaria de ser uma crônica); a diferença é que um diz o que aconteceu e o outro o que poderia acontecer; é por isso que a poesia é mais filosófica e mais nobre que a crônica: a poesia tende a tratar do geral, a crônica, do particular" (51 b 4-51 b 7).

Contudo, o assunto não está totalmente elucidado: pois Aristóteles toma o cuidado de opor a "o que realmente aconteceu (...) o que poderia acontecer na ordem do verossímil e do necessário" (51 a 37-38). E mais adiante: "O geral é o que um certo tipo de homens faz ou diz, por verossimilhança ou necessidade" (51 b 9). Em outras palavras: o possível, o geral não devem ser buscados em outra parte senão no agenciamento dos fatos, porque é esse encadeamento que tem de ser necessário ou verossímil. Em suma, é a intriga que deve ser típica. Compreende-se mais uma vez por que a ação prima sobre os personagens: é a universalização da intriga que universaliza os personagens, mesmo quando eles conservam um nome próprio. Donde o preceito: primeiro conceber a intriga, em seguida dar nomes.

Pode-se então objetar que o argumento é circular: o possível e o geral caracterizam o necessário ou o verossímil; mas são o necessário e o verossímil que condicionam o possível e o geral. Deve-se então supor que o agenciamento como tal, isto é, uma ligação aparentada com a causalidade, torna típicos os fatos agenciados? De minha parte, tentarei, na esteira de teóricos narrativistas da história como Louis O. Mink[22], fazer todo o peso da inteligibilidade recair na conexão como tal estabelecida entre acontecimentos, em suma, no ato judicatório de "tomar juntamente". Pensar uma relação de causalidade, mesmo entre acontecimentos singulares, já é universalizar.

---

21. Os últimos tradutores franceses dizem: a crônica, uma vez que reservaram o termo história para traduzir *mŷthos*. Por outro lado, essa escolha tem a vantagem de dar lugar a um juízo menos negativo sobre a historiografia.

22. Cf. abaixo, segunda parte, cap. II, pp. 257 ss.

Que isso seja assim é confirmado pela oposição entre intriga una e intriga em episódios (51 b 33-35). Não são os episódios que Aristóteles reprova: a tragédia não pode se privar deles sob o risco de ficar monótona e a epopeia tira o melhor partido deles. O que é condenado é o caráter descosturado dos episódios: "Chamo intriga em episódios aquela em que os episódios seguem-se um ao outro (*met'állela*) [e não se encadeiam] sem verossimilhança ou necessidade" (*ibid.*). Nisso reside a oposição-chave: "Uma depois da outra"/"uma por causa da outra" (*di'állela*, 52 a 4). Uma depois da outra é a sequência episódica e, portanto, o inverossímil; uma por causa da outra é o encadeamento causal e, portanto, o verossímil. Não se admite mais nenhuma dúvida: o tipo de universalidade que a intriga comporta deriva de seu ordenamento, que constitui sua completude e sua totalidade. Os universais que a intriga gera não são ideias platônicas. São universais parentes da sabedoria prática, portanto da ética e da política. A intriga gera esses universais quando a estrutura da ação repousa na relação interna à ação e não em acidentes externos. A conexão interna como tal é o esboço da universalização. Uma característica da *mímesis* seria visar no *mŷthos*, não seu caráter de fábula, mas seu caráter de coerência. Seu "fazer" seria logo de partida um "fazer" universalizante. Todo o problema do *Verstehen** narrativo está contido aqui em germe. Compor a intriga já é fazer surgir o inteligível do acidental, o universal do singular, o necessário ou o verossímil do episódico. Afinal, não é isso o que Aristóteles diz em 51 b 29-32: "De tudo isso, fica claro que o poeta deve ser poeta não de metros mas de histórias, porque é devido à representação que ele é poeta e porque o que ele representa são ações; mesmo supondo que ele componha um poema sobre acontecimentos realmente sucedidos, nem por isso deixa de ser poeta; pois nada impede que certos acontecimentos reais sejam do tipo que poderia suceder na ordem do verossímil e do possível, e é devido a isso que ele é seu poeta"[23] (51 b

---

* Entender. (N. da T.)
23. Else exclama: "*The maker of what happened! Not the maker of the actuality of events but of their logical structure, of their meaning: their having happened is ac-*

27-32)? Os dois lados da equação se equilibram: fazedor de intriga/imitador de ação: é esse o poeta.

A dificuldade, no entanto, só está parcialmente resolvida: pode-se constatar um encadeamento causal na realidade, mas que dizer da composição poética? Questão embaraçosa: se a atividade mimética "compõe" a ação, é ela que instaura o necessário ao compor. Não vê o universal, faz que ele surja. Quais são então seus critérios? Temos uma resposta parcial na expressão evocada anteriormente: "ao contemplar imagens aprende-se a conhecer e conclui-se o que cada coisa é, como quando se diz: esse é ele" (48 b 16-17). Esse prazer do reconhecimento, como dizem os últimos comentadores franceses, pressupõe, a meu ver, um conceito prospectivo de verdade segundo o qual inventar é reencontrar. Mas esse conceito prospectivo de verdade não cabe numa teoria mais formal da estrutura de intriga e supõe uma teoria mais desenvolvida da *mímesis* do que aquela que simplesmente a iguala ao *mŷthos*. Voltarei a isso no fim deste estudo.

3. *A discordância incluída*

O modelo trágico não é puramente um modelo de concordância, e sim de concordância discordante. É isso que permite confrontá-lo com a *distentio animi*. A discordância está presente em cada estágio da análise aristotélica, embora só seja tratada tematicamente sob o título da intriga "complexa" (*vs.* "simples"). Já se anuncia desde a definição canônica da tragédia: esta deve ser a representação de uma ação nobre "levada a termo..."[24] (*teleios*) (49 a 25). Ora, a completude não é um aspecto a ser desconsiderado, na medida em que o termo da ação é fe-

---

cidental to their being composed" [O fazedor do que aconteceu! Não o fazedor da realidade dos acontecimentos, mas de sua estrutura lógica, de seu sentido: o que aconteceu é acidental com relação ao seu ser construído] (*op. cit.*, p. 321).

24. Citamos anteriormente: "uma ação levada a termo, que forma um todo e tem certa extensão" (50 b 24-25). No contexto próximo, Aristóteles só comenta "todo" e "extensão".

licidade ou infelicidade e em que a qualidade ética dos caracteres funda a plausibilidade de um desfecho ou outro. Portanto, a ação só é levada a termo quando produz um ou outro. Assim, fica marcado o lugar vazio dos "episódios" que levam a ação a seu termo. Aristóteles nada diz contra os episódios. O que proscreve são, não os episódios, mas a textura episódica, a intriga em que os episódios seguem-se uns aos outros ao acaso. Os episódios, controlados pela intriga, são o que dá amplitude à obra e, assim, uma "extensão".

Mas a definição da tragédia contém uma segunda indicação: "... ao representar a piedade e o temor, realiza uma depuração (*kátharsis*) desse tipo de emoções" (49 b 26-27). Deixemos por ora de lado a questão espinhosa da *catarse* e concentremo-nos no meio (*diá*) da *catarse*. A meu ver, Else e Dupont-Roc-Lallot entenderam bem a intenção de Aristóteles, refletida na construção da frase: a resposta emocional do espectador é construída no drama, na qualidade dos incidentes destrutivos e dolorosos para os próprios personagens. O tratamento posterior do termo *páthos*, como terceiro componente da intriga complexa, o confirmará. Assim sendo, a *catarse*, o que quer que esse termo signifique, é operada pela própria intriga. A partir daí, a discordância primeira são os incidentes atemorizantes e dignos de piedade. Constituem a principal ameaça para a coerência da intriga. É por isso que Aristóteles fala deles novamente com relação ao necessário e ao verossímil e no mesmo contexto da crítica da peça em episódios (capítulo IX). Não comenta mais os substantivos piedade e temor, e sim os adjetivos "dignos de piedade" e "atemorizantes" (52 a 2), que qualificam os incidentes representados pelo poeta por meio da intriga.

A concordância discordante é visada de forma ainda mais direta na análise do efeito surpresa. Aristóteles caracteriza-o mediante uma extraordinária expressão em forma de anacoluto: "Contra toda expectativa/por causa um do outro" (*parà tèn dóxan di'állela*) (52 a 4). O "surpreendente" (*tò thaumastón*) (*ibid.*) – cúmulo do discordante – são então os eventos fortuitos que parecem acontecer de propósito.

Mas atingimos o âmago da concordância discordante, ainda comum às intrigas simples e complexas, com o fenômeno central da ação trágica que Aristóteles denomina "reviravolta" (*metabolé*) (capítulo XI). Na tragédia, a reviravolta se dá da fortuna ao infortúnio, mas sua direção pode ser inversa: a tragédia não explora esse recurso, sem dúvida devido ao papel dos incidentes atemorizantes ou dignos de piedade. É essa reviravolta que leva tempo e rege a extensão da obra. A arte de compor consiste em fazer parecer concordante essa discordância: o "um por causa (*diá*) do outro" prevalece então sobre o "um depois (*metá*) do outro"[25] (52 a 18-22). É na vida que o discordante acaba com a concordância, não na arte trágica.

As reviravoltas características da intriga complexa são, como bem se sabe, o *coup de théâtre* (*peripéteia*) (segundo o feliz achado dos últimos tradutores franceses) e o *reconhecimento* (*anagnórisis*), ao que se deve agregar o *efeito violento* (*páthos*). Podem-se ler as definições dessas modalidades de reviravolta no capítulo XI, e os comentários a esse respeito são bem conhecidos[26]. O importante para nós é que Aristóteles multiplica aqui as exigências da intriga trágica tornando assim seu modelo simultaneamente mais forte e mais limitado. Mais limitado, na medida em que a teoria do *mŷthos* tende a se identificar com a da intriga trágica: a questão será então saber se o que chamamos o narrativo pode extrair o efeito surpresa de outros procedimentos além dos enumerados por Aristóteles e, portanto, gerar outras exigências além das do trágico. Mas o modelo também se torna mais forte, na medida em que *coup de théâtre*, reconhecimento e efeito violento – sobretudo quando estão reunidos na mesma obra, como em *Édipo* de Sófocles – levam ao seu mais alto grau de tensão a fusão do "paradoxal" e do en-

---

25. Redfield traduz 52 a 1-4: "*The imitation is not only of a complete action but of things pitiable and fearful; such things most happen when they happen contrary to expectation because of one another* (di'állela)." Else traduz: "*contrary to experience but because of one another*". Léon Golden: "*unexpectedly, yet because of one another*".

26. A tragédia de Édipo, cuja trama e cujo desfecho conhecemos, ainda conserva para nós seu caráter de *peripéteia*? Sim, se não definirmos a surpresa por algum conhecimento exterior, mas pela relação com a *expectativa* criada pelo curso interno da intriga: a reviravolta ocorre em *nossa* expectativa, mas esta é criada *pela* intriga (cf. mais adiante a discussão da relação entre a estrutura interna e as disposições do público).

cadeamento "causal", da surpresa e da necessidade[27]. Mas é essa força do modelo que toda teoria da narratividade empenha-se em preservar por outros meios que não sejam os do gênero trágico. No tocante a isso, podemos nos indagar se não sairíamos do narrativo se abandonássemos a principal exigência que é a reviravolta, tomada na sua definição mais ampla, a de "inverter o efeito das ações" (52 a 22). Voltaremos a essa questão quando nos indagarmos mais adiante "o que faz da ação uma história (ou histórias)", conforme o título do ensaio de H. Lübbe[28]. A função dos efeitos não desejados e, mais ainda, a dos efeitos "perversos" na teoria da historiografia irão nos colocar uma questão análoga. As implicações dessa questão são muitas: se a reviravolta é tão essencial para toda história em que o insensato ameaça o sensato, a conjunção da reviravolta e do reconhecimento não teria uma universalidade que vai além do caso da tragédia? Os historiadores não buscam, também, pôr lucidez onde há perplexidade? E a perplexidade não é tanto maior quanto mais inesperadas forem as reviravoltas da fortuna? Outra implicação mais restritiva ainda: não se deveria, ao mesmo tempo, conservar junto com a reviravolta a referência à felicidade e à infelicidade? Toda história narrada não trata, em última instância, de reveses da fortuna, para o bem ou para o mal?[29] Não se deveria reservar ao *efeito violento* (pá-

---

27. É função do *reconhecimento*, como mudança de ignorância para conhecimento, nos limites que exporemos mais adiante (nota seguinte), *compensar* o efeito surpresa contido na *peripéteia* pela lucidez que ele instaura. Ao escapar ao autoengano, o herói entra na sua verdade e o espectador no *conhecimento* dessa verdade. Nesse sentido, Else talvez tenha razão quando aproxima o problema da falta trágica do problema do reconhecimento. A falta, ao menos na medida em que comporta ignorância e erro, é realmente o inverso do reconhecimento. Um problema importante na quarta parte desta obra será estender uma ponte entre o reconhecimento no sentido de Aristóteles, o reconhecimento no sentido de Hegel e a repetição no sentido de Heidegger.
28. Hermann Lübbe, "Was aus Handlungen Geschichten macht", in *Vernünftiges Denken*, ed. por Jürgen Mittelstrass e Manfred Riedel, Berlim, Nova York, Walter de Gruyter, 1978, pp. 237-50.
29. Os limites do modelo talvez fiquem mais aparentes no caso do reconhecimento, onde as passagens da ignorância para o conhecimento se dão no interior de relações "de aliança ou de hostilidade entre aqueles designados para

thos) o devido espaço nessa passagem em revista das modalidades de reviravolta: Aristóteles dá dele, é fato, uma definição bastante limitativa no final do capítulo XI. O efeito violento deve ser vinculado a "incidentes atemorizantes e dignos de piedade" inerentes à intriga trágica e geradores por excelência de discordância. "O efeito violento" – "*the thing suffered*", interpreta Else – apenas intensifica o atemorizante e o digno de piedade na intriga complexa.

Essa consideração da qualidade emocional dos incidentes não é alheia a nossa investigação, como se a preocupação com a inteligibilidade própria da busca de completude e de totalidade devesse implicar um "intelectualismo" a ser contraposto a um "emocionalismo" qualquer. O digno de piedade e o atemorizante são qualidades estreitamente ligadas às mudanças de fortuna mais inesperadas e orientadas para a infelicidade. São esses incidentes discordantes que a intriga tende a tornar necessários e verossímeis. E é assim que ela os purifica, ou melhor, os depura. Voltaremos mais adiante a tratar desse ponto. É incluindo o discordante no concordante que a intriga inclui o comovente no inteligível. Por isso, Aristóteles chega a dizer que o *páthos* é um ingrediente da imitação ou da representação da *práxis*. Esses termos que a ética opõe, a poesia conjuga[30].

É preciso ir mais longe: se o digno de piedade e o atemorizante se deixam incorporar assim ao trágico é porque essas emoções têm, como diz Else (*op. cit.*, p. 375), seu *rationale* (sua razão de ser), que, em contrapartida, serve de critério para a qualidade

---

a felicidade" (52 a 31). É certo que a aliança se estende para além dos laços do sangue, mas constitui uma exigência muito estrita. Pode-se, contudo, indagar se o romance moderno, ao menos na forma que adotou com *Pamela* de Richardson, ao fazer do amor o único motor da ação, não reconstitui o equivalente da exigência da aliança ou da hostilidade por meio de um trabalho de lucidez, ele mesmo equivalente ao reconhecimento aristotélico (cf. abaixo, terceira parte, cap. I).

30. J. Redfield : "Páthe *and learning together constitute the characteristic value to us of a well-made narrative. I suspect that Aristotle meant by katharsis exactly this combination of emotion and learning*" [Páthe e conhecimento constituem juntos para nós o valor característico de uma narrativa bem feita. Suspeito que, por *kátharsis*, Aristóteles queria dizer justamente essa combinação de emoção e conhecimento.] (*op. cit.*, p. 67).

trágica de cada mudança de fortuna. Dois capítulos (XIII e XIV) são dedicados a esse efeito de triagem que a piedade e o temor exercem no tocante à própria estrutura da intriga. Com efeito, na medida em que essas emoções são incompatíveis com o repugnante e o monstruoso, assim como com o inumano (a falta dessa "filantropia" que nos faz reconhecer "semelhantes" nos personagens), elas desempenham a principal função na tipologia das intrigas. Esta é construída em torno de dois eixos: nobreza e baixeza nos caracteres, final feliz ou infeliz. São as duas emoções trágicas que regem a hierarquia das combinações possíveis: "pois uma – a piedade – volta-se para o homem que não mereceu sua infelicidade, a outra – o temor – para a infelicidade de um semelhante" (53 a 3-5).

Por fim, são também as emoções trágicas que exigem que o herói seja impedido de atingir a excelência em termos de virtude e justiça por alguma "falta", sem que, no entanto, seja o vício ou a maldade que o faça cair em desgraça: "Resta portanto o caso intermediário. O do homem que, sem atingir a excelência em termos de virtude e da justiça, deve, não ao vício e à maldade, mas a alguma falta (*hamartía*), o fato de cair em desgraça..."[31] (53 a 7 ss.). Assim, mesmo o discernimento da falta trágica é excetuado pela qualidade emocional da piedade, do temor e do senso do humano[32]. Portanto, é uma relação circular. É a composição da intriga que depura as emoções, levando

---

31. A *hamartía* não é apenas um caso extremo de discordância; ela contribui no mais alto grau para o caráter de *investigação* da obra trágica. Ela *problematiza* o infortúnio desmerecido. Interpretar o erro trágico é a tarefa da tragédia, como "*inquiry in the strengths and weaknesses of culture*" [investigação das forças e fraquezas da cultura] (Redfield, *op. cit.*, p. 89). Voltaremos mais adiante a falar dessa função da obra poética como reveladora das "disfunções" de uma cultura (*ibid.*, p. 111, n. 1).

32. Else nota com razão que esse discernimento faz de nós juízes: mas é na qualidade de companheiros de humanidade igualmente falíveis (*as a court of fellow human beings*), não na qualidade de ministros da lei, que julgamos. A depuração da piedade e do temor cumprem então função de condenação e de execração. Não somos nem mesmo nós que realizamos a purificação, mas a intriga (*op. cit.*, p. 437). Encontramos novamente a ligação sugerida acima entre a falta trágica e o reconhecimento. A *catarse* é o processo inteiro regido pela estrutura e que culmina no reconhecimento.

os incidentes dignos de piedade e atemorizantes à representação, e são emoções depuradas que regem o discernimento do trágico. Não seria possível levar mais longe a inclusão do atemorizante e do digno de piedade na textura dramática. Aristóteles conclui esse tema nos seguintes termos: "Como o prazer que o poeta deve produzir vem da (*apó*) piedade e do temor despertados pela (*diá*) atividade representativa, é evidente que é nos (*en*) fatos que ele deve inscrever isso ao compor (*empoietéon*)"[33] (53 b 12-13).

São essas as exigências crescentes a que Aristóteles submete seu modelo trágico. Podemos então nos perguntar se, aumentando as exigências da intriga trágica, não tornou seu modelo ao mesmo tempo mais forte e mais limitado[34].

4. O antes e o depois da configuração poética

Para terminar, gostaria de retomar a questão da *mímesis*, segundo centro de meu interesse na leitura da *Poética*. Ela não me parece estar regida pelo estabelecimento da equivalência entre as expressões "imitação (ou representação) de ação" e "agenciamento dos fatos". Não que haja algo a ser suprimido dessa equação. Não há dúvida de que o sentido prevalente da *mímesis* é precisamente aquele que se destaca por sua aproximação com o *mŷthos*: se continuarmos a traduzir *mímesis* por

---

33. Golden traduz: "*Since the poet should produce pleasure from* (apó) *pity and fear through* (diá) *imitation, it is apparent that this function most be worked into* (en toîs prágmasin empoietéon) *the incidents*" (*op. cit.*, p. 23). Else comenta: "*through the shaping of the work* out of *the emotions*".

34. Devem ter notado que não comentei a distinção entre "nó" (*désis*) e "desenlace" (*lýsis*) do cap. XVIII. O mero fato de Aristóteles incluir na fase de nó acontecimentos "exteriores" à intriga faz pensar que não se deve situar essa distinção no mesmo plano que os outros aspectos da intriga complexa, nem mesmo considerá-la um aspecto pertinente da intriga, cujos critérios são, em sua totalidade, "internos". É por isso que uma crítica do conceito de fechamento narrativo que extraia argumento das aporias dessa análise (cf. terceira parte) atinge apenas uma categoria periférica, heterogênea e talvez tardiamente acrescentada por Aristóteles (Else, *op. cit.*, p. 520), não o núcleo de seu conceito de intriga.

imitação, deveremos entender o contrário do decalque de um real preexistente e falar de imitação criativa. E, se traduzirmos *mímesis* por representação, não deveremos entender por essa palavra uma duplicação de presença, como ainda se poderia esperar da *mímesis* platônica, e sim o corte que abre o espaço de ficção. O artífice de palavras não produz coisas, produz apenas quase coisas, ele inventa o como-se. Nesse sentido, o termo aristotélico *mímesis* é o emblema desse desengate que, para empregar o vocabulário que hoje nos é próprio, instaura a literariedade da obra literária.

No entanto, a equação entre *mímesis* e *mŷthos* não esgota o sentido da expressão *mímesis práxeos*. Pode-se decerto construir – como aliás já fizemos – o genitivo de objetos como o correlato noemático da imitação (ou da representação) e igualar esse correlato à expressão completa: "agenciamento dos fatos", que Aristóteles transforma no "o quê" – no objeto – da *mímesis*. Mas o fato de o termo *práxis* pertencer tanto ao domínio real, desenvolvido pela *ética*, como ao domínio imaginário, desenvolvido pela *poética*, sugere que a *mímesis* não tem somente uma função de corte, mas também de ligação, que estabelece precisamente o estatuto de transposição "metafórica" do campo prático pelo *mŷthos*. Se assim for, é preciso preservar na própria significação do termo *mímesis* uma referência ao antes da composição grega. Chamo essa referência *mímesis* I, para distingui-la de *mímesis* II – a *mímesis*-criação – que continua sendo a função central. Espero mostrar no próprio texto de Aristóteles os indicadores dispersos dessa referência ao antes da composição poética. Isso não é tudo: a *mímesis* que é, como ele nos lembra, uma atividade, a atividade mimética, não encontra o termo visado por seu dinamismo apenas no texto poético, mas também no espectador ou no leitor. Há, assim, um depois da composição poética, que chamo *mímesis* III, cujas marcas também buscarei encontrar no texto da *Poética*. Ao enquadrar assim o salto do imaginário pelas duas operações que constituem o antes e o depois da *mímesis*-invenção, não penso enfraquecer, mas sim enriquecer, o próprio sentido da atividade mimética investida no *mŷthos*. Espero mostrar que ela tira sua inteligibilidade de sua função de mediação, que é a de conduzir do antes do texto ao depois do texto por seu poder de refiguração. Não faltam, na *Poética*, referências à compreensão da ação – e também das paixões – que a *Ética* articula. Essas referências são tácitas, ao passo que a *Retórica* insere em seu próprio texto um verdadeiro "Tratado das paixões". A diferença é compreensível: a retórica explora essas paixões, ao passo que a poética transpõe em poema o agir e o padecer humanos.

O próximo capítulo dará uma ideia mais completa da compreensão da ordem da ação implicada na atividade narrativa. O modelo trágico, justamente como modelo limitado de narratividade, toma empréstimos eles mesmos limitados dessa pré-compreensão. O *mŷthos* trágico, ao girar em torno das reviravoltas de fortuna, e exclusivamente da felicidade para a infelicidade, é uma exploração das vias pelas quais a ação lança, contra todas as expectativas, os homens de valor na infelicidade. Serve de contraponto à ética, que ensina como a ação, pelo exercício das virtudes, conduz à felicidade. Ao mesmo tempo, só adota do pré-saber da ação seus aspectos éticos[35].

Em primeiro lugar, o poeta sempre soube que os personagens que ele representa são "agentes" (48 a 1); sempre soube que os "caracteres são o que permite qualificar os personagens em ação" (50 a 4); sempre soube que "necessariamente esses personagens são nobres ou baixos" (48 a 2). O parêntese que se segue a essa frase é um parêntese ético: "Os caracteres qua-

---

35. J. Redfield insiste com veemência na relação entre ética e poética; essa relação está assegurada de modo visível pelos termos comuns às duas disciplinas: *práxis*, "ação", e *éthos*, "caracteres". Concerne, mais profundamente, à realização da felicidade. Com efeito, a ética só trata da felicidade de forma potencial: considera suas condições, isto é, as virtudes; mas a relação entre as virtudes e as circunstâncias da felicidade continua sendo aleatória. Ao construir suas intrigas, o poeta dá uma inteligibilidade a essa relação contingente. Donde o aparente paradoxo: "*Fiction is about unreal happiness and unhappiness, but these in their actuality*" [A ficção trata de felicidade e infelicidade irreais, embora o faça na realidade delas] (*op. cit.*, p. 63). É a esse preço que narrar "ensina" a respeito da felicidade *e da vida*, nomeada na definição da tragédia: "representação não de homens, mas de ação, de vida e de felicidade (também a infelicidade reside na ação)" (50 a 17-18).

se sempre decorrem apenas desses dois tipos porque, em matéria de caráter, são a baixeza e a nobreza que fundam as diferenças para todo o mundo" (48 a 2-4). A expressão "todo o mundo" (*pántes*) é a marca de *mímesis* I no texto da *Poética*. No capítulo dedicado aos caracteres (capítulo XV), "aquele que é objeto da representação" (54 a 27) é o homem segundo a ética. As qualificações éticas vêm do real. O que depende da imitação ou da representação é a exigência lógica de coerência. Nesse mesmo veio, é dito que a tragédia e a comédia diferem pelo fato de que "uma quer representar personagens piores, a outra, personagens melhores que os homens atuais (*tòn nŷn*)" (48 a 16-18): segunda marca de *mímesis* I. Portanto, que os caracteres possam ser melhorados ou deteriorados pela ação é algo que o poeta sabe e pressupõe: "Os caracteres são o que permite qualificar os personagens em ação" (50 a 6)[36].

Em suma, para que se possa falar de "deslocamento mimético", de "transposição" quase metafórica da ética para a poética, é preciso conceber a atividade mimética como ligação e não apenas como corte. Ela é o próprio movimento de *mímesis* I para *mímesis* II. Se não resta dúvida de que o termo *mŷthos* marca a descontinuidade, a própria palavra *práxis*, por sua du-

---

36. Veremos mais adiante (terceira parte, cap. II) o uso que Claude Brémond faz dessas noções de melhora e de deterioração na sua "lógica dos possíveis narrativos". Podemos concordar com Dupont-Roc e Lallot quando afirmam que a *Poética* inverte a relação de prioridade que a ética estabelece entre a ação e os caracteres; em ética, dizem eles, os caracteres vêm em primeiro lugar, em poética, passam para segundo plano; "a inversão da relação de prioridade entre agente e ação resulta diretamente da definição da poesia dramática como representação de *ação*" (p. 196; também, pp. 202-4). Pode-se contudo notar com Else (ad 48 a 1-4) que também para a ética é a ação que confere sua qualidade moral aos caracteres. De qualquer maneira, como essa alegada reviravolta seria percebida se a ordem de precedência que a *Poética* inverte não fosse preservada pela reviravolta? Nossos autores sem dúvida concordariam: segundo eles, o objeto da atividade mimética conserva, não apenas neste capítulo, mas talvez até o fim, o sentido ambíguo de objeto-modelo (o objeto natural que se imita) e de objeto-cópia (o artefato que se cria). Notam, *ad* 48 a 9: "A atividade mimética (*aqueles que representam*) estabelece entre os dois objetos, modelo e cópia, uma relação complexa; ela implica simultaneamente semelhança e diferença, identificação e transformação, num só e mesmo movimento" (p. 157).

pla filiação, garante a continuidade entre os dois regimes, ético e poético, da ação[37].

Uma relação semelhante de identidade e de diferença poderia certamente ser reconhecida entre os *páthe* amplamente descritos na *Retórica* II e o *páthos* – "efeito violento" – que é entendido pela arte trágica como uma "parte" da intriga (52 b 9 ss.). Talvez se deva levar mais longe a retomada ou a remissão à ética na poética. O poeta não encontra no seu patrimônio cultural apenas uma categorização implícita do campo prático, mas uma primeira moldagem narrativa desse campo. Se os poetas trágicos, diferentemente dos autores de comédia que se permitem dar como suporte para suas intrigas nomes tomados ao acaso, "atêm-se ao nome dos homens realmente comprovados (*genómenon*)" (51 b 15), isto é, recebidos da tradição, é porque o verossímil – aspecto objetivo – deve além do mais ser *persuasivo (pithanón)* (51 b 16) – aspecto subjetivo. A conexão lógica do verossímil não poderia, pois, ser separada das exigências culturais do aceitável. É certo que, também aqui, a arte marca uma ruptura: "Mesmo supondo que [o poeta] componha um poema sobre acontecimentos realmente acontecidos (*genómena*), nem por isso deixa de ser poeta" (51 b 29-30). Mas, sem mitos transmitidos, tampouco haveria algo para transpor poeticamente. Que dirá da inesgotável fonte de violência recebida dos mitos, que o poeta transpõe em efeito trágico? E onde esse trágico potencial é mais denso, senão nas histórias amplamente aceitas relacionadas com algumas grandes famílias ilustres: os Átridas, Édipo e seus familiares...? Portanto, não é por acaso que Aristóteles, por outro lado tão zeloso da autonomia do ato poético, aconselhe o poeta a continuar buscando nesse tesouro a própria matéria do atemorizante e do digno de piedade[38].

---

37. 51 a 16-20 é nesse sentido surpreendente, ao falar *das* ações que sucedem na vida de um indivíduo único, mas que não formam uma ação *una*.
38. J. Redfield observa (*op. cit.*, pp. 31-5) que as histórias de heróis, recebidas da tradição, são, diferentemente das histórias dos deuses, histórias de desastres e de sofrimentos, às vezes superados, em geral padecidos. Não falam da fundação de cidades, mas de sua destruição. O poeta épico recolhe sua "glória", o *kléos*, e redige seu memorial. É nesse patrimônio que o poeta trágico, por sua vez, vai beber; com a ressalva de que *"stories can be borrowed, plots cannot"* [é possível apropriar-se de histórias, mas não de intrigas] (p. 58).

Quanto ao critério do verossímil, pelo qual o poeta distingue suas intrigas das histórias aceitas – tenham elas realmente ocorrido ou existam apenas no tesouro da tradição –, é duvidoso que ele se deixe definir por uma pura "lógica" poética. A alusão que acabamos de fazer a seu vínculo com o "persuasivo" faz pensar que também este último é de certo modo aceito. Mas esse problema remete antes à problemática de *mímesis* III para a qual me volto agora.

À primeira vista, não há muito o que esperar da *Poética* no que concerne ao depois da composição poética. Diferentemente da *Retórica*, que subordina a ordem do discurso a seus efeitos sobre o auditório, a *Poética* não destaca nenhum interesse explícito pela comunicação da obra ao público. Deixa até transparecer aqui e ali uma real impaciência no tocante às exigências ligadas à instituição dos concursos (51 a 7) e mais ainda no tocante ao mau gosto do público comum (capítulo XXV). Portanto, a recepção da obra não é uma categoria central da *Poética*. Esta é um tratado relativo à composição, quase sem nenhuma preocupação com aquele que a recebe.

Os comentários que reúno agora sob o título de *mímesis* III são ainda mais preciosos por serem raros. Demonstram a impossibilidade, para uma poética que pôs a ênfase principal nas estruturas internas do texto, de se encerrar no fechamento do texto.

A linha que pretendo seguir é esta: a *Poética* não fala de estrutura, mas de estruturação; ora, a estruturação é uma atividade orientada que só termina no espectador ou no leitor.

Desde o começo, o termo *poíesis* imprime a marca de seu dinamismo a todos os conceitos da *Poética* e faz deles conceitos de operação: a *mímesis* é uma atividade representativa, a *sýstasis* (ou *sýnthesis*) é a operação de dispor os fatos em sistema e não o sistema em si mesmo. Além disso, o dinamismo (*dýnamis*) da *poíesis* é visado desde as primeiras linhas da *Poética* como exigência de remate perfeito (47 a 8-10); é ele que pede, no capítulo VI, que a ação seja levada a termo (*téleios*). É certo que esse remate perfeito é o da obra, de seu *mŷthos*; só é comprovado, porém, pelo "prazer próprio" (53 b 11) à tragédia, que Aristóteles denomina seu *érgon* (52 b 30), seu "efeito próprio" (Golden, *op. cit.*, p. 21, traduz: *the proper function*). A partir daí, todos os bosquejos de *mímesis* III no texto de Aristóteles são relativos a esse "prazer próprio" e às condições de sua produção. Gostaria de mostrar de que maneira esse prazer é ao mesmo tempo construído na obra e efetuado fora da obra. Ele junta o interior e o exterior e exige que seja tratada de maneira dialética essa relação entre o exterior e o interior, que a poética moderna reduz rápido demais a uma simples disjunção, em nome de um suposto interdito lançado pela semiótica sobre tudo o que é considerado extralinguístico[39]. Como se a linguagem não estivesse desde sempre lançada para fora de si por sua veemência ontológica! Temos na *Ética* um bom guia para articular corretamente o interior e o exterior da obra. É a própria teoria do prazer. Se aplicarmos à obra literária o que Aristóteles diz do prazer no livro VII e no livro X da *Ética nicomaqueia*, isto é, que ele procede de uma ação não impedida e se soma à ação realizada como um suplemento que a coroa, deve-se articular da mesma maneira a finalidade interna da composição e a finalidade externa de sua recepção[40].

O prazer de aprender é, com efeito, o primeiro componente do prazer do texto. Aristóteles considera-o um corolário do prazer que extraímos das imitações ou representações, que é uma das causas naturais da arte poética, segundo a análise

---

39. Minha posição, que argumentarei no próximo capítulo, é parecida com a de H. R. Jauss, em *Pour une esthétique de la réception*, Paris, Gallimard, 1978, pp. 21-80. A respeito do "gozo", pode-se ler do mesmo autor, *Aesthetische Erfahrung und Literarische Hermeneutik*, Munique, Wilhelm Fink Verlag, 1977, pp. 24-211.

40. O estatuto misto do prazer, na intersecção entre a obra e o público, certamente explica por que o espetáculo tem um lugar tão flutuante na *Poética*. Por um lado, dizem que ele é "totalmente estranho à arte": "pois a tragédia realiza sua finalidade mesmo sem concurso e sem atores" (50 b 16); por outro, é uma das "partes" da tragédia; acessório, não pode com efeito ser excluído, pois o texto dá a ver, e quando ele não dá a ver ele dá a ler. A leitura, cuja teoria Aristóteles não faz, nunca é mais que o substituto do espetáculo. Pois quem mais, senão o espectador ou seu substituto, o leitor, podem apreciar o "bom comprimento" de uma obra, se este for definido como "o que se deve poder abarcar com um só olhar do começo ao fim" (59 b 19)? É através do "olhar" que o prazer de aprender passa.

genética do capítulo IV. Ora, Aristóteles associa ao ato de aprender o de "concluir o que cada coisa é, como quando se diz: esse é ele" (48 b 17). O prazer de aprender é portanto o de reconhecer. É o que o espectador faz quando reconhece em Édipo o universal que a intriga gera exclusivamente por sua composição. O prazer do reconhecimento é portanto, ao mesmo tempo, construído na obra e experimentado pelo espectador.

Esse prazer do reconhecimento é, por sua vez, fruto do prazer que o espectador extrai da composição segundo o necessário e o verossímil. Ora, esses critérios "lógicos" são eles mesmos ao mesmo tempo construídos na peça e exercidos pelo espectador. Já fizemos uma alusão, por ocasião dos casos extremos de consonância dissonante, ao vínculo que Aristóteles estabelece entre o verossímil e o aceitável – o "persuasivo" –, principal categoria da *Retórica*. É o que ocorre a partir do momento em que o paradoxal tem de ser incluído na cadeia causal do "um por meio do outro". É o que ocorre sobretudo quando a epopeia acolhe o *alogon*, o irracional, que a tragédia deve evitar. O verossímil, sob a pressão do inverossímil, é então estirado até o ponto de ruptura. Não esquecemos o surpreendente preceito: "Deve-se preferir o que é impossível mas verossímil ao que é possível mas não persuasivo" (60 a 26-27). E, quando no capítulo seguinte (XXV) Aristóteles determina as normas que devem guiar o crítico na resolução dos "problemas", classifica as coisas representáveis em três tipos: "tal como eram ou como são, tal como dizem que são ou que parecem ser, ou então tal como devem ser" (60 b 10-11). Ora, que designam a realidade presente (e passada), a opinião e o dever-ser, senão o próprio império do crível disponível? Chegamos aí a um dos motores mais dissimulados do prazer de reconhecer, qual seja, o critério do "persuasivo", cujos contornos são os mesmos do imaginário social (os últimos comentadores franceses dizem bem: "O persuasivo nada mais é que o verossímil considerado em seu efeito sobre o espectador, e, por isso, o último critério da *mímesis*", p. 382). É verdade que Aristóteles faz explicitamente do persuasivo um atributo do verossímil, que é ele mesmo a medida do possível em poesia ("o possível é persuasivo", 51 b 16). Mas, quando o impossível – figura extrema do discordante – ameaça a estrutura, não é o persuasivo que se torna a medida do impossível aceitável? "Do ponto de vista da poesia, um impossível persuasivo é preferível ao não persuasivo, ainda que possível" (61 b 10-11). A "opinião" (*ibid.*) é aqui o único guia: "É ao que se diz que se devem referir os casos de irracionalidade" (61 b 14).

Assim, por sua própria natureza, a inteligibilidade característica da consonância dissonante, aquela mesma que Aristóteles coloca sob o título do verossímil, é o produto comum da obra e do público. O "persuasivo" nasce na intersecção entre eles.

É ainda no espectador que as emoções propriamente trágicas desabrocham. Tanto mais que o prazer próprio à tragédia é o prazer gerado pelo temor e pela piedade. Em nenhuma outra parte se percebe melhor a flexão da obra ao espectador. Por um lado, com efeito, o digno de piedade e o atemorizante – como adjetivos – caracterizam os próprios "fatos" que o *mŷthos* reúne. Nesse sentido, o *mŷthos* imita ou representa o digno de piedade e o atemorizante. E como ele os transfere para a representação? Fazendo-os, justamente, sair do (*ex*) agenciamento dos fatos. Temos então o temor e a piedade inscritos *nos* fatos *pela* composição, na medida em que ela passa *pelo* crivo da atividade representativa (53 b 13). O que é experimentado pelo espectador deve primeiro ser construído na obra. Nesse sentido, poderíamos dizer que o espectador ideal de Aristóteles é um "*implied spectator*" no sentido que Wolfgang Iser fala de um "*implied reader*"*[41] – mas um espectador de carne e osso, capaz de gozar.

No tocante a isso, estou de acordo com as interpretações convergentes da catarse em Else, Golden, James Redfield, Dupont-Roc e Jean Lallot[42]. A *catarse* é uma purificação – ou me-

---

* Leitor implícito. (N. da T.)
41. Wolfgang Iser, *The Implied Reader*, Baltimore e Londres, The Johns Hopkins University Press, 1974, pp. 274-94.
42. G. Else: o que opera a purificação é o próprio processo da imitação. E, como a intriga *é* a imitação, a purificação é operada pela intriga. A alusão à *catarse* no cap. VI não constitui, portanto, uma adição, mas pressupõe toda a teo-

lhor, como propõem estes últimos, uma depuração – cuja sede está no espectador. Consiste precisamente no fato de que o "prazer próprio" à tragédia procede da piedade e do temor. Consiste, portanto, na transformação em prazer do sofrimento inerente a essas emoções. Mas essa alquimia subjetiva também é construída *na* obra *pela* atividade mimética. Resulta do fato de que os incidentes dignos de piedade e atemorizantes são, como acabamos de dizer, eles mesmos transportados para a representação. Ora, essa representação poética das emoções resulta por sua vez da própria composição. Nesse sentido, não é exagerado dizer, com os últimos comentadores, que a depuração consiste em primeiro lugar na construção poética. Eu mesmo sugeri em outra parte tratar a *catarse* como parte integrante do processo de metaforização que junta cognição, imaginação e sentimento.[43] Nesse sentido, a dialética do dentro e do fora atinge seu ponto culminante na *catarse*: experimentada pelo espectador, é construída na obra; é por isso que Aristóteles pode incluí-la na sua definição da tragédia, sem lhe dedicar uma análise específica: "Ao (*diá*) representar a piedade e

---

ria da intriga. No mesmo sentido, cf. Leon Golden, art. "*Catharsis*", in *Transactions of the Am. Philological Assoc.* XLIII (1962) 51-60. James Redfield, por sua vez, escreve: "*Art..., in so far as it achieves form, is a purification... As the work reaches closure, we come to see that every thing is as it should be, that nothing could be added or taken away. Thus the work takes us through impurity to purity; impurity has been met and overcome by the power of formal art*" [Arte... na medida em que resulta em forma, é uma purificação... Quando a obra chega ao fim, percebemos que tudo é como deveria ser, que nada poderia ser acrescentado ou subtraído. Assim, a obra nos conduz à pureza através da impureza; a impureza foi conhecida e superada pelo poder da arte formal] (p. 161). A purificação é de fato uma depuração, na medida em que o artista dá forma por "redução", segundo uma expressão tomada de Lévi-Strauss: "*The mark of this reduction is artistic closure*" [O indicador dessa redução é a finalização artística] (p. 165). É porque o mundo da obra literária é "*self-contained*" [basta-se a si mesmo] (*ibid.*), que "*art in imitating life can make intelligible (at the price of reduction) situations unintelligible in life*" [ao imitar a vida, a arte pode tornar inteligíveis (ao preço da redução) situações ininteligíveis para a vida] (p. 166). Dupont-Roc e Lallot estão portanto plenamente justificados quando traduzem *kátharsis* por "depuração" (cf. o comentário deles, pp. 188-93).

43. "The Metaphorical Process as Cognition, Imagination, and Feeling", *Critical Inquiry*, The University of Chicago, vol. 5, n.° 1 (1978), pp. 143-59.

o temor, ela realiza uma depuração desse tipo de emoções" (49 b 28).

Reconheço que as alusões que a *Poética* faz ao prazer proporcionado por compreender e ao prazer proporcionado por experimentar temor e piedade – que, na *Poética*, formam um único gozo – constituem apenas o bosquejo de uma teoria de *mímesis* III. Esta só ganha toda a sua envergadura quando a obra expõe *um mundo* de que o leitor se apropria. Esse mundo é um mundo cultural. O principal eixo de uma teoria da referência depois da obra passa portanto pela relação entre poesia e cultura. Como diz veementemente James Redfield na sua obra *Nature and Culture in the Iliad* [Natureza e cultura na Ilíada], as duas relações, inversas uma da outra, que se pode estabelecer entre esses dois termos, "*must be interpreted... in the light of a third relation: the poet as a maker of culture*"* (Prefácio, p. XI)[44].

---

* Têm de ser interpretadas... à luz de uma terceira relação: o poeta como criador de cultura. (N. da T.)

44. Toda a obra de James Redfield está orientada por esse tema da incidência da inteligência poética na cultura. Esta é definida nestes termos: "*Those things which can be made otherwise by choice, effort, and the application of knowledge constitute the sphere of culture*" [Coisas que podem ser feitas de modo diferente por escolha, esforço e aplicação de conhecimento constituem a esfera da cultura] (*op. cit.*, p. 70). A oposição entre natureza e cultura consiste essencialmente na oposição entre restrição e contingência: "*Values and norms are... not constraints on action but (teleologically) the sources of action*" [Valores e normas são... não restrições impostas à ação, mas (teleologicamente) as fontes da ação] (p. 70). "*Constraints constitute the sphere of nature; they are things which cannot be made otherwise*" [Restrições constituem a esfera da natureza; são coisas que não podem ser feitas de modo diferente] (p. 71). Disso resulta que o sentido de uma obra de arte só se completa no seu efeito sobre a cultura. Para J. Redfield, essa incidência é principalmente crítica: o drama nasce das ambiguidades dos valores e das normas culturais: é com os olhos fixos na norma que o poeta apresenta a seu auditório uma história que é problemática com um caráter que é desviante (p. 81): "*The tragic poet thus tests the limits of culture... In tragedy culture itself becomes problematic*" [Assim, o poeta trágico testa os limites da cultura... Na tragédia, a própria cultura se torna problemática] (p. 84). Antes dela, a epopeia já exerceu essa função graças à "distância épica": "*Epic describes the heroic world to an audience which itself inhabits another, ordinary world*" [A epopeia descreve o mundo heroico para um auditório que habita ele mesmo um outro mundo comum] (p. 35). O poeta exerce seu magistério começando por *desorientar* seu auditório e depois lhe oferecendo uma representação *ordenada* dos temas de ruína e de

A *Poética* de Aristóteles não faz nenhuma incursão nesse terreno. Mas define o espectador ideal e, melhor ainda, o leitor ideal: sua inteligência, suas emoções "depuradas", seu prazer, na junção da obra e da cultura que aquela cria. É desse modo que a *Poética* de Aristóteles, apesar de seu interesse quase exclusivo pela *mímesis*-invenção, oferece o bosquejo de uma investigação da atividade mimética em toda a sua envergadura.

> desordem de seus cantos heroicos. Mas ele não resolve os dilemas da vida. Assim, na *Ilíada*, a cerimônia fúnebre de reconciliação não revela nenhum sentido, mas torna manifesta a ausência de sentido de todo empreendimento guerreiro: "*Dramatic art rises from the dilemmas and contradictions of life, but it makes no promise to resolve dilemmas; on the contrary, tragic art may well reach its highest format perfection at the moment when it reveals to us these dilemmas as universal, pervasive and necessary*" [A arte dramática surge dos dilemas e contradições da vida, mas não promete resolver dilemas; ao contrário, pode-se até dizer que a arte trágica atinge sua maior perfeição formal no momento em que nos revela esses dilemas como universais, onipresentes e necessários] (p. 219). "*Poetry offers [man] not gratification but intelligibility*" [O que a poesia oferece aos homens não é gratificação, mas inteligibilidade] (p. 220). É o que sucede, por excelência, com o sofrimento não merecido, agravado pela falta trágica: "*Through the undeserved suffering of the characters of tragedy, the problem of culture is brought home to us*" [Através do sofrimento não merecido dos personagens da tragédia, o problema da cultura nos é devolvido] (p. 87). A *hamartía*, ponto cego da *discordância*, é também o ponto cego do "ensinamento trágico". É nesse sentido que podemos nos arriscar a chamar a arte de "negação da cultura" (pp. 218-23). Voltaremos na quarta parte, com a ajuda de Hans Robert Jauss, a falar dessa função da obra literária de problematizar a vivência de uma cultura.

3. TEMPO E NARRATIVA
A tripla *mímesis*

Chegou o momento de ligar os dois estudos independentes que precedem e pôr à prova nossa hipótese básica, qual seja, a de que existe, entre a atividade de narrar uma história e o caráter temporal da experiência humana, uma correlação que não é puramente acidental, mas apresenta uma forma de necessidade transcultural. Ou, para dizê-lo de outra maneira: *o tempo torna-se tempo humano na medida em que está articulado de modo narrativo, e a narrativa alcança sua significação plenária quando se torna uma condição da existência temporal.*

O abismo cultural que separa a análise agostiniana do tempo nas *Confissões* e a análise aristotélica da intriga na *Poética* me obriga a construir, por minha própria conta e risco, os elos intermediários que articulam a correlação. Com efeito, como dissemos, os paradoxos da experiência do tempo segundo Agostinho nada devem à atividade de narrar uma história. O exemplo privilegiado da recitação de um verso ou de um poema serve mais para aguçar o paradoxo do que para resolvê-lo. Por seu lado, a análise da intriga que Aristóteles faz não deve nada à sua teoria do tempo, que remete exclusivamente à física; mais ainda, na *Poética*, a "lógica" da composição da intriga desestimula qualquer consideração sobre o tempo, embora implique conceitos tais como começo, meio e fim, ou desenvolva todo um discurso sobre a extensão ou o comprimento da intriga.

A construção que proporei da *mediação* traz propositalmente o mesmo título do conjunto da obra *Tempo e narrativa*. No entanto, nesse estágio da investigação, trata-se apenas de um esboço que ainda requer expansão, crítica e revisão. Com efeito, o presente estudo não leva em consideração a bifurcação fundamental entre narrativa histórica e narrativa de ficção, que dará lugar aos estudos mais técnicos da segunda e terceira partes desta obra. É da investigação separada desses dois campos, porém, que procederão as mais sérias indagações de todo o meu projeto, tanto no plano da pretensão à verdade como no da estrutura interna do discurso. O que está esboçado aqui é, portanto, apenas uma espécie de modelo em escala reduzida da tese que o resto da obra deverá pôr à prova.

Tomo como fio condutor desta exploração da *mediação entre tempo e narrativa* a articulação, evocada anteriormente e já parcialmente ilustrada pela interpretação da *Poética* de Aristóteles, entre os três momentos da *mímesis* que, numa brincadeira séria, denominei *mímesis* I, *mímesis* II, *mímesis* III. Considero estabelecido que *mímesis* II constitui o eixo da análise; por sua função de corte, ela abre o mundo da composição poética e institui, como já sugeri, a literariedade da obra literária. Mas minha tese é que o próprio sentido da operação de configuração constitutiva da composição da intriga resulta de sua posição intermediária entre as duas operações que chamo *mímesis* I e *mímesis* III e que constituem o antes e o depois de *mímesis* II. Assim, proponho-me mostrar que *mímesis* II extrai sua inteligibilidade de sua faculdade de mediação, que é a de conduzir do antes ao depois do texto, de transfigurar o antes em depois por seu poder de configuração. Reservo para a parte desta obra dedicada à narrativa de ficção a confrontação entre essa tese e aquela que considero como característica da semiótica do texto: a de que uma ciência do texto pode ser estabelecida com base tão-só na abstração de *mímesis* II e pode considerar apenas as leis internas da obra literária, sem levar em conta o antes e o depois do texto. Em contrapartida, é tarefa da hermenêutica reconstruir o conjunto das operações pelas quais uma obra se destaca do fundo opaco do viver, do agir e do sofrer, para ser dada por um autor a um leitor que a recebe e assim muda seu agir. Para uma semiótica, o único conceito operatório continua sendo o do texto literário. Uma hermenêutica, em contrapartida, preocupa-se em reconstruir todo o arco das operações mediante as quais a experiência prática dá a si mesma obras, autores e leitores. Ela não se limita a colocar *mímesis* II entre *mímesis* I e *mímesis* III. Quer caracterizar *mímesis* II por sua função de mediação. A questão é portanto o processo concreto pelo qual a configuração textual faz mediação entre a prefiguração do campo prático e sua refiguração pela recepção da obra. Corolariamente, aparecerá no final da análise que o leitor é o operador por excelência que, por seu fazer – a ação de ler –, assume a unidade do percurso de *mímesis* I a *mímesis* III através de *mímesis* II.

Essa perspectivação da dinâmica da composição da intriga é a meu ver a chave do problema da relação entre tempo e narrativa. Longe de substituir um problema por outro, passando da questão inicial da mediação entre tempo e narrativa para a questão nova do encadeamento dos três estágios da *mímesis*, baseio a estratégia inteira de minha obra na subordinação do segundo problema ao primeiro. É construindo a relação entre os três modos miméticos que constituo a mediação entre tempo e narrativa. É essa própria mediação que passa pelas três fases da *mímesis*. Ou, para dizê-lo com outras palavras, para resolver o problema da relação entre tempo e narrativa, tenho de estabelecer o papel mediador da composição da intriga entre um estágio da experiência prática que a precede e um estágio que a sucede. Nesse sentido, o argumento do livro consiste em construir a mediação entre tempo e narrativa demonstrando o papel mediador da composição da intriga no processo mimético. Aristóteles, como vimos, ignorou os aspectos temporais da composição da intriga. Proponho-me desimplicá-los do ato de configuração textual e mostrar o papel mediador desse tempo da composição da intriga entre os aspectos temporais prefigurados no campo prático e a refiguração de nossa experiência temporal por esse tempo construído. *Seguimos, pois, o destino de um tempo prefigurado a um tempo refigurado pela mediação de um tempo configurado.*

No horizonte da investigação põe-se a objeção de círculo vicioso entre o ato de narrar e o ser temporal. Esse círculo condena qualquer projeto a não ser mais que uma vasta tautologia? Parecíamos ter eludido a objeção escolhendo dois pontos de partida tão distantes um do outro quanto possível: o tempo em Agostinho, a composição da intriga em Aristóteles. Mas, ao buscar um meio-termo para esses dois extremos e atribuindo um papel mediador à composição da intriga e ao tempo que ela estrutura, não voltamos a reforçar a objeção? Não pretendo negar o caráter circular da tese segundo a qual a temporalidade entra na linguagem na medida em que esta configura e refigura a experiência temporal. Mas espero mostrar, no final do capítulo, que o círculo pode ser algo diferente de uma tautologia morta.

1. *Mímesis* I

Por maior que seja a força de inovação da composição poética no campo de nossa experiência temporal, a composição da intriga está enraizada numa pré-compreensão do mundo da ação: de suas estruturas inteligíveis, de seus recursos simbólicos e de seu caráter temporal. Esses aspectos são mais descritos que deduzidos. Nesse sentido, nada exige que a lista deles seja fechada. Todavia, a sua enumeração segue uma progressão fácil de estabelecer. Em primeiro lugar, embora seja verdade que a intriga é uma imitação de ação, uma competência prévia é exigida: a capacidade de identificar a ação *em geral* por seus aspectos estruturais; uma semântica da ação explicita essa primeira competência. Além disso, se imitar é elaborar uma significação *articulada* da ação, uma competência suplementar é exigida: a aptidão para identificar o que chamo as *mediações simbólicas* da ação, num sentido da palavra símbolo que Cassirer tornou clássico e que a antropologia cultural, de quem tomarei alguns exemplos emprestados, adotou. Por fim, essas articulações simbólicas da ação são portadoras de características mais precisamente *temporais*, de onde procedem mais diretamente a própria capacidade da ação de ser narrada e talvez a necessidade de narrá-la. Um primeiro empréstimo feito à fenomenologia hermenêutica de Heidegger acompanhará a descrição desse terceiro aspecto. Consideremos sucessivamente esses três aspectos: estruturais, simbólicos e temporais.

A inteligibilidade gerada pela composição da intriga encontra uma primeira ancoragem em nossa competência para utilizar de maneira significativa a *rede conceitual* que distingue estruturalmente o domínio da *ação* do domínio do movimento físico[1]. Digo a rede conceitual e não o conceito de ação a fim de sublinhar o fato de que o próprio termo ação, tomado no sentido restrito *daquilo que* alguém faz, tira sua significação distinta de sua capacidade de ser utilizado em conjunção com qualquer um dos outros termos da rede inteira. As ações implicam *objetivos*, cuja antecipação não se confunde com qualquer resultado previsto ou predito, mas compromete aquele de quem a ação depende. As ações, ademais, remetem a *motivos*, que explicam por que alguém faz ou fez algo, de uma maneira que distinguimos claramente daquela pela qual um acontecimento físico conduz a um outro acontecimento físico. As ações têm também *agentes* que fazem e podem fazer coisas consideradas como obra *deles*, ou, como se diz em francês, "pour *leur* fait"*: consequentemente, esses agentes podem ser considerados responsáveis por algumas consequências de suas ações. Na rede, a regressão infinita aberta pela pergunta "por quê?" não é incompatível com a regressão finita aberta pela pergunta "quem?". Identificar um agente e reconhecer-lhe motivos são operações complementares. Entendemos também que esses agentes agem e sofrem em *circunstâncias* que eles não produziram e que, no entanto, pertencem ao campo prático, na medida precisamente em que elas circunscrevem a sua intervenção de agentes históricos no curso dos acontecimentos físicos e que oferecem à ação deles ocasiões favoráveis ou des-

---

1. Cf. minha contribuição a *La Sémantique de l'Action*, Paris, Éd. du CNRS, 1977, pp. 21-63.
* Por ato tipicamente *deles*.

favoráveis. Essa intervenção implica, por sua vez, que agir é fazer coincidir o que um agente pode fazer – a título de "ação básica" – e o que ele sabe, sem observação, ser capaz de fazer com o estágio inicial de um sistema físico fechado[2]. Além disso, agir é sempre agir "com" outros: a *interação* pode adotar a forma da cooperação, da competição ou da luta. As contingências da interação juntam-se então às das circunstâncias por seu caráter de ajuda ou de adversidade. Por fim, o *desfecho* da ação pode ser uma mudança da fortuna para a felicidade ou para o infortúnio.

Em suma, esses termos ou outros afins aparecem em respostas a perguntas que podem ser classificadas em perguntas sobre o "o quê", o "por quê", o "quem", o "como", o "com" ou o "contra quem" da ação. Mas o fato decisivo é que empregar de modo significativo um ou outro desses termos, numa situação de pergunta e resposta, é ser capaz de ligá-lo a qualquer outro membro do mesmo conjunto. Nesse sentido, todos os membros do conjunto estão numa relação de intersignificação. Dominar a rede conceitual no seu conjunto e cada termo a título de membro do conjunto é ter a competência que podemos chamar *compreensão prática*.

Qual é então a relação entre a *compreensão narrativa* e a compreensão prática tal como acabamos de organizá-la? A resposta a essa pergunta determina a relação que pode ser estabelecida entre teoria narrativa e teoria da ação, no sentido dado a esse termo na filosofia analítica de língua inglesa. Essa relação é, a meu ver, dupla. É simultaneamente uma relação de *pressuposição* e uma relação de *transformação*.

Por um lado, toda narrativa pressupõe da parte do narrador e de seu auditório uma familiaridade com termos tais como agente, objetivo, meio, circunstância, ajuda, hostilidade, coope-

---

2. Quanto ao conceito de ação básica, cf. A. Danto, "Basic Actions", *Am. Phil. Quaterly 2*, 1965. No que concerne ao saber sem observação, cf. E. Anscombe, *Intention*, Oxford, Blackwell, 1957. Finalmente, no que concerne ao conceito de intervenção na sua relação com a noção de sistema físico fechado, cf. H. von Wright, *Explanation and Understanding*, Londres, Routledge and Kegan Paul, 1971.

ração, conflito, sucesso, fracasso etc. Nesse sentido, a frase narrativa mínima é uma frase de ação na forma X faz A em tais ou tais circunstâncias e levando em conta o fato de que Y faz B em circunstâncias idênticas ou diferentes. No fim das contas, as narrativas têm por tema agir e sofrer. Vimos isso e o dissemos com Aristóteles. Veremos mais adiante até que ponto, de Propp a Greimas, a análise estrutural da narrativa em termos de funções e de actantes confirma essa relação de pressuposição que estabelece o discurso narrativo sobre a base da frase de ação. Nesse sentido, não há análise estrutural da narrativa que não adote elementos de uma fenomenologia implícita ou explícita do "fazer"[3].

Por outro lado, a narrativa não se limita a fazer uso de nossa familiaridade com a rede conceitual da ação. Acrescenta a ela aspectos *discursivos* que a distinguem de uma simples sequência de frases de ação. Esses aspectos já não pertencem à rede conceitual da semântica da ação. São aspectos sintáticos, cuja função é gerar a composição das modalidades de discursos dignos de serem chamados narrativos, quer se trate de narrativa histórica ou de narrativa de ficção. É possível explicar a relação entre a rede conceitual da ação e as regras de composição narrativa recorrendo à distinção, familiar em semiótica, entre ordem paradigmática e ordem sintagmática. Na medida em que remetem à ordem paradigmática, todos os termos relativos à ação são sincrônicos, no sentido de que as relações de intersignificação que existem entre fins, meios, agentes, circunstâncias e o resto são perfeitamente reversíveis. Em contrapartida, a ordem sintagmática do discurso implica o caráter irredutivelmente diacrônico de toda história narrada. Mesmo que essa diacronia não impeça a leitura de trás para a frente da narrativa, característica, como veremos, do ato de recontar, essa leitura que remonta do fim para o começo da história não abole a diacronia fundamental da narrativa. Extrairemos as consequências disso mais tarde, quando discutirmos as tentativas estrutura-

---

3. Discuto a relação entre fenomenologia e análise linguística em *La Sémantique de l'action, op. cit.*, pp. 113-32.

listas de derivar a lógica da narrativa de modelos profundamente acrônicos. Limitemo-nos por ora a dizer que entender o que é uma narrativa é dominar as regras que governam sua ordem sintagmática. Consequentemente, a inteligência narrativa não se limita a pressupor uma familiaridade com a rede conceitual constitutiva da semântica da ação. Exige ademais uma familiaridade com as regras de composição que governam a ordem diacrônica da história. A intriga, entendida no sentido amplo que utilizamos no capítulo anterior, ou seja, o agenciamento dos fatos (e portanto o encadeamento das frases de ação) na ação total constitutiva da história narrada, é o equivalente literário da ordem sintagmática que a narrativa introduz no campo prático.

Podemos resumir da seguinte maneira a dupla relação entre inteligência narrativa e inteligência prática. Ao passar da ordem paradigmática da ação para a ordem sintagmática da narrativa, os termos da semântica da ação adquirem integração e atualidade. Atualidade: termos que só tinham uma significação virtual na ordem paradigmática, isto é, uma pura capacidade de uso, recebem uma significação efetiva graças ao encadeamento sequencial que a intriga confere aos agentes, ao seu fazer e ao seu sofrer. Integração: termos tão heterogêneos como agentes, motivos e circunstâncias tornam-se compatíveis e operam conjuntamente em totalidades temporais efetivas. É nesse sentido que a dupla relação entre regras de composição da intriga e termos de ação constitui ao mesmo tempo uma relação de pressuposição e uma relação de transformação. Compreender uma história é compreender ao mesmo tempo a linguagem do "fazer" e a tradição cultural da qual procede a tipologia das intrigas.

A segunda ancoragem que a composição narrativa encontra na compreensão prática reside nos recursos *simbólicos* do campo prático. Traço este que vai determinar *que aspectos* do fazer, do poder-fazer e do saber-poder-fazer dependem da transposição poética.

Se, com efeito, a ação pode ser narrada, é porque ela já está articulada em signos, regras, normas: está, desde sempre, *sim-*

bolicamente mediatizada. Como dissemos acima, apoio-me aqui nos trabalhos de antropólogos que se filiam de diversas maneiras à sociologia compreensiva, entre os quais está Clifford Geertz, autor de *The Interpretation of Cultures* [A Interpretação das culturas][4]. Nessa obra, a palavra símbolo é tomada numa acepção que podemos considerar média, a meio caminho entre sua identificação a uma mera notação (tenho em mente a oposição leibniziana entre o conhecimento intuitivo por via direta e o conhecimento simbólico por signos abreviados, que substituem uma longa cadeia de operações lógicas) e sua identificação às expressões com duplo sentido segundo o modelo da metáfora, ou até a significações ocultas, acessíveis somente a um saber esotérico. Entre uma acepção pobre demais e uma acepção rica demais, optei por um uso próximo do de Cassirer, em *Phylosophie der symbolischen Formen* [*Filosofia das formas simbólicas*], na medida em que, para ele, as formas simbólicas são processos culturais que articulam toda a experiência. Se falo mais precisamente de *mediação simbólica* é para distinguir, entre os símbolos de natureza cultural, aqueles que sustentam a ação a ponto de constituir sua significância primeira, antes que se destaquem do plano prático conjuntos simbólicos autônomos que remetem à fala ou à escrita. Nesse sentido, poderíamos falar de um simbolismo implícito ou imanente, por oposição a um simbolismo explícito ou autônomo[5].

Para o antropólogo e o sociólogo, o termo símbolo ressalta logo de início o caráter *público* da articulação significante. Nas palavras de Clifford Geertz, "a cultura é pública porque a significação o é". Adoto de bom grado essa primeira caracterização

---

4. Clifford Geertz, *The Interpretation of Cultures*, Nova York, Basic Books, 1973.

5. No ensaio de onde extraí a maioria dos comentários dedicados à mediação simbólica da ação, distinguia entre um simbolismo *constituinte* e um simbolismo *representativo* ("La structure symbolique de l'action", in *Symbolisme*, Conferência internacional de sociologia religiosa, CISR, Estrasburgo, 1977, pp. 29-50). Esse vocabulário parece-me hoje inadequado. Para uma análise complementar, remeto, ademais, a meu ensaio: "L'Imagination dans le discours et dans l'action", *Savoir, faire, espérer: les limites de la raison*, Bruxelas, Publicações das faculdades universitárias Saint-Louis, 5, 1976, pp. 207-28.

que marca claramente que o simbolismo não está na cabeça, não é uma operação psicológica destinada a guiar a ação, mas uma significação incorporada à ação e passível de ser decifrada nela pelos outros atores do jogo social. Além disso, o termo símbolo – ou melhor, mediação simbólica – assinala o caráter *estruturado* de um conjunto simbólico. Clifford Geertz fala nesse sentido de um "sistema de símbolos em interação", de "modelos de significações sinérgicas". Antes de ser texto, a mediação simbólica tem uma textura. Compreender um rito é situá-lo num ritual, este num culto e, gradativamente, no conjunto das convenções, das crenças e das instituições que formam a rede simbólica da cultura.

Um sistema simbólico fornece assim um *contexto de descrição* para ações particulares. Em outras palavras, é "em função de..." tal convenção simbólica que podemos interpretar tal gesto *como* significando isso ou aquilo: o mesmo gesto de levantar o braço pode, segundo o contexto, ser entendido *como* maneira de saudar, de chamar um táxi ou de votar. Antes de serem submetidos à interpretação, os símbolos são interpretantes internos à ação[6].

Desse modo, o simbolismo confere à ação uma primeira *legibilidade*. Dito isso, não se poderia confundir a textura da ação com o texto que o etnólogo *escreve* – com o texto etno-*gráfico*, que é escrito em categorias, com conceitos, sob princípios no-

---

6. É nesse ponto que o sentido da palavra símbolo que privilegiei se avizinha dos dois sentidos que descartei. Enquanto interpretante de conduta, um simbolismo é também um sistema de *notação* que abrevia, à maneira de um simbolismo matemático, um grande número de ações pormenorizadas, e que prescreve, à maneira de um simbolismo musical, a sequência das execuções ou das performances capazes de efetuá-lo. Mas é ainda na qualidade de interpretante que rege o que Clifford Geertz chama de uma *"thick description"* [descrição densa] que o símbolo introduz uma relação de duplo sentido no gesto, na conduta, cuja interpretação ele rege. Pode-se considerar a configuração empírica do gesto como o sentido literal portador de um sentido figurado. No limite, esse sentido pode aparecer, em certas condições que vizinham com o segredo, como sentido oculto a ser decifrado. Para um estrangeiro, é assim que todo ritual social aparece, sem que seja preciso puxar a interpretação para o lado do esoterismo e do hermetismo.

mológicos que são a contribuição própria da ciência ela mesma e que, por conseguinte, não podem ser confundidos com as categorias sob as quais uma cultura entende a si mesma. No entanto, se podemos falar da ação como um quase texto é na medida em que os símbolos, entendidos como interpretantes, fornecem as regras de significação em função das quais determinada conduta pode ser interpretada[7].

O termo símbolo introduz ademais a ideia de *regra*, não só no sentido que acabamos de mencionar de regras de descrição e de interpretação para ações singulares, mas no sentido de *norma*. Alguns autores como Peter Winch[8] até privilegiam esse aspecto, caracterizando a ação significante como *rule-governed behaviour* (comportamento governado por regras). Pode-se entender essa função de regulação social comparando os códigos culturais com os códigos genéticos. Como estes últimos, os primeiros são "programas" de comportamento; como eles, dão forma, ordem e direção à vida. Mas, diferentemente dos códigos genéticos, os códigos culturais edificaram-se nas zonas desmanteladas da regulagem genética e só prolongam sua eficácia ao preço de uma reorganização completa do sistema de codificação. Os costumes, os hábitos e tudo o que Hegel incluía sob o título da substância ética, da *Sittlichkeit*, anterior a qualquer *Moralität* de ordem reflexiva, tomam assim o lugar dos códigos genéticos.

Passa-se assim, sem nenhuma dificuldade, sob o título comum de mediação simbólica, da ideia de significação imanente à de regra, tomada no sentido de regra de descrição, depois à de norma, que equivale à ideia de regra tomada no sentido prescritivo do termo.

Em função das normas imanentes a uma cultura, as ações podem ser estimadas ou apreciadas, isto é, julgadas segundo uma escala de preferência moral. Recebem assim um *valor* re-

---

7. Cf. meu artigo: "The Model of the Text. Meaningful Action Considered as a Text", in *Social Research*, 38 (1971), 3, pp. 529-62, retomado in *New Literary History*, 5 (1973), 1, pp. 91-117.
8. Peter Winch, *The Idea of a Social Science*, Londres, Routledge and Kegan Paul, 1958, pp. 40-65.

lativo, que leva a dizer que determinada ação *vale mais* que outra. Esses graus de valor, atribuídos inicialmente às ações, podem ser estendidos aos próprios agentes, que são considerados como bons, maus, melhores ou piores. Encontramos assim, pelo viés da antropologia cultural, algumas das pressuposições "éticas" da *Poética* de Aristóteles, que posso, portanto, vincular ao nível de *mímesis* I. A *Poética* não supõe apenas "agentes", mas caracteres dotados de qualidades éticas que os tornam nobres ou vis. Se a tragédia pode representá-los "melhores" e a comédia "piores" que os homens atuais é porque a compreensão prática que os autores compartilham com seu auditório comporta necessariamente uma avaliação dos caracteres e de sua ação em termos de bem e de mal. Não existe ação que não suscite, por menos que seja, aprovação ou reprovação, em função de uma hierarquia de valores que tem como pólos a bondade e a maldade. Discutiremos, no momento apropriado, a questão de saber se é possível uma modalidade de leitura que suspenda totalmente qualquer avaliação de caráter ético. Que restaria, em particular, da piedade que Aristóteles nos ensinou a vincular à desgraça imerecida, se o prazer estético viesse a se dissociar de qualquer simpatia e antipatia pela qualidade ética dos caracteres? Em todo caso, é preciso saber que essa eventual neutralidade ética teria de ser conquistada com muita luta, contrariando um aspecto originalmente inerente à ação: precisamente o de não poder nunca ser eticamente neutra. Um motivo para pensar que essa neutralidade não é nem possível nem desejável é que a ordem efetiva da ação não oferece ao artista apenas convenções e convicções a serem dissolvidas, mas ambiguidades, perplexidades a serem resolvidas de modo hipotético. Muitos críticos contemporâneos, ao refletirem sobre a relação entre arte e cultura, sublinharam o caráter conflituoso das normas que a cultura oferece à atividade mimética dos poetas[9]. No tocante a isso, fo-

---

9. Demos um exemplo disso ao mencionarmos como James Redfield trata a relação entre arte e cultura em *Nature and Culture in the Iliad, op. cit.* Cf. acima, p. 91.

ram precedidos por Hegel em sua famosa meditação sobre a *Antígona* de Sófocles. Ao mesmo tempo, a neutralidade ética do artista não suprimiria uma das funções mais antigas da arte, a de constituir um laboratório onde o artista realiza, por meio da ficção, uma experimentação com os valores? Qualquer que seja a resposta a essas indagações, a poética não cessa de recorrer à ética, embora pregue a suspensão de todo juízo moral ou sua inversão irônica. O próprio projeto de neutralidade pressupõe a qualidade originalmente ética da ação anterior à ficção. Essa qualidade ética não é ela mesma mais que um corolário do principal caráter da ação, o de estar desde sempre simbolicamente mediatizada.

O terceiro aspecto da pré-compreensão da ação que a atividade mimética de nível II pressupõe é o problema central de nossa investigação. Concerne aos caracteres *temporais* nos quais o tempo narrativo vem inserir suas configurações. A compreensão da ação não se limita, com efeito, a uma familiaridade com a rede conceitual da ação e com suas mediações simbólicas; chega até a reconhecer na ação estruturas temporais que pedem a narração. Nesse nível, a equação entre narrativo e tempo permanece implícita. No entanto, não levarei a análise desses caracteres temporais da ação até o ponto em que seria legítimo falar de uma estrutura narrativa ou ao menos de uma estrutura pré-narrativa da experiência temporal, como sugere nosso jeito familiar de falar de histórias que acontecem conosco ou de histórias em que nos vemos envolvidos ou simplesmente da história de uma vida. Reservo para o fim do capítulo o exame da noção de estrutura pré-narrativa da experiência; com efeito, ela proporciona uma excelente oportunidade para enfrentar a objeção de círculo vicioso que assombra qualquer análise. Limito-me aqui ao exame dos aspectos temporais que ficam implícitos nas mediações simbólicas da ação e que podemos considerar como indutores de narrativa.

Não me demorarei na *correlação* evidente demais que se pode estabelecer, de certo modo termo a termo, entre determinado membro da rede conceitual da ação e determinada dimensão temporal considerada isoladamente. É fácil notar que o projeto tem a ver com o futuro, de um modo, é verdade, específico, que o distingue do futuro da previsão ou da predição. O estreito parentesco entre a motivação e a capacidade de mobilizar no presente a experiência herdada do passado não é menos evidente. Enfim, o "posso", o "faço", o "sofro" contribuem manifestamente para o sentido que damos espontaneamente ao presente.

Mais importante que essa correlação frouxa entre certas categorias da ação e as dimensões temporais tomadas uma a uma é a *troca* que a ação efetiva faz aparecer entre as dimensões temporais. A estrutura discordante-concordante do tempo segundo Agostinho desenvolve no plano do pensamento reflexivo alguns aspectos paradoxais, cujo primeiro esboço pode efetivamente ser traçado por uma fenomenologia da ação. Ao dizer que não há um tempo futuro, um tempo passado e um tempo presente, mas um triplo presente, um presente das coisas futuras, um presente das coisas passadas e um presente das coisas presentes, Agostinho nos pôs na pista de uma investigação da estrutura temporal mais primitiva da ação. É fácil reescrever cada uma das três estruturas temporais da ação nos termos do triplo presente. Presente do futuro? *Daqui por diante*, ou seja, a partir de agora, comprometo-me a fazer isso *amanhã*. Presente do passado? Tenho *agora* a intenção de fazer isso porque *acabei* de pensar que... Presente do presente? *Agora* faço isso porque *agora* posso fazê-lo: o presente efetivo do fazer atesta o presente potencial da capacidade de fazer e se constitui em presente do presente.

Mas a fenomenologia da ação pode ir mais longe que essa correlação termo a termo na via aberta pela meditação de Agostinho sobre a *distentio animi*. O que importa é a maneira como a práxis cotidiana *ordena* um com relação ao outro o presente do futuro, o presente do passado, o presente do presente. Pois é essa articulação prática que constitui o mais elementar indutor de narrativa.

Aqui, o apoio da análise existencial de Heidegger pode desempenhar um papel decisivo, mas isso sob certas condições, que devem ser claramente estabelecidas. Não ignoro que uma leitura de *Sein und Zeit* [*Ser e tempo*] num sentido puramente antropológico possa arruinar o sentido da obra inteira, na medida em que seu propósito ontológico deixaria de ser reconhecido: o *Dasein* é o "lugar" onde o ser que somos é constituído por sua capacidade de formular a pergunta do ser e do sentido do ser. Isolar a antropologia filosófica de *Ser e tempo* é, portanto, esquecer essa significação principal de sua categoria existencial central. Resta o fato, contudo, de que em *Ser e tempo* a questão do ser é inaugurada precisamente por uma análise que precisa, primeiro, ter uma certa consistência no plano de uma antropologia filosófica para exercer a função de conquista ontológica que lhe é atribuída. Mais ainda, essa antropologia filosófica se organiza sobre a base de uma temática, a do Cuidado ou Cura (*Sorge*), que, sem nunca se esgotar numa praxiologia, haure contudo, em descrições tomadas da ordem prática, a força subversiva que lhe permite abalar o primado do conhecimento a partir do objeto e desvendar a estrutura do ser-no-mundo mais fundamental que toda relação entre sujeito e objeto. É dessa maneira que o recurso à prática tem, em *Ser e tempo*, um alcance indiretamente ontológico. No que a isso se refere, são conhecidas as análises da ferramenta, do em-função-de (*Worumwillen*), que fornecem a primeira trama da relação de significância (ou de "significabilidade"), antes de qualquer processo cognitivo explícito e qualquer expressão proposicional desenvolvida.

É o mesmo poder de ruptura que encontro nas análises que concluem o estudo da temporalidade na segunda seção de *Ser e tempo*. Essas análises estão centradas na nossa relação com o tempo como aquilo "dentro de" que agimos cotidianamente. Ora, é essa estrutura da intratemporalidade (*Innerzeitigkeit*) que a meu ver caracteriza melhor a temporalidade da ação, no nível em que se situa a presente análise, que é também o que convém a uma fenomenologia do voluntário e do involuntário e a uma semântica da ação.

Pode-se objetar que é muito perigoso entrar em *Ser e tempo* pelo seu capítulo final. Mas é preciso entender por que motivos ele é o último na economia da obra. Por dois motivos. Em primeiro lugar, a meditação sobre o tempo, que ocupa a segunda seção, está ela mesma colocada numa posição que poderiamos caracterizar como uma posição de protelação. Com efeito, nela a primeira seção é recapitulada sob o signo de uma questão que se enuncia assim: o que faz do *Dasein* um todo? A meditação sobre o tempo supostamente responde a essa problemática por motivos aos quais retornarei na quarta parte. O estudo da intratemporalidade, por sua vez, o único que me interessa no presente estágio de minha própria análise, é ele mesmo retardado pela organização hierárquica que Heidegger imprime à sua meditação sobre o tempo. Essa organização hierárquica segue uma ordem a um só tempo de derivação e de autenticidade decrescentes. Como se sabe, Heidegger reserva o termo *temporalidade* (*Zeitlichkeit*) à forma mais originária e mais autêntica da experiência do tempo, isto é, a dialética entre ser-por-vir, tendo-sido e tornar-presente. Nessa dialética, o tempo é totalmente des-substancializado. As palavras futuro, passado e presente desaparecem, e o próprio tempo figura como unidade fragmentada desses três êxtases temporais. Essa dialética é a constituição temporal do Cuidado. Como também se sabe, é o ser-para-a-morte que impõe, contrariando Agostinho, o primado do futuro sobre o presente e o fechamento desse futuro por um limite interno a toda expectativa e a todo projeto. Heidegger reserva em seguida o termo *historialidade* (*Geschichtlichkeit*) para o nível imediatamente contíguo de derivação. Dois aspectos são então sublinhados: a extensão do tempo entre nascimento e morte e o deslocamento da ênfase do futuro para o passado. É nesse nível que Heidegger tenta vincular o conjunto das disciplinas históricas, por meio de um terceiro aspecto – a repetição –, que marca a derivação dessa historialidade com relação à temporalidade profunda[10].

Portanto, é apenas em terceiro lugar que vem a *intratemporalidade* na qual agora quero me deter[11]. Essa estrutura tem-

---

10. Voltarei a tratar longamente do papel da "repetição" na discussão de conjunto que dedicarei à fenomenologia do tempo na quarta parte.
11. Heidegger, *Sein und Zeit*, Tübingen, Max Niemeyer, 10.ª ed., 1963, § 78-83, pp. 404-37. Traduzo *Innerzeitigkeit* por *Intratemporalidade* ou *ser-"dentro"-do-tempo*. John Macquarrie e Edward Robinson traduzem por *Within-time-ness*. (*Being and Time*, Nova York, Harper and Row, 1962, pp. 456-88.)

poral está colocada na última posição, porque é a mais apta a ser nivelada pela representação linear do tempo como simples sucessão de agoras abstratos. Se me interesso aqui por ela é precisamente devido aos aspectos pelos quais essa estrutura se distingue da representação linear do tempo e resiste ao nivelamento que a reduziria a essa representação que Heidegger chama de concepção "vulgar" do tempo.

A intratemporalidade define-se por uma característica básica do Cuidado: a condição de estar jogado entre as coisas tende a tornar a descrição de nossa temporalidade dependente da descrição das coisas de nosso Cuidado. Esse aspecto reduz o Cuidado às dimensões da preocupação (*Besorgen*) (*op. cit.*, p. 121)*. Mas, por mais inautêntica que essa relação seja, ela ainda apresenta aspectos que a arrancam do domínio externo dos objetos de nosso Cuidado e a vinculam subterraneamente ao próprio Cuidado na sua constituição fundamental. É notável que, para discernir esses caracteres propriamente existenciais, Heidegger remete-se ao que dizemos e fazemos com relação ao tempo. Esse é um procedimento muito parecido com o que encontramos na filosofia da linguagem comum. Não é de espantar: o plano em que estamos nesse estágio inicial de nosso percurso é precisamente aquele em que a linguagem comum é verdadeiramente o que J.-L. Austin e outros disseram que ela é, ou seja, o tesouro das expressões mais apropriadas ao que é propriamente humano na experiência. É portanto a linguagem, com sua reserva de significações usuais, que impede a descrição do Cuidado, sob a modalidade da preocupação, de se tornar presa da descrição das coisas de nosso Cuidado.

É dessa maneira que a intratemporalidade ou ser-"dentro"-do-tempo revela aspectos irredutíveis à representação do tempo linear. Ser-"dentro"-do-tempo já é algo diferente de medir intervalos entre instantes-limite. Ser-"dentro"-do-tempo é antes de mais nada contar com o tempo e em consequência disso calcular. Mas é porque contamos com o tempo e fa-

---

* O número da página refere-se sempre ao da edição do original. Ver bibliografia no terceiro volume (Nota do Editor).

zemos cálculos que devemos recorrer à medida; não o inverso. Portanto, deve ser possível dar uma descrição existencial desse "contar com", antes da medida que ele pede. Aqui, expressões como "ter tempo de...", "levar o tempo necessário para...", "perder seu tempo" etc. são altamente reveladoras. O mesmo pode ser dito da rede gramatical dos tempos do verbo e da rede muito ramificada dos advérbios de tempo: então, depois, mais tarde, mais cedo, desde, até que, enquanto, durante, todas as vezes que, agora que etc. Todas essas expressões, de uma sutileza extrema e de uma diferenciação fina, orientam para o caráter datável e público do tempo da preocupação. Mas é sempre a preocupação que determina o sentido do tempo, não as coisas de nosso Cuidado. Se, contudo, o ser-"dentro"-do-tempo é tão facilmente interpretado em função da representação comum do tempo é porque suas primeiras medidas são tomadas do meio natural e, em primeiro lugar, do jogo da luz e das estações. Nesse sentido, o dia é a mais natural das medidas[12]. O dia, porém, não é uma medida abstrata, é uma grandeza que corresponde ao nosso Cuidado e ao mundo no qual é "tempo de" fazer algo, onde "agora" significa "agora que...". É o tempo dos trabalhos e dos dias.

Portanto, é importante perceber a diferença de significação que distingue o "agora", próprio desse tempo da preocupação, do "agora" no sentido do instante abstrato. O agora existencial é determinado pelo presente da preocupação, que é um "tornar-presente", inseparável de "esperar" e de "reter" (*op. cit.*, p. 416). É só porque na preocupação o Cuidado tende a se contrair no tornar-presente e a obliterar sua diferença com re-

---

12. "O *Dasein*, por interpretar o tempo datando-o... historiciza-se *dia após dia*" (*Sein Geschehen ist auf Grund der... datierenden Zeitauslegung ein Tagtägliches*, *op. cit.*, p. 413) (trad. ingl.: Dasein *historizes* from day to day *by reason of its way of interpreting time by dating it...*, *op. cit.*, p. 466). Isso lembra as reflexões de Agostinho sobre o "dia", que ele não consente em reduzir pura e simplesmente a uma revolução do sol. Heidegger não o segue por esse caminho: situa a diferença entre a medida "mais natural" do tempo (*ibid.*) e todas as medidas instrumentais e artificiais. O tempo "dentro" do qual somos é *Weltzeit* (*op. cit.*, p. 419): "mais objetivo" que todo objeto possível, é também "mais subjetivo" que todo sujeito possível. Não está assim nem fora nem dentro.

lação à expectativa e à retenção que o "agora", assim isolado, pode se tornar presa de sua representação como um momento abstrato.

Para pôr a significação do "agora" ao abrigo dessa redução a uma abstração, é importante notar em que ocasiões "dizemos-agora" na ação e no sofrimento diários: "Dizer-agora, escreve Heidegger, é a articulação no discurso de um *tornar-presente* que se temporaliza em união com uma expectativa que retém."[13] E ainda: "O tornar-presente que se interpreta a si mesmo – em outras palavras, o que é interpretado e considerado no 'agora' – é o que chamamos 'tempo'."[14] Entende-se como, em certas circunstâncias práticas, essa interpretação pode derivar na direção da representação do tempo linear: dizer-agora torna-se para nós sinônimo de ver a hora no relógio. Mas enquanto a hora e o relógio continuam sendo percebidos como derivações do dia, que por sua vez liga o Cuidado com a luz do mundo, dizer-agora retém sua significação existencial; é quando as máquinas que servem para medir o tempo são despojadas dessa referência primária às medidas naturais que dizer-agora retorna à representação abstrata do tempo.

A relação entre essa análise da intratemporalidade e a narrativa parece, à primeira vista, muito distante; o texto de Heidegger, como verificaremos na quarta parte, parece não lhe reservar nem mesmo qualquer lugar, na medida em que, em *Ser e tempo*, o nexo entre a historiografia e o tempo se dá no nível da historialidade e não da intratemporalidade. O benefício da análise da intratemporalidade reside na ruptura que essa análise opera com a representação linear do tempo, entendida como simples sucessão de agoras. Um primeiro limiar de temporali-

---

13. "*Das Jetzt-sagen aber ist die redende Artikulation eines* Gegen-wärtigens, *das in der Einheit mit einem behaltenden Gewärtigen sich zeitigt*" (*op. cit.*, p. 416) (trad. ingl.: *Saying "now"... is the discursive Articulation of a* making-present *which temporalizes itself in a unity with a retentive awaiting, op. cit.*, p. 469).
14. "*Das sich auslegende Gegenwärtigen, das heisst das im 'jetzt' angesprochene Ausgelegte nennen wir 'Zeit'*" (*op. cit.*, p. 408) (trad. ingl.: *The making-present which interprets itself... – in other words, that which has been interpreted and is addressed in the "now" – is what we call "time", op. cit.*, p. 460).

dade é assim transposto com a primazia dada ao Cuidado. Reconhecer esse *limiar* é lançar pela primeira vez uma ponte entre a ordem da narrativa e o Cuidado. É sobre o fundamento da intratemporalidade que serão edificadas conjuntamente as configurações narrativas e as formas mais elaboradas de temporalidade que lhes correspondem.

Percebe-se, em toda a sua riqueza, qual o sentido de *mímesis* I: imitar ou representar a ação é, em primeiro lugar, pré-compreender o que é o agir humano: sua semântica, sua simbólica, sua temporalidade. É nessa pré-compreensão, comum ao poeta e a seu leitor, que se delineia a construção da intriga e, com ela, a mimética textual e literária.

É verdade que, sob o regime da obra literária, essa pré-compreensão do mundo da ação recua para o lugar de "repertório", para me expressar como Wolfgang Iser, em *Der Akt des Lesens* [*O ato da leitura*][15], ou para o lugar de "menção", para empregar uma outra terminologia mais familiar à filosofia analítica. Resta o fato de que, a despeito do corte que institui, a literatura seria para sempre incompreensível se não viesse configurar o que, na ação humana, já faz figura.

2. Mímesis II

Com *mímesis* II abre-se o reino do *como se*. Poderia ter dito o reino da *ficção*, de acordo com um uso corrente em crítica literária. Privo-me no entanto das vantagens dessa expressão totalmente apropriada à análise de *mímesis* II, para evitar o equívoco que o emprego do mesmo termo em duas acepções diferentes criaria: uma primeira vez, como sinônimo das configurações narrativas, uma segunda vez, como antônimo da pretensão que a narrativa histórica tem de constituir uma narrativa "verídica". A crítica literária não conhece essa dificuldade, na medida em que não leva em conta a cisão que divide o dis-

---

15. Wolfgang Iser, *Der Akt des Lesens*, Munique, Wilhelm Fink, 1976, parte II, cap. III.

curso narrativo em duas grandes classes. Pode então ignorar uma diferença que afeta a dimensão *referencial* da narrativa e limitar-se aos caracteres *estruturais comuns* à narrativa de ficção e à narrativa histórica. A palavra ficção fica então disponível para designar a configuração da narrativa cujo paradigma é a construção da intriga, sem levar em consideração as diferenças que concernem apenas à pretensão à verdade das duas classes de narrativa. Seja qual for a amplitude das revisões a que será preciso submeter a distinção entre fictício ou "imaginário" e "real", continuará havendo uma diferença entre narrativa de ficção e narrativa histórica que procuraremos precisamente reformular na quarta parte. Enquanto essa clarificação não ocorre, opto por reservar o termo ficção para a segunda das acepções consideradas acima e opor narrativa de ficção à narrativa histórica. Falarei de composição ou de configuração na primeira das acepções, que não põe em jogo os problemas de referência e de verdade. É o sentido do *mŷthos* aristotélico, que a *Poética*, como vimos, define como "agenciamento dos fatos".

Proponho-me agora liberar essa atividade de configuração das exigências restritivas que o paradigma da tragédia impõe ao conceito de composição da intriga em Aristóteles. Além disso, gostaria de completar o modelo com uma análise de suas estruturas temporais. Essa análise, como vimos, não encontrou nenhum lugar na *Poética*. Espero demonstrar a seguir (segunda e terceira partes) que, com a condição de um grau mais elevado de abstração e com a adição de aspectos temporais apropriados, o modelo aristotélico não será radicalmente alterado pelas amplificações e correções que a teoria da história e a teoria da narrativa de ficção lhe trarão.

O modelo de composição da intriga que será posto à prova no restante desta obra responde a uma exigência fundamental que já foi evocada no capítulo precedente. Ao situar *mímesis* II entre um estágio anterior e um estágio posterior da *mímesis*, não busco apenas localizá-la e enquadrá-la. Quero entender melhor sua função de mediação entre o antes e o depois da configuração. *Mímesis* II só tem uma posição intermediária porque tem uma função de mediação.

Ora, essa função de mediação deriva do caráter dinâmico da *operação de configuração*, que nos levou a preferir o termo construção da intriga ao de intriga e o termo agenciamento ao de sistema. Todos os conceitos relativos a esse nível designam, com efeito, operações. Esse dinamismo consiste no fato de que a intriga já exerce, em seu próprio campo textual, uma função de integração e, nesse sentido, de mediação, que lhe permite operar, mesmo fora desse campo, uma mediação de maior amplitude entre a pré-compreensão e, se me permitem dizer, a pós-compreensão da ordem da ação e de seus aspectos temporais.

A intriga é mediadora por pelo menos três motivos:

Primeiramente, faz mediação entre *acontecimentos* ou incidentes individuais e uma *história* tomada como um todo. Nesse sentido, isso significa dizer que ela tira uma história sensata *de* – uma diversidade de acontecimentos ou incidentes (os *pragmata* de Aristóteles); ou que ela transforma os acontecimentos ou incidentes *em* – uma história. As duas relações permutáveis expressadas pelo *de* e pelo *em* caracterizam a intriga como mediação entre acontecimentos e história narrada. Consequentemente, um acontecimento tem de ser mais que uma ocorrência singular. Recebe sua definição de sua contribuição para o desenvolvimento da intriga. Uma história, por outro lado, tem de ser mais que uma enumeração de acontecimentos numa ordem serial, tem de organizá-los numa totalidade inteligível, de modo tal que se possa sempre perguntar qual é o "tema" da história. Em suma, a composição da intriga é a operação que tira de uma simples sucessão uma configuração.

Além disso, a composição da intriga *compõe juntos fatores* tão *heterogêneos* como agentes, objetivos, meios, interações, circunstâncias, resultados inesperados etc. Aristóteles antecipa esse caráter mediador de várias maneiras: primeiro, faz um subconjunto de três "partes" da tragédia – intriga, caracteres e pensamento – sob o título do "o quê" (da imitação). Portanto, nada impede que se estenda o conceito de intriga à tríade inteira. Essa primeira extensão dá ao conceito de intriga o alcance inicial que lhe permitirá receber enriquecimentos posteriores.

Pois o conceito de intriga admite uma extensão mais vasta: ao incluir na intriga complexa os incidentes dignos de piedade e atemorizantes, as peripécias, os reconhecimentos e os efeitos violentos, Aristóteles *iguala a intriga à configuração* que caracterizamos como *concordância-discordância*. É esse aspecto que, em última instância, constitui a função mediadora da intriga. Já o antecipamos na seção anterior, ao dizer que a narrativa faz aparecer numa ordem sintagmática todos os componentes suscetíveis de figurar no quadro paradigmático estabelecido pela semântica da ação. Essa passagem do paradigmático para o sintagmático constitui a própria transição de *mímesis* I para *mímesis* II. É obra da atividade de configuração.

A intriga é ainda mediadora em terceiro lugar, por seus *caracteres temporais* próprios. Eles nos autorizam a chamar a intriga, por generalização, de *síntese do heterogêneo*[16].

Esses *caracteres temporais*, Aristóteles não os considerou. Estão, contudo, diretamente implicados no dinamismo constitutivo da configuração narrativa. Assim, dão seu sentido pleno ao conceito de concordância-discordância do capítulo precedente. No tocante a isso, pode-se dizer da operação de composição da intriga que ela reflete o paradoxo agostiniano do tempo e que, ao mesmo tempo, o resolve, não de modo especulativo, mas de modo poético.

Reflete-o, na medida em que o ato de composição da intriga combina em proporções variáveis duas dimensões temporais, uma cronológica, outra não cronológica. A primeira constitui a dimensão episódica da narrativa: caracteriza a história como feita de acontecimentos. A segunda é a dimensão configurante propriamente dita, graças à qual a intriga transforma os acontecimentos *em* história. Esse ato configurante[17] consiste

---

16. Ao preço dessa generalização um historiador como Paul Veyne poderá definir a intriga como uma combinação, em proporção variável, de objetivos, causas e acasos e fazer dela o fio condutor de sua historiografia em *Comment on écrit l'histoire* (cf. abaixo, segunda parte, cap. II, pp. 281 ss.).

De outra maneira, complementar mas não contraditória, H. von Wright vê no raciocínio histórico uma combinação de silogismos práticos e de encadeamentos de causalidade regidos por exigências sistêmicas (cf. também abaixo, segunda parte, cap. II, p. 218). De múltiplas maneiras, por conseguinte, a intriga compõe séries heterogêneas.

17. Tomo de Louis O. Mink a noção de *configurational act* – ato configurante – que ele aplica à compreensão histórica e que estendo a todo o campo

em "tomar juntamente" as ações particulares ou o que chamamos os incidentes da história; dessa diversidade de acontecimentos, ele tira a unidade de uma totalidade temporal. Nunca é demais sublinhar o parentesco entre esse "tomar juntamente", próprio do ato configurante, e a operação do juízo segundo Kant. Lembremo-nos de que, para Kant, o sentido transcendental do juízo consiste menos em reunir um sujeito e um predicado do que em colocar uma diversidade intuitiva sob a regra de um conceito. O parentesco é ainda maior com o juízo reflexionante que Kant opõe ao juízo determinante, no sentido em que ele reflete sobre o trabalho de pensamento em ação no juízo estético de gosto e no juízo teleológico aplicado a totalidades orgânicas. O ato da intriga tem uma função similar, na medida em que extrai uma configuração de uma sucessão[18].

Mas a *poíesis* faz mais que refletir o paradoxo da temporalidade. Ao mediatizar os dois polos do acontecimento e da história, a composição da intriga dá ao paradoxo uma solução que é o próprio ato poético. Esse ato, sobre o qual acabamos de dizer que extrai uma figura de uma sucessão, revela-se para o ouvinte ou o leitor na capacidade que a história tem de ser acompanhada[19].

Acompanhar uma história é avançar em meio a contingências e peripécias sob a condução de uma expectativa que encontra sua satisfação na *conclusão*. Essa conclusão não está logicamente implicada por qualquer premissa anterior. Dá à história um "ponto final", que, por sua vez, fornece o ponto de vista de onde a história pode ser percebida como formando um todo. Entender a história é entender como e por que os su-

---

da inteligência narrativa (Louis O. Mink, "The Autonomy of Historical Understanding", in *History and Theory*, vol. V, n.º 1, 1965, pp. 24-47). Cf. abaixo, segunda parte, cap. II, pp. 257 ss.

18. Consideraremos mais adiante outras implicações do caráter reflexivo do juízo em história. Cf. segunda parte, cap. III.

19. Tomo o conceito de "followability" de W. B. Gallie, *Philosophy and the Historical Understanding*, Nova York, Schoken Books, 1964. Reservo para a segunda parte a discussão da tese central da obra de Gallie, qual seja, a de que a historiografia (*history*) é uma espécie do gênero história narrada (*story*).

cessivos episódios conduziram a essa conclusão, que, longe de ser previsível, deve ser finalmente aceitável, como sendo congruente com os episódios reunidos.

É essa capacidade da história de ser acompanhada que constitui a solução poética do paradoxo de distensão-intenção. Que a história se deixe acompanhar converte o paradoxo em dialética viva.

Por um lado, a dimensão episódica da narrativa tira o tempo narrativo do campo da representação linear. De várias maneiras. Em primeiro lugar, o "então-e-então", mediante o qual respondemos à pergunta: "e depois?", sugere que as fases da ação estão numa relação de exterioridade. Além disso, os episódios constituem uma série aberta de acontecimentos, que permite acrescentar ao "então-e-então" um "e assim por diante". Finalmente, os episódios seguem-se uns aos outros de acordo com a ordem irreversível do tempo comum aos acontecimentos físicos e humanos.

A dimensão configurante, em contrapartida, apresenta aspectos temporais inversos aos da dimensão episódica. E também isso de várias maneiras.

Em primeiro lugar, o arranjo configurante transforma a sucessão dos acontecimentos numa totalidade significante, que é o correlato do ato de reunir os acontecimentos, e faz com que a história possa ser acompanhada. Graças a esse ato reflexivo, a intriga inteira pode ser traduzida num "pensamento", que nada mais é que sua "chave de ouro" ou seu "tema". Mas seria um completo engano tomar esse pensamento por atemporal. O tempo da "fábula-e-do-tema", para empregar uma expressão de Northrop Frye, é o tempo narrativo que faz mediação entre o aspecto episódico e o aspecto configurante.

Em segundo lugar, a configuração da intriga impõe à sequência indefinida dos incidentes "o senso do ponto final" (para traduzir o título da obra de Kermode, *The Sense of an Ending*). Falamos há pouco do "ponto final" como aquele de onde a história pode ser vista como uma totalidade. Podemos acrescentar agora que é no ato de recontar, mais do que no de contar, que essa função estrutural do fechamento pode ser discernida. A partir do momento em que uma história é bastante conhecida – e é esse o caso da maioria das narrativas tradicionais ou populares, bem como o das crônicas nacionais que relatam os acontecimentos fundadores de uma comunidade –, acompanhar a história é menos encerrar as surpresas ou as descobertas no reconhecimento do sentido vinculado à história tomada como um todo do que apreender os próprios episódios bem conhecidos como conduzindo a esse fim. Uma nova qualidade do tempo emerge dessa compreensão.

Por fim, a repetição da história contada, governada como totalidade por sua maneira de terminar, constitui uma alternativa à representação do tempo que corre do passado rumo ao futuro, segundo a conhecida metáfora da "flecha do tempo". É como se a recapitulação invertesse a ordem dita "natural" do tempo. Ao ler o fim no começo e o começo no fim, também aprendemos a ler o próprio tempo retrospectivamente, como sendo a recapitulação das condições iniciais de um curso de ação em suas consequências finais.

Em suma, o ato de contar, refletido no ato de acompanhar uma história, torna produtivos os paradoxos que inquietaram Agostinho a ponto de fazê-lo calar-se.

Resta-me acrescentar à análise do ato configurante dois aspectos complementares que garantem a continuidade do processo que junta *mímesis* III a *mímesis* II. Mais visivelmente que os precedentes, esses dois aspectos exigem, como veremos mais adiante, o suporte da leitura para serem reativados. Trata-se da *esquematização* e da *tradicionalidade* características do ato configurante, que mantêm ambas uma relação específica com o tempo.

Lembremos que o "tomar juntamente", característico do ato configurante, sempre foi aproximado do juízo segundo Kant. Numa veia ainda kantiana, não se deve hesitar em aproximar a produção do ato configurante do trabalho da imaginação produtiva. Esta deve ser entendida não como uma faculdade psicologizante, mas sim transcendental. A imaginação produtiva não só não é destituída de regra, como constitui a matriz geradora das regras. Na primeira *Crítica*, as categorias do entendimento são inicialmente esquematizadas pela imaginação produtiva. O esquematismo tem essa capacidade, porque a imaginação produtiva tem fundamentalmente uma função sintética. Ela liga entendimento e intuição, gerando sínteses a um só tempo intelectuais e intuitivas. Também a composição da intriga gera uma inteligibilidade mista entre o que já denominamos a chave de ouro, o tema, o "pensamento" da história narrada e a apresentação intuitiva das circunstâncias, dos caracteres, dos episódios e das mudanças de fortuna que constituem o desenlace. É por isso que se pode falar de um *esquematismo* da função narrativa. Como todo esquematismo, este se presta a uma tipologia de gênero semelhante àquela que, por exemplo, Northrop Frye elabora em sua *Anatomy of criticism* [*Anatomia da crítica*][20].

Esse esquematismo, por sua vez, constitui-se numa história que tem todas as características de uma *tradição*. Entendamos por isso, não a transmissão inerte de um depósito já morto, mas a transmissão viva de uma inovação sempre suscetível de ser reativada por um retorno aos momentos mais criativos do fazer poético. Assim entendida, a *tradicionalidade* acrescenta um novo aspecto à relação entre intriga e tempo, enriquecendo-a.

A constituição de uma tradição repousa, com efeito, no jogo entre inovação e sedimentação. É à sedimentação, para começar por ela, que devem ser remetidos os paradigmas que constituem a tipologia da composição da intriga. Esses paradigmas originam-se de uma história sedimentada, cuja gênese foi obliterada.

---

20. Mas essa tipologia não abole o caráter eminentemente temporal do esquematismo. Não podemos esquecer o modo como Kant remete a constituição do esquematismo ao que ele chama de determinações de tempo *a priori*: "Os esquemas, portanto, nada mais são que determinações de tempo *a priori*, feitas segundo regras, e essas determinações, seguindo a ordem das categorias, concernem à *série do tempo*, ao *conteúdo do tempo*, à *ordem do tempo*, enfim, ao *conjunto do tempo*, com relação a todos os objetos possíveis" (*Kritik der reinen Vernunft*, A 145, B 184). Kant reconhece apenas as determinações do tempo que concorrem para a constituição objetiva do mundo físico. O esquematismo da função narrativa implica determinações de um novo gênero que são precisamente as que acabamos de designar por dialética dos caracteres episódicos e configurantes da composição da intriga.

Ora, essa *sedimentação* se dá em múltiplos níveis, que exigem de nós um grande discernimento no emprego do termo paradigmático. Por isso, hoje Aristóteles nos dá a impressão de ter feito duas coisas ao mesmo tempo, se não três. Por um lado, estabelece o conceito de intriga em seus aspectos mais *formais*, aqueles que identificamos com a concordância discordante. Por outro, descreve o *gênero* da tragédia grega (e, acessoriamente, o da epopeia, mas pautado nos critérios do modelo trágico); esse gênero satisfaz tanto as condições formais que fazem dele um *mŷthos* como as condições restritivas que fazem dele um *mŷthos* trágico: reviravolta no sentido da fortuna para o infortúnio, incidentes dignos de piedade e atemorizantes, infortúnio desmerecido, falta trágica de um caráter apesar de ele se distinguir pela excelência e estar isento de vício ou de maldade etc. Esse gênero dominou em grande medida o desenvolvimento posterior da literatura dramática no Ocidente. É igualmente verdade que nossa cultura é herdeira de várias tradições narrativas: hebraica e cristã, mas também céltica, germânica, islandesa, eslava[21].

Isso não é tudo: o que cria paradigma não é apenas a *forma* da concordância discordante ou o modelo que a tradição posterior identificou como um *gênero* literário estável; são também as obras singulares: a *Ilíada*, *Édipo Rei*, na *Poética* de Aristóteles. Com efeito, na medida em que no agenciamento dos fatos o nexo causal (um por causa do outro) prevalece sobre a pura sucessão (um depois do outro), emerge um universal que é, como nós o interpretamos, o próprio agenciamento erigido em *tipo*. Foi por isso que a tradição narrativa ficou marcada não só pela sedimentação da *forma* de concordância discordante e

---

21. Scholes e Kellogg, em *The Nature of Narrative*, Oxford University Press, 1968, tiveram razão quando precederam sua análise das categorias narrativas de uma revisão da história da arte de narrar no Ocidente. O que chamo de esquematização da composição da intriga só existe nesse desenvolvimento histórico. É também por isso que Éric Auerbach, em sua magnífica obra, *Mímesis*, escolhe inserir sua análise e sua avaliação da representação da realidade na cultura ocidental em amostras de numerosos textos, mas todos estritamente delimitados.

pela do *gênero* trágico (e dos outros modelos do mesmo nível), mas também pela dos *tipos* gerados pelo decalque de obras singulares. Se englobarmos *forma, gênero* e *tipo* sob o título de *paradigma*, poderemos dizer que os paradigmas nascem do trabalho da imaginação produtiva nesses diversos níveis. Porém, esses paradigmas, eles mesmos oriundos de uma inovação anterior, fornecem regras para uma experimentação posterior no campo narrativo. Essas regras mudam sob a pressão de novas invenções, mas mudam lentamente e até resistem à mudança, devido ao próprio processo de sedimentação. Quanto ao outro polo da tradição, a *inovação*, seu estatuto é correlativo ao da sedimentação. Há sempre lugar para a inovação na medida em que aquilo que é produzido na *poíesis* do poema é sempre, em última instância, uma obra singular, esta obra aqui. É por isso que os paradigmas constituem somente a gramática que rege a composição de obras novas – novas antes de se tornarem típicas. Da mesma maneira que a gramática de uma língua rege a produção de frases bem formadas, cuja quantidade e conteúdo são imprevisíveis, uma obra de arte – poema, drama, romance – é uma produção original, uma existência nova no reino linguageiro[22]. O inverso, porém, é igualmente verdadeiro: a inovação é uma conduta governada por regras: o trabalho da imaginação não surge do nada. Liga-se de uma maneira ou de outra aos paradigmas da tradição. Mas pode estabelecer uma relação variável com esses paradigmas. O leque de soluções é amplo; abre-se entre os dois polos da aplicação servil e do desvio calculado, passando por todos os graus da "deformação regrada". O conto, o mito e em geral a narrativa tradicional mantêm-se o mais perto possível do primeiro polo. Mas, à medida que nos distanciamos da narrativa tradicional, o desvio, o afastamento tornam-se a regra. Por isso o romance contemporâneo admite ser definido, em grande parte, como antirromance, na medida em que a contestação predomina sobre o gosto de simplesmente variar a aplicação.

---

22. Aristóteles observa que só *conhecemos* universais: o singular é inefável. Mas *fazemos* coisas singulares. Cf. G.-G. Granger, *Essai d'une philosophie du style*, Paris, Armand Colin, 1968, pp. 5-16.

Além disso, o afastamento pode se dar em todos os níveis: com relação aos tipos, com relação aos gêneros, com relação ao próprio princípio formal da concordância-discordância. Pareceria que o primeiro tipo de afastamento é constitutivo de qualquer obra singular: cada obra difere de qualquer outra obra. Menos frequente é a mudança de gênero: equivale à criação de um novo gênero, o romance, por exemplo, com relação ao drama ou à narrativa maravilhosa, ou ainda a historiografia com relação à crônica. Mais radical, porém, é a contestação do princípio formal da concordância-discordância. Mais adiante, iremos nos indagar a respeito da amplitude do espaço de variação permitido pelo paradigma formal. Iremos nos indagar se essa contestação, erigida em cisma, não significa a morte da própria forma narrativa. Resta o fato de a possibilidade do afastamento estar inscrita na relação entre paradigmas sedimentados e obras efetivas. É apenas, sob a forma extrema do cisma, o oposto da aplicação servil. A deformação regrada constitui o eixo médio em torno do qual se distribuem as modalidades de mudança dos paradigmas por aplicação. É essa variedade na aplicação que confere uma história à imaginação produtiva e que, fazendo contraponto com a sedimentação, torna possível uma tradição narrativa. É este o último acréscimo que enriquece a relação da narrativa com o tempo no nível de *mímesis* II.

3. *Mímesis* III

Gostaria de mostrar agora como *mímesis* II, devolvida à sua inteligibilidade primeira, exige como complemento um terceiro estágio representativo que também merece ser chamado *mímesis*.

Permitam-me lembrar uma vez mais que nosso interesse pelo desdobramento da *mímesis* não é um fim em si mesmo. A explicação da *mímesis* continua subordinada até o fim à investigação da mediação entre tempo e narrativa. Será somente ao término do percurso da *mímesis* que a tese enunciada no começo deste capítulo receberá um conteúdo concreto: a narrativa alcança seu sentido pleno quando é restituída ao tempo do agir e do padecer na *mímesis* III.

Esse estágio corresponde ao que H.-G. Gadamer, em sua hermenêutica filosófica, chama de "aplicação". O próprio Aristóteles sugere este último sentido da *mímesis práxeos* em várias passagens de sua *Poética*, embora se preocupe menos com o auditório na *Poética* do que na *Retórica*, em que a teoria da persuasão é totalmente regida pela capacidade de recepção do auditório. Mas quando diz que a poesia "ensina" o universal, que a tragédia, "ao representar a piedade e o temor, ... realiza uma depuração desse tipo de emoções", ou quando evoca o prazer que nos provoca ver incidentes atemorizantes ou dignos de piedade concorrerem para a reviravolta de fortuna que compõe a tragédia – indica que é de fato no ouvinte ou no leitor que termina o percurso da *mímesis*.

Generalizando para além de Aristóteles, diria que *mímesis* III marca a intersecção entre o mundo do texto e o mundo do ouvinte ou do leitor. A intersecção, portanto, entre o mundo configurado pelo poema e o mundo no qual a ação efetiva se desdobra e desdobra sua temporalidade específica.

Procederei em quatro etapas:

1. Se for verdade que é encadeando os três estágios da *mímesis* que instituímos a mediação entre tempo e narrativa, coloca-se a questão prévia de saber se esse encadeamento realmente marca uma progressão. Responderemos com isso à objeção de *circularidade* levantada já no começo deste capítulo.

2. Se for verdade que o ato de leitura é o vetor da capacidade que a intriga tem de modelizar a experiência, é preciso mostrar como esse ato se articula com o dinamismo próprio ao ato configurante, o prolonga e o conduz a seu termo.

3. Abordando em seguida de frente a tese da re-figuração da experiência temporal pela composição da intriga, mostraremos como a entrada, pela leitura, da obra no campo da *comunicação* marca ao mesmo tempo sua entrada no campo da *referência*. Retomando o problema do ponto em que o deixei em *A metáfora viva*, gostaria de esboçar as dificuldades particulares vinculadas à noção de referência na ordem narrativa.

4. Na medida, por fim, em que o mundo que a narrativa refigura é um mundo *temporal*, a questão que se coloca é saber que ajuda uma hermenêutica do tempo narrado pode esperar da *fenomenologia do Tempo*. A resposta a essa pergunta fará aparecer uma circularidade bem mais radical do que aquela gerada pela relação entre *mímesis* III e *mímesis* I através de *mímesis* II. O estudo da teoria agostiniana do tempo pela qual começamos esta obra já nos deu a oportunidade de antecipá-la. Concerne à relação entre uma fenomenologia que não cessa de gerar aporias e o que chamamos acima de "solução" *poética* dessas aporias. É nessa dialética entre uma aporética e uma poética da temporalidade que culmina a questão da relação entre tempo e narrativa.

1. O *círculo da* mímesis

Antes de entrar na problemática central de *mímesis* III, gostaria de fazer face à suspeita de circularidade viciosa que a travessia de *mímesis* I para *mímesis* III através de *mímesis* II não deixa de suscitar. Quer consideremos a estrutura semântica da ação, seus recursos de simbolização ou seu caráter temporal, o ponto de chegada parece levar de volta ao ponto de partida ou, pior, o ponto de chegada parece estar antecipado no ponto de partida. Se fosse este o caso, o círculo hermenêutico da narratividade e da temporalidade se resolveria no círculo vicioso da *mímesis*.

Que a análise é circular é algo incontestável. Mas que o círculo seja vicioso pode ser refutado. Quanto a isso, preferiria falar de uma espiral sem fim que faz a meditação passar várias vezes pelo mesmo ponto, mas numa atitude diferente. A acusação de círculo vicioso procede da sedução por uma ou outra de duas versões da circularidade. A primeira sublinha a *violência* da interpretação, a segunda, sua *redundância*.

1) Por um lado, podemos ficar tentados a dizer que a narrativa põe a consonância ali onde só há dissonância. Desse modo, a narrativa dá forma ao que é informe. Nesse caso, contudo, a

forma dada pela narrativa pode ser suspeita de trapaça. Na melhor das hipóteses, fornece o "como se" próprio de toda ficção, que sabemos não ser mais que ficção, artifício literário. É por isso que consola diante da morte. Mas, se deixarmos de enganar a nós mesmos recorrendo ao consolo oferecido pelos paradigmas, tomaremos consciência da violência e da mentira; ficaremos então prestes a sucumbir à fascinação pelo informe absoluto e pela defesa dessa radical honestidade intelectual que Nietzsche chamava *Redlichkeit*. É apenas uma nostalgia qualquer da ordem que nos permite resistir a essa fascinação e nos faz aderir desesperadamente à ideia de que a ordem faz parte de nós *apesar de tudo*. A partir de então, a consonância narrativa imposta à dissonância temporal é obra do que convém chamar de uma violência da interpretação. A solução narrativa do paradoxo é apenas o germe dessa violência.

Não nego que semelhante dramatização da dialética entre narratividade e temporalidade revela de maneira totalmente apropriada o caráter de concordância discordante vinculado à relação entre narrativa e tempo. Mas, enquanto pusermos de maneira unilateral a consonância apenas do lado da narrativa e a dissonância apenas do lado da temporalidade, como o argumento sugere, deixaremos de notar o caráter propriamente dialético da relação.

Primeiramente, a experiência da temporalidade não se reduz à mera discordância. Como vimos com Santo Agostinho, *distentio* e *intentio* confrontam-se mutuamente no interior da experiência mais autêntica. É preciso preservar o paradoxo do tempo do nivelamento que sua redução à simples discordância opera. Seria preciso, antes, indagar-se se a defesa de uma experiência temporal radicalmente informe não é ela mesma produto da fascinação pelo informe que é um dos aspectos da modernidade. Em suma, quando pensadores ou críticos literários parecem ceder à simples nostalgia da ordem ou, pior, ao pavor do caos, o que os move, em última instância, é o reconhecimento autêntico dos paradoxos do tempo, para além da *perda* de significância característica de uma cultura particular – a nossa.

Em segundo lugar, o caráter de consonância da narrativa, que ficamos tentados a opor de modo não dialético à dissonância de nossa experiência temporal, também deve ser temperado. A composição da intriga nunca é o mero triunfo da "ordem". Mesmo o paradigma da tragédia grega abre espaço para o papel perturbador da *peripéteia*, das contingências e dos reveses de fortuna que suscitam temor e piedade. As próprias intrigas coordenam distensão e intenção. O mesmo deveria ser dito do outro paradigma que, segundo Frank Kermode, reinou sobre o "senso do ponto final" em nossa tradição ocidental; estou pensando no modelo apocalíptico que sublinha de modo tão magnífico a correspondência entre o começo – o *Gênese* – e o fim – o *Apocalipse*; e o próprio Kermode não deixa de sublinhar as inúmeras tensões geradas por esse modelo, em tudo o que diz respeito aos acontecimentos que advêm "entre os tempos" e, sobretudo, nos "últimos tempos". A reviravolta é magnificada pelo modelo apocalíptico na medida em que o fim é a catástrofe que abole o tempo e que é prefigurada pelos "terrores dos últimos dias". Mas o modelo apocalíptico, apesar de sua persistência, demonstrada por suas ressurgências modernas sob forma de utopias, ou melhor, de ucronias, é apenas *um* paradigma entre outros, que de forma nenhuma esgota a dinâmica narrativa.

Outros paradigmas além dos da tragédia grega ou do Apocalipse não param de ser gerados pelo próprio processo de formação de tradições que vinculamos mais acima à capacidade de esquematização própria da imaginação produtiva. Mostraremos na terceira parte que essa renascença dos paradigmas não abole a dialética fundamental da concordância discordante. Mesmo a rejeição de todo paradigma, ilustrada pelo antirromance atual, remete à história paradoxal da "concordância". Por meio das frustrações geradas pelo seu desprezo irônico por todo paradigma, e graças ao prazer mais ou menos perverso que o leitor tem de ser excitado e ludibriado, essas obras satisfazem a um só tempo a tradição que elas despistam e as experiências desordenadas que elas acabam imitando no seu esforço de não imitar os paradigmas aceitos.

A suspeita de violência interpretativa não é menos legítima nesse caso extremo. Não é mais a "concordância" que é imposta à força à "discordância" de nossa experiência do tempo. Agora, é a "discordância" gerada no discurso pela distância irônica de qualquer paradigma que vem minar de dentro o anseio de "concordância" que fundamenta nossa experiência temporal e arruinar a *intentio* sem a qual não haveria *distentio animi*. Pode-se então, legitimamente, suspeitar que a suposta discordância de nossa experiência temporal não passa de um artifício literário.

Assim, a reflexão sobre os limites da concordância nunca perde vigência. Aplica-se a todas as eventualidades de concordância discordante e de discordância concordante no nível da narrativa bem como no nível do tempo. Em todos os casos, o círculo é inevitável sem, no entanto, ser vicioso.

2) A objeção de círculo vicioso pode revestir outra forma. Depois de ter enfrentado a violência da interpretação, temos de encarar a possibilidade inversa, a de uma *redundância* da interpretação. Isso seria verdade se *mímesis* I fosse ela própria desde sempre um efeito de sentido de *mímesis* III. Nesse caso, *mímesis* II nada mais faria senão restituir a *mímesis* III o que ela teria pegado de *mímesis* I, uma vez que *mímesis* I já seria obra de *mímesis* III.

A objeção de redundância parece sugerida pela própria análise de *mímesis* I. Se não há experiência humana que não seja mediatizada por sistemas simbólicos e, entre eles, por narrativas, parece inútil dizer, como fizemos, que a ação está em busca de narrativa. Como, com efeito, poderíamos falar que uma vida humana é uma história em estado nascente se não temos acesso aos dramas temporais da existência fora das histórias contadas a seu respeito por outros ou por nós mesmos?

A essa objeção eu oporia uma série de situações que, a meu ver, nos obrigam a conceder à experiência como tal uma narratividade incoativa que não procede da projeção, como se diz, da literatura sobre a vida, mas que constitui uma autêntica demanda de narrativa. Para caracterizar essas situações, não hesitarei em falar de uma estrutura pré-narrativa da experiência.

A análise dos aspectos temporais da ação no nível de *mímesis* I conduziu ao limiar desse conceito. Se não o transpus naquele momento foi pensando que a objeção de círculo vicioso por redundância forneceria uma oportunidade mais propícia para sublinhar a importância estratégica das situações que diremos estar incluídas no círculo da mímesis.

Sem abandonar a experiência cotidiana, não tendemos a ver num determinado encadeamento de episódios de nossa vida histórias "(ainda) não contadas", histórias que pedem para ser contadas, histórias que fornecem os pontos de ancoragem para a narrativa? Não ignoro o quanto é incongruente a expressão "história (ainda) não contada". Não são as histórias contadas por definição? Isso é indiscutível se estivermos falando de histórias efetivas. Mas será que a noção de história potencial é inaceitável?

Gostaria de me deter em duas situações menos cotidianas nas quais a expressão história (ainda) não contada se impõe com uma força surpreendente. O paciente que fala com o psicanalista lhe traz fragmentos de histórias vividas, sonhos, "cenas primitivas", episódios conflituosos; pode-se perfeitamente dizer sobre as sessões de análise que elas têm por finalidade e por efeito que o analisando tire desses fragmentos de história uma narrativa que seria ao mesmo tempo mais insuportável e mais inteligível. Roy Schafer[23] ensinou-nos até a considerar o conjunto das teorias metapsicológicas de Freud como um sistema de regras para recontar as histórias de vida e elevá-las à categoria de histórias de caso. Essa interpretação narrativa da teoria psicanalítica implica que a história de uma vida procede de histórias não contadas e recalcadas na direção de histórias efetivas que o sujeito poderia assumir para si e ter por constitutivas de sua identidade pessoal. É a busca dessa identidade pessoal que garante a continuidade entre a história potencial ou incoativa e a história expressa pela qual nos responsabilizamos.

Há uma outra situação à qual a noção de história não contada parece convir. Wilhelm Schapp em *In Geschichten verstrickt* (1976)[24] – *Envolvido em histórias* – descreve o caso em que um juiz se empenha em entender o curso de uma ação, um ca-

---

23. Roy Schafer, *A New Language for Psychoanalysis*, New Haven, Yale U.P., 1976.
24. Wilhelm Schapp, *In Geschichten verstrickt*, Wiesbaden, B. Heymann, 1976.

ráter, destrinçando o emaranhado de intrigas no qual o suspeito está preso. A ênfase está colocada aqui no "estar-enredado" (verstricktsein) (p. 85), verbo cuja voz passiva sublinha que a história "acontece" com alguém antes que alguém a conte. O enredamento aparece, antes, como a "pré-história" da história contada, cujo começo é escolhido pelo narrador. Essa "pré-história" da história é o que liga esta a um todo mais vasto e lhe dá um "pano de fundo". Esse pano de fundo é feito da "imbricação viva" de todas as histórias vividas umas nas outras. Portanto, é preciso que as histórias contadas possam "emergir" (*auftauchen*) desse pano de fundo. Com essa emergência, o sujeito implicado também emerge. Pode-se então dizer: "A história responde pelo homem" (*die Geschichte steht für den Mann*) (p. 100). A consequência principal dessa análise existencial do homem como "ser enredado em histórias" é que narrar é um processo secundário, o do "tornar-se-conhecido da história" (*das Bekanntwerden der Geschichte*) (p. 101). Narrar, acompanhar, entender histórias é apenas a "continuação" dessas histórias não ditas.

O crítico literário formado na tradição aristotélica segundo a qual a história é um artifício criado pelo escritor não ficará nem um pouco satisfeito com essa noção de uma história contada que estaria em "continuidade" com o enredamento passivo dos sujeitos em histórias que se perdem em um horizonte brumoso. No entanto, a prioridade dada à história ainda não contada pode servir de instância crítica ante qualquer ênfase no caráter artificial da arte de narrar. Contamos histórias porque, afinal, as vidas humanas precisam e merecem ser contadas. Essa observação ganha toda a sua força quando evocamos a necessidade de salvar a história dos vencidos e dos perdedores. Toda a história do sofrimento clama por vingança e pede narração.

Mas a crítica literária sentirá menos repugnância para acolher a noção de história como aquilo em que estamos enredados se prestar atenção a uma sugestão proveniente de seu próprio domínio de competência. Em *The Genesis of Secrecy* [A gênese do segredo][25], Frank Kermode introduz a ideia de que

---

25. Frank Kermode, *The Genesis of Secrecy – On the Interpretation of Narrative*, Harvard University Press, 1979.

certas narrativas podem visar não a esclarecer, mas a obscurecer e dissimular. Este seria o caso, entre outros, das Parábolas de Jesus, que, segundo a interpretação do evangelista Marcos, são ditas para não serem compreendidas pelos "de fora" e que, segundo F. Kermode, expulsam de modo igualmente severo de sua posição privilegiada os "de dentro". Mas existem muitas outras narrativas que têm esse poder enigmático de "banir os intérpretes de seus lugares secretos". É certo que esses lugares secretos são lugares no texto. Marcam em negativo sua inesgotabilidade. Mas não se poderia dizer que o "potencial hermenêutico" (*ibid*., p. 40) das narrativas desse tipo encontra, se não uma consonância, ao menos uma ressonância nas histórias não ditas de nossas vidas? Não haverá uma cumplicidade oculta entre o *secrecy* gerado pela própria narrativa – ou ao menos por narrativas semelhantes às de Marcos ou de Kafka – e as histórias ainda não ditas de nossas vidas que constituem a pré-história, o pano de fundo, a imbricação viva, da qual a história contada emerge? Em outras palavras, não haveria uma afinidade oculta entre o segredo *de onde* a história emerge e o segredo para o qual a história retorna?

Por maior que possa ser a força limitante desta última sugestão, podemos ver nela um reforço para nosso argumento principal, segundo o qual a circularidade manifesta de qualquer análise da narrativa, que não cessa de interpretar uma pela outra a forma temporal inerente à experiência e a estrutura narrativa, não é uma tautologia morta. É preciso, antes, ver nela um "círculo salutar" no qual os argumentos propostos nas duas vertentes do problema se ajudam mutuamente.

2. *Configuração, refiguração e leitura*

Assim, o círculo hermenêutico da narrativa e do tempo não cessa de renascer do círculo formado pelos estágios da *mímesis*. Chegou a hora de concentrar a reflexão na transição entre *mímesis* II e *mímesis* III operada pelo ato de leitura.

Se, como dissemos acima, esse ato pode ser considerado como o *vetor* da capacidade que a intriga tem de modelizar a experiência é porque ele retoma e conclui o ato configurante, cujo parentesco com o juízo que compreende – que "toma juntamente" – a diversidade da ação na unidade da intriga também sublinhamos.

Nada demonstra isso melhor que os dois aspectos com os quais finalizamos a caracterização da intriga no estágio de *mímesis* II, ou seja, a esquematização e a tradicionalidade. Esses aspectos contribuem particularmente para acabar com o preconceito que opõe um "dentro" e um "fora" do texto. Com efeito, essa oposição é estreitamente solidária de uma concepção estática e fechada da estrutura exclusivamente do texto. A noção de uma atividade estruturante, visível na operação de composição da intriga, transcende essa oposição. Esquematização e tradicionalidade são desde o início categorias da interação entre a operatividade da escritura e a da leitura.

Por um lado, os paradigmas aceitos estruturam as *expectativas* do leitor e ajudam-no a reconhecer a regra formal, o gênero ou o tipo exemplificados pela história contada. Fornecem as linhas diretoras para o encontro entre o texto e seu leitor. Em suma, são eles que regem a capacidade que a história tem de se deixar acompanhar. Por outro lado, é o ato de ler que se junta à configuração da narrativa e atualiza sua capacidade de ser acompanhada. Acompanhar uma história é atualizá-la em leitura.

Se a composição da intriga pode ser descrita como um ato do juízo e da imaginação produtiva é na medida em que esse ato é obra conjunta do texto e de seu leitor, do mesmo modo como Aristóteles dizia que a sensação é obra comum do sentido e daquele que sente.

É ainda o ato de ler que se junta ao jogo da inovação e da sedimentação dos paradigmas que esquematizam a composição da intriga. É no ato de ler que o destinatário brinca com as exigências narrativas, efetua os desvios, participa do combate entre o romance e o antirromance e experimenta o prazer que Roland Barthes chamava o prazer do texto.

Por fim, é o leitor que termina a obra na medida em que, segundo Roman Ingarden em *Das literarische Kunstwerk* [A obra de arte literária] e Wolfgang Iser em *O ato da leitura*, a obra escrita é um esboço para a leitura; o texto, com efeito, comporta buracos, lacunas, zonas de indeterminação, ou até, como *Ulisses*, de Joyce, desafia a capacidade do leitor de configurar ele mesmo a obra que o autor parece ter o maligno prazer de desfigurar. Nesse caso extremo, é o leitor, quase abandonado pela obra, que carrega sozinho nos ombros o peso da composição da intriga.

O ato de leitura é assim o operador que une *mímesis* III a *mímesis* II. É o último vetor da refiguração do mundo da ação sob o signo da intriga. Um dos problemas críticos que nos ocuparão na quarta parte será coordenar a partir disso as relações entre uma teoria da leitura no estilo de Wolfgang Iser e uma teoria da recepção no estilo de Robert Jauss. Limitemo-nos por ora a dizer que elas têm em comum o fato de verem no efeito produzido pelo texto sobre seu receptor, individual ou coletivo, um componente intrínseco da significação atual ou efetiva do texto. Para ambas, o texto é um conjunto de *instruções* que o leitor individual ou o público *executam* de modo passivo ou criativo. O texto só se torna obra na interação entre texto e receptor. É nesse fundo comum que se delineiam as duas abordagens diferentes, a do *Ato de leitura* e a da *Estética da recepção*.

3. Narratividade e referência

Completar uma teoria da escritura por uma teoria da leitura constitui apenas o primeiro passo na trilha de *mímesis* III. Uma estética da recepção não pode incluir o problema da *comunicação* sem incluir também o da *referência*. O que é comunicado é, em última instância, para além do sentido de uma obra, o mundo que ela projeta e que constitui seu horizonte. Nesse sentido, o ouvinte ou o leitor o recebem de acordo com a sua própria capacidade de acolhimento que, também ela, se define por uma situação ao mesmo tempo limitada e aberta para um horizonte de mundo. O termo horizonte e aquele, correlativo, de mundo aparecem, assim, duas vezes na definição de *mímesis* III sugerida acima: intersecção entre o mundo do texto e o mundo do ouvinte ou do leitor. Essa definição, próxima da noção de "fusão de horizontes" em H.-G. Gadamer, repousa em três pressuposições que fundamentam respectivamente os atos de discurso em geral, as obras literárias entre os atos de discurso e, por fim, as obras narrativas entre as obras literárias. A ordem que encadeia essas três pressuposições é, portanto, a de uma *especificação* crescente.

No tocante ao primeiro ponto, vou me limitar a repetir a tese longamente argumentada em *A metáfora viva* sobre a relação entre sentido e referência em todo discurso. Segundo essa tese, e seguindo mais Benveniste que Saussure, se tomarmos a frase por unidade de discurso, a *intenção* do discurso deixa de se confundir com o significado correlativo de cada significante na imanência de um sistema de signos. Com a frase, a linguagem orienta-se para além de si mesma: diz algo *sobre* algo. Essa perspectiva de um referente do discurso é rigorosamente contemporânea de seu caráter de acontecimento e de seu funcionamento dialogal. É a outra vertente da instância de discurso. O acontecimento completo é não só que alguém tome a palavra e se dirija a um interlocutor, mas também que tenha a ambição de trazer para a linguagem e compartilhar com outrem uma *experiência* nova. É essa experiência que, por sua vez, tem o mundo por horizonte. Referência e horizonte são correlativos tal como o são a forma e o fundo. Toda experiência possui um contorno que a delimita e a distingue e, ao mesmo tempo, se delineia sobre um horizonte de potencialidades que constituem seu horizonte interno e externo: interno no sentido de que é sempre possível detalhar e precisar a coisa considerada no interior de um contorno estável; externo no sentido de que a coisa visada mantém relações potenciais com qualquer outra coisa no horizonte de um mundo total, que nunca figura como objeto de discurso. É nesse duplo sentido da palavra horizonte que situação e horizonte são noções correlativas. Essa pressuposição muito geral implica que a linguagem não constitui um mundo em si mesma. Nem mesmo é um mundo. Porque estamos no mundo e somos afetados por situações tentamos nos orientar nele pela compreensão e temos algo a dizer, uma experiência para trazer para a linguagem e para compartilhar.

Tal é a pressuposição ontológica da referência, pressuposição refletida no interior da própria linguagem como um postulado destituído de justificação imanente. A linguagem é em si mesma da ordem do Mesmo; o mundo é seu Outro. A atestação dessa alteridade provém da reflexividade da linguagem sobre si mesma, que, assim, se sabe *dentro* do ser para versar *sobre* o ser.

Essa pressuposição não vem nem da linguística nem da semiótica; ao contrário, essas ciências rejeitam, por postulado metodológico, a ideia de uma visada intencional orientada para o extralinguístico. O que acabei de chamar atestação ontológica deve lhes parecer, uma vez formulado seu postulado metodológico, um salto injustificável e inadmissível. De fato, essa atestação ontológica seria um salto irracional se a exteriorização que ela exige não fosse a contrapartida de uma moção prévia e mais originária, que parte da experiência de estar no mundo e no tempo e procede dessa condição ontológica para sua expressão na linguagem.

Essa primeira pressuposição deve ser coordenada com as reflexões anteriores sobre a recepção do texto: aptidão para comunicar e capacidade de referência devem ser postas simultaneamente. Toda referência é co-referência, referência dialógica ou dialogal. Portanto, não é preciso escolher entre uma estética da recepção e uma ontologia da obra de arte. O que um leitor recebe é não só o sentido da obra, mas, através de seu sentido, sua referência, isto é, a experiência que ela traz para a linguagem e, em última instância, o mundo e sua temporalidade que ela estende diante de si.

A consideração das "obras de arte", entre todos os atos de discurso, pede uma *segunda pressuposição* que não abole a primeira, mas a complica. Conforme a tese que defendi em *A metáfora viva* e que me limito aqui a rememorar, as obras *literárias* também trazem para a linguagem uma experiência e assim vêm ao mundo como qualquer discurso. Essa segunda pressuposição choca-se de frente com a teoria dominante da poética contemporânea, que recusa qualquer consideração da referência ao que ela considera como extralinguístico, em nome da estrita imanência da linguagem literária a si mesma. Quando os textos literários contêm alegações a respeito do verdadeiro e do falso, da mentira e do secreto, que remetem inelutavelmente à dialética do ser e do parecer[26], essa poética se esforça em considerar um simples efeito de sentido o que ela decide, por decreto metodológico, chamar de ilusão referencial. Mas o problema da relação da literatura com o mundo do leitor nem por isso fica abolido. É simplesmente adiado. As "ilusões referenciais" não são um efeito de sentido qualquer do texto: exigem uma teoria detalhada das modalidades de veridição. Ora, essas modalidades delineiam-se por sua vez no fundo de um horizonte de mundo que constitui o mundo do texto. Pode-se certamente incluir a própria noção de horizonte na imanência do texto e tomar o conceito do mundo do texto por uma excrescência da ilusão referencial. Mas a leitura coloca de novo o problema da fusão de dois horizontes, o do texto e o do leitor, e portanto a intersecção do mundo do texto com o mundo do leitor.

Pode-se tentar recusar o próprio problema e considerar como não pertinente a questão do impacto da literatura na experiência cotidiana. Nesse caso, porém, por um lado se ratifica paradoxalmente o positivismo que geralmente se combate, ou seja, o preconceito de que só é real o dado tal como pode ser empiricamente observado e cientificamente descrito. Por outro, encerra-se a literatura em um mundo em si e se corta o ataque subversivo que ela volta contra a ordem moral e a ordem social. Esquece-se de que a ficção é muito precisamente o que faz da linguagem esse supremo perigo, do qual Walter Benjamin, depois de Hölderlin, fala com temor e admiração.

Todo um leque de casos se abre por esse fenômeno de interação: da confirmação ideológica da ordem estabelecida, como na arte oficial ou na crônica do poder, até a crítica social e mesmo a derrisão de qualquer "real". Mesmo a extrema alienação com relação ao real ainda é um caso de intersecção. Essa fusão conflituosa dos horizontes não deixa de estar relacionada com

---

26. O conceito de *veridição* em Greimas nos fornecerá um exemplo notável do retorno dessa dialética no próprio interior de uma teoria que exclui sem concessão qualquer recurso a um referente externo. Cf. A.-J. Greimas e J. Courtés, art. "Véridiction", in *Sémiotique, dictionnaire raisonné de la théorie du langage*, p. 417.

a dinâmica do texto, em particular com a dialética da sedimentação e da inovação. O choque do possível, que não é menor que o choque do real, é amplificado pelo jogo interno, nas próprias obras, entre os paradigmas aceitos e a produção de afastamentos pelo desvio das obras singulares. Assim, a literatura narrativa, dentre todas as obras poéticas, modeliza a efetividade práxica tanto por seus afastamentos como por seus paradigmas.

Portanto, se não recusamos o problema da fusão dos horizontes do texto e do leitor ou da intersecção entre o mundo do texto e o do leitor, é preciso encontrar no próprio funcionamento da linguagem poética a maneira de transpor o abismo aberto entre os dois mundos pelo próprio método de imanência da poética antirreferencial. Tentei mostrar em *A metáfora viva* que a capacidade de referência da linguagem não se esgotava no discurso descritivo e que as obras poéticas se reportavam ao mundo segundo um regime referencial próprio, o da referência metafórica[27]. Essa tese abrange todos os usos não descritivos da linguagem, portanto todos os textos poéticos, sejam eles líricos ou narrativos. Implica que também os textos poéticos falam *do* mundo, embora não o façam de modo descritivo. A referência metafórica, quero lembrar, consiste no fato de que a supressão da referência descritiva – supressão que, numa primeira aproximação, remete a linguagem a si mesma – revela ser, numa segunda aproximação, a condição negativa para que seja liberado um poder mais radical de referência a aspectos de nosso ser-no-mundo que não podem ser ditos de maneira direta. Esses aspectos são visados, de modo indireto, mas positivamente assertivo, por intermédio da nova pertinência que o enunciado metafórico estabelece no nível do sentido, sobre as ruínas do sentido literal abolido por sua própria impertinência. Essa articulação de uma referência metafórica sobre o sentido metafórico só se reveste de um alcance ontológico plenário se chegarmos a metaforizar o próprio verbo ser e perceber no "ser-como..." o correlato do "ver-como...", em que se resume o trabalho da metáfora. Esse "ser-como..." eleva a se-

---

27. *La Métaphore vive*, sétimo estudo.

gunda pressuposição ao nível ontológico da primeira. Ao mesmo tempo, enriquece-a. O conceito de horizonte e de mundo não concerne apenas às referências descritivas, concerne também às referências não descritivas, as da dicção poética. Retomando uma declaração anterior[28], direi que, para mim, o mundo é o conjunto das referências abertas por todo tipo de textos descritivos ou poéticos que li, interpretei e gostei. Compreender esses textos é interpolar entre os predicados de nossa situação todas as significações que, de um simples meio ambiente (*Umwelt*), fazem um mundo (*Welt*). Com efeito, é às obras de ficção que devemos em grande medida a ampliação de nosso horizonte de existência. Longe de produzirem apenas imagens enfraquecidas da realidade, "sombras", como quer o tratamento platônico da *eikón* na ordem da pintura ou da escrita (*Fedra*, 274e-277e), as obras literárias só retratam a realidade *acrescendo-a* de todas as significações que elas mesmas devem a suas virtudes de abreviação, de saturação e de culminação, extraordinariamente ilustradas pela composição da intriga. Em *Écriture et Iconographie* [Escrita e iconografia], François Dagognet, retrucando ao argumento de Platão dirigido contra a escrita e contra toda *eikón*, caracteriza como *aumento icônico* a estratégia do pintor que reconstrói a realidade com base em um alfabeto ótico limitado e ao mesmo tempo denso. Esse conceito merece ser estendido a todas as modalidades de iconicidade, isto é, ao que chamamos aqui ficção. Num sentido vizinho, Eugen Fink compara o *Bild*, que ele distingue das simples presentificações de realidades totalmente percebidas, a uma "janela" cuja estreita fresta abre para a imensidade de uma paisagem. H.-G. Gadamer, por seu lado, reconhece no *Bild* a capacidade de dar um suplemento de ser à nossa visão de mundo empobrecida pelo uso cotidiano[29].

---

28. Sobre tudo isso, cf., além do sétimo estudo de *A metáfora viva*, o resumo de minhas teses em *Interpretation Theory*, Fort Worth, The Texas Christian University Press, 1976, pp. 36-7, 40-4, 80 e 88.

29. Eugen Fink, *De la Phénoménologie* (1966); trad. fr., Didier Frank, Paris, Éd. de Minuit, 1974, § 34; H.-G. Gadamer, *Wahrheit und Methode*, Tübingen, J. C. B. Mohr, 1960, Parte I, II, 2, trad. fr., *Verité et Méthode*, Paris, Éd. do Seuil.

O postulado subjacente a esse reconhecimento da função de refiguração da obra poética em geral é o de uma hermenêutica que visa menos restituir a intenção do autor por trás do texto do que explicitar o movimento mediante o qual um texto abre um mundo de certa forma adiante de si mesmo. Discorri longamente, em outra parte[30], sobre essa mudança de linha de frente da hermenêutica pós-heideggeriana com relação à hermenêutica romântica. Nestes últimos anos, afirmei continuamente que o que é interpretado num texto é a proposição de um mundo que eu poderia habitar e no qual poderia projetar as capacidades que me são mais próprias. Em *A metáfora viva*, afirmei que a poesia, por seu *mŷthos*, redescreve o mundo. Da mesma maneira, direi nesta obra que o fazer narrativo re-significa o mundo em sua dimensão temporal, na medida em que narrar, recitar, é refazer a ação conforme a instigação do poema[31].

Uma *terceira pressuposição* entra em jogo aqui, caso a capacidade referencial das obras narrativas deva poder ser subsumida à das obras poéticas em geral. O problema colocado pela narratividade é com efeito mais simples e ao mesmo tempo mais complicado que aquele colocado pela poesia lírica. Mais simples porque o mundo, nesse caso, é apreendido sob o ângulo da *práxis* humana e não sob o ângulo do *páthos* cósmico. O que é re-significado pela narrativa é o que já foi pré-significado no nível do agir humano. Lembremos que a pré-compreensão do mundo da ação, sob o regime de *mímesis* I, caracteriza-se pelo

---

30. "La tâche de l'herméneutique", in *Exegèsis: Problèmes de méthode et exercices de lecture*, ed. por François Bovon e Grégoire Rouiller, Neuchâtel, Delachaux et Niestlé, 1975, pp. 179-200. Trad. ingl. in *Philosophy Today*, 17 (1973), pp. 112-28, retomado na coletânea de meus ensaios: *Hermeneutics and the Human Sciences*, ed. e trad. ingl. por John B. Thompson, Cambridge University Press e Éditions de la Maison des sciences de l'homme, 1981, pp. 43-62.

31. A afirmação de Nelson Goodman, em *The Languages of Art*, segundo a qual as obras literárias não param de fazer e refazer o mundo, vale particularmente para as obras narrativas, na medida em que a *poíesis* da composição da intriga é um fazer que, ademais, incide sobre o fazer. Nada mais apropriado, aqui, do que o título do primeiro capítulo da obra de Goodman: *Reality Remade* [Realidade refeita], assim como sua máxima: pensar as obras em termos de mundos e os mundos em termos de obras.

controle da rede de intersignificações constitutiva da *semântica da ação*, pela familiaridade com as *mediações simbólicas* e com os *recursos pré-narrativos* do agir humano. O ser no mundo segundo a narratividade é um ser no mundo já marcado pela prática linguageira aferente a essa pré-compreensão. O aumento icônico de que aqui se trata consiste no *aumento da legibilidade* prévia que a ação deve aos interpretantes que já estão em ação. A ação humana pode ser sobressignificada, porque já é pré-significada por todas as modalidades de sua articulação simbólica. É nesse sentido que o problema da referência é mais simples no caso do modo narrativo que no do modo lírico da poesia. Assim, em *A metáfora viva*, foi por extrapolação a partir do *mŷthos* trágico que elaborei a teoria da referência poética que junta *mŷthos* e descrição: com efeito, a metaforização do agir e do padecer é a mais fácil de decifrar.

Mas o problema colocado pela narratividade, quanto à visada referencial e à pretensão à verdade, é, em outro sentido, mais complicado que aquele colocado pela poesia lírica. A existência de duas grandes classes de discursos narrativos, a narrativa de ficção e a historiografia, levanta uma série de problemas específicos que serão discutidos na quarta parte deste livro. Vou me limitar aqui a recensear alguns deles. O mais aparente, e talvez também o mais intratável, decorre da assimetria inegável entre os modos referenciais da narrativa histórica e da narrativa de ficção. Somente a historiografia pode reivindicar uma referência que se inscreve na *empeiría*, na medida em que a intencionalidade histórica visa a acontecimentos que *efetivamente* ocorreram. Mesmo que o passado não seja mais e que, segundo a expressão de Agostinho, ele só possa ser alcançado no presente do passado, isto é, através dos vestígios do passado que se tornaram documentos para o historiador, não deixa de ser verdade que o passado ocorreu. O acontecimento passado, por mais ausente que esteja para a percepção presente, nem por isso deixa de governar a intencionalidade histórica, conferindo-lhe uma nota realista que nenhuma literatura jamais igualará, ainda que tenha a pretensão de ser "realista". A referência por vestígios ao real passado pede uma análise específica à qual um capítulo inteiro da quarta parte será dedicado. Será preciso dizer, por um lado, o que essa referência por vestígios empresta da referência metafórica comum a todas as obras poéticas, na medida em que o passado só pode ser reconstruído pela imaginação, e, por outro, o que ela lhe acrescenta na medida em que é polarizada por um real passado. Inversamente, irá se colocar a questão de saber se a narrativa de ficção, por sua vez, não empresta da referência por vestígios uma parte de seu dinamismo referencial. Toda narrativa não é contada como se tivesse acontecido, como comprova o uso comum dos tempos verbais do passado para contar o irreal? Nesse sentido, a ficção tomaria empréstimos da história tanto quanto a história toma empréstimos da ficção. É esse empréstimo recíproco que me autoriza a formular o problema da *referência cruzada* entre a historiografia e a narrativa de ficção. Esse problema só poderia ser desconsiderado numa concepção positivista da história que ignorasse a parcela de ficção na referência por vestígios, e numa concepção antirreferencial da literatura que ignorasse o alcance da referência metafórica em toda poesia. O problema da referência cruzada constitui um dos principais temas da quarta parte desta obra.

Contudo, *onde* se cruzam a referência por vestígios e a referência metafórica, senão na *temporalidade* da ação humana? Não é o tempo humano que a historiografia e a ficção literária refiguram *em comum*, cruzando *nele* seus modos referenciais?

4. O tempo narrado

Para delimitar um pouco mais o quadro no qual recolocarei, na última parte deste livro, a questão da referência cruzada entre historiografia e narrativa, resta-me esboçar os aspectos *temporais* de um mundo refigurado pelo ato de configuração.

Gostaria de partir mais uma vez da noção de aumento icônico introduzida acima. Poderíamos assim retomar cada um dos aspectos mediante os quais caracterizamos a pré-compreensão da ação: a rede de intersignificação entre categorias práticas; a simbólica imanente a essa pré-compreensão; e, sobretudo, sua temporalidade propriamente prática. Poderíamos dizer que cada um desses aspectos é intensificado, aumentado iconicamente.

Direi poucas coisas sobre os dois primeiros aspectos: a intersignificação entre projeto, circunstâncias e acaso é precisamente o que é ordenado pela intriga, tal como a descrevemos como síntese do heterogêneo. A obra narrativa é um convite a *ver* nossa práxis *como*... ela é ordenada por essa ou aquela intriga articulada em nossa literatura. Quanto à simbolização interna à ação, pode-se dizer que é exatamente ela que é re-simbolizada ou des-simbolizada – ou re-simbolizada por des-simbolização – por meio do esquematismo sucessivamente tradicionalizado e subvertido pela historicidade dos paradigmas. Finalmente, é o *tempo* da ação que, mais que tudo, é refigurado pela composição da ação.

Porém, um longo desvio impõe-se aqui. Uma teoria do tempo refigurado – ou, poder-se-ia dizer, do tempo narrado – não pode ser levada a bom termo sem a mediação do terceiro parceiro da conversa já iniciada entre a epistemologia da historiografia e a crítica literária aplicada à narratividade, na discussão da referência cruzada.

Esse terceiro parceiro é a *fenomenologia do tempo*, da qual apenas consideramos a fase inaugural no estudo do tempo em Santo Agostinho. A sequência deste livro, da segunda à quarta parte, não será mais que uma longa e difícil *conversa triangular* entre a historiografia, a crítica literária e a filosofia fenomenológica. A dialética do tempo e da narrativa será o objetivo último dessa confrontação, sem precedentes a meu ver, entre três parceiros que em geral se ignoram mutuamente.

Para dar todo o seu peso à palavra do terceiro parceiro, teremos de desenvolver a fenomenologia do tempo de Agostinho a Husserl e Heidegger, não para escrever sua história, mas para dar corpo a uma observação lançada sem maiores justificativas durante o estudo do livro XI das *Confissões*: dissemos que não há fenomenologia pura do tempo em Agostinho. E acrescentamos: talvez nunca venha a haver depois dele. É essa impossibilidade de uma fenomenologia *pura* do tempo que será preciso demonstrar. Por fenomenologia pura entendo uma apreensão *intuitiva* da estrutura do tempo que não só possa ser isolada dos procedimentos de *argumentação* mediante os quais a fenomenologia se dedica a resolver as aporias recebidas de uma tradição anterior, como tampouco pague suas descobertas com novas aporias de preço cada vez mais elevado. Minha tese é de que os autênticos achados da fenomenologia do tempo não podem ser definitivamente subtraídos ao regime aporético que caracteriza tão fortemente a teoria agostiniana do tempo. Será, portanto, preciso retomar o exame das aporias criadas pelo próprio Agostinho e demonstrar seu caráter exemplar. No que a isso se refere, a análise e a discussão das *Lições* de Husserl sobre a *fenomenologia da consciência íntima do tempo* constituirão a principal contraprova da tese do caráter definitivamente aporético da fenomenologia pura do tempo. De modo um tanto inesperado, ao menos para mim, seremos reconduzidos pela discussão à tese, *kantiana por excelência,* de que o tempo não pode ser diretamente observado, de que o tempo é propriamente *invisível*. Nesse sentido, as aporias sem fim da fenomenologia pura do tempo seriam o preço a pagar por qualquer tentativa de *fazer aparecer o tempo mesmo*, ambição que define como pura a fenomenologia do tempo. Uma das principais etapas da quarta parte consistirá em provar o caráter principalmente aporético da fenomenologia pura do tempo.

Essa prova é necessária se quisermos considerar universalmente válida a tese de que a poética da narratividade responde e corresponde à aporética da temporalidade. A aproximação entre a *Poética* de Aristóteles e as *Confissões* de Agostinho só forneceu uma verificação parcial e de certa forma circunstancial dessa tese. Se o caráter aporético de toda fenomenologia pura do tempo pudesse ser argumentado de modo ao menos plausível, o círculo hermenêutico da narratividade e da temporalidade iria se ampliar muito além do círculo da *mímesis,* ao qual teve de se limitar a discussão na primeira parte deste livro, em razão de a historiografia e de a crítica literária ainda não terem se manifestado sobre o tempo histórico e sobre os jogos da ficção com o tempo. Será apenas ao término do que acabei de chamar de conversa triangular, na qual a fenomenologia do tempo terá juntado sua voz às das duas disciplinas precedentes, que o círculo hermenêutico poderá ser igualado ao círculo de uma poética da narratividade (culminando ela própria no problema da referência cruzada evocada acima) e de uma aporética da temporalidade.

Poder-se-ia desde já objetar à tese do caráter universalmente aporético da fenomenologia pura do tempo que a hermenêutica de Heidegger marca uma ruptura decisiva com a fenomenologia subjetivista de Agostinho e de Husserl. Ao fundar sua fenomenologia sobre uma ontologia do *Dasein* e do ser-no-mundo, não está Heidegger autorizado a afirmar que a temporalidade, tal como ele a descreve, é "mais subjetiva" que qualquer sujeito e "mais objetiva" que qualquer objeto, na medida em que sua ontologia se subtrai à dicotomia do sujeito e do objeto? Não o nego. A análise que dedicarei a Heidegger fará total justiça à originalidade de que uma fenomenologia fundada numa ontologia e que se apresenta como uma hermenêutica pode se gabar.

Para dizê-lo desde já, a originalidade propriamente *fenomenológica* da análise heideggeriana do tempo – originalidade que se deve inteiramente a sua ancoragem numa ontologia do Cuidado – consiste numa *hierarquização* dos níveis de temporalidade ou, antes, de temporalização. Podemos, *a posteriori*, encontrar em Agostinho um pressentimento desse tema. Com efeito, ao interpretar a extensão do tempo em termos de distensão e ao descrever o tempo humano como alteado do interior pela atração de seu polo de eternidade, Agostinho deu, antecipadamente, crédito à ideia de uma pluralidade de níveis temporais. Os lapsos de tempo não se encaixam simplesmente uns nos outros segundo quantidades numéricas, os dias nos anos, os anos nos séculos. De modo geral, os problemas relativos à extensão do tempo não esgotam a questão do tempo humano. Na própria medida em que a extensão reflete uma dialética de intenção e de distensão, a extensão do tempo não tem apenas um aspecto quantitativo em resposta às perguntas: faz quanto tempo? por quanto tempo? em quanto tempo? Tem um aspecto qualitativo de *tensão graduada*.

Já no estudo dedicado ao tempo em Santo Agostinho, assinalei a principal incidência epistemológica dessa noção de hierarquia temporal: a historiografia, em sua luta contra a história factual, e a narratologia, em sua ambição de descronologizar a narrativa, parecem deixar lugar para uma única alternativa: ou a cronologia ou relações sistêmicas acrônicas. Ora, a cronologia tem um outro contrário: a própria temporalidade, levada a seu nível de maior *tensão*.

É na análise heideggeriana da temporalidade, em *Ser e tempo*, que o caminho aberto por Agostinho é explorado da maneira mais decisiva, ainda que seja, como diremos, a partir da meditação sobre o ser-para-a-morte e não, como em Agostinho, a partir da estrutura do triplo presente. Considero uma conquista inestimável da análise heideggeriana ter estabelecido, com os recursos de uma fenomenologia hermenêutica, que a experiência da temporalidade é suscetível de se desenrolar em vários níveis de radicalidade e que cabe à analítica do *Dasein* percorrê-los, seja de cima para baixo, segundo a ordem seguida em *Ser e tempo* – do tempo autêntico e mortal para o tempo cotidiano e público em que tudo acontece "dentro" do tempo –, seja de baixo para cima, como nos *Grundprobleme der Phänomenologie*[32]. A direção em que a escala de temporalização é percorrida importa menos que a própria hierarquização da experiência temporal[33].

Nesse caminho ascendente ou regressivo, uma parada no nível mediano, entre a intratemporalidade e a temporalidade radical, marcada pelo ser-para-a-morte, parece-me da maior importância. Por motivos que mencionaremos na hora certa, Heidegger lhe concede o título de *Geschichtlichkeit* – historialidade. É nesse nível que as duas análises de Agostinho e de Heidegger estão mais próximas, antes de divergirem radicalmente – ao menos na aparência –, dirigindo-se uma para a esperança paulina, a outra para a resolução quase estoica perante a morte. Faremos aparecer na quarta parte um motivo intrínse-

---

32. Martin Heidegger, *Gesammtausgabe, Bd. 24, Die Grundprobleme der Phänomenologie*, Frankfurt, Klostermann, 1975, § 19.

33. Ao homologar acima o tempo práxico de *mímesis* I com a última das formas derivadas da temporalidade segundo *Ser e tempo* – a *Innerzeitigkeit*, a "intratemporalidade" ou o "ser 'dentro' do tempo" –, escolhemos na verdade a ordem inversa de *Ser e tempo*, a dos *Grundprobleme*.

co para voltar a essa análise da *Geschichtlichkeit*. É dela, com efeito, que depende a análise da Repetição – *Wiederholung* – na qual buscaremos uma resposta de caráter ontológico para os problemas epistemológicos colocados pela referência cruzada entre a intencionalidade histórica e a visada de verdade da ficção literária. É por isso que marcamos desde já seu ponto de inserção.

Portanto, não se trata de negar a originalidade propriamente fenomenológica que a descrição heideggeriana da temporalidade deve a sua ancoragem na ontologia do Cuidado. No entanto, antes da virada – da *Kehre* – de onde procedem as obras posteriores a *Ser e tempo*, deve-se reconhecer que a ontologia do *Dasein* permanece investida numa fenomenologia que coloca problemas análogos aos que suscita a fenomenologia de Agostinho e de Husserl. Também aqui a ruptura no plano fenomenológico gera dificuldades de um gênero novo que aumentam ainda mais o caráter aporético da fenomenologia pura. Esse agravamento é proporcional à ambição dessa fenomenologia, que é não só a de não dever nada a uma epistemologia das ciências físicas e das ciências humanas, como de lhes servir de *alicerce*.

O paradoxo aqui é que a aporia incide precisamente sobre as relações entre a fenomenologia do tempo e as ciências humanas: a historiografia principalmente, mas também a narratologia contemporânea. Sim, o paradoxo é que Heidegger tornou mais difícil a conversa triangular entre historiografia, crítica literária e fenomenologia. Com efeito, é duvidoso que tenha conseguido derivar o conceito de história, familiar aos historiadores profissionais, bem como a temática geral das ciências humanas herdadas de Dilthey, da historialidade do *Dasein*, que, para a fenomenologia hermenêutica, constitui o nível mediano na hierarquia dos graus de temporalidade. Mais grave ainda, se a temporalidade mais radical traz a marca da morte, como se poderia passar de uma temporalidade tão fundamentalmente privatizada pelo ser-para-a-morte para o tempo comum que a interação entre múltiplos personagens exige em qualquer narrativa e, com mais razão ainda, para o tempo público que a historiografia exige?

Nesse sentido, a passagem pela fenomenologia de Heidegger exigirá um esforço suplementar, que às vezes nos afastará de Heidegger, para manter a dialética da narrativa e do tempo. Um dos maiores desafios de nossa quarta parte será mostrar que, a despeito do abismo que parece se abrir entre os dois polos, a narrativa e o tempo se hierarquizam simultânea e mutuamente. Ora será a fenomenologia hermenêutica do tempo que fornecerá a chave da hierarquização da narrativa, ora serão as ciências da narrativa histórica e da narrativa de ficção que nos permitirão resolver poeticamente – segundo uma expressão já empregada acima – as aporias da fenomenologia do tempo mais intratáveis em termos especulativos.

Assim, a própria dificuldade de derivar as ciências históricas da análise do *Dasein* e a dificuldade mais formidável ainda de pensar juntos o tempo *mortal* da fenomenologia e o tempo *público* das ciências da narrativa nos servirão de estímulo para *pensar melhor* a relação entre tempo e narrativa. Mas a reflexão preliminar que constitui a primeira parte deste livro já nos conduziu, de uma concepção em que o círculo hermenêutico se identifica ao dos estágios da *mímesis*, a uma concepção que inscreve essa dialética no círculo mais vasto de uma poética da narrativa e de uma aporética do tempo.

Surge um último problema: o do *limite superior do processo de hierarquização da temporalidade*. Para Agostinho e toda a tradição cristã, a interiorização das relações puramente extensivas do tempo remete a uma eternidade onde todas as coisas estão presentes ao mesmo tempo. A aproximação da eternidade pelo tempo consiste então na *estabilidade* de uma alma em repouso: "Então estarei estável e sólido em Vós, na minha verdadeira forma, a vossa Verdade" (*Confissões* XI, 30, 40). Ora, a filosofia do tempo de Heidegger, ao menos na época de *Ser e tempo*, ao mesmo tempo que retoma e desenvolve com grande rigor o tema dos níveis de temporalização, orienta a meditação, não para a eternidade divina, mas para a finitude selada pelo ser-para-a-morte. Haverá aí duas maneiras irredutíveis de reconduzir a duração mais extensiva para a duração mais tendida? Ou a alternativa é apenas aparente? Será preciso pensar que só um mortal pode formular o propósito de "dar às coisas da vida uma dignidade que as eternize"? A eternidade que as obras de arte opõem à fugacidade das coisas só pode se constituir numa história? E a história, por sua vez, não permanece histórica apenas se, ao mesmo tempo em que corre acima da morte, ela se previne contra o esquecimento da morte e dos mortos e continua sendo uma lembrança da morte e uma memória dos mortos? A questão mais grave que este livro pode formular é saber até que ponto uma reflexão filosófica sobre a narratividade e o tempo pode ajudar a pensar juntas eternidade e morte.

SEGUNDA PARTE
A HISTÓRIA E A NARRATIVA

Na primeira parte desta obra, tentamos caracterizar o discurso narrativo sem levar em conta a principal bifurcação que hoje divide seu campo entre a historiografia e a narrativa de ficção. Assim fazendo, admitimos tacitamente que a historiografia pertencia autenticamente a esse campo. É esse pertencimento que deve agora ser questionado.

Duas convicções de mesma força estão na origem da presente investigação. A primeira diz que ligar o caráter narrativo da história à sobrevivência de uma forma particular de história, a história narrativa, é hoje uma causa perdida. No tocante a isso, *minha tese sobre o caráter em última instância narrativo da história não se confunde de jeito nenhum com a defesa da história narrativa*. Minha segunda convicção é que, se a história rompesse todo vínculo com *a competência básica que temos de acompanhar uma história* e com as operações cognitivas da compreensão narrativa, tal como as descrevemos na primeira parte desta obra, ela perderia seu caráter distintivo no conjunto das ciências sociais: deixaria de ser histórica. Mas de que natureza é esse vínculo? É essa a questão.

Para resolver esse problema, não quis ceder à solução fácil que consistiria em dizer que a história é uma disciplina ambígua, meio literária, meio científica, e que, infelizmente, a epistemologia da história nada mais pode fazer senão registrar esse estado de fato e se conformar em trabalhar a favor de uma história que já não seria de modo algum uma maneira de narrativa. Esse ecletismo preguiçoso é o inverso de minha ambição. Minha tese é que a história mais distante da forma narrativa continua a estar ligada à compreensão narrativa por um vínculo de *derivação*, que pode ser reconstruído passo a passo, grau por grau, mediante um método apropriado. Esse método não remete à metodologia das ciências históricas, mas a uma reflexão de segundo grau sobre as *condições últimas de inteligibilidade* de uma disciplina que, em virtude de sua ambição científica, tende a esquecer o vínculo de derivação que, no entanto, continua a preservar tacitamente sua especificidade como ciência histórica.

Essa tese tem uma implicação imediata no que concerne ao tempo histórico. Não duvido de que o historiador tenha o privilégio de construir parâmetros temporais apropriados a seu objeto e a seu método. Apenas afirmo que a significação dessas construções é emprestada, deriva indiretamente da das configurações narrativas que descrevemos sob o título de *mímesis* II e, através delas, enraíza-se na temporalidade característica do mundo da ação. A *construção do tempo histórico* será assim uma das maiores problemáticas de meu projeto. Uma problemática, ou seja, ao mesmo tempo uma consequência e uma pedra de toque.

Minha tese está, portanto, igualmente distante de duas outras: a que inferiria do recuo da história narrativa a negação de qualquer vínculo entre história e narrativa e faria do tempo histórico uma construção sem apoio no tempo da narrativa e no tempo da ação, e a que estabeleceria entre história e narrativa uma relação tão direta quanto aquela, por exemplo, que há entre a espécie e o gênero, e uma continuidade diretamente legível entre o tempo da ação e o tempo histórico. Minha tese repousa sobre a asserção de um vínculo indireto de derivação mediante o qual o saber histórico procede da compreensão narrativa sem nada perder de sua ambição científica. Nesse sentido, não é uma tese do justo meio[1].

---

1. Isso não exclui que a explicação histórica seja descrita como um "misto": no que a isso se refere, adoto a tese de Henrik von Wright à qual dedico uma parte

Reconstruir os vínculos indiretos da história com a narrativa é, em última instância, trazer à tona a *intencionalidade do pensamento historiador* mediante o qual a história continua a visar obliquamente o campo da ação humana e sua temporalidade básica. Por meio dessa visada oblíqua, a historiografia vem se inscrever no grande círculo mimético que percorremos na primeira parte deste trabalho. Também ela, mas de um modo derivado, se enraíza na competência pragmática, com seu manejo dos acontecimentos que acontecem "dentro" do tempo, segundo nossa descrição de *mímesis* I; também ela configura o campo práxico, pelo viés das construções temporais de categoria superior que a historiografia insere no tempo da narrativa, característico de *mímesis* II; também ela, por fim, remata seu sentido na refiguração do campo práxico e contribui para a recapitulação da existência em que culmina *mímesis* III.

Esse é o horizonte mais longínquo de meu projeto. Não o levarei até o fim nesta parte. Devo reservar para uma investigação distinta o último segmento, que corresponde a *mímesis* III. Com efeito, a inserção da história na ação e na vida, sua capacidade de reconfigurar o tempo põem em jogo a questão da verdade em história. Ora, esta é inseparável do que chamo a *referência cruzada* entre a pretensão à verdade da história e a da ficção. A investigação a que está dedicada a segunda parte desta obra não abarca, portanto, todo o campo da problemática histórica. Para conservar o vocabulário utilizado em *A metáfora viva*, ela separa a questão do "sentido" da questão da "referência". Ou, para permanecer fiel ao vocabulário da primeira parte, a presente investigação dedica-se a ligar, no modo da *oratio obliqua*, a explicação à compreensão narrativa descrita sob o título de *mímesis* II.

A ordem das questões tratadas nesta segunda parte é governada pelo argumento da tese que acaba de ser esboçada.

---

do cap. II. Mas "misto" não quer dizer nem confuso, nem ambíguo. Um "misto" é algo bem diferente de um compromisso, desde que seja cuidadosamente construído como "misto" no plano epistemológico que lhe é apropriado.

Na primeira seção, intitulada "O eclipse da narrativa", registra-se o afastamento da história moderna com relação à forma expressamente narrativa. Dediquei-me a estabelecer a convergência, no ataque contra a história-narrativa, de duas correntes de pensamento bastante independentes uma da outra. A primeira, mais próxima da prática histórica, portanto mais metodológica que epistemológica, parece-me mais bem ilustrada pela historiografia francesa contemporânea. A segunda provém das teses do positivismo lógico sobre a unidade da ciência; é portanto mais epistemológica que metodológica.

Na segunda seção, intitulada "Tese em defesa da narrativa", exponho diversas tentativas – a maioria delas tiradas de autores de língua inglesa, com uma importante exceção – de estender *diretamente* a competência narrativa ao discurso histórico. Apesar de minha grande simpatia por essas análises, que faço questão de integrar ao meu próprio projeto, devo reconhecer que elas não me parecem atingir plenamente seu objetivo na medida em que só dão conta das formas de historiografia cuja relação com a narrativa é direta, portanto visível.

A terceira seção, intitulada "A intencionalidade histórica", contém a principal tese desta segunda parte, isto é, a tese da derivação *indireta* do saber histórico a partir da inteligência narrativa. Nesse contexto, retomo a análise já realizada alhures das relações entre explicar e compreender[2]. Para concluir, dou uma resposta parcial para a pergunta que inaugura a primeira seção, a do estatuto do acontecimento. A resposta não pode ser completa, na medida em que o estatuto *epistemológico* do acontecimento – o único a ser discutido nesta segunda parte – é inseparável de seu estatuto *ontológico*, que é uma das problemáticas da quarta parte.

Pedirei ao leitor muita paciência. Ele tem de saber que, nas três seções que se seguem, só poderá encontrar uma análise *preparatória* no que tange à questão central do tempo e da narrativa. Primeiro é preciso elucidar a relação entre a *explicação*

---

2. "Expliquer et comprendre", *Revue philosophique de Louvain*, 75 (1977), pp. 126-47.

histórica e a *compreensão* narrativa para que se possa, de modo válido, interrogar sobre a contribuição da narrativa histórica para a *refiguração* do tempo. Ora, essa própria elucidação exige um longo percurso; é preciso que a teoria nomológica e a teoria narrativista tenham revelado, sob a pressão de argumentos apropriados, sua respectiva insuficiência, para que a relação *indireta* entre historiografia e narrativa possa ser por sua vez restituída passo a passo e grau por grau. Essa longa preparação epistemológica não deve no entanto fazer perder de vista a problemática ontológica final. Existe uma razão suplementar para o alongamento das linhas de frente do combate: a refiguração do tempo pela narrativa é, no meu entender, obra *conjunta* da narrativa histórica e da narrativa de ficção. Portanto, será só no final da terceira parte, dedicada à narrativa de ficção, que poderá ser retomada *em seu conjunto* a problemática do *Tempo narrado*.

1. O ECLIPSE DA NARRATIVA

A historiografia de língua francesa e a epistemologia neopositivista pertencem a dois universos de discurso muito diferentes. A primeira exibe tradicionalmente uma total desconfiança para com a filosofia, que costuma identificar à filosofia da história de estilo hegeliano, ela mesma confundida por comodidade com as especulações de Spengler ou de Toynbee. Quanto à filosofia crítica da história, herdada de Dilthey, Rickert, Simmel, Max Weber e continuada por Raymond Aron e Henri Marrou, ela nunca foi realmente integrada à corrente principal da historiografia francesa[1]. É por isso que não encontramos, nas obras mais preocupadas com a metodologia, uma reflexão comparável à da escola alemã do começo do século e à do atual positivismo lógico ou de seus adversários de língua inglesa sobre a estrutura epistemológica da explicação em his-

---

1. Pierre Chaunu escrevia em 1960: "A epistemologia é uma tentação que se deve decididamente saber afastar. A experiência destes últimos anos não parece provar que ela pode ser solução preguiçosa naqueles que vão se perder em suas delícias – uma ou duas brilhantes exceções nada mais fazem que confirmar a regra –, sinal de uma busca que patina e se esteriliza? No máximo, é oportuno que alguns líderes a ela se dediquem – o que não somos nem pretendemos ser de nenhum modo – para melhor preservar os robustos artesãos de um conhecimento em construção – único título a que almejamos – das tentações perigosas dessa mórbida Cápua" (*Histoire quantitative, Histoire sérielle*, Paris, Armand Colin, 1978, p. 10).

tória. Sua força está em outro lugar: na estrita adesão ao ofício de historiador. O que a escola histórica francesa oferece de melhor é uma metodologia de homens de campo. Por isso, dá o que pensar ao filósofo, tanto mais que não lhe toma nada emprestado. A superioridade dos trabalhos oriundos do neopositivismo decorre, ao contrário, de sua constante preocupação em comparar a explicação em história com os modelos que supostamente definem o saber científico, a unidade profunda entre seu projeto e seus resultados. Nesse sentido, esses trabalhos remetem mais à epistemologia do que à metodologia. Mas a força deles é também muitas vezes sua fraqueza, tamanha é a ausência da prática histórica na discussão dos modelos de explicação. Infelizmente, esse defeito é partilhado pelos adversários do positivismo lógico. Como veremos mais adiante, com o exame dos argumentos "narrativistas", os exemplos que tanto a epistemologia positivista quanto a antipositivista emprestam dos historiadores raramente estão no nível de complexidade alcançado hoje pelas disciplinas históricas.

Mas, por mais heterogêneas que as duas correntes de pensamento sejam, têm ao menos em comum, além de seu repúdio da filosofia da história que não nos concerne aqui, seu repúdio do caráter narrativo da história tal como a escrevem nos dias atuais.

Essa convergência de resultados é ainda mais chamativa pelo fato de a argumentação ser diferente. Com a historiografia francesa, o eclipse da narrativa procede principalmente do deslocamento do objeto da história, que já não é o indivíduo atuante, mas o fato social total. Com o positivismo lógico, o eclipse da narrativa procede sobretudo do corte epistemológico entre a explicação histórica e a compreensão narrativa.

Neste capítulo, enfocaremos a convergência dos dois ataques, tomando como fio condutor o destino do acontecimento e da duração histórica em cada uma das perspectivas.

1. O eclipse do acontecimento na historiografia francesa[2]

A escolha do conceito de acontecimento como pedra de toque da discussão é particularmente apropriada a um exame da contribuição da historiografia francesa para a teoria da história, na medida em que a crítica da "história factual" ocupa nela um lugar bem conhecido e em que essa crítica é considerada equivalente à rejeição da categoria de narrativa.

No começo de toda reflexão, o conceito de acontecimento histórico partilha a evidência enganosa da maioria das noções de senso comum. Implica duas séries de asserções não criticadas: ontológicas e epistemológicas, sendo que as segundas se fundam nas primeiras.

No sentido ontológico, entende-se por acontecimento histórico o que efetivamente ocorreu no passado. Essa asserção tem por sua vez vários aspectos. Em primeiro lugar, admite-se que a propriedade de já ter ocorrido difere radicalmente da de ainda não ter ocorrido; nesse sentido, a atualidade passada do que ocorreu é tida por uma *propriedade absoluta* [do passado], independente de nossas construções e reconstruções. Esse primeiro traço é comum aos acontecimentos físicos e históricos. Um segundo traço delimita o campo do acontecimento histórico: entre todas as coisas que ocorreram, algumas são obra de agentes semelhantes a nós; os acontecimentos históricos são então o que seres atuantes fazem ocorrer ou sofrem: a definição corrente de história como conhecimento das ações dos homens do passado procede dessa restrição do interesse à esfera dos acontecimentos atribuíveis a *agentes humanos*. Um terceiro traço resulta da delimitação no interior do campo prático da esfera possível de comunicação: à noção de passado humano acrescenta-se, como obstáculo constitutivo, a ideia de uma *alteridade* ou de uma diferença *absoluta* que afe-

---

2. Algumas análises desta seção resumem desenvolvimentos mais detalhados de meu ensaio "The Contribution of French Historiography to the Theory of History", *The Zaharoff Lecture* (1978-1979), Oxford, Clarendon Press, 1980. Em contrapartida, no cap. III leem-se análises de obras de historiadores franceses que não foram incluídas na *Zaharoff Lecture*.

ta nossa capacidade de comunicação. Parece ser uma implicação de nossa competência para buscar o entendimento e o acordo, na qual Habermas vê a norma de uma pragmática universal, o fato de nossa competência para nos comunicarmos encontrar como desafio e obstáculo a estrangeirice do estrangeiro e só poder esperar compreendê-la ao preço de reconhecer-lhe a irredutível alteridade.

A essa tripla pressuposição ontológica – ter-sido absoluto, ação humana absolutamente passada, alteridade absoluta – corresponde uma tripla pressuposição epistemológica. Em primeiro lugar, opomos a *singularidade não repetível* do acontecimento físico ou humano à universalidade da lei; quer se trate de alta frequência estatística, de conexão causal ou de relação funcional, o acontecimento é o que só ocorre uma vez. Em seguida, opomos *contingência prática* a necessidade lógica ou física: o acontecimento é o que poderia ter sido feito de outro jeito. Por fim, a alteridade tem sua contrapartida epistemológica na noção de *afastamento* com relação a qualquer modelo construído ou a qualquer invariante.

Tais são, *grosso modo*, as pressuposições tácitas de nosso uso não crítico da noção de acontecimento histórico. No começo da investigação, não sabemos o que se deve ao preconceito, à sedimentação filosófica ou teológica, ou às exigências normativas universais. A triagem só pode resultar da crítica operada pela própria prática histórica. Nas páginas a seguir, a historiografia francesa será avaliada em função de sua contribuição a essa crítica dos pressupostos do acontecimento.

Evocarei apenas de modo breve o livro-chave de Raymond Aron, *Introduction à la philosophie de l'histoire: Essai sur les limites de l'objectivité historique* [Introdução à filosofia da história: Ensaio sobre os limites da objetividade histórica] (1938)[3], que foi publicado quase dez anos depois da fundação, por Lucien Febvre e Marc Bloch, dos *Annales d'histoire économique et sociale* [Anais de história econômica e social] (1939), que, depois de

---

3. Cito a décima sexta edição, Paris, NRF, Gallimard, "Bibliothèque des Idées", 1957.

1945, tornaram-se *Annales. Économies, Sociétés, Civilisations* [Anais. Economias, sociedades, culturas]. Proponho-me voltar ao livro de Aron mais adiante, quando tratar da dialética entre explicar e compreender. Mas ele merece ser citado agora por ter contribuído em grande medida para desfazer a primeira suposição de senso comum, qual seja, a asserção do caráter absoluto do acontecimento, como aquilo de fato ocorreu. Foi ao formular os limites da objetividade histórica que R. Aron proclamou o que ele chama de "dissolução do objeto" (p. 120). Essa famosa tese infelizmente suscitou mais de um mal-entendido. Visava bem mais o positivismo reinante sob a égide de Langlois e Seignobos[4] que qualquer tese ontológica. Nada mais significa que isto: na medida em que o historiador está implicado na compreensão e na explicação dos acontecimentos passados, o discurso histórico não pode atestar um acontecimento absoluto. A compreensão – mesmo a compreensão de um outro singular na vida cotidiana – nunca é uma intuição direta e sim uma reconstrução. A compreensão é sempre mais que a simples simpatia. Em suma: "Não existe uma *realidade histórica* já pronta antes da ciência, que apenas conviria reproduzir com fidelidade" (p. 120). Que "João Sem Terra tenha passado por aqui" só é um fato histórico em virtude do conjunto de intenções, motivos e valores que o incorpora a um todo inteligível. A partir daí, as diversas reconstruções nada mais fazem senão acentuar o corte que separa a objetividade, a que almeja o trabalho de compreensão, da experiência viva não repetível. Embora a "dissolução do objeto" já seja realizada pelo mais modesto dos entendimentos, o desaparecimento do objeto é mais completo no nível do pensamento causal, para empregar o vocabulário de Aron naquela época (voltaremos a esse ponto no capítulo III: para Aron, assim como para Max Weber, a causalidade histórica é uma relação do particular para o particular, mas por intermédio da probabilidade retrospectiva). Na escala da probabilidade, o grau mais baixo define o acidental, o mais

---

4. Charles-Victor Langlois e Charles Seignobos, *Introduction aux études historiques*, Paris, 1898.

alto define o que Max Weber chama adequação. Assim como a adequação difere da necessidade lógica ou física, o acidental tampouco equivale à singularidade absoluta. "Quanto à probabilidade que nasce do caráter parcial das análises históricas e das relações causais, ela está em nossa mente e não nas coisas" (p. 168). No tocante a isso, a avaliação histórica da probabilidade difere da lógica do cientista e se aproxima da do juiz. A questão filosófica para Aron era, então, a destruição de qualquer ilusão retrospectiva de fatalidade e a abertura da teoria da história para a espontaneidade da ação orientada para o futuro.

Para a presente investigação, o livro de Aron tem como resultado nítido mostrar que o passado, concebido como a soma do que efetivamente ocorreu, está fora do alcance do historiador.

Em H.-I. Marrou, *De la connaissance historique* [Sobre o conhecimento histórico] (1954)[5], encontra-se um argumento parecido com o de Raymond Aron. Nele, a prática do historiador é, além disso, mais visível. Deixarei de lado aqui um problema ao qual retornarei na quarta parte, ou seja, a filiação entre compreensão do *outro* e conhecimento do *passado* humano[6].

A continuidade entre tempo mortal e tempo público, evocada no final de nossa primeira parte, está diretamente implicada aí. Desse recurso à compreensão do outro reterei apenas suas principais implicações metodológicas, que coincidem com o axioma de Raymond Aron concernente à "dissolução do objeto".

Em primeiro lugar, o conhecimento histórico, que repousa sobre o testemunho do outro, "não é uma ciência propriamente dita, apenas um conhecimento de fé" (p. 137). A com-

---

5. H.-I. Marrou, *De la connaissance historique*, Paris, Éd. du Seuil, 1954.
6. "Não há nada específico na compreensão relativa ao passado; a compreensão do outro no presente e, em particular (já que, em geral e no melhor dos casos, o documento considerado é um 'texto'), a compreensão da linguagem articulada põem em jogo o mesmo processo" (p. 83). Para Marrou, a passagem da memória individual para o passado histórico não suscita nenhum problema, na medida em que o verdadeiro corte é entre o apego a si mesmo e a abertura para o outro.

preensão envolve todo o trabalho do historiador, na medida em que a "história é uma aventura espiritual na qual a personalidade do historiador está totalmente envolvida; numa palavra, está dotada para ele de um valor existencial, e é isso que lhe dá sua seriedade, sua significação e seu preço" (p. 197). E Marrou acrescenta: "É precisamente esse... o próprio cerne de nossa filosofia crítica, o ponto de vista central onde tudo se ordena e se esclarece" (*ibid.*). A compreensão é assim incorporada à "verdade da história" (capítulo IX), isto é, à verdade de que a história é capaz. Não é o lado subjetivo cuja explicação seria o lado objetivo. A subjetividade não é uma prisão e a objetividade não é a libertação dessa prisão. Longe de lutarem entre si, subjetividade e objetividade se adicionam: "Com efeito, na verdade da história [é o título do penúltimo capítulo do livro], quando a história é verdadeira, sua verdade é dupla, sendo feita ao mesmo tempo de verdade sobre o passado e de testemunho sobre o historiador" (p. 221).

Em seguida, estando o historiador implicado no conhecimento histórico, este não pode se propor realizar a tarefa impossível de reatualizar o passado[7]. Impossível por dois motivos. Primeiramente, a história só é conhecimento pela *relação* que estabelece entre o passado vivido pelos homens de outrora e o historiador de hoje. O conjunto dos procedimentos da história faz parte da equação do conhecimento histórico. Daí resulta que o passado realmente vivido pela humanidade pode apenas ser postulado, tal como o número kantiano na origem do fenômeno empiricamente conhecido. Além disso, se a vivência passada nos fosse acessível, não seria objeto de conhecimento, pois, quando era presente, esse passado era como nosso presente, confuso, multiforme, ininteligível. Ora, a história visa a um saber, a uma visão ordenada, estabelecida sobre cadeias de relações causais ou finalistas, sobre significações e valores. Assim, em essência, Marrou coincide com Aron no momento pre-

---

7. Aqui, Marrou se afasta de um dos pensadores que ele mais admira, Collingwood. Mas talvez uma releitura de Collingwood o tornasse mais próximo da tese aqui defendida (cf. abaixo, quarta parte).

ciso em que este pronuncia a "dissolução do objeto", no sentido que expusemos acima[8].

O mesmo argumento que impede conceber a história como reminiscência do passado também condena o positivismo, que virou o principal inimigo da nova historiografia francesa. Se a história é a relação do historiador com o passado, não se pode tratar o historiador como fator perturbador que se agregaria ao passado e teria de ser eliminado. Como se vê, o argumento metodológico é um duplo perfeito do argumento tirado da compreensão: se o hipercrítico valoriza mais a suspeita que a simpatia, seu humor moral está bem de acordo com a ilusão metodológica segundo a qual o fato histórico existiria em estado latente nos documentos e o historiador seria o parasita da equação histórica. Contra essa ilusão metodológica, deve-se afirmar que a iniciativa em história não pertence ao documento (capítulo III), mas à pergunta formulada pelo historiador. Este tem prioridade lógica na pesquisa histórica.

Assim, a obra de Marrou reforça a de Aron na sua luta contra o preconceito do *passado em si*. Ao mesmo tempo, garante a ligação com a orientação antipositivista da escola dos *Annales*.

A contribuição da escola dos *Annales* para nosso problema difere muito da do Aron filósofo, e até da do Marrou historiador-filósofo, marcadas pela problemática alemã do *Verstehen*. Com essa escola[9], temos a metodologia de historiadores profissionais, totalmente alheios à problemática da "compreensão". Os ensaios mais teóricos dos historiadores dessa escola são tratados de artesãos refletindo sobre seu ofício.

---

8. Citando precisamente Aron, Marrou escreve: "'Não, não existe uma *realidade histórica* já pronta antes da ciência, que apenas conviria reproduzir com fidelidade' (Aron, p. 120): a história é o resultado do esforço, em um sentido criativo, mediante o qual historiador, o sujeito cognoscente, estabelece essa relação entre o passado que ele evoca e o presente que lhe é próprio" (pp. 50-1).

9. Para uma breve história da fundação, dos antecedentes e dos desenvolvimentos da escola dos *Annales*, leia-se o artigo "L'histoire nouvelle", de Jacques Le Goff, em *La Nouvelle Histoire*, enciclopédia dirigida por Jacques Le Goff, Roger Chartier, Jacques Revel, Paris, Retz-CEPL, 1978, pp. 210-41.

O tom fora dado por Marc Bloch em *Apologie pour l'histoire ou Métier d'historien*[10] [*Apologia para a história ou Ofício de historiador*], obra escrita longe das bibliotecas e interrompida nos dois terços de sua redação pelo pelotão nazista de execução em 1944. Esse livro inacabado quer ser "o memento de um artesão que sempre gostou de meditar sobre sua tarefa cotidiana, o bloco de anotações de um companheiro, que por muito tempo manejou a craveira e o nível, sem por isso se crer matemático" (p. 30). As hesitações, as audácias e as prudências do livro constituem até hoje seu mérito. São também as "irresoluções" da própria historiografia que ele gosta de enfatizar[11].

É certo que as narrativas constituem somente a classe das "testemunhas voluntárias", cujo império sobre a história deve ser limitado com a ajuda dessas "testemunhas à sua própria revelia" que são todos os outros vestígios familiares ao arqueólogo e ao historiador da economia e das estruturas sociais. Mas essa ampliação sem fim das fontes documentárias não impede

---

10. A obra teve sete edições: a última contém um importante prefácio de Georges Duby (Paris, Armand Colin, 1974).

11. Voltarei, na quarta parte, à questão que preocupa Marc Bloch no seu capítulo I, ou seja, à questão da relação entre "a história, os homens e o tempo". Que o historiador só conheça do passado o que nele é humano e se deixa definir como "ciência dos homens no tempo" (p. 50); que o tempo histórico seja a um só tempo o contínuo e o dessemelhante; que a história deva se subtrair à obsessão das origens; que o conhecimento do presente seja impossível sem o conhecimento do passado e *vice-versa* – todos esses temas voltarão a ocupar o primeiro plano quando indagarmos sobre os referentes da história. Aqui, vamos nos limitar aos comentários epistemológicos que Marc Bloch vincula a suas reflexões rápidas sobre o objeto e, em primeiro lugar, ao estatuto das noções de *vestígio* e de *testemunho*. Sua audácia foi certamente a de ter vinculado suas principais notações metodológicas à definição da história como "conhecimento por vestígios", segundo a feliz expressão de François Simiand. Ora, os vestígios sobre os quais se estabelece uma ciência dos homens no tempo são essencialmente os "depoimentos das testemunhas" (p. 57). Assim, a "observação histórica" – título do capítulo II – e a "crítica" – título do capítulo III – dedicar-se-ão essencialmente a uma tipologia e a uma criteriologia do *testemunho*. É notável que, em *Apologie pour l'histoire*, a narrativa apareça apenas como uma das espécies de testemunho criticadas pelo historiador, ou seja, os testemunhos intencionais, destinados a informar o leitor, e nunca como a forma literária da obra que o historiador escreve (cf. as ocorrências da palavra *récit*, pp. 55, 60, 97, 144).

que a noção de testemunho englobe a de documento e continue sendo o modelo de qualquer observação "sobre vestígios" (p. 73). Resulta daí que a "crítica" será essencialmente, se não exclusivamente, uma crítica do testemunho, isto é, um teste de veracidade, uma caça à impostura, seja ela embuste quanto ao autor e à data (isto é, falsa no sentido jurídico) ou embuste quanto ao fundo (isto é, plágio, fabulação, retoque, disseminação de preconceitos e de boatos). Esse lugar considerável dado à crítica do testemunho, às expensas das questões de causa e de lei, que, na mesma época, preocupam a epistemologia de língua inglesa, decorre essencialmente[12] da especificação da noção de vestígio pelo caráter *psíquico* dos fenômenos históricos: as condições sociais são, "em sua natureza profunda, mentais" (p. 158); disso resulta que "a crítica do testemunho que trabalha com realidades psíquicas será sempre uma arte de fineza... mas é também uma arte racional que repousa sobre a prática metódica de algumas grandes operações mentais" (p. 97). As prudências, ou mesmo os acanhamentos, da obra são a contrapartida dessa submissão da noção de documento à de testemunho; com efeito, mesmo a subseção intitulada "Essai d'une logique de la méthode critique" [Ensaio de uma lógica do método crítico] (pp. 97-116) continua prisioneira de uma análise psicossociológica do testemunho, de resto, bastante refinada: ainda que essa arte racional ponha os testemunhos em contradição mútua, ainda que dose os motivos da mentira, continua sendo o herdeiro dos métodos eruditos forjados por Richard Simon, pelos bolandistas e pelos beneditinos. Não é que o autor não tenha percebido e, nesse sentido, antecipado o papel da crítica estatística; mas não viu que a lógica da probabilidade, tratada vinte anos antes por Max Weber e retomada por Raymond Aron alguns anos depois, já não remetia à crítica do testemunho, mas ao problema da causalidade em história[13]. Fazer uso dela

---

12. O papel considerável do falso em história medieval também explica de maneira contingente a extensão dada à crítica do testemunho.

13. "Avaliar a probabilidade de um acontecimento é medir as chances que ele tem de se produzir" (p. 107). Marc Bloch não está longe de Weber e Aron quando observa a singularidade desse modo de raciocinar, que parece aplicar

apenas para detectar e explicar as imperfeições do testemunho era inevitavelmente limitar seu alcance[14].

A verdadeira ruptura operada por *Apologia da história* deve, antes, ser buscada nas anotações dedicadas à "análise histórica" (título do capítulo IV). Marc Bloch percebeu claramente que a explicação histórica consistia essencialmente na constituição de cadeias de fenômenos semelhantes e no estabelecimento das interações entre eles. Esse primado da análise sobre a síntese[15] permitiu ao autor introduzir – sob o disfarce de uma citação de Focillon, o autor do admirável *Vie des Formes* [Vida das formas] – o fenômeno de defasagem entre os aspectos assim distinguidos no fenômeno histórico global: político, econômico, artístico, aos quais retornaremos mais adiante com Georges Duby. E, sobretudo, forneceu-lhe a oportunidade para uma notável discussão do problema da *nomenclatura* (pp. 130-55).

Esse problema está evidentemente ligado ao da classificação dos fatos; mas coloca o problema específico da propriedade da linguagem: devem-se *nomear* as entidades do passado nos termos em que os documentos já as designavam, com o risco de esquecer que "a seu modo, o vocabulário dos documentos nada mais é que um testemunho, portanto sujeito à crítica" (p. 138)? Ou devem-se projetar nelas termos modernos, com o risco de não perceber, por anacronismo, a especificidade dos fe-

---

a previsão ao passado encerrado: "Tendo a linha do passado sido, de certo modo, imaginariamente recuada, é um futuro de outrora edificado sobre um pedaço do que, para nós, é atualmente o passado" (p. 107).

14. "No final das contas, a crítica do testemunho se apoia numa instintiva metafísica do semelhante e do dessemelhante, do um e do múltiplo" (p. 101). Resume-se, assim, ao manejo do "princípio de semelhança limitada" (p. 103).

15. Uma única vez a narrativa é associada à fase de reconstrução, e isso sob o disfarce de uma citação de Michelet: "Mas era preciso um grande movimento vital, porque todos esses elementos diversos gravitavam juntos na unidade da narrativa" (citado p. 129). O que talvez mais faça falta nessa *Apologie pour l'histoire* é uma reflexão sobre a maneira como a questão da explicação – portanto, da causalidade em história – se articula com a da observação – portanto, do fato histórico e do acontecimento. É nesse ponto de articulação que uma reflexão sobre a narrativa e sobre o nexo entre acontecimento e narrativa poderia ter sido esclarecedora.

nômenos passados e de eternizar por arrogância nossas categorias? Como se vê, a dialética do semelhante e do dessemelhante rege a análise histórica assim como a crítica.

Essas concepções penetrantes fazem lamentar ainda mais a interrupção violenta da obra no momento em que ela entrava na discussão do temível problema da relação causal em história. Ficamos com uma frase, que o suspense torna mais preciosa: "Em história, como em todos os outros domínios, as causas não se postulam. Buscam-se..." (p. 160).

O verdadeiro manifesto da escola dos *Annales* seria a obra-prima inteira de Fernand Braudel, *La Méditerranée et le Monde méditerranéen à l'époque de Philippe II* [O Mediterrâneo e o mundo mediterrâneo na época de Filipe II][16].

Por uma questão de clareza didática, destacarei dos ensaios de Braudel e dos historiadores de sua escola o que vai diretamente ao encontro da segunda de nossas suposições iniciais, a saber, que os acontecimentos são o que seres atuantes fazem ocorrer e, consequentemente, partilham a contingência própria à ação. O que é colocado em questão é o modelo de ação implicado na própria noção de "fazer ocorrer" (e seu corolário, "sofrer") dos acontecimentos. A ação, segundo esse modelo implícito, pode sempre ser atribuída a agentes individuais, autores ou vítimas dos acontecimentos. Mesmo que incluamos o conceito de interação no de ação, não saímos da pressuposição de que o autor da ação deve sempre ser um agente identificável.

A pressuposição tácita de que os acontecimentos são o que indivíduos fazem ocorrer ou sofrem é destruída por Braudel junto com outras duas pressuposições estreitamente ligadas entre si (e que são alvo direto do fogo da crítica de Braudel e de

---

16. Fernand Braudel, *La Méditerranée et le Monde méditerranéen à l'époque de Philippe II*, Paris, Armand Colin, 1949. A obra teve duas revisões importantes até a quarta edição de 1979. Além disso, o autor reuniu em um volume, *Écrits sur l'histoire*, Paris, Flammarion, 1969, trechos do prefácio de *La Méditerranée*..., a "Leçon inaugurale" do Collège de France (1950), o famoso artigo dos *Annales* dedicado à "longa duração" (1958) e diversos outros ensaios que tratam das relações entre a história e as outras ciências do homem.

seus sucessores): a de que o indivíduo é o portador último da mudança histórica e de que as mudanças mais significativas são as mudanças pontuais, aquelas que afetam a vida dos indivíduos devido a seu caráter breve e súbito. É efetivamente a essas que Braudel reserva o título de acontecimentos.

Esses dois corolários explícitos acarretam um terceiro, que nunca é discutido por si mesmo, qual seja, o de que uma história de acontecimentos, uma história factual, só pode ser uma história-narrativa. História política, história factual, história-narrativa são, a partir daí, expressões quase sinônimas. O mais surpreendente, para nós que indagamos precisamente o estatuto narrativo da história, é que a noção de narrativa nunca seja interrogada em si mesma, tal como o são o primado da história política e o do acontecimento. Limitam-se a renegar, numa frase, a história-narrativa à moda de Ranke (vimos acima que para Marc Bloch a narrativa faz parte dos testemunhos voluntários, portanto dos documentos). Nunca passou tampouco pela cabeça de Lucien Febvre, fundador da escola dos *Annales* com Marc Bloch, que sua crítica veemente da noção de fato histórico[17], concebido como átomo da história dado pelas fontes, e a defesa de uma realidade histórica construída pelo historiador, aproximava fundamentalmente a realidade histórica, assim criada pela história, da narrativa de ficção, também ela criada pelo narrador. Portanto, é apenas através da crítica de uma história política, que destaca o indivíduo e o acontecimento, que se faz a crítica da história-narrativa. Somente essas duas concepções são atacadas de frente.

Ao individualismo metodológico em ciências sociais, os novos historiadores opõem a tese de que o objeto da história não é o indivíduo, mas o "fato social total", termo emprestado de Marcel Mauss, em todas as suas dimensões humanas – econômica, social, política, cultural, espiritual etc. À noção de acontecimento, concebido como salto temporal, opõem a de um *tempo social* cujas principais categorias – conjuntura, estrutura,

---

17. "Leçon inaugurale" do Collège de France (1933), in *Combats pour l'histoire*, Paris, Armand Colin, 1953, p. 7. Não há nenhum verbete "récit" [narrativa] ou "narratif" [narrativo] na enciclopédia *La Nouvelle Histoire*.

tendência, ciclo, crescimento, crise etc. – são tomadas de empréstimo à economia, à demografia e à sociologia. O que é importante perceber é a conexão entre os dois tipos de contestação: a do primado do indivíduo como átomo último da investigação histórica e a do primado do acontecimento, no sentido pontual da palavra, como átomo último da mudança social. Essas duas rejeições não resultam de uma especulação qualquer sobre a ação e o tempo, são a consequência direta do deslocamento do eixo principal da investigação histórica da história política para a história social. É com efeito na história política, militar, diplomática, eclesiástica, que se supõe que os indivíduos – chefes de Estado, chefes de guerra, ministros, diplomatas, prelados – façam a história. Também é ali que reina o acontecimento assimilável a uma explosão. "História de batalhas" e "história factual" (segundo a expressão cunhada por Paul Lacombe e retomada por Françoise Simiand e Henri Berr[18]) vão de par. Primado do indivíduo e primado do acontecimento pontual são os dois corolários obrigatórios da preeminência da história política.

Deve-se notar que essa crítica da história factual não resulta de modo algum da crítica filosófica de uma concepção ela mesma filosófica da história, na tradição hegeliana. Resulta, antes, de um combate metodológico contra a tradição positivista que prevalece nos estudos históricos na França no primeiro terço do século. Para essa tradição, os principais acontecimentos já estão registrados nos arquivos, que, aliás, já foram instituídos e constituídos em torno das peripécias e dos acidentes relacionados com a distribuição do poder. É por isso que a denúncia tanto da história de batalhas como da história factual constitui o avesso polêmico da tese em defesa de uma história do fenômeno humano total, com, no entanto, uma forte ênfase nas condições econômicas e sociais. No tocante a isso, os

---

18. P. Lacombe, *De l'histoire considérée comme une science*, Paris, Hachette, 1894; F. Simiand, "Méthode historique et science sociale", *Revue de synthèse historique*, 1903, pp. 1-22, 129, 157; H. Berr, *L'Histoire traditionnelle et la Synthèse historique*, Paris, Alcan, 1921.

trabalhos mais marcantes e sem dúvida os mais numerosos da escola histórica francesa estão dedicados à história social, na qual grupos, categorias e classes sociais, cidade e campo, burgueses, artesãos, camponeses e trabalhadores tornam-se os heróis coletivos da história. Com Braudel, a história torna-se até uma geo-história, cujo herói é o Mediterrâneo e o mundo mediterrâneo, antes que ele seja sucedido, com Huguette e Pierre Chaunu, pelo Atlântico entre Sevilha e o Novo Mundo[19].

Foi nesse contexto crítico que nasceu o conceito de "longa duração" oposto ao de acontecimento, entendido no sentido de curta duração. Em seu prefácio a *La Méditerranée*... e depois em sua "Leçon inaugurale" no Collège de France em 1950, e ainda em seu artigo dos *Annales* "La longue durée", Braudel bateu sempre na mesma tecla. A história mais superficial é a história da dimensão do indivíduo. A história factual é a história de oscilações breves, rápidas, nervosas; é a mais rica em humanidade, mas a mais perigosa. Sob essa história e seu tempo individual, desenrola-se "uma história de ritmo lento" (*ibid.*, p. 11) e sua "longa duração" (pp. 4 ss.): é a história social, a dos grupos e das tendências profundas. Essa longa duração é o economista que a ensina ao historiador; mas a longa duração é também o tempo das instituições políticas e o das mentalidades. Por fim, mais profundamente enterrada, reina "uma história quase imóvel, a do homem em suas relações como o meio que o circunda" (p. 11); para essa história, deve-se falar de um "tempo geográfico" (p. 13).

Esse escalonamento das durações é uma das contribuições mais notáveis da historiografia francesa à epistemologia da história – na falta de uma discussão mais apurada das ideias de causa e de lei.

A ideia de que o indivíduo e o acontecimento devam ser ultrapassados simultaneamente será o ponto forte da Escola. Com Braudel, a tese em defesa da história torna-se uma tese em defesa da "história anônima, profunda e silenciosa" (p. 21), e, assim, em defesa de um "tempo social com mil velocidades,

---

19. P. Chaunu, *Séville et l'Atlantique* (1504-1650), 12 vols., Paris, SEVPEN, 1955-1960.

com mil lentidões" ("Leçon inaugurale", in *Écrits sur l'histoire* [*Escritos sobre a história*]*, p. 24). Uma defesa e um credo: "Acredito, pois, na realidade de uma história particularmente lenta das civilizações" (p. 24). Mas é o ofício do historiador, não a reflexão filosófica, afirma o autor em "La longue durée", que sugere "essa oposição viva", no cerne da realidade social, "entre o instante e o tempo lento a escoar" (p. 43). A consciência dessa pluralidade do tempo social deve se tornar um componente da metodologia comum a todas as ciências do homem. Levando o axioma quase ao paradoxo, o autor chega a dizer: "A ciência social tem quase horror ao acontecimento. Não sem razão: o tempo curto é a mais caprichosa, a mais enganadora das durações" (p. 46).

O leitor epistemólogo pode ficar surpreso com a ausência de rigor das expressões características da pluralidade das temporalidades. Assim, o autor não fala apenas de tempo curto ou de tempo longo, portanto de diferenças quantitativas entre lapsos de tempo, mas de tempo *rápido* e de tempo *lento*. Ora, em termos absolutos, não se fala de velocidade dos intervalos de tempo, mas sim dos movimentos que os percorrem.

Contudo, é precisamente desses movimentos que se trata em última instância. Algumas metáforas, induzidas pela imagem da rapidez ou da lentidão, confirmam-no. Comecemos pelas que marcam a depreciação do acontecimento, sinônimo de tempo curto: "Uma agitação de superfície, as ondas que as marés levantam com seu potente movimento – uma história de oscilações breves, rápidas, nervosas" ("Préface", *Écrits sur l'histoire*, p. 12); "Desconfiemos dessa história ainda candente, tal como os contemporâneos a sentiram, descreveram, viveram, no ritmo de sua vida, breve como a nossa" (*ibid.*). "Um mundo cego, como todo mundo vivo, como o nosso, insciente das histórias de profundeza, de suas águas vivas sobre as quais nosso barco singra como o mais ébrio dos navios" (*ibid.*). Todo um grupo de metáforas dizem o embuste do tempo curto: "sor-

---

* Na edição brasileira, a aula inaugural corresponde ao capítulo "Posições da história em 1950" (Nota da Edição).

tilégios", "fumaça", "capricho", "lampejos sem luz", "tempo curto de nossas ilusões", "falaciosas ilusões" de Ranke. Outras dizem sua pretensão loquaz: "reagir contra a história inteiramente reduzida ao papel dos heróis quintessenciados", "contra a orgulhosa palavra unilateral de Treitschke: os homens fazem a história" ("Leçon inaugurale", *Écrits*, p. 21). A história tradicional, a história-narrativa cara a Ranke: "lampejos, mas sem luz, fatos, mas sem humanidade"). E agora as metáforas que dizem o "valor excepcional do tempo longo" ("La longue durée", p. 44): "Essa história anônima, profunda e muitas vezes silenciosa", aquela que mais faz os homens do que é feita por eles ("Leçon inaugurale", *Écrits*, p. 21); "uma história pesada cujo tempo já não se ajusta a nossas antigas medidas" (*ibid.*, p. 24); "essa história silenciosa, mas imperiosa, das civilizações" (*ibid.*, p. 29).

Que escondem, que revelam essas metáforas? Em primeiro lugar, uma preocupação tanto com a *veracidade* como com a *modéstia*: o reconhecimento de que não fazemos a história, se entendermos por "nós" os grandes homens da história mundial, segundo Hegel. Portanto, a vontade de tornar visível e audível a pressão de um tempo profundo, que o clamor do drama eclipsou e reduziu ao silêncio. Se cavarmos por debaixo dessa vontade, que encontraremos? Duas apercepções adversas, mantidas em equilíbrio.

Por um lado, por intermédio da lentidão, do peso, do silêncio do tempo longo, a história alcança uma inteligibilidade que só pertence à longa duração, uma coerência própria tão-só dos equilíbrios duráveis, em suma, uma espécie de estabilidade na mudança: "Realidade de longa, inesgotável duração, as civilizações, infindavelmente readaptadas a seu destino, superam portanto em longevidade todas as outras realidades coletivas; sobrevivem a elas" ("Histoire et temps présent", in *Écrits*, p. 303). Falando das civilizações, o autor chega a designá-las como "uma realidade que o tempo demora para desgastar e veicula muito lentamente". Sim, "as civilizações são realidades de muito longa duração" (p. 303). Coisa que Toynbee, a despeito de tudo de ruim que se possa dizer dele, viu perfeitamente: "Fixou-se em algumas dessas realidades que não acabam mais de viver; fixou-se em acontecimentos, mas em acontecimentos que repercutem violentamente com séculos de distância e em homens bem acima do homem, Jesus ou Buda, Maomé, também eles homens de longa duração" (p. 284). À fumaça do acontecimento, opõe-se a rocha da duração. Sobretudo quando o tempo se inscreve na geografia, se recolhe na perenidade das paisagens: "Uma civilização é, em primeiro lugar, um espaço, uma era cultural..., uma morada" (p. 292). "A longa duração é a história interminável, indestrutível das estruturas e grupos de estruturas" ("Histoire et sociologie", *ibid.*, p. 114). Dir-se-ia que, através da noção de duração, Braudel atinge aqui não tanto o que muda mas o que permanece: o que o verbo durar diz melhor que o substantivo duração. Vislumbra-se uma sabedoria discreta, oposta ao frenesi do acontecimento, por trás desse respeito da grande lentidão das verdadeiras mudanças.

Mas a apercepção oposta emerge assim que a matemática social propõe aplicar à longa duração suas estruturas acrônicas, seus modelos intemporais. Contra essa pretensão e essa tentação, o historiador fica sendo o guardião da mudança. Embora possa opor ao recitativo tradicional um "recitativo da conjuntura", "muito além desse segundo recitativo situa-se uma história de fôlego ainda mais longo, de amplitude secular dessa vez: a história de longa ou até de muito longa duração" (pp. 44-5). Mas a duração, mesmo a duração muito longa, continua sendo duração. E é aí que o historiador vela, no limiar para além do qual a história poderia cair na sociologia. Isso se nota na seção do ensaio "La longue durée" (1958) dedicada aos matemáticos sociais (*Écrits*, pp. 61 ss.) e no ensaio "Histoire et sociologie" (pp. 97 ss.). "Na linguagem da história", protesta Braudel, "não pode haver sincronia perfeita" (p. 62). Os sociólogos matemáticos podem até construir modelos quase intemporais: "quase intemporais, ou seja, que na verdade circulam pelas estradas obscuras e inéditas da duração muito longa" (p. 66). Os modelos, com efeito, são de duração variável: "Valem o tempo que vale a realidade que registram..., pois ainda mais significativos que as estruturas profundas da vida são seus pontos de ruptura, sua brusca ou lenta deterioração sob o efeito de pressões contraditórias" (p. 71). O que conta finalmente para o historiador é o percurso de um modelo; a metáfora marinha retorna aqui com força: "O naufrágio é sempre o momento mais significativo" (p. 72). Os modelos das matemáticas qualitativas pouco se prestam às viagens no tempo, "antes de mais nada porque circulam por apenas uma das inúmeras estradas do tempo, a da longa, *muito longa* duração, ao abrigo dos acidentes, das conjunturas, das rupturas" (p. 72). É o caso dos modelos construídos por C. Lévi-Strauss: a cada vez, eles se aplicam a "um fenômeno de uma extrema lentidão, como que intemporal" (p. 73); a proibição do incesto é uma dessas realidades de muito longa duração. Os mitos, que se desenvolvem lentamente, também correspondem a estruturas de uma longevidade extrema. Por isso os mitemas, esses átomos de inteligibilidade, aliam o infinitamente pequeno à duração muito longa. Para o historiador, porém, a duração muito longa é "a duração longa demais" (p. 75), que não poderia fazer esquecer "o jogo múltiplo da vida, todos os seus movimentos, todas as suas durações, todas as suas rupturas, todas as suas variações" (p. 75).

Eis, portanto, o teórico da longa duração metido num combate de duas frentes: do lado do acontecimento e do lado da duração longa demais. Tentaremos dizer no capítulo III em que medida essa apologia da longa duração e sua dupla recusa são compatíveis com o modelo narrativo da composição da intriga. Se for compatível, o ataque contra a história factual não seria a última palavra do historiador sobre a própria noção de acontecimento, na medida em que para um acontecimento importa mais que ele contribua para a progressão de uma intriga do que o fato de ser breve e nervoso, à maneira de uma explosão[20].

Na posteridade de Braudel, toda a escola dos *Annales* internou-se pela brecha da longa duração. Gostaria de me demorar em um dos desenvolvimentos mais significativos da historiografia francesa contemporânea, a introdução maciça em histó-

---

20. Compararei mais adiante (cap. III, pp. 342-47) a prática braudeliana, em *La Méditerranée et le monde méditerranéen à l'époque de Philippe II*, com as declarações teóricas dos *Ecrits sur l'histoire*, às quais me limito aqui.

ria dos métodos quantitativos tomados da economia e aplicados à história demográfica, social, cultural e mesmo espiritual. Com esse desenvolvimento, é questionada uma das principais pressuposições relativas à natureza do acontecimento histórico, qual seja, a de que, sendo único, o acontecimento não se repete.

A história quantitativa é, com efeito, fundamentalmente uma "história serial" – segundo a expressão que Pierre Chaunu tornou clássica[21]: repousa sobre a constituição de séries homogêneas de *itens*, portanto de fatos repetíveis, eventualmente acessíveis ao tratamento por computador. Todas as principais categorias do tempo histórico podem, gradualmente, ser redefinidas sobre uma base "serial". Assim, a *conjuntura* passa da história econômica para a história social e daí para a história geral, quando esta passa a poder ser concebida como um método para integrar em *um momento dado* o maior número possível de correlações entre séries afastadas[22]. Do mesmo modo, a noção de estrutura, entendida pelos historiadores no duplo sentido, estático, de arquitetura relacional de um determinado conjunto, e dinâmico, de uma estabilidade duradoura, só conserva alguma precisão se puder ser referida à intersecção de muitas variáveis que pressupõem todas uma seriação. Assim, conjuntura tende a designar o tempo curto e estrutura o tempo muito longo, mas numa perspectiva de história "serial". Tomadas conjuntamente, as duas noções tendem também a designar uma polaridade da pesquisa histórica, conforme a vitória sobre o acidental e o factual seja levada até a absorção da conjuntura na estrutura, ou a longa duração – geralmente privilegiada pela historiografia francesa – resista a se dissolver no tempo imóvel das "sociedades frias" (*La Nouvelle Histoire*, p. 527).

---

21. Pierre Chaunu, *Histoire quantitative, Histoire sérielle, op. cit.*
22. O conceito de conjuntura, forjado pelos economistas, "exprime a vontade de ultrapassar a descontinuidade das diversas curvas estabelecidas pelos estatísticos para apreender a interdependência de todas as variáveis e dos fatores isolados em um momento dado e para acompanhar – e portanto prever – sua evolução no tempo" (art. "Structure/Conjoncture" in *La Nouvelle Histoire, op. cit.*, p. 525).

De maneira geral, contudo, os historiadores – e muito particularmente os especialistas em história econômica – fazem questão de conservar, diferentemente de seus colegas economistas ou sociólogos, a coloração temporal até para a noção de estrutura. Nessa luta em duas frentes, a noção de "longa duração" ajudou-os a resistir à total descronologização dos modelos e à fascinação pelo acontecimento acidental e isolado. Mas, como a primeira tentação vinha das ciências sociais vizinhas e a segunda da própria tradição histórica, foi na linha de frente do acontecimento que a luta sempre foi mais acalorada; o desenvolvimento da história econômica foi, em grande medida, uma resposta ao desafio colocado pela grande depressão de 1929, por meio de uma análise no longo prazo que despojasse o acontecimento de sua singularidade catastrófica. Quanto à luta na linha de frente das estruturas acrônicas, ela nunca está totalmente ausente do quadro: diante do desenvolvimento da economia puramente quantitativa de Simon Kuznets e de Jean Marczewski, a história serial foi obrigada a se distinguir da história puramente quantitativa, que é acusada de se fechar no âmbito *nacional* adotando por modelo a contabilidade nacional. O que a história quantitativa dos economistas sacrifica no altar das ciências exatas é precisamente o tempo longo, reconquistado a duras penas a expensas do tempo dramático do acontecimento. Por isso a ancoragem nos grandes espaços e a aliança com a geopolítica de Braudel eram necessárias para que a história serial continuasse fiel à longa duração e, graças a essa mediação, continuasse presa ao tronco da história tradicional. É também por isso que conjuntura e estrutura, mesmo quando opostas, marcam na diacronia o primado de uma lógica imanente sobre o acidental e o acontecimento isolado.

Ernest Labrousse, aprofundando a trilha aberta por François Simiand[23], foi, com sua história dos preços, o primeiro historiador a incorporar à sua disciplina a noção de conjuntura e de

---

23. A "Introduction générale" a *La Crise de l'économie française à la fin de l'Ancien Régime et au début de la Révolution française*, Paris, PUF, 1944, foi o Discurso do Método da história econômica.

estrutura[24]. Ao mesmo tempo, mostrava o caminho para a ampliação desse campo aberto para a quantidade, conduzindo sua disciplina da história econômica para a história social baseada em pesquisas socioprofissionais. Para E. Labrousse, a estrutura é social: concerne ao homem nas suas relações com a produção e com outros homens, nos seus círculos de sociabilidade que ele denomina classes. A partir de 1950, dedica-se à quantidade social, marcando assim o êxodo da ferramenta estatística para regiões mais rebeldes à quantificação. A "quantidade social" é a passagem do primeiro nível, o nível econômico, para o segundo nível, o nível social, na autêntica linha de Marx, mas sem nenhuma preocupação com a ortodoxia marxista. Como modelo de análise, a história econômica revelou-se, assim, prenhe de um desenvolvimento arborescente: do lado da demografia e até, como veremos mais adiante, do lado dos fenômenos socioculturais, das mentalidades – o terceiro nível, segundo E. Labrousse.

A metodologia da história econômica marcava mais uma continuidade que uma ruptura com o combate antipositivista de Marc Bloch e de Lucien Febvre. Com efeito, o que os fundadores da escola dos *Annales* queriam combater era, em primeiro lugar, a fascinação pelo acontecimento único, não repetível, em segundo lugar, a identificação da história com uma crônica melhorada do Estado e, por fim – talvez sobretudo –, a ausência de critério de escolha, portanto de *problemática*, na elaboração do que é considerado "fatos" em história. Os fatos, esses historiadores não cessam de repetir, não estão dados nos documentos, os documentos é que são selecionados em função de uma problemática. Os próprios documentos não estão dados: os arquivos oficiais são instituições que refletem uma escolha implícita em favor da história concebida como coletânea de acontecimentos e como crônica do Estado. Como essa escolha não é declarada, o fato histórico pode parecer regido

---

24. Conforme o testemunho de Pierre Chaunu, "Labrousse indicou os limites da significação de uma conjuntura que só pode se exprimir no interior de uma estrutura", *Histoire quantitative, Histoire sérielle, op. cit.*, p. 125.

pelo documento e o historiador pode parecer receber seus problemas desses dados.

Nessa conquista do campo histórico inteiro pela história quantitativa (ou serial), uma menção especial deve ser feita à história demográfica, justamente por suas implicações temporais. Para essa ciência, o que importa é sobretudo o número de homens e a contagem desses números na escala da sucessão das gerações no planeta. A demografia histórica, ou seja, a demografia em perspectiva temporal, tabula a evolução biológica da humanidade considerada como uma massa só[25]. Ao mesmo tempo, faz aparecer ritmos mundiais de população que instalam a longa duração na escala do meio milênio e recolocam em questão a periodização da história tradicional. Por fim, a demografia, retomada pelo historiador, lança luz sobre a relação entre o nível de povoamento e os níveis de cultura e civilização[26].

Nesse sentido, a demografia histórica garante a transição entre uma história serial de nível econômico e uma história serial de nível social, e depois de nível cultural e espiritual, para retomar os três níveis de E. Labrousse.

Por nível social, deve-se entender um amplo leque de fenômenos, que vão do que Fernand Braudel chama em sua outra obra-prima[27] *Civilização material* ao que outros chamam de *his-*

---

25. "No começo, houve a economia, mas, no cerne de tudo, há o homem, o homem perante si mesmo, e, portanto, perante a morte, na sucessão das gerações, portanto a demografia" (P. Chaunu, "La voie démographique et ses dépassements", in *Histoire Quantitative, Histoire Sérielle, op. cit.*, p. 169).
26. A obra de P. Goubert, *Beauvais et le Beauvaisis de 1600 à 1730*, Paris, SEVPEN, 1960 (reeditado com o título *Cent Mille Provinciaux au XVIIe siècle*, Paris, Flammarion, 1968), marca no tocante a isso a integração da história demográfica e da história econômica no quadro da monografia regional. Nesse sentido, talvez tenha sido sobretudo a história demográfica que permitiu juntar à ideia de estrutura a ideia de síntese de civilização e delimitar esse sistema secular que se estende da virada do século XIII ao começo do século XX, isto é, ao fim da Europa rural. Mas o contorno desse sistema de civilização só aparece se a demografia não se limitar a contar homens, se visar detectar características culturais e não naturais que regem o difícil equilíbrio desse sistema.
27. *Civilisation matérielle, Économie et Capitalisme (XVe-XVIIIe siècle)*, t. I, *Les Structures du quotidien*, t. II, *Les Jeux de l'échange*, t. III, *Le temps du monde*, Paris, Armand Colin, 1967-1979.

tória das mentalidades. A civilização material constitui um verdadeiro subconjunto por seu caráter abrangente (dos gestos, do habitat, da alimentação etc.). É por isso que o ordenamento por estágios de temporalidades segundo o modelo de *O Mediterrâneo*... lhe é perfeitamente apropriado, assim como a pertinência do tempo longo e das séries enumeradas[28].

Essa breve incursão pelo campo do quantitativo em história teve uma única finalidade: mostrar a continuidade da luta da historiografia francesa contra a história factual e, por implicação, contra uma maneira diretamente narrativa de escrever a história. Ora, é digno de nota que a nova história, para se libertar da dominação do acontecimento, deva se unir a uma outra disciplina que não tem no tempo uma preocupação central. Vimos a história de longa duração nascer da união com a geografia, e a história quantitativa, na medida em que também é uma história de longa duração, da união com a economia. Essa união da história com uma outra ciência torna mais aguda a questão de saber em que a história continua histórica nesse casamento de conveniência. Ora, a cada vez, a relação com o acontecimento fornece uma pedra de toque apropriada.

É o caso da *antropologia histórica*, que se empenha em transferir para a distância histórica aquele desenraizamento que a distância geográfica dá ao antropólogo e em recuperar, para além da cultura erudita, o costume, o gesto, o imaginário, em suma, a cultura popular. A obra típica é a de J. Le Goff em *Pour un autre Moyen Age. Temps, travail et culture en Occident* [Por uma outra Idade Média. Tempo, trabalho e cultura no Ocidente]: nela, o autor se propõe constituir "uma antropologia histórica do Ocidente pré-industrial"[29] (p. 15).

O filósofo não pode deixar de se interessar por aquilo que nessa obra é dito precisamente sobre o tempo: não o tempo

---

28. Cf. abaixo cap. III, pp. 342 ss.
29. J. Le Goff, *Pour un autre Moyen Age. Temps, travail et culture en Occident: Dix-huit Essais*, Paris, Gallimard, 1977. A obra remete à história de longa duração: o autor gosta de evocar "a longa Idade Média", "a longa duração pertinente de nossa história" (p. 10). Voltarei a tratar de algumas declarações de Le Goff concernentes à relação entre essa Idade Média "total", "longa", "profunda" e nosso presente, na quarta parte de minha exposição.

dos acontecimentos narrados, mas precisamente o tempo tal como é *representado* pelos homens da Idade Média. É engraçado que seja justamente a representação do tempo que, para o historiador, faça o acontecimento: "O conflito entre o tempo da Igreja e o tempo dos comerciantes se afirma..., no coração da Idade Média, como um dos principais acontecimentos da história mental desses séculos, em que é elaborada a ideologia do mundo moderno sob a pressão da evolução das estruturas e das práticas econômicas" (p. 48). Para ter acesso a esse tempo dos homens, que se tornou objeto para o historiador-antropólogo, e em particular para notar o avanço do tempo dos comerciantes, é preciso interrogar os manuais de confissão em que se podem acompanhar as mudanças na definição e na categorização dos pecados. Para apreciar a comoção mental e espiritual do quadro cronológico, é preciso notar o surgimento e a difusão dos relógios, que substituem o dia de trabalho rural e as horas canônicas ritmadas pelo som dos sinos por um tempo exato. Mas é sobretudo quando a oposição entre cultura erudita e cultura popular é tomada como eixo da problemática que o historiador se faz antropólogo. A questão passa então a ser a de saber em que essa história continua sendo histórica. Continua sendo histórica pelo fato de a longa duração continuar sendo duração. No tocante a isso, a desconfiança do autor com relação ao vocabulário da diacronia – problemática importada da semiologia e da antropologia estrutural – lembra a de Braudel com relação aos modelos lévi-straussianos[30].

A bem dizer, o que interessa ao historiador são não só os "sistemas de valor" e sua resistência às mudanças, mas também suas mutações. Voltarei, no fim do capítulo III, a tratar de uma sugestão que exponho agora como um primeiro passo para a discussão: podemos com efeito nos perguntar se, para continuar histórica, a história não deve elaborar a título de quase

---

30. Recusando-se a "se entregar a uma etnologia fora do tempo" (p. 347), Le Goff vê a diacronia operar "segundo sistemas abstratos de transformação muito diferentes dos esquemas de evolução de que se serve o historiador para tentar abordar o devir das sociedades concretas que estuda" (p. 346). O problema, segundo ele, é superar o "falso dilema estrutura-conjuntura e sobretudo estrutura-acontecimento" (p. 347).

acontecimentos as mutações lentas que ela condensa em sua memória, por um efeito de aceleração cinematográfica. Le Goff não trata do principal conflito relativo à avaliação do próprio tempo como "um dos principais acontecimentos da história mental desses séculos"? Só poderemos fazer justiça a essa expressão quando tivermos condições de fornecer um quadro epistemológico apropriado ao que denomino aqui, a título provisório, um quase acontecimento[31].

Outro tipo de união da história com ciências para as quais o tempo não é uma categoria central se exprime na *história das mentalidades*. Nesse caso, as ciências de referência são principalmente a sociologia das ideologias, de origem marxista, a psicanálise de tipo freudiana (às vezes, mas raramente, de tipo junguiana), a semântica estrutural e a retórica dos discursos. O parentesco com a história antropológica é evidente. A escuta das ideologias, do inconsciente coletivo e das falas espontâneas confere à história um sentido de estranhamento, de distância e de diferença comparável àquele que o olhar do antropólogo fornecia agora há pouco. É novamente o homem cotidiano, geralmente privado da palavra pelo discurso dominante, que recupera a palavra através da história. Essa modalidade de racionalidade histórica marca ao mesmo tempo o esforço mais interessante para levar o quantitativo ao terceiro nível, o das atitudes com relação ao sexo, ao amor, à morte, ao discurso falado ou escrito, às ideologias e religiões. Para continuar serial, essa história tinha de encontrar documentos apropriados para o estabelecimento de séries homogêneas de fatos identificáveis. Como já acontecia na história econômica, aqui o historiador é o inventor de um tipo de documento: antigamente eram os mercuriais e depois os dízimos. Agora temos a produção escrita, os "cahiers de doléances", os registros paroquiais, as dispensas eclesiásticas e sobretudo os testamentos – "esses velhos documentos adormecidos", disse alguém[32].

---

31. Cf. abaixo, cap. III, pp. 339 ss.
32. Cf. Vovelle, *Piété baroque et Déchristianisation en Provence au XVIIIe siècle, les attitudes devant la mort d'après les clauses des testaments*, Paris, Plon, 1973. Chaunu, *La Mort à Paris, XVIe, XVIIe, XVIIIe siècles*, Paris, Fayard, 1978.

A questão do tempo histórico retorna então sob uma nova forma: segundo Chaunu, o instrumento quantitativo é apenas o mediador destinado a fazer aparecer uma estrutura, no melhor dos casos uma mutação, ou mesmo o fim de uma estrutura, cujo ritmo de desagregação é submetido a um fino exame. É assim que o quantitativo salva o qualitativo, mas "um qualitativo triado e homogeneizado" ("Un champ pour l'histoire sérielle: l'histoire au troisième niveau" [Um campo para a história serial: a história no terceiro nível], retomado in *op. cit.*, p. 227). É portanto por sua qualidade temporal de estabilidade, de mutação, de desagregação, que as estruturas entram no campo da história.

Georges Duby, cuja obra ilustra de modo sublime a história das mentalidades, coloca o problema em termos semelhantes. Por um lado, retoma a definição de ideologia dada por Althusser: "um sistema (com sua lógica e seu rigor próprios) de representações (imagens, mitos, ideias ou conceitos conforme o caso) dotado de uma existência e de um papel histórico numa determinada sociedade"[33] (p. 149). É então na condição de sociólogo que ele caracteriza as ideologias como globalizantes, deformantes, concorrentes, estabilizantes e geradoras de ação. Esses aspectos não se referem à cronologia e à narração. Mas a sociologia dá lugar à história na medida em que os sistemas de valor "possuem sua própria história, cujo andamento e cujas fases não coincidem com as do povoamento e dos modos de produção" (*ibid.*). E é efetivamente o historiador que se interessa pela transformação das estruturas, seja sob a pressão das mudanças nas condições materiais e nas relações vividas, seja por meio de conflitos e contestações.

Gostaria de terminar essa revisão das contribuições da historiografia francesa à exploração do tempo histórico evocando trabalhos dedicados à relação do homem com a morte. Talvez seja o exemplo mais significativo e mais fascinante dessa recupe-

---

33. "Histoire sociale et idéologie des sociétés", in *Faire de l'histoire*, organizado por Jacques Le Goff e Pierre Nora, Paris, Gallimard, 1974, t. I, *Nouveaux Problèmes*, p. 149.

ração do qualitativo pelo quantitativo. Com efeito, o que há de mais íntimo, de mais solitário, de mais integrado à vida que a morte, ou antes, que o morrer? Mas o que há de mais público que as atitudes perante a morte, inscritas nas disposições testamentárias? O que há de mais social que as antecipações por parte do vivo do espetáculo de seu próprio funeral? O que há de mais cultural que as representações da morte? Compreende-se, assim, que a tipologia de um Philippe Ariès, em seu grande livro *L'Homme devant la Mort*[34] [*O homem diante da morte*], e seu modelo em quatro tempos (morte aceita do patriarca da Antiga Aliança, do bravo cavaleiro das canções de gesta, do camponês de Tolstói; morte barroca dos séculos XVI e XVII; morte intimista dos séculos XVIII e XIX; morte interdita e dissimulada das sociedades pós-industriais) tenham simultaneamente podido fornecer uma articulação conceitual para estudos seriais como os de Vovelle e de Chaunu e receber destes a única verificação de que a história é capaz na ausência de qualquer experimentação do passado, qual seja, a frequência contada do repetível. No tocante a isso, a história da morte talvez seja não só o ponto extremo atingido pela história serial, mas talvez de toda a história, por motivos que discutirei na quarta parte[35].

---

34. Philippe Ariès, *L'Homme devant la mort*, Paris, Éd. do Seuil, 1977.
35. Michel Vovelle propõe um balanço crítico das conquistas e dos impasses de vinte anos de história de "longa duração", desde o célebre artigo de Fernand Braudel de 1958 ("L'histoire et la longue durée") in *La Nouvelle Histoire*, pp. 316-43. Concordando que "a morte de uma certa história historicizante é hoje um fato consumado" (p. 318), indaga se, ainda assim, o acontecimento atacado por Braudel desapareceu do campo histórico. Duvida que o modelo de encavalamento dos tempos, praticado por Braudel, possa ser transposto para os outros domínios históricos, a começar pela história social. Por um lado, a heterogeneidade dos ritmos e das defasagens entre durações tende a acabar com a ideia de história total. Por outro, a polarização entre a quase imobilidade de grandes estruturas mentais e o retorno do acontecimento, decorrente da recente valorização das ideias de corte, de trauma, de ruptura e de revolução, punha em causa a própria ideia de uma escala graduada de duração. Por isso, a história mais contemporânea parece estar em busca de uma nova dialética do tempo curto e do tempo longo, de uma "concordância dos tempos" (p. 341). No capítulo III desta segunda parte retomarei esse problema que talvez não encontre sua solução no plano do ofício de historiador e sim no de uma refle-

2. O eclipse da compreensão: o modelo "nomológico" na filosofia analítica de língua inglesa

Ao abandonar a metodologia dos historiadores franceses pela epistemologia da história oriunda do positivismo lógico, mudamos de universo de pensamento (às vezes também, mas nem sempre, de continente). Não é a prática da história que alimenta a argumentação, mas a preocupação, mais normativa que descritiva, de afirmar a *unidade da ciência* na tradição do Círculo de Viena. Ora, essa defesa da unidade da ciência é incompatível com a distinção estabelecida por Windelband entre método "idiográfico" e método "nomotético"[36]. A relação da história com a narrativa não está diretamente em questão durante a primeira fase do debate, nos anos 40 e 50. Mas a própria possibilidade de derivar a história da narrativa é solapada na base por uma argumentação essencialmente dirigida contra a tese da irredutibilidade da "compreensão" à "explicação", que, na filosofia crítica da história do começo do século na Alemanha, prolonga a distinção entre método idiográfico e método nomotético[37]. Se considerei possível colocar sob o mesmo título de *eclipse da narrativa* dois ataques provenientes de dois horizontes tão diferentes como a historiografia francesa vinculada à escola dos *An-*

---

xão mais sutil sobre a intencionalidade histórica. Afora essa reflexão, a honestidade intelectual do historiador consiste sem dúvida em rejeitar tanto a história imóvel quanto o acontecimento-ruptura e, nesse vasto intervalo, dar livre curso à proliferação de tempos históricos, conforme o exija o objeto considerado e o método escolhido. Assim vemos o mesmo autor, Emmanuel Le Roy Ladurie, ilustrar alternadamente o tempo curto e até a forma narrativa com seu famoso *Montaillou, village occitan de 1294 à 1324*, Paris, Gallimard, 1975, e a longa duração, com *Paysans du Languedoc*, Mouton, 1966, ed. resumida, Flammarion, 1959 – ou até a duração muito longa com *Histoire du climat depuis l'An Mil*, e com *Territoire de l'historien*, quarta parte, a história sem os homens: *Le Climat, nouveau domaine de Clio*, Paris, Gallimard, 1973.

36. Wilhelm Windelband, "Geschichte und Naturwissenschaft", Discurso de Estrasburgo, 1894, reproduzido em *Präludien: Aufsätze und Reden zur Philosophie und ihrer Geschichte*, vol. II, Tübingen, J. B. C. Mohr, 1921, pp. 136-60.

37. Cf. Raymond Aron, *La Philosophie critique de l'histoire, Dilthey, Rickert, Simmel, Weber*, 1938, 4.ª ed., Paris, Vrin, 1969. Leia-se a nota sobre as relações entre Windelband e Rickert, *ibid.*, pp. 306-7.

nales e a epistemologia oriunda da filosofia analítica de língua inglesa – em continuidade nesse ponto com a epistemologia herdada do Círculo de Viena –, foi porque ambas tomam como pedra de toque a noção de acontecimento e consideram estabelecido que a sorte da narrativa está selada junto com a do acontecimento, entendido como átomo da mudança histórica. Isso é tão verdade que a questão do estatuto narrativo da história, que nunca foi um problema na primeira fase da discussão epistemológica, a única considerada aqui, só passou para o primeiro plano, ao menos no mundo anglo-saxão, mais tarde, por meio da batalha em torno do modelo nomológico e a título de contraexemplo oposto a esse modelo. Esse diagnóstico se confirma com o caso do único historiador francês – Paul Veyne – que defendeu um retorno à noção de intriga em história: também nele, como veremos, esse retorno está ligado a uma crítica veemente de qualquer pretensão à cientificidade, que seria incompatível com o estatuto "sublunar" da história (para imitar Aristóteles e ao mesmo tempo reabilitar Max Weber!).

Como a discussão posterior viria a confirmar, o ataque contra a compreensão dos partidários do modelo nomológico tem o mesmo resultado, se não o mesmo problema, que o ataque contra o acontecimento dos historiadores da longa duração: o eclipse da narrativa.

Tomaremos como ponto de partida o famoso artigo de Carl G. Hempel, "The Function of General Laws in History"[38] [A função das leis gerais na história].

A tese central desse artigo é que "as leis gerais têm funções de todo análogas em história e nas ciências naturais"[39]. Não é que Hempel ignore o interesse da história pelos acontecimentos particulares do passado: ao contrário, sua tese concerne precisamente ao estatuto do acontecimento. Mas não considera importante, ou decisivo, que em história os acontecimentos ti-

---

38. Carl G. Hempel, "The Function of General Laws in History", *The Journal of Philosophy* 39, 1942, pp. 35-48; artigo retomado in Patrick Gardiner, *Theories of History*, Nova York, The Free Press, 1959, pp. 344-56.

39. *"General laws have quite analogous functions in history and the natural sciences"* (*op. cit.*, p. 345).

rem seu estatuto propriamente histórico do fato de terem estado inicialmente incluídos numa crônica oficial, num testemunho ocular ou numa narrativa baseada em lembranças pessoais. A especificidade desse primeiro nível de discurso é completamente ignorada, *em prol de uma relação direta entre a singularidade do acontecimento e a asserção de uma hipótese universal, portanto de uma forma qualquer de regularidade.* Foi somente mediante a discussão posterior do modelo nomológico pelos adeptos da tese "narrativista" que pôde ser sublinhado desde o início da análise o fato de a noção de acontecimento histórico ter sido despojada de seu estatuto narrativo e colocada no quadro de uma oposição entre particular e universal. Pressuposto isso, o acontecimento histórico alinha-se com um conceito geral de acontecimento que inclui os acontecimentos físicos e qualquer ocorrência digna de nota, tal como a ruptura de um reservatório, um cataclismo geológico, uma mudança de estado físico etc. Uma vez posta essa concepção homogênea do que é considerado acontecimento, o argumento desenvolve-se como segue:

A ocorrência de um acontecimento de um tipo específico pode ser deduzida de duas premissas. A primeira descreve as condições iniciais: acontecimentos anteriores, condições prevalentes etc. A segunda enuncia uma regularidade qualquer, isto é, uma hipótese de forma universal que, caso se confirme, merece ser chamada de lei[40].

Se essas duas premissas puderem ser corretamente estabelecidas, pode-se dizer que a ocorrência do acontecimento considerado foi logicamente deduzida e que, portanto, foi explicada. Há três maneiras de essa explicação ser viciada: os enunciados empíricos que estabelecem as condições iniciais podem ser falsos; as generalidades alegadas podem não ser autênticas leis; o nexo lógico entre premissas e consequência pode estar viciado por um sofisma ou um erro de raciocínio.

---

40. "*By a general law, we should here understand a statement of universal conditional form which is capable of being confirmed by suitable empirical findings*" [Por lei geral deveríamos entender aqui a afirmação em forma condicional universal capaz de ser confirmada por descobertas empíricas adequadas] (*op. cit.*, p. 345).

Três comentários se impõem no que concerne à estrutura da explicação nesse modelo (que, desde a crítica de W. Dray que evocaremos mais adiante, é chamado de *covering-law model*; e que, na falta de uma tradução satisfatória dessa expressão, exceto por modelo de subsunção, chamarei doravante de "modelo nomológico").

Em primeiro lugar, os três conceitos de *lei, causa* e *explicação* se superpõem. Um acontecimento é explicado quando é "coberto" por uma lei e seus antecedentes são legitimamente chamados de suas causas. A ideia-chave é a de regularidade, ou seja, todas as vezes que um acontecimento do tipo C ocorre num certo lugar e num certo tempo, um acontecimento de um tipo específico E ocorrerá num lugar e num tempo relacionado com os do primeiro acontecimento. A ideia humiana de causa é portanto assumida sem nenhuma reserva: o autor fala indiferentemente de "causas" ou de "condições determinantes" (*determining conditions*, p. 345). É por isso que não dá importância às objeções feitas à terminologia causal e à tentativa, defendida entre outros por Bertrand Russell[41], de só usar os termos condição e função. Contudo, essa desavença não é uma mera questão semântica: iremos nos indagar mais adiante se não é possível haver uma explicação causal – em história precisamente – que seja independente de..., ou anterior a... a ideia de lei no sentido de regularidade comprovada[42].

Além disso, é importante sublinhar que, num modelo nomológico, explicação e *previsão* vão de par: pode-se esperar que a ocorrência de tipo C seja seguida pela ocorrência de tipo E. A previsão nada mais é que o enunciado invertido da explicação em termos de *se... então*. Disso resulta que o valor preditivo de uma hipótese se torna um critério de validade da explicação

---

41. B. Russel, "On the Notion of Cause", *Proc. of the Aristotelian Society*, 13, 1912-1913, pp. 1-26.

42. A recusa de dar um estatuto distinto à relação causal é dirigida contra Maurice Mandelbaum que, em *The Problem of Historical Knowledge*, Nova York, Geveright, 1938, cap. VII e VIII, tentara distinguir a *causal explanation*, praticada pelos historiadores, da *causal analysis*, idêntica à explicação por leis científicas (Hempel, *op. cit.*, p. 347, n.º 1). Voltaremos à tese de Mandelbaum, na sua formulação mais recente, no cap. III.

e que a ausência de valor preditivo é um sinal do caráter incompleto da explicação. Essa observação tampouco pode deixar de dizer respeito à história.

Enfim, deve-se ter notado que só se está tratando de *acontecimentos de um tipo específico*, não de acontecimentos singulares, portanto de acontecimentos eminentemente repetíveis (a queda da temperatura em tal ou qual condição etc.). O autor não vê nisso nenhuma dificuldade: exprimir todas as propriedades de um objeto individual é uma tarefa impossível, a que ninguém, aliás, e menos ainda um físico, se propõe. Não haveria explicação de nenhum acontecimento individual caso se pedisse a ela que desse conta de todas as características do acontecimento. Pode-se apenar pedir de uma explicação que seja precisa e fina, não que esgote o singular. O caráter único do acontecimento é, por conseguinte, um mito que deve ser afastado do horizonte científico. A discussão voltará sempre a topar inevitavelmente com esse obstáculo tradicional da teoria da história.

Embora esta seja efetivamente a estrutura universal da explicação aplicada a acontecimentos – sejam eles naturais ou históricos –, a questão agora é saber se a história satisfaz esse modelo.

Como é fácil notar, esse modelo é fortemente prescritivo: diz como uma explicação ideal deve ser. O autor não pensa prejudicar a história ao proceder desse modo. Ao contrário, atribuindo-lhe um ideal tão elevado, reconhece-se sua ambição de ser reconhecida como uma ciência e não como uma arte. O que a história quer é, com efeito, mostrar que os acontecimentos não se devem ao acaso, mas que acontecem em conformidade com a previsão que deveria poder ser feita, uma vez conhecidos certos antecedentes ou certas condições simultâneas e uma vez enunciadas e confirmadas certas hipóteses universais que formam a premissa maior da dedução do acontecimento. É só a esse preço que a previsão se distingue totalmente da profecia.

O fato, porém, é que a história ainda não é uma ciência plenamente desenvolvida, principalmente porque as proposições gerais que fundam sua ambição de explicar não merecem o título de regularidade. Ou – primeiro caso – essas generalidades não estão explicitamente enunciadas, como é o caso das explicações incompletas da vida cotidiana, em que se consideram óbvias generalidades tácitas que remetem à psicologia individual ou social. Ou então – segundo caso – as regularidades alegadas carecem de confirmação empírica: afora a economia ou a demografia, a história se contenta com hipóteses aproximativamente universais: entre essas leis, cuja verificação continua sendo imprecisa, devem-se situar os *enunciados* explicitamente formulados em termos de probabilidade, mas desprovidos de aparato estatístico. Não é seu estatuto probabilista que é criticável, mas a falta de exatidão estatística. No que a isso se refere, a linha divisória não passa entre explicação causal e explicação probabilista, mas entre os níveis de exatidão, seja ela empírica ou estatística. Ou, por fim – terceiro caso –, as generalidades alegadas são francamente pseudoleis, tomadas de empréstimo à sabedoria popular ou à psicologia não científica, quando não são preconceitos manifestos, resíduos de "explicação" mágica ou mística das realidades humanas e cósmicas. Portanto, é preciso distinguir firmemente entre explicação autêntica e pseudoexplicação.

A única nuança que Hempel admite na sua tese sem concessões é que, no melhor dos casos, a história fornece apenas um "esboço de explicação" (*explanation sketch*) (*op. cit.*, p. 351), que repousa sobre regularidades que, não podendo ser leis explícitas e comprovadas, apontam contudo para onde haveria regularidades expressas por descobrir e que, além disso, prescrevem os procedimentos a serem adotados para satisfazer o modelo da explicação científica. Nesse sentido, tais esboços estão do lado da explicação autêntica e não das pseudoexplicações.

Afora essa única concessão, o autor recusa com veemência conceder qualquer valor propriamente epistemológico a procedimentos que se prevaleceriam do título de empatia, de compreensão ou de interpretação e que fariam referência a aspectos, digamos, distintivos do objeto histórico, tais como significação (*meaning*), pertinência (*relevance*), determinação (*determination*) ou dependência (*dependance*). O suposto método de compreensão por empatia não é um método, é no máximo um procedimento heurístico que não é suficiente nem mesmo necessário: pois é possível explicar em história sem compreender por empatia. Portanto, nada na construção do modelo se refere à natureza narrativa da história ou ao estatuto narrativo do acontecimento, e menos ainda a uma especificidade qualquer do tempo histórico com relação ao tempo cosmológico. Essas distinções, como dissemos acima, estão tacitamente excluídas a partir do momento em que não se admite nenhuma diferença de princípio entre um acontecimento histórico e um acontecimento físico que simplesmente acontece, a partir do momento em que não se considera pertinente para o estatuto histórico do acontecimento que ele tenha sido narrado em crônicas, em relatos lendários, em memórias etc. Nem mesmo um autor como Charles Frankel, tão atento, como veremos mais adiante, à originalidade da problemática da *interpretação* em história, incorpora à noção de acontecimento sua contribuição à forma da narrativa: o acontecimento de que tratam os historiadores em seus trabalhos inscreve-se, como o acontecimento físico, em "enunciados singulares que assertam a ocorrência de acontecimentos únicos em lugares e tempos especificados"[43]; o historiador se propõe simplesmente "relatar acontecimentos individuais que aconteceram uma vez e só uma vez"[44]. A explicação caracteriza-se justamente por abolir esse aspecto. A definição lógica do acontecimento é a de uma ocorrência singular, sem relação intrínseca com a narrativa. Essa identificação foi tão tenaz que, num primeiro tempo, os próprios adversários do modelo nomológico concordaram com ele e também eles esperaram da explicação que ela abolisse esse aspecto de unicidade, de não repetibilidade do acontecimento.

---

43. Charles Frankel, "Explanation and Interpretation in History", *Philosophy of Science*, 24 (1957), pp. 137-55, retomado in Patrick Gardiner, *op. cit.*, p. 409: "*Singular statements asserting the occurrence of unique events at specific places and times.*"
44. *Ibid.*, p. 410. Basicamente, os historiadores "*give an account of individual events that have occurred once and only once*".

Depois de Hempel e na sua esteira, os partidários do modelo nomológico dedicaram-se essencialmente à tarefa apologética de minimizar as discordâncias entre as exigências do modelo "forte" e os aspectos específicos do conhecimento histórico de fato. O preço a pagar foi "enfraquecer" o modelo para garantir sua viabilidade[45].

Qualificar a empresa de apologética não deveria implicar depreciar o trabalho produzido pela escola de Hempel: primeiro, porque ao enfraquecer o modelo esses autores fizeram aparecer aspectos do conhecimento histórico que remetem autenticamente à *explicação* e que qualquer teoria contrária terá de levar em conta[46]. Enfraquecer um modelo é um trabalho positivo que aumenta sua aplicabilidade; além disso, esse trabalho de reformulação vai ao encontro do trabalho dos próprios historiadores – com o qual a historiografia francesa nos familiarizou –, que visa resolver dificuldades reais ou supostas que afligem o conhecimento histórico.

A primeira grande concessão, que será explorada diversamente pelos adversários do modelo, está em concordar que as explicações fornecidas pelos historiadores não funcionam em história tal como funcionam nas ciências da natureza. *A história não estabelece as leis* que figuram na premissa maior da dedução hempeliana. Ela as emprega[47]. É por isso que podem permanecer implícitas. Mas é sobretudo por isso que podem remeter a níveis heterogêneos de universalidade e de regularidade. Assim, P. Gardiner, em *The Nature of Historical Explanation* [A natureza da explanação natural][48], inclui entre as regularida-

---

45. O caminho fora, com efeito, aberto pelo próprio Hempel com sua noção de "esboço de explicação". É preciso entender essa estratégia para dar todo o seu sentido ao efeito de ruptura criado pela obra de William Dray do qual voltaremos a tratar: *Laws and Explanation in History*, Oxford University Press, 1957.

46. Levar em conta um modelo "fraco" de explicação será para nós uma razão suficiente para não ceder a uma tese diretamente narrativista e recorrer a um método mais indireto de remissão da explicação à compreensão.

47. Os adversários do modelo nomológico verão nisso o sinal de que a explicação em história está inserida na inteligibilidade prévia da narrativa, que ela reforça como que por interpolação.

48. Patrick Gardiner, *The Nature of Historical Explanation*, Londres, Clarendon U. Press, 1952, 1961.

des aceitas em história o que ele chama de *lawlike explanations*; trata-se principalmente das regularidades de tipo "disposicional" às quais G. Ryle, em *The Concept of Mind* [O conceito de mente], atribuíra um importante papel na explicação do comportamento: uma das funções do conectivo "porque" consiste com efeito em situar a ação de um agente no quadro de seu comportamento "habitual". O caso da explicação em termos de *disposições* abre caminho para uma reflexão sobre a diversidade de níveis de imprecisão que a noção de regularidade admite.

No entanto, essa heterogeneidade é perfeitamente aceita pelo leitor de obras históricas. Este não vem ao texto tendo em mente um modelo único, monótono, monolítico, de explicação, mas com um leque muito amplo de expectativas. Essa flexibilidade demonstra que a pergunta sobre a *estrutura* da explicação tem de ser completada por uma pergunta sobre sua *função*. Por função, deve-se entender a correspondência entre um certo tipo de resposta e um certo tipo de pergunta. Assim, a pergunta "por que" é aquela que abre o leque de respostas aceitáveis da forma "porque...". No que a isso se refere, o modelo "forte" dá conta de apenas um segmento limitado do leque de expectativas aberto pela pergunta "por que" e do leque das respostas aceitáveis da forma "porque...". A partir daí, o problema é saber de que extensão e, portanto, de que enfraquecimento o modelo nomológico é capaz, se excluirmos qualquer volta vergonhosa a uma concepção intuicionista ou empática da "compreensão" histórica e, de modo geral, a substituição pura e simples da explicação pela compreensão.

Para os partidários do modelo nomológico ou de subsunção, a única maneira de resistir a uma diluição da explicação nos usos mais variados do "por quê" e do "porque..." é sempre referir as formas fracas à forma "forte" do modelo e atribuir às primeiras a tarefa de se acercar por aproximação da segunda. Nesse sentido, uma atitude liberal com relação ao funcionamento do modelo permite preservar um grande rigor no tocante à estrutura da explicação. O modelo "forte" fica sendo então o *"logical marker"* de qualquer aproximação por formas mais fracas do mesmo modelo.

Um segundo debate demonstra o esforço evocado acima para ir ao encontro dos historiadores na luta para que sua disciplina seja plenamente incluída na categoria de ciência. Trata-se do papel dos procedimentos de *seleção* em história. Esse debate tem algo de exemplar na medida em que toca em uma das dificuldades mais frequentemente evocadas na tradição do *Verstehen* para negar à história uma "objetividade" comparável à das ciências da natureza. O livro de Raymond Aron na França continua sendo o testemunho indispensável desta última tese. A epistemologia neopositivista respondeu ao ataque ligando estritamente a sorte da objetividade em história à do modelo nomológico. A partir disso, nessa escola de pensamento a defesa do *modelo* equivale a uma alegação em prol da objetividade em história.

No tocante a isso, a réplica de R. Nagel[49] é notável na medida em que mostra, em exercício, o que é um argumento analítico e como, ao caráter maciço da objeção, responde-se com um trabalho de decomposição e de distinção.

Entende-se por seletividade a escolha que o historiador faz de um domínio ou de um problema? Mas nenhum cientista escapa disso. A única questão interessante é saber se, uma vez escolhido um campo de estudo, o cientista é capaz de tomar distância com relação aos valores ou às paixões de que faz seu objeto. Ora, essa emancipação não é inacessível ao historiador: define até mesmo a história como "investigação" (*inquiry*).

Segundo argumento: Querem falar da limitação do assunto tratado resultante dessa escolha? Mas ela só seria uma causa necessária de distorção se supuséssemos que, para conhecer algo, é preciso conhecer tudo. Ora, a tese filosófica subjacente, de origem hegeliana, do caráter "interno" de todas as relações é desmentida pela prática da ciência que comprova o caráter "analítico" do discurso.

Terceiro argumento: Querem falar da seleção das hipóteses? Mas qualquer investigação é seletiva nesse sentido. De que a

---

49. Ernest Nagel, "Some Issues in the Logic of Historical Analysis", *The Scientific Monthly*, 1952, pp. 162-9. Retomado in P. Gardiner, *Theories of History, op. cit.*, pp. 373-86.

investigação se detém em algum lugar? Mas o argumento da regressão infinita é um sofisma: para problema definido, resposta definida. A possibilidade de levar a análise mais longe apenas demonstra o caráter progressivo da investigação.

Último argumento: Querem por fim dizer que a história não pode se emancipar de preconceitos coletivos ou pessoais? Mas é um truísmo afirmar que os ideais da investigação estão causalmente ligados a outros traços culturais, sociais, políticos etc. O que é significativo é que os preconceitos possam ser detectados e submetidos a exame. O mero fato de que se possa distinguir o que é preconceito do que não é prova que o ideal de objetividade não é desesperado. Caso contrário, a tese cética sucumbiria a seu próprio juízo e sua validade ficaria limitada ao círculo daqueles que a professam. Se, porém, ela escapa a seu próprio critério, isso prova que é possível formular enunciados válidos sobre as coisas humanas[50].

Um novo obstáculo à realização de uma explicação "garantida" (*warranted*) resulta da limitação da investigação histórica ao que ela considera a *causa "principal"* de um curso de acontecimentos. Ora, a imputação de uma importância relativa às variáveis causais recorre a uma "ponderação" (*weighing*) que não parece suscetível de objetividade. Pode-se responder que a noção de importância não é inacessível à análise. Ainda que a verdade dos juízos de importância esteja sujeita a debate, significa-se algo ao falar de importância. Pode-se então fazer uma tabela das significações associadas à designação dos graus de importância (E. Nagel, *op. cit.*, pp. 382-5). Somente o aperfeiçoamento do material estatístico poderá conciliar a prática com essa lógica da "ponderação" dos graus de importância[51]. En-

---

50. É notável que a questão da *seletividade* nunca seja relacionada com o aspecto específico da história de que o historiador pertence ao campo de seus próprios objetos de uma maneira diferente daquela como o físico pertence ao mundo físico. Voltaremos a isso na quarta parte.

51. Mais uma vez, é notável que a questão de saber por que há uma questão de importância em história é evitada. Que a ponderação dos graus de importância remeta a uma lógica das garantias relativas não se discute. Com relação a esse ponto, ao defender o modelo Nagel o ampliou. E uma dialética da explicação e da compreensão terá de levá-lo em conta. Mas, assim como é in-

quanto isso não ocorre, impõe-se um ceticismo local, que não temos motivos para transformar em ceticismo global: "Existe com efeito um acordo substancial entre os homens experientes nesses temas sobre as probabilidades relativas que devem ser atribuídas a muitas hipóteses."[52]

Como se vê, o argumento extraído da prática da história junta-se ao dos adeptos da história quantitativa serial na historiografia francesa.

Vamos levar essa apologia do modelo nomológico até o ponto em que o enfraquecimento do modelo confina com seu abandono. O artigo de Charles Frankel[53] é, no tocante a isso, típico. Nele, o modelo está enfraquecido no sentido de que a interpretação, tomada em um sentido vizinho ao do *Verstehen* da filosofia crítica da história, *é aceita como um momento necessário* do conhecimento histórico; o momento da interpretação é aquele em que o historiador avalia, isto é, atribui sentido e valor. Esse momento se distingue do da explicação que estabelece conexões causais entre acontecimentos. Mas o esforço para articular os dois momentos permanece no terreno do modelo nomológico na medida em que, por um lado, admite-se que todo bom historiador tem a preocupação de distinguir os dois níveis operatórios e justifica a epistemologia em sua ambição de isolar o núcleo explicativo, e em que, por outro lado, a própria interpretação está submetida às exigências limitativas da explicação.

A bem dizer, o enfraquecimento do modelo começa com a reformulação do estágio explicativo, embora o autor considere que, idealmente, a história não procede diferentemente das outras ciências. As discordâncias com o modelo caracterizam o

---

discutível que essa ponderação concerne à história como "investigação", permanece a questão do lugar da investigação no processo total da compreensão histórica.

52. *"There is substantial agreement among men experienced in relevant matters on the relative probabilities to be assigned to many hypotheses"*, E. Nagel, art. citado, p. 385.

53. Charles Frankel, "Explanation and Interpretation in History", in Patrick Gardiner, *Theories of History, op. cit.*, pp. 408-27.

estado de fato da história, não seu ideal epistemológico. Suas generalizações são, como disse Hempel, da ordem dos esboços de explicação? Mas esse é um aspecto contingente que não cria nenhuma distância intransponível com as outras ciências e designa antes o lugar de uma "necessidade de refinar os detalhes de generalizações vagas"[54]. O vínculo entre explicação e predição está rompido? Será que o historiador não conseguiria fornecer as condições não só necessárias, mas suficientes de um acontecimento? O importante não é que a explicação seja incompleta, mas que "pareça satisfazer plenamente nossa exigência de explicação"[55]. Por isso aceitamos como explicação um simples relatório das etapas de um processo; fazemos isso em embriologia e em todas as ciências que tratam de desenvolvimento ou de evolução. O caso da explicação genética sugere que "nem todas as explicações satisfatórias nos fornecem exatamente o mesmo tipo de informação e que nem todas as demandas de explicação constituem a exigência destituída de equívoco de um único tipo de resposta"[56] (*op. cit.*, p. 412). A partir daí, a linha divisória entre a explicação científica, a explicação de senso comum e aquela espécie de juízo prudencial que comumente aplicamos aos assuntos humanos tende a desaparecer.

---

54. "*They point to the need for filling in the details of sketchy generalizations...*" (*ibid.*, p. 411).

55. "*Indeed, what is interesting is not that historical explanation fails to meet an ideal of full explanation, but rather that, on many occasions, it seems fully to satisfy our demand for an explanation*" (*ibid.*, p. 412).

56. Veremos mais adiante qual outro uso pode ser feito dessa importante concessão. Charles Frankel faz ainda algumas outras concessões que enfraquecem o modelo a ponto de abandoná-lo. Concorda por exemplo com Isaiah Berlin (em "Historical Inevitability", *Four Essays*, Oxford University Press, 1969, *On Liberty* retomado *in* Patrick Gardiner, *The Philosophy of History, op. cit.*, Oxford University Press, pp. 161-86) que, se a história se escreve na linguagem corrente e se o leitor não espera linguagem científica especializada, é porque o sucesso da explicação não se mede pelo rigor da teoria, mas "*by the account he gives of concrete affairs*" [pela descrição que faz de temas concretos]. As explicações causais e mesmo de senso comum beiram aqui a sabedoria popular (o poder corrompe, o poder absoluto corrompe absolutamente). Já não se está muito longe de uma teoria narrativista: "Esperamos do historiador que ele conte bem uma história (*story*) e lhe insufle vida", p. 414.

Último aspecto distintivo do conhecimento histórico que é incompatível com o modelo nomológico: notou-se que, em história, sendo as generalidades antes correlações de alta frequência do que relações invariáveis, os contraexemplos não desmentem as leis gerais (não é sempre verdade que o poder corrompe e é inverificável que o poder absoluto corrompe absolutamente). Que faz o historiador quando encontra exceções à sua explicação? Acrescenta cláusulas restritivas e, desse modo, encolhe o campo de aplicação das generalizações que alega. Assim, ele se livra dos contraexemplos.

Empurrando o argumento até o limite de tolerância do modelo inicial, Frankel aceita que a explicação se articule com a interpretação. Mas, para não romper com o modelo, considera que, para continuarem aceitáveis, as interpretações mais abrangentes têm de repousar sobre explicações parciais rigorosas. Como atribuir *valores*, sem assentá-los em conexões causais bem estabelecidas? Pode-se dizer que o inverso é igualmente verdadeiro? É certo que em história uma causa define, não qualquer condição, mas aquela sobre a qual se pode agir[57]; nesse sentido, os valores da ação se infiltram em toda avaliação das causas; deve-se dizer, ademais, que atribuir uma causa é admitir um fato *e* estipular um valor. Mas então ao conceito de interpretação é preciso aplicar, mais uma vez, o mesmo espírito analítico que aplicamos ao juízo de importância. Ao interpretar, fazemos três coisas desigualmente compatíveis com o ideal da explicação. A empresa menos compatível consiste em estatuir sobre o sentido da história em termos de *fins*, de objetivos ou de ideais: coloca-se então em jogo uma filosofia implícita das relações "internas", incompatível, como dissemos antes, com o espírito "analítico", e impomos de fora um projeto transcendente e oculto ao curso da história. Menos contestável é a designação d*a causa mais importante*: econômica ou outra. A interpretação, aqui, é compatível com a explicação enquanto se limitar a fornecer à investigação o guia de uma ideia seminal e

---

57. Voltaremos a tratar, no cap. III, da diversidade das significações de que se reveste a noção de causa em história.

a indicar graus de importância. Deixa de ser compatível a partir do momento em que pretenda ser a única interpretação válida, com exclusão de qualquer outra. Mas a interpretação mais interessante é aquela que se dá por tarefa avaliar uma sequência de acontecimentos ou um conjunto de instituições em função de "consequências terminais" (*terminal consequences*) (*op. cit.*, p. 421) avaliadas em si mesmas em termos de valor ou de não valor[58]. A significação global de um processo são precisamente essas consequências terminais, algumas das quais coincidem com variáveis da situação presente sobre as quais se pode agir[59]. Para Marx, por exemplo, a emergência do proletariado industrial é tida pela causa principal, porque ele também é portador da "causa" a defender. Isso não impede uma extrema atenção aos fatos, se a escolha das consequências terminais for uma escolha responsável. Deve-se então reconhecer que duas interpretações rivais dão conta de fatos diferentes, estando os mesmos acontecimentos situados na perspectiva de consequências terminais diferentes. Ambas podem ser objetivas e verdadeiras quanto às sequências causais sobre as quais se edificam. Não se reescreve a mesma história, escreve-se uma outra história.

---

58. Também aqui o argumento beira a concepção narrativista: a escolha das consequências terminais pelo historiador é chamada de *"the frame of his story"* [a estrutura de sua história] (p. 421). Ao discutir a questão da "verdadeira" causa, Frankel, seguindo nisso Gardiner, mostra que, quando os desacordos não incidem sobre a perspectiva mas sobre as conexões, incidem "sobre o que deveria ou não ser incluído na história contada pelo historiador para fazer dessa 'história contada' uma resposta adequada à questão formulada" (*"about what... should or should not be included in the historian's story to make that story and adequate answer to the question that has been raised"* (p. 427). Quando um historiador propõe sua interpretação de um período ou de uma instituição, "ele conta a história (*story*) de uma sequência de acontecimentos causalmente ligados que têm consequências em termos de valor ou de não valor" (*"he is telling a story of a sequence of causally related events that have consequences of value or disvalue"*, p. 421).

59. Voltaremos na quarta parte a tratar desse problema das relações entre a explicação do passado e a ação no presente que a teoria do progresso transportou para o primeiro plano da filosofia da história. No presente estágio da discussão, a única questão é saber se a escolha das consequências terminais não tem de satisfazer, primeiro, a uma boa conexão causal no nível dos fatos.

Mas isso fica sempre sujeito a discussão: a história não está condenada a ser um campo de batalha entre pontos de vista irreconciliáveis; há espaço para um pluralismo crítico, o qual, embora admita mais de um ponto de vista, não os considera todos igualmente legítimos[60].

É difícil ir mais longe na acolhida do ponto de vista oposto sem romper com a hipótese básica de que a explicação em história não difere fundamentalmente da explicação no resto das ciências. Nisso reside finalmente o ponto crítico de toda a discussão. É para salvar essa questão essencial que os adeptos do modelo nomológico se esforçam para reportar ao estado de fato da ciência histórica os aspectos da metodologia da história que parecem discordantes com relação ao modelo explicativo. Seus argumentos têm por motivação declarada defender a história contra o ceticismo e justificar sua luta pela objetividade. É por isso que a tese em defesa da objetividade e a tese em defesa do modelo nomológico, de solidárias, tendem a se tornar indiscerníveis.

---

[60]. Um belo texto de Charles Frankel dá provas desse delicado equilíbrio entre um pluralismo metodológico e uma atitude sem complacência para com o ceticismo: depois de ter falado favoravelmente das interpretações em função das consequências terminais, Charles Frankel nota: se o esquema que propomos da história estiver convenientemente ligado aos fatos, às ocasiões limitadas, às possibilidades criadas pelas circunstâncias, se, por outro lado, o historiador não for sectário e obtuso, mas aberto e generoso, então "uma história esclarecida por uma ideia clara e circunspecta do que pode ser a vida humana é em geral preferível a uma história impassível, sem engajamento, destituída de ideal diretor, privada da ironia ou das lágrimas que acompanham a aplicação desse ideal ao registro das coisas humanas" (*history which is lit by some clear and circumspect idea of what human life can be is generally preferred to the history that is impassive, that never commits itself, and that lacks a guiding ideal or the irony or tears that go with applying such an ideal to the record of human affairs*, p. 424). Todo o liberalismo e todo o humanismo de Charles Frankel está contido nessas frases.

2. TESES EM DEFESA DA NARRATIVA

A questão do estatuto *narrativo* da historiografia não foi uma problemática direta da epistemologia das ciências históricas nem na historiografia francesa nem na primeira fase de discussão na escola analítica. Ao longo de todo o debate ficou subentendido, em particular, que a narrativa é uma forma elementar demais de discurso para satisfazer, ainda que de longe, as exigências de cientificidade do modelo nomológico de explicação. O aparecimento das teses "narrativistas" no campo da discussão nasceu da conjunção de duas correntes de pensamento. Por um lado, a crítica do modelo nomológico resultou na desagregação da própria noção de explicação, que abriu a brecha para uma abordagem oposta do problema. Por outro lado, a narrativa tornou-se objeto de uma reavaliação que versou essencialmente sobre seus recursos em termos de inteligibilidade. A compreensão narrativa via-se assim alteada, ao passo que a explicação histórica perdia altura. É à conjunção desses dois movimentos que este capítulo é dedicado.

1. A desagregação do modelo nomológico

1. Uma explicação sem legalidade: William Dray

Vimos no final do capítulo anterior que os partidários do modelo nomológico tentaram dar conta da distância entre o modelo e o estado de fato da ciência histórica mediante uma dupla tática que consistia, por um lado, em enfraquecer o modelo e, por outro, em se apoiar no esforço dos próprios historiadores para elevar sua disciplina à categoria de ciência. Totalmente diferente é a atitude daqueles que discernem na distância entre o modelo nomológico e a metodologia de fato da história o sintoma de um erro básico na construção do modelo.

A obra de William Dray, *Laws and Explanation in History*[1] [Leis e explanação em história], é com relação a isso a melhor prova da crise do modelo nomológico. A uma problemática disjunta, o próprio livro responde com uma estrutura fragmentada. Abrem-se três frentes, relativamente descontínuas. Na primeira, realiza-se uma crítica puramente negativa, que conclui por *separar a noção de explicação da de lei*. Numa segunda frente, o autor pleiteia *um tipo de análise causal irredutível à subsunção em leis*. O tema positivo subjacente à primeira parte, qual seja, o de que se pode explicar uma história sem recorrer a leis gerais, recebe assim uma primeira aplicação, sem que se afirme que toda explicação em história deve assumir a linguagem causal. Por fim, o autor explora um tipo de "explicação por razões" (*rational explanation*) que só cobre uma parte do campo liberado pela crítica da explicação regida por leis empíricas. A tese em defesa da análise causal e aquela em defesa da explicação por razões não derivam logicamente da tese negativa de que a explicação em história não precisa de lei para ser uma explicação, embora a pressuponham. Deverão portanto ser discutidas por seu próprio mérito[2]. Subjacente à crítica do modelo nomológico está a convicção de que "seria pouco provável que encontrássemos algum traço lógico que permitisse agrupar todas as explicações históricas como históricas. Pois as explicações que encontramos em obras de história formam uma coleção logicamente disparatada" (p. 85). Foi o reconhecimento dessa dispersão lógica da explicação em história que abriu o caminho para uma reavaliação da compreensão narrativa.

---

1. *Op. cit.*
2. Retornaremos à noção de explicação causal no cap. III, pp. 301 ss.

a) Para começar pela tese negativa de que *a ideia de explicação não implica a de lei*, o autor encontra o ponto de ancoragem de sua crítica nas oscilações entre modelo "forte" e modelo "fraco" por parte dos partidários do modelo que ele batiza de *covering law model* (entendamos: modelo segundo o qual uma lei "cobre" os casos particulares, que se tornam exemplos da lei; pode-se traduzir em francês por "modèle de subsomption"*). Já no plano formal, nota Dray, a formulação do alegado vínculo entre uma lei e os casos que ela "cobre" provoca hesitação. O termo "porque..." não leva a nenhuma estrutura lógica determinada, salvo num dicionário escrito pelos lógicos da escola do modelo de subsunção. Quanto ao vínculo de implicação afirmado pelo caráter "deduzido" do acontecimento, ele está longe de ser unívoco. Por fim, a noção de explicação tampouco obriga a afirmar uma relação de cobertura entre leis e instâncias.

A essas oscilações na formulação do lugar de implicação agregam-se as variações na formulação do próprio modelo. Como vimos, alguns autores preferem enfraquecer o modelo a questioná-lo. Pode-se, assim, percorrer uma escala de rigor decrescente, que vai da exigência dedutiva mais estrita até a ideia de quase lei, passando pela de lei assumida mas não estabelecida, tácita e não explícita, esboçada e não completa.

Essas oscilações não são mais que o sintoma de uma deficiência lógica do próprio modelo. Pode-se, com efeito, mostrar que o modelo de subsunção não é nem uma condição necessária nem uma condição suficiente dos acontecimentos explicados. A condição não é suficiente porque a explicação alegada não pode ser convertida em predição. Algo ainda falta. O quê? Tomemos o exemplo de um acidente mecânico: o emperramento de um motor. Para atribuir a causa a um vazamento de óleo, não basta conhecer as diversas leis físicas em jogo; ainda é preciso poder considerar uma série contínua de incidentes entre o vazamento e a deterioração do motor. Ao dizer contínuo, não estamos nos metendo em nenhuma aporia filosófica relativa à divisibilidade ao infinito do espaço e do tempo; limita-

---

* Modelo de subsunção. (N. da T.)

mo-nos a identificar acontecimentos de grau inferior e a situá-los numa série que não admite outros acontecimentos inferiores além dos citados. Essa "referência à série dos fatos que constituem a história do que aconteceu entre o vazamento de óleo e o emperramento do motor explica o emperramento"³. O mesmo acontece com a história; a divisibilidade do tempo acaba ali onde termina a mais *detalhada* das análises.

Não suficiente, a explicação pelas leis tampouco é necessária. Com efeito, em que condição seria ela necessária? Tomemos o exemplo de uma explicação que um historiador poderia dar ou teria dado: Luís XIV morreu impopular porque aplicou uma política prejudicial aos interesses nacionais da França. Imaginemos um diálogo entre esse historiador e um lógico da escola hempeliana: como poderia ele convencer o historiador de que a explicação precedente exige de fato leis? O lógico diria: a explicação vale em virtude de uma lei implícita segundo a qual os governos que aplicam políticas prejudiciais aos interesses de seus súditos tornam-se impopulares. O historiador replicaria que tinha em vista não qualquer política, mas uma política como a que foi efetivamente aplicada no caso particular considerado. O lógico tentará então eliminar a distância entre a lei e a explicação do historiador especificando a lei mediante uma série de adjunções, tais como: os governantes que envolvem seu país em guerras estrangeiras, que perseguem minorias religiosas, que mantêm parasitas em suas cortes, tornam-se impopulares. Contudo, ainda é preciso acrescentar outras especifica-

---

3. Para ser totalmente convincente, o argumento deveria ser enunciado assim: as leis físicas e mecânicas envolvidas no acidente e que, como tais, não comportam nenhuma ordem temporal exigem que o acidente seja reconstituído fase por fase para poder aplicá-las *seriatim*. É essa aplicação *seriatim* que faz com que o conhecimento das leis constitua uma condição necessária da explicação. Se o autor não deu essa forma a seu argumento foi porque tomou como modelo o mecânico, que entende perfeitamente cada fase do acidente sem ser um físico. Mas existem mecânicos porque existem físicos. O autor quer situar o conhecimento do historiador no plano dos conhecimentos técnicos do mecânico? Corre-se então o risco de cair numa concepção sumariamente pragmática da explicação em história, no lugar de uma concepção teórica. A obra de W. Dray apresenta vários traços dessa concepção (*op. cit.*, pp. 70-6).

ções: que certas medidas políticas fracassaram; que elas envolviam a responsabilidade pessoal do rei etc., sem contar as medidas que o rei deixou de adotar por omissão. O lógico tem de confessar, então, que, para ser completa, a explicação exige um processo infinito de especificações, pois em nenhum estágio é possível provar que o caso considerado pelo historiador seja unicamente coberto pela lei[4]. Haveria uma única lei que vincularia logicamente o historiador, e que seria: todo governante que adotasse as mesmas medidas políticas que Luís XIV, exatamente nas mesmas circunstâncias, tornar-se-ia impopular. Mas essa formulação já não é a de uma lei; deve com efeito mencionar todas as circunstâncias particulares do caso em questão (por exemplo, falar não de guerra em geral, mas de ataque contra os jansenistas etc.). Só ganha um ar de generalidade ao introduzir a expressão *exatamente*; o resultado da operação é a produção de um caso limite vazio; vazio, pois a noção "exatamente as mesmas medidas nas mesmas circunstâncias" (p. 36) não pode adquirir sentido em nenhuma investigação concebível.

Em contrapartida, o historiador aceitará um enunciado geral, tal como: todo povo semelhante ao povo francês "quanto às circunstâncias especificadas" detestaria um dirigente semelhante a Luís "quanto aos aspectos especificados". Essa lei não é vazia, pois a dialética entre o lógico e o historiador terá fornecido os meios de "preencher" as expressões colocadas entre aspas. Mas já não é o tipo de lei exigida pelo modelo nomológico. Pois, longe de ser vaga e geral como as leis implícitas, é uma lei tão detalhada que equivale a uma "lei" de um caso só.

Na verdade, essa lei de um caso só não é de modo algum uma lei, mas a reformulação, sob a aparência de uma lei empírica, do raciocínio do historiador. Ele diz "A porque c_1... c_n"

---

4. "*No matter how complicated the expression with which we complete a statement of the form 'E because...', it is a part of the 'logic' of such 'because' statements that additions to the explanatory clause are never ruled out by our acceptance of the original statement*" [Por mais complicada que seja a expressão com que completamos o enunciado "*E porque...*", faz parte da "lógica" dos enunciados do tipo "porque" que nunca seja possível excluir acréscimos à frase explicativa mediante nossa aceitação do enunciado original.] (p. 35).

("A" designa o acontecimento a ser explicado e "$c_1 ... c_n$" os fatores enumerados pelo historiador em sua explicação). O lógico reescreve: "Se $c_1 ... c_n$, então A", onde "se" equivale a "todas as vezes que...". Mas essa equivalência é enganosa, pois a forma hipotética pode exprimir algo diferente de uma lei empírica. Pode exprimir o princípio da inferência segundo o qual, em casos semelhantes, *pode*-se razoavelmente predizer um resultado desse tipo. Mas esse *princípio* não é mais que a *permissão* de inferir, enunciada sob a forma hipotética. O fantasma lógico da "lei" procede assim da confusão entre lei empírica e princípio de inferência.

Impõem-se duas conclusões provisórias, que me proponho incorporar mais adiante à minha própria análise das relações entre explicar e compreender em história.

A primeira concerne à noção de acontecimento, que é também o centro da discussão na historiografia francesa. A rejeição do modelo nomológico parece, com efeito, implicar um retorno à concepção do acontecimento como único. A asserção é falsa se vincularmos à ideia de unicidade a tese metafísica de que o mundo é feito de particulares radicalmente dessemelhantes: a explicação torna-se então impossível. Mas a asserção é verdadeira se quisermos dizer que, diferentemente das ciências nomológicas, o historiador quer descrever e explicar o que efetivamente aconteceu em todos os seus detalhes concretos. Mas então o que o historiador entende por *único* é que não existe nada de exatamente semelhante a seu objeto de estudo. Seu conceito de unicidade é portanto relativo ao nível de precisão que ele escolheu para seu estudo. Além disso, essa asserção não o impede de empregar termos gerais tais como revolução, conquista de um país por outro etc. Com efeito, esses termos gerais não o obrigam a formular leis gerais e sim a investigar em que aspectos os acontecimentos considerados e suas circunstâncias *diferem* daqueles com os quais seria natural agrupá-los sob um termo classificatório. Um historiador não está interessado em explicar a Revolução Francesa no seu aspecto de revolução, mas naquilo que seu curso diferiu do dos outros membros da classe das revoluções. Como bem indica o artigo defi-

nido *a* Revolução Francesa, o historiador procede não do termo classificatório para a lei geral, mas do termo classificatório para a *explicação das diferenças*[5].
A segunda conclusão concerne à própria explicação das diferenças. Na medida em que esta agrupa fatores únicos, no sentido que acabamos de mencionar, pode-se afirmar que ela remete antes ao *juízo* que à dedução. Entendamos por juízo o tipo de operação a que se entrega um juiz quando pesa argumentos contrários e toma uma decisão. Do mesmo modo, explicar, para um historiador, é *defender* suas conclusões contra um adversário que invocasse um outro conjunto de fatores para sustentar sua tese. Essa maneira de *julgar* em cima de casos particulares não consiste em colocar um caso sob uma lei, mas sim em agrupar fatores esparsos e pesar sua respectiva importância na produção do resultado final. O historiador, aqui, segue antes a lógica da escolha prática do que a da dedução científica. É nesse exercício do juízo que uma outra explicação, diferente da explicação por leis, é invocada a título de "garantia" (*warrant*): será a explicação *causal*.

b) *A análise causal.* A tese em defesa da análise causal, que ocupa o capítulo IV da obra, é relativamente independente da crítica do modelo de explicação por subsunção. A análise causal é somente uma das alternativas à explicação nomológica. Se é discutida em Dray é antes porque o modelo contestado foi muitas vezes exposto na linguagem da causalidade. É o caso de Popper[6]. Nesse sentido, a versão causal do modelo fornece a

---

5. Esse argumento, como veremos, é facilmente incorporado à tese de que, sendo um acontecimento aquilo que contribui para a progressão de uma intriga, ele compartilha com esta a propriedade de ser ao mesmo tempo singular e típico.
6. Cf. *The Open Society and its Enemies*, II, Londres, Routledge and Kegan Paul, 1952, p. 262, texto citado por W. Dray, *op. cit.*, p. 2; trad. fr., p. 176. Para muitos autores, interrogar-se sobre a causalidade em história é simplesmente repetir a discussão (pp. 40 ss.) sobre o lugar das leis em história, quer se entenda por causa exatamente a mesma coisa que por lei – nesse caso é melhor evitar falar de causa, dada a grande equivocidade do termo –, quer se entenda por causas tipos específicos de leis, as "leis causais" – nesse caso tem-se apenas uma versão causal do modelo: dizer "x causa y" equivale a dizer "todas as vezes que x, então y".

transição apropriada, da crítica negativa para uma exploração positiva da análise causal. Além dessa filiação dada pelo objetivo polêmico do livro, a exploração da análise causal encontra sua justificação própria no emprego da linguagem causal em história. O autor considera essa linguagem inevitável e legítima, a despeito de todos os equívocos e de todas as dificuldades vinculados a seu emprego. Os historiadores, de fato e de direito, usam expressões da forma: "x é causa de y" (que mais adiante distinguiremos da lei causal: "a causa de y é x"). Usam-nas, de fato, sob inúmeras variantes: produzir, conduzir a..., acarretar (ou o contrário: impedir, deixar de fazer). Usam-nas, de direito, assumindo a força explicativa da causa. É ela o tema do debate. A tese subjacente é a de que a *polissemia* da palavra "causa" não é um obstáculo maior ao uso regrado desse termo do que a polissemia do termo "explicar", pelo qual começamos. O problema é ordenar essa polissemia e não concluir pela rejeição do termo[7].

Se descartarmos o caso em que por causa se entende lei causal, uma discussão sobre a análise causal em história só tem interesse se existirem conexões causais *singulares* cuja força explicativa não dependa de uma lei.

W. Dray luta aqui em duas frentes: contra aqueles que ligam a sorte da ideia de causa à da ideia de lei e contra aqueles que

---

7. Collingwood consagrara-se a isso em *An Essay on Metaphysics* (Oxford, Clarendon Press, 1948), onde distingue um sentido I, um sentido II e um sentido III do termo. Segundo o sentido I, o único que o autor considera próprio à história e, aliás, primitivo, uma pessoa *faz com que* uma outra aja de certa maneira fornecendo-lhe um motivo para agir assim. Segundo o sentido II, a causa de uma coisa é a "alça", o "cabo" (*the handle*) que nos permite manejá-la: é portanto, essencialmente, o que está em nosso poder produzir ou prevenir (exemplo: a causa da malária é a picada de um mosquito). Deriva-se o sentido II do sentido I estendendo-se a noção de um efeito resultante das ações humanas para o comportamento de qualquer ser. Collingwood exclui o sentido II da história e o reserva para as ciências práticas da natureza na descoberta das leis causais por experimentação. W. Dray, contudo, conserva algo disso em seu critério pragmático da atribuição causal, mas inserindo-a numa atividade específica de juízo. O sentido III estabelece uma relação termo a termo entre dois acontecimentos ou estados de coisa em virtude da necessidade lógica: equivale à noção de condição suficiente.

querem excluir toda explicação do campo da historiografia. Sim, os historiadores tentam dar explicações causais. Não, a análise causal de um curso particular de acontecimentos não se reduz a aplicar uma lei causal. Sim, os historiadores empregam de modo legítimo expressões como: x causa y; não, essas explicações não são a aplicação de uma lei da forma: se x, então y.

Então, o que é uma análise causal? É uma análise essencialmente seletiva, visando verificar *os títulos desse ou daquele candidato para a função de causa*, ou seja, seus títulos para ocupar o lugar do "porque..." em resposta à pergunta "por quê?". Essa seleção adquire, pois, o caráter de um concurso em que os candidatos têm de satisfazer um certo número de provas. Eu diria que a análise causal é uma criteriologia causal. Comporta essencialmente duas provas. A primeira é uma prova *indutiva*: o fator em questão tem de ser realmente necessário; em outras palavras, sem ele, o acontecimento a ser explicado não teria ocorrido. A segunda é uma prova *pragmática*: tem de haver uma razão para selecionar a condição em questão entre as condições que constituem, todas juntas, a condição suficiente do fenômeno.

A prova pragmática responde, por um lado, às considerações de manipulabilidade mediante as quais Collingwood define um dos sentidos da ideia de causa, isto é, aquilo que a ação humana pode manejar; por outro, leva em conta o que *deveria* ter sido feito, portanto o que pode ser recriminado (por exemplo, quando se inquire sobre as causas de uma guerra). Por outro lado, ainda, o critério pragmático inclui o que precipitou o curso das coisas: a faísca, o catalisador. Por essência, tal investigação é necessariamente incompleta. Constitui uma pesquisa eminentemente aberta.

A prova indutiva é a mais difícil de definir corretamente; consiste em *justificar* a afirmação de que "se não x, então não y", na ausência de qualquer regra que diga: "todas as vezes que x, então y". O historiador que supostamente usa essas fórmulas quer dizer que nessa situação particular – mantidas inalteradas todas as outras coisas (ou melhor, sendo a situação o que ela é) – se *esse* x não tivesse ocorrido, *esse* y que ocorreu de fato não teria acontecido ou teria sido diferente. Tal justificação remete ao exercício do juízo descrito acima, que, como dissemos, não exige nenhuma lei da forma "somente se". O historiador elimina pelo pensamento (*thinks away*) (p. 104) a causa alegada para avaliar – *julgar* – que diferença sua não ocorrência produziria no curso das coisas, à luz do que, por outro lado, sabe pertencer à situação em questão. Essa prova indutiva não equivale a uma explicação suficiente; constitui, no máximo, uma explicação necessária, eliminando da lista dos candidatos ao papel de causa os fatores cuja ausência não teria mudado o curso das coisas. Para obter uma explicação completa – ou tão completa quanto possível –, falta justificar positivamente a imputação pelo método de "preenchimento" ou de interpolação (*filling in*) de detalhes descrito acima[8].

O importante é que a imputação de uma causa com relação a um acontecimento particular não deriva por aplicação de uma lei causal. Na verdade, é muitas vezes o contrário que é verdadeiro. Muitas leis causais não são mais que generalizações secundárias baseadas numa certa ordem de diagnósticos individuais de causalidade, estabelecidos por um exercício de julgamento e validados independentemente uns dos outros. A pretensa lei causal: "A tirania é causa de revolução", é sem dúvida dessa ordem. Igualmente: "A causa da guerra é a inveja." Tal lei supõe que se disponha de explicações particulares de guerras particulares, e que depois se observe uma tendência comum a esses casos particulares. É essa tendência que é resumida na dita lei. Por mais úteis que essas generalizações sejam para a investigação posterior, não são elas que justificam as explicações individuais sobre as quais repousam.

Portanto, se não cabe renunciar à ideia de causa em história é na medida em que se respeite sua lógica particular, tal como foi esboçada acima.

Concluirei com alguns comentários puramente conservativos.

Primeiramente, no tocante à explicação: é preciso, parece-me, aplicar à teoria da análise causal – e também à explicação

---

[8]. Max Weber e Raymond Aron nos ajudarão no cap. III a levar a análise mais adiante.

por razões, de que ainda não falamos – a advertência feita aos partidários do modelo nomológico de que as explicações encontradas nas obras de história constituem uma coleção logicamente dispersa (*a logically miscellaneous lot*) (p. 85). A afirmação vale para qualquer pretensão a considerar um modelo de explicação como exclusivo. Essa polissemia pode servir de argumento contra a pretensão inversa de W. Dray de separar a explicação em história do modelo nomológico. Se nos limitamos a dizer que nem toda explicação satisfaz o modelo nomológico e que existem análises causais que não são explicações pela lei, temos razão. Mas, se concluíssemos da discussão precedente que a análise causal seria a explicação dominante em história com exclusão de qualquer explicação por leis, estaríamos errados. É por isso que eu preferiria destacar o fato de que as leis estão interpoladas no tecido narrativo a insistir em seu caráter inapropriado. Também W. Dray abre a porta para uma dialética mais sutil entre explicar e compreender quando considera os processos de justificação da atribuição causal e os relaciona com os processos em curso nos assuntos jurídicos. A busca de "garantias", a "ponderação" e a "apreciação" das causas, a "prova" dos candidatos ao papel de causa, todas essas atividades de juízo remetem a uma analogia entre a argumentação histórica e a argumentação jurídica, que precisa ser explicitada[9]. Com relação a isso, seria preciso mostrar de modo mais claro o parentesco entre a reconstituição de uma série contínua de acontecimentos, o processo de eliminação dos candidatos ao título de causalidade singular e o exercício do juízo. Assim, o leque tem de permanecer aberto: explicação por leis, explicação causal singular, processo de juízo ... e explicação por razões.

Por outro lado, apesar da declaração liminar de que vamos sempre nos apoiar na argumentação de fato dos historiadores, os poucos exemplos considerados parecem tomados do tipo

---

9. H. L. A. Hart, "The Ascription of Responsibility and Rights", in *Proc. of the Aristotelian Society*, Londres, (49), 1948, pp. 171-94, e Stephen Toulmin, *The Uses of Arguments*, Cambridge, Cambridge University Press, 1958, convidam a aproximar explicação e justificação de um *"claim"* [causa] contra outro *"claim"* fornecendo *"warrants"* [garantias].

de história que os historiadores franceses combatem. Tanto na dialética entre o lógico e o historiador como na descrição da análise causal de acontecimentos singulares, parece estabelecido que a explicação versa sempre sobre acontecimentos particulares. Estou decerto pronto a admitir que a análise causal particular vale para toda mudança de curta ou longa duração, com a condição de que o historiador leve em conta a particularidade da mudança que considera. No tocante a isso, tudo o que foi dito sobre a relatividade da noção de acontecimento único na escala da investigação deve ser guardado. Mas a ampliação da noção de acontecimento para outras mudanças além das ilustradas pelo exemplo da morte de Luís XIV ainda está por fazer[10].

c) *A explicação por razões*[11]. A maioria dos críticos viu no exame do modelo de explicação por razões a contribuição positiva de W. Dray ao problema. Isso não é totalmente falso na medida em que esse modelo constitui uma alternativa coerente ao modelo nomológico. Mas tampouco é correto, na medida em que a análise causal já era uma alternativa à explicação por leis. Além disso, a explicação por razões não cobre todo o campo liberado pela crítica. Na verdade, nem aborda exatamente os mesmos exemplos de explicação: a discussão anterior – in-

---

10. Guardarei essa apologia da imputação causal particular para minha própria tentativa de articular a explicação histórica com a compreensão narrativa. A imputação causal particular pode constituir o elo intermediário entre os níveis, na medida em que, por um lado, ela já é uma explicação e em que, por outro, ela se estabelece sobre uma base narrativa. Entretanto, só é feita uma breve alusão a esse aspecto do problema no livro de W. Dray: *"To give and defend a causal explanation in history is scarcely ever to bring what is explained under a law, and almost always involves a descriptive account, a narrative, of the actual course of events, in order to justify the judgement that the condition indicated was indeed the cause"* [Dar e defender uma explicação causal em história quase nunca é submeter o que é explicado a uma lei e quase sempre envolve um relato descritivo, uma narrativa, do real curso dos acontecimentos, a fim de justificar um juízo de que a condição apontada foi efetivamente a causa] (*op. cit.*, pp. 113-4). Note-se também a alusão ao diagnóstico como equivalente médico da imputação causal individual em história.
11. "The Rationale of Actions" (*op. cit.*, pp. 118-55).

cluindo a da análise causal – aplicava-se a "acontecimentos ou condições históricas em larga escala" (*of fairly large-scale historical events or conditions*, p. 118). A explicação por razões aplica-se a "um leque de casos mais reduzido", qual seja, "o tipo de explicação que os historiadores dão em geral das *ações* dos indivíduos que são suficientemente importantes para serem mencionados na narrativa histórica" (p. 118).

É por isso que, embora a contestação do modelo nomológico continue sendo o fio condutor negativo de toda a obra, deve-se respeitar a autonomia relativa das três frentes nas quais o autor luta: *contra* o modelo nomológico; *a favor* da análise causal; *a favor* da explicação por razões. Essa relativa descontinuidade das análises demonstra precisamente o que chamei de desagregação do modelo nomológico.

O nome dado pelo autor a esse modo de explicação resume seu programa: por um lado, o modelo se aplica às *ações* de agentes semelhantes a nós; marca assim a intersecção da teoria da história com a teoria da ação, portanto, com o que chamei na minha primeira parte de nossa competência para usar de maneira inteligível a rede conceitual da ação; mas, por isso mesmo, corre o risco de confinar a explicação histórica ao campo da "história factual", da qual os novos historiadores, precisamente, se afastam. Esse ponto deve ser guardado para a discussão posterior (capítulo III). Por outro lado, o modelo também quer ser um modelo de *explicação*: desse modo, o autor se coloca a igual distância daqueles para quem explicar é "cobrir" um caso com uma lei empírica e daqueles para quem compreender a ação é reviver, reatualizar, repensar as intenções, as concepções e os sentimentos dos agentes. Uma vez mais, Dray luta em duas frentes: a dos positivistas e a dos "idealistas", na medida em que estes se fecham numa teoria da empatia cujo caráter não científico é denunciado pelos primeiros. A bem dizer, entre os "idealistas" é de Collingwood que o autor fica próximo: reviver, reatualizar, repensar são palavras de Collingwood. O que é preciso demonstrar é que essas operações têm sua *lógica* que as distingue da psicologia ou da heurística e as estabelece no terreno da explicação. Portanto, o desafio é o de "uma análise lógica da explicação tal como está dada em história"[12] (p. 121).

Explicar uma ação individual por razões é "reconstruir o cálculo (*calculation*) que o agente fez dos meios que teve de adotar tendo em vista o fim que escolheu à luz das circunstâncias nas quais se encontrava". Em outras palavras: para explicar a ação, temos de conhecer as considerações que o convenceram a agir tal como o fez (p. 122).

Estamos evidentemente seguindo o fio da teoria aristotélica da deliberação. Mas entendamos bem o termo *cálculo*; não se trata necessariamente de um raciocínio estritamente dedutivo, com uma forma proposicional: a partir do momento em que se tem uma ação intencional, admitem-se todos os níveis de deliberação consciente, desde que permitam a construção de um cálculo, aquele pelo qual o agente teria passado se tivesse tido tempo, se não tivesse visto o que tinha de fazer num piscar de olhos, se lhe tivessem pedido para prestar contas posteriormente do que tinha feito etc. Explicar a ação é trazer à tona esse cálculo. Esse cálculo constitui o *rationale** da ação. Donde o termo explicação "racional".

Dray acrescenta um toque importante, que vai além da "lógica". Explicar é mostrar que o que foi feito era a coisa que devia ser feita, dadas as razões e as circunstâncias. Explicar é, portanto, justificar, com a nuança de *avaliação* vinculada a esse termo; é explicar de que maneira a ação foi *apropriada*. Mais uma vez, entendamos bem o sentido das palavras: justificar não é ratificar a escolha segundo nossos critérios morais e dizer: "O que ele fez eu também teria feito", é *pesar* a ação em função dos objetivos do agente, de suas crenças, ainda que errôneas, das circunstâncias tais como ele as encontrou: "Pode-se ver na explicação racional uma tentativa de alcançar uma espécie de equilíbrio lógico no final do qual uma ação se *compatibiliza* (*matched*) com um cálculo" (p. 125). Buscamos uma

---

12. Nesse sentido, a tentativa consiste em "make sense" [fazer sentido], mas mediante argumentos independentes do que Collingwood disse sobre a compreensão histórica (p. 122).

* Fundamento lógico, razão de ser, justificativa. (N. da T.)

explicação precisamente quando não vemos qual a relação entre o que foi feito e o que acreditamos saber dos agentes; na falta desse equilíbrio lógico, procuramos reconstituí-lo.

O termo *equilíbrio lógico* foi o melhor que o autor encontrou para se distanciar da compreensão por empatia, por projeção ou por identificação e, simultaneamente, para subtrair sua explicação da crítica hempeliana. Pois, para atingir esse ponto de equilíbrio, é preciso reunir por via indutiva as provas materiais que permitam avaliar o problema tal como o agente o viu. Somente um trabalho documental permite essa reconstrução. Assim, o processo não tem nada de instantâneo ou de dogmático. Exige trabalho e está aberto a retificações. Compartilha essas características com a análise causal.

W. Dray não se indagou sobre as relações entre sua análise e a da *composição da intriga*. A afinidade das duas abordagens é ainda mais chamativa por isso. Num ponto, ela é particularmente impressionante: o autor observa que uma explicação por razões comporta um tipo de generalidade ou de universalidade que não é a de uma lei empírica: "Se *y* é uma boa razão para A fazer *x*, *y* seria uma boa razão para qualquer um suficientemente semelhante a A fazer *x* em circunstâncias suficientemente semelhantes" (p. 132). Reconhecemos a *probabilidade* invocada por Aristóteles: "O que um homem diria ou faria necessária ou provavelmente." O autor está ocupado demais com a polêmica contra o modelo nomológico e com a distinção entre o princípio de uma ação e uma generalização empírica para se interessar por essa intersecção da teoria da história com a teoria da narrativa, tal como fez com a teoria da ação. Mas não podemos esquecer a distinção aristotélica entre "um por causa do outro" e "um depois do outro" quando William Dray pleiteia a polissemia do termo "porque", contra toda redução à univocidade em termos nomológicos[13].

---

13. "*Taken in isolation, it is very seldom beyond all doubt whether a given explanatory statement of the form 'He did* x *because of* y' *is to be taken in the rational sense, or not... The particular 'because' does not carry its language level on its face; this has to be determined by other means*" [Tomado isoladamente, muito raramente é indubitável se um dado enunciado explicativo da forma "Ele fez x porque y"

Resta, a meu ver, a principal dificuldade, que não é aquela com a qual o autor se debate: na medida em que o modelo da explicação por razões põe a teoria da história em intersecção com a da ação, o problema está em dar conta da razão de ações que não podem ser atribuídas a agentes *individuais*. Aí, como veremos, está o ponto crítico de qualquer teoria "narrativista". O autor não ignora a dificuldade e dedica a ela um parágrafo (137-142). Propõe três respostas que não coincidem exatamente. Digamos, em primeiro lugar, que há presunção de que uma dada ação se preste a uma explicação por razões "se a estudarmos de suficientemente perto" (*if we study it closely enough*, p. 137). Essa presunção consiste na aposta de que é sempre possível "salvar as aparências" da racionalidade e descobrir, mediante um trabalho regular, as crenças distantes – e talvez estranhas – que permitem construir o cálculo presumido e atingir o ponto de equilíbrio buscado entre razões e ação. Essa presunção de racionalidade não conhece limites; inclui o recurso a motivos inconscientes; assim, uma explicação "irracional" continua sendo um caso de explicação por razões.

Mas essa primeira resposta só vale na medida em que possamos identificar agentes individuais da ação. Como se dá a aplicação da explicação por razões a coletividades? Dray sugere que, por um processo de elipse, os historiadores consideram legítimo personificar entidades como a Alemanha e a Rússia e aplicar a esses superagentes uma explicação quase racional. Assim, o ataque da Alemanha à Rússia em 1941 pode ser explicado invocando-se o temor que a Alemanha tinha de ser atacada pela retaguarda pela Rússia – como se um cálculo desse tipo fosse válido para as razões de um superagente chamado Alemanha (p. 140). Essa própria elipse se justifica de duas maneiras: pode-se, mediante estudos muito detalhados, mostrar

---

deve ser entendido no sentido racional ou não... O nível de linguagem do "porque" particular não é evidente; tem de ser determinado por outros meios] (p. 133). A ambiguidade do termo "porque" aumenta se consideramos seu uso na explicação por *disposições* que Gilbert Ryle distingue da explicação por leis empíricas em *The Concept of Mind* e que P. Gardiner retoma em *The Nature of Historical Explanation, op. cit.*, pp. 89-90 e 96-7.

que o cálculo em questão é, em última instância, o de indivíduos autorizados a agir "em nome da" Alemanha; em outros casos, estende-se por analogia uma explicação "típica" do indivíduo ao grupo (os puritanos em luta com o sistema de imposição na Inglaterra do século XVIII).

Terceira resposta: com os fenômenos históricos em grande escala, topamos com o que Whitehead chamava de "lado insensato" (*senseless side*) da história, ou seja, que ações explicáveis em termos de razões produzem efeitos não desejados, não esperados, ou até efeitos adversos. Assim, a viagem de Cristóvão Colombo pode ser considerada como a causa da difusão da civilização europeia, num sentido da palavra causa que não tem nada a ver com as intenções de Cristóvão Colombo. O mesmo se aplica aos fenômenos sociais de grande escala. Nesse ponto, a objeção coincide com as considerações da historiografia francesa sobre a longa duração e sobre a história social. W. Dray concorda que o resultado dessas mudanças de grande escala não pode ser explicado pelo projeto de um indivíduo que teria posto tudo em cena. Em outras palavras, não se pode invocar um equivalente ou um substituto da astúcia da razão, que permitisse continuar falando de resultados não desejados da ação em termos intencionais. Mas esse reconhecimento não impede uma investigação detalhada da contribuição para o resultado final dos indivíduos e dos grupos, e portanto dos cálculos que presidiram suas atividades. Não há supercálculo, mas uma efervescência de cálculos que devem ser tratados por um procedimento "*piecemeal*", fragmento por fragmento.

Como se vê, o argumento só vale se considerarmos o processo social equivalente à soma dos processos individuais analisados em termos intencionais e se considerarmos como simplesmente "insensata" a distância que os separa. Contudo, o problema está nessa equivalência. Trata-se com efeito de saber se o que distingue a explicação histórica da explicação da ação por razões não é, em primeiro lugar, a escala dos fenômenos que ela estuda, ou seja, a referência a entidades de caráter social, irredutíveis à soma de seus indivíduos; em seguida, o aparecimento de efeitos irredutíveis à soma das intenções de seus membros, portanto, à de seus cálculos; por fim, mudanças irredutíveis às variações do tempo vivido pelos indivíduos tomados um a um[14]. Em suma, como ligar processos sociais às ações dos indivíduos e a seus cálculos sem professar um "individualismo metodológico" que ainda tem de exibir suas próprias credenciais?

William Dray limitou-se aos recursos de uma teoria da ação próxima da que eu desenvolvi na primeira parte sob o título de *mímesis* I. Resta ver se um tratamento "narrativista" da compreensão histórica, que faria uso dos recursos de inteligibilidade da narrativa relacionados com *mímesis* II, poderia preencher o abismo que perdura entre a explicação pelas razões de agentes individuais ou quase individuais e a explicação dos processos históricos em grande escala por forças sociais não individuais.

2. *A explicação histórica segundo Georg Henrik von Wright*[15]

A crítica do modelo nomológico dá um passo decisivo com a obra de von Wright. Já não consiste, como em W. Dray, em opor explicação causal a explicação por leis e em construir, à guisa de modelo alternativo parcial, a explicação por razões. Visa conjungir explicação causal e inferência teleológica dentro de um modelo "misto", a *explicação quase causal*, destinada a dar conta do modo mais típico de explicação das ciências humanas e da história.

Não é indiferente que o autor, bem conhecido por seus trabalhos de lógica deôntica[16], reconheça, na base de sua empresa, a dualidade das tradições que presidiram a *formação das*

---

14. Sobre esse ponto, cf. Hermann Lübbe: "Was aus Handlungen Geschichten macht", in *Vernünftiges Denken, Studien zur praktischen Philosophie und Wissenschaftstheorie, op. cit.*, pp. 237-68.
15. Georg Henrik von Wright, *Explanation and Understanding, op. cit.*
16. *Norm and Action*, Routledge and Kegan Paul, Londres, 1963. *An Essay in Deontic Logic and the General Theory of Action*, North Holland, Amsterdam, 1968.

teorias nas disciplinas "humanistas e sociais". A primeira, que remonta a Galileu, ou até a Platão, dá prioridade à explicação causal e mecanicista. A segunda, que remonta a Aristóteles, pleiteia a especificidade da explicação teleológica ou finalista. A primeira exige a unidade do método científico, a segunda defende um pluralismo metodológico. É essa antiga polaridade que von Wright reencontra na oposição, familiar à tradição germânica, entre *Verstehen* (*understanding*) e *Erklären* (*explanation*)[17]. Contudo, enquanto o modelo nomológico estava condenado a negar qualquer valor explicativo à *compreensão*, sem no entanto conseguir dar conta das operações intelectuais realmente em obra nas ciências humanas, von Wright propõe um modelo suficientemente potente para se justapor, por uma série de extensões sucessivas da linguagem inicial da lógica proposicional clássica, ao domínio da compreensão histórica ao qual não cessa de reconhecer uma capacidade originária de apreensão do sentido da ação humana. O interesse, para nossa própria investigação, consiste muito precisamente nessa aproximação, sem anexação, do domínio da compreensão por parte de um modelo oriundo do enriquecimento da lógica proposicional com a ajuda da lógica modal e da teoria dos sistemas dinâmicos[18].

---

17. Von Wright leva em grande consideração a tríplice crítica dirigida contra essa dicotomia, que encontra em W. Dray em *Laws and Explanation in History* (1957), em Elizabeth Anscombe em *Intention* (Oxford, B. Blackwell, 1957), em Peter Winch em *The Idea of a Social Science* (Londres, Routledge and Kegan Paul, 1958) e em Charles Taylor em *The Explanation of Behaviour* (Londres, Routledge and Kegan Paul, 1964). Além disso, demonstra um vivo interesse pelas convergências entre os desenvolvimentos que permanecem no terreno da filosofia analítica e as evoluções paralelas que ele observa no continente europeu, na corrente hermenêutica ou dialético-hermenêutica. Na perspectiva dessas influências cruzadas, von Wright espera da filosofia de Wittgenstein que tenha sobre a filosofia hermenêutica um impacto igual ao que teve sobre a filosofia analítica e que, desse modo, contribua para a aproximação das duas tradições. Interpreta como um sinal favorável a orientação da hermenêutica para as questões de linguagem: ao dissociar "compreensão" e "empatia", a nova filosofia hermenêutica, a de Gadamer em particular, faz da compreensão "uma categoria mais semântica que psicológica" (p. 30).

18. J.-L. Petit, *La Narrativité et le Concept de l'explication en histoire*, in *La Narrativité*, Paris, éditions du CNRS, 1980, pp. 187 ss.

Quem diz aproximação diz ao mesmo tempo construção, por extensões sucessivas da linguagem inicial, de um modelo mais rico, mas coerente com as exigências teóricas dessa linguagem – mas também polarização do modelo teórico, em virtude da atração que sobre ele exerce uma apreensão originária de sentido, que acaba ficando exterior ao processo puramente interno de enriquecimento do modelo. A questão será saber se essa aproximação pode ir até uma reformulação lógica dos conceitos subjacentes à compreensão histórica.

Diferentemente do modelo nomológico, que se limitava a superpor uma lei recobridora a dados sem vínculo lógico interno, o modelo de von Wright estende sua influência às *relações de condicionalidade* entre estados anteriores e estados posteriores, implicadas em sistemas físicos dinâmicos. É essa extensão que constitui a estrutura de acolhimento para a reformulação lógica de toda a problemática da compreensão.

Não é nossa intenção reproduzir aqui a argumentação que rege essa passagem da lógica proposicional à lógica dos sistemas físicos dinâmicos. Limitar-me-ei a uma apresentação sucinta do aparelho lógico-formal que governa a obra de von Wright[19].

Von Wright parte das seguintes pressuposições: um conjunto de estados de coisas[20] genéricos logicamente independentes (que o Sol brilha, que alguém abre a porta); a realização desses estados de coisas em determinadas ocasiões (espaciais ou temporais); a pressuposição de que os estados de coisas logicamente independentes se combinam num número finito de estados, constituindo um *estado total* ou *mundo possível*; a possibilidade de construir uma linguagem que, por uma conjunção de frases, descreve os estados que são os átomos ou elementos desse mundo possível; por fim, a possibilidade de considerar, entre os conjuntos de estados, um espaço-de-estados e, entre estes, espaços-de-estados finitos. O conjunto das pres-

---

19. *Explanation and Understanding*, op. cit., pp. 43-50.
20. Von Wright inclui a noção de acontecimento na de estado de coisas: "*An event, one could say, is a pair of successive states*" [Um acontecimento é, por assim dizer, um par de estados sucessivos] (p. 12). Essa definição está justificada na obra anterior do autor, *Norm and Action*, cap. II, seção 6.

suposições resume-se assim: "Admitamos que o estado total do mundo numa determinada ocasião possa ser completamente descrito estabelecendo-se, para qualquer dos membros dados de um espaço-de-estados, se esse membro se realiza ou não nessa ocasião. Um mundo que satisfaça essa condição poderia ser chamado um mundo [segundo o] *Tractatus*. É o tipo de mundo que Wittgenstein vislumbrou no *Tractatus*. Constitui uma espécie no interior de uma concepção mais geral de como o mundo é constituído. Podemos chamar essa concepção geral de concepção de um atomista lógico" (p. 44).

Quanto a dizer que o mundo em que estamos efetivamente situados satisfaz o modelo, esta é "uma questão profunda e difícil, e não sei como responder a ela" (p. 44). O modelo apenas significa que os estados de coisas são os únicos "*ontological building bricks*"* dos mundos que estudamos e que não consideramos a estrutura interna desses "*bricks*"**.

Nesse estágio da análise lógica, ainda não vemos qual foi o passo que demos na direção da compreensão práxica e histórica. Uma primeira extensão significativa concerne à adjunção ao sistema de um princípio de desenvolvimento. O autor o faz da maneira mais simples, adjungindo uma "*tense-logic*"*** rudimentar à sua lógica proposicional de dois valores. No vocabulário desta, acrescenta-se um novo símbolo T que se reduz a um conector binário. "A expressão 'pTq' lê-se: 'agora o estado p está ocorrendo, *e depois*, ou seja, na próxima ocasião, o estado q ocorre...' Os casos em que lidamos com descrições de estados são objeto de um interesse especial. A expressão total enuncia então que o mundo está agora em um certo estado total e que, na próxima ocasião, estará em um certo estado total, o mesmo ou diferente conforme os casos" (p. 45). Se considerarmos ademais que p e q que enquadram T podem também conter o símbolo T, construiremos cadeias de estados caracterizados quanto à sucessão, que permitem designar os fragmentos da história do mundo, onde o termo *history* designa tanto

---

* Blocos de montar ontológicos. (N. da T.)
** Blocos. (N. da T.)
*** Lógica temporal. (N. da T.)

a sucessão dos estados totais do mundo como as expressões que descrevem essa situação. Deve-se ainda enriquecer o cálculo do conector T, primeiro com um quantificador temporal ("sempre", "nunca", "às vezes"), em seguida com um operador de modalidade M. Essas sucessivas adjunções regulam a formalização da lógica das condições e do que o autor chamará mais adiante *análise causal*.

Na falta dos desenvolvimentos relacionados com esse cálculo, o autor se atém a um método quase formal de exposição e de ilustração, operando com simples figuras topológicas ou árvores (p. 48). A figura comporta apenas estados totais do mundo (composto de n estados de coisas elementares) representados por pequenos círculos, uma progressão da esquerda para a direita de um estado total a outro, portanto uma "história", representada por um traço que liga os círculos e, finalmente, possibilidades alternativas de progressão, representadas por ramificações.

Por mais formal que esse modelo seja, já traz latente a marca de todos os desenvolvimentos posteriores: a condição mais fundamental da história está constituída por essa "liberdade de movimento" – essa indeterminação teoricamente ilimitada – que o mundo tem, ou teria tido, em cada estágio da progressão. Portanto, não se deve nunca perder de vista que, quando se fala de sistema, trata-se sempre tão-somente de "um *fragmento* da história de um mundo": "Um sistema, nesse sentido, define-se por um espaço-de-estados, um estado inicial, um certo número de etapas de desenvolvimento e um conjunto de alternativas na passagem de uma etapa para outra" (p. 49). Portanto, a ideia de sistema está longe de excluir a intervenção de sujeitos livres e responsáveis – seja para fazer um plano ou uma experimentação física –, ela reserva fundamentalmente essa possibilidade e evoca seu complemento. Como?

Uma segunda adjunção faz-se necessária aqui, para que a lógica dos sistemas físicos dinâmicos possa confluir para a compreensão originária que temos da ação e da história. Concerne ao estatuto da *explicação* causal com relação à *análise* causal, subentendendo-se que é a primeira que interessa à compreensão.

A análise causal é uma atividade que percorre os sistemas em forma de árvores topológicas. Considerando um estado final, ela se interroga sobre as "causas" do advento e da composição desse estado final em termos de condições necessárias e suficientes. Lembremos sumariamente a distinção entre condição necessária e condição suficiente. Dizer que p é a condição suficiente de q é dizer: todas as vezes que p, então q (p basta para garantir a presença de q). Dizer que p é a condição necessária de q é dizer: todas as vezes que q, então p (q pressupõe a presença de p). A diferença entre os dois tipos de condições é ilustrada pela dissimetria dos percursos no sentido regressivo e progressivo, devido às alternativas abertas pelas ramificações. A *explicação* causal difere da *análise* causal pelo fato de que, nesta última, dado um sistema, exploramos as relações de condicionalidade no interior do sistema, ao passo que, na primeira, é uma ocorrência individual de um fenômeno genérico (acontecimento, processo, estado) que está dado e procuramos descobrir em que sistema esse fenômeno genérico – o *explanandum* – pode estar ligado a outro segundo uma certa relação de condicionalidade.

Já se pode ver o passo dado na direção das ciências humanas pela passagem da *análise* à *explicação* causal e pela aplicação a esta última da distinção entre condição necessária e condição suficiente. A relação de condição suficiente rege a manipulação (produzindo p, faz-se acontecer q); a relação de condição necessária rege o impedimento (descartando p, impede-se tudo aquilo de que p é uma condição necessária). É em termos de condição suficiente que se responde à pergunta: *por que* tal tipo de estado aconteceu necessariamente? Em contraposição, é em termos de condição necessária, mas não suficiente, que se responde à pergunta: *como* foi possível que tal tipo de estado acontecesse? Na explicação do primeiro grupo, a predição é possível; as explicações do segundo grupo não autorizam a predição e sim a retrodição, no sentido de que, partindo do fato de que algo aconteceu, inferimos, voltando no tempo, que a condição antecedente necessária deve ter-se produzido e procuramos seus vestígios no presente, como é caso em cosmologia, em geologia, em biologia, mas também, como mostraremos mais adiante, em certas explicações históricas.

Já temos condições de dar o passo decisivo, qual seja, articular a explicação causal com o que compreendemos a título original como sendo uma *ação* (note-se que nesse estágio teoria da ação e teoria da história coincidem). O fenômeno de *intervenção* – que acabamos de antecipar ao falar de produzir e de fazer acontecer, de descartar e de impedir – exige essa articulação, no sentido de que a intervenção *conjuga* o *poder-fazer* do qual um agente tem uma compreensão imediata com as relações internas de *condicionalidade* de um sistema. A originalidade de *Explanation and Understanding* [Explanação e entendimento] está em buscar na própria estrutura dos sistemas a condição da intervenção.

A noção-chave é a de *fechamento* do sistema, que remete à análise causal. Com efeito, um sistema só pode ser dito fechado *ocasionalmente*, para *uma* exemplificação dada: é dada uma ocasião – ou uma sequência de ocasiões – cujo estado inicial se produz e cujo sistema se desenrola segundo um de seus possíveis cursos de desenvolvimento através de n etapas dadas. Entre os tipos possíveis de fechamento, pode-se contar a subtração de um sistema a influências causais externas: nenhum estado, em nenhuma etapa do sistema, tem condição suficiente antecedente fora do sistema. A *ação* realiza um outro tipo notável de fechamento na medida em que é fazendo alguma coisa que um agente aprende a "isolar" um sistema fechado de seu ambiente e descobre as possibilidades de desenvolvimento inerentes a esse sistema. Isso, o agente aprende ao pôr em movimento o sistema a partir de um estado inicial que ele "isola". Essa colocação em movimento constitui a intervenção, na intersecção entre uma das capacidades do agente e recursos do sistema.

Como se opera essa intersecção? Eis o argumento de von Wright. Suponhamos a o estado inicial de um sistema numa ocasião dada: "Admitamos agora que haja um estado α tal que estamos convictos (*we feel confident*), com base na experiência passada, de que α *não se transformará* no estado a, a menos que o transformemos em a. E admitamos que isso seja algo que *pos-*

samos fazer" (p. 60). Nessa frase está contida toda a teoria da intervenção. Atingimos aqui um irredutível. Tenho certeza de que posso... Ora, nenhuma ação se produziria e, em particular, nenhuma experimentação científica seria feita sem essa certeza de que mediante nossa intervenção podemos produzir mudanças no mundo. Essa certeza não incide sobre uma relação de condicionalidade. α marca antes a interrupção da cadeia: "... α, tal como admitimos, não se transformará em *a* a menos que *nós* o façamos transformar-se" (p. 61). Inversamente, podemos perfeitamente deixar o mundo mudar sem nossa intervenção. Assim, "aprendemos a isolar um fragmento de história de um mundo para fazer dele um sistema fechado e chegamos a conhecer as possibilidades (e as necessidades) que governam os desenvolvimentos internos a um sistema..., em parte, colocando repetidas vezes o sistema em ação por meio de atos que consistam em produzir seu estado inicial e depois observando ('passivamente') as sucessivas etapas de seu desenvolvimento, e, por outra parte, comparando essas sucessivas etapas com os desenvolvimentos de sistemas procedentes de estados iniciais diferentes" (pp. 63-4).

Von Wright tem o direito de afirmar que, "com a ideia de pôr sistemas em movimento, as noções de ação e de causalidade se encontram" (p. 64). Retoma, assim, uma das significações mais antigas da ideia de causa, cujos vestígios foram conservados na linguagem. A ciência luta em vão contra os usos analógicos e abusivos da ideia de causa como um agente responsável; esse uso tem sua raiz na ideia de *fazer alguma coisa* e de intervir intencionalmente no curso da natureza[21].

---

21. Além disso, a causalidade, mesmo destituída de qualquer interpretação antropomórfica, conserva um laço implícito com a ação humana, no fato de que costumamos chamar de causa aquilo que bastaria para obter o efeito ou o que é necessário suprimir para fazer desaparecer o efeito. Nesse sentido, conceber uma relação entre acontecimentos em termos de causalidade é concebê-la sob o aspecto da ação possível. O autor reencontra assim a descrição da causa como "cabo" (*handle*) feita por Collingwood. Voltaremos a tratar dos problemas dos usos não-humanos da ideia de causa no cap. III com Max Weber, Raymond Aron e Maurice Mandelbaum.

Quanto à estrutura lógica do *fazer alguma coisa*, von Wright adota as distinções introduzidas por A. Danto[22]. Como este, distingue entre *fazer alguma coisa* (sem ter outra coisa para fazer no entretempo) e *fazer acontecer alguma coisa* (fazendo uma outra coisa). Decidir-se-á dizer: "A coisa feita é o resultado de uma ação; a coisa que fazemos acontecer é sua consequência" (p. 67). A distinção é importante, pois a interferência no sistema repousa em última instância no primeiro tipo de ações, chamadas por Danto "ações básicas". Acontece que o vínculo entre a ação básica e seu resultado é intrínseco, lógico e não causal (se conservarmos do modelo humiano a ideia de que a causa e o efeito são logicamente extrínsecos). A ação, portanto, não é a causa de seu resultado: o resultado é uma parte da ação. Nesse sentido, a ação de pôr um sistema em movimento, reduzida a uma ação básica, identifica o estado inicial do sistema com o resultado de uma ação, em um sentido não causal da palavra resultado.

As consequências *metafísicas* da noção de intervenção são importantes e concernem indiretamente à história, na medida em que esta relata ações. Poder fazer é, no nosso entender, ser livre: "Na 'corrida' entre a causalidade e o agir, este será sempre vencedor. É uma contradição nos termos que o agir possa estar totalmente preso na rede da causalidade" (p. 81). E, se temos dúvidas, é em primeiro lugar porque tomamos por modelos os fenômenos de disfunção e de incapacidade em vez das intervenções bem-sucedidas, que repousam na certeza íntima que temos de poder agir. Ora, essa certeza não deriva de saberes adquiridos que versam sobre não poderes. Se duvidamos de nosso livre poder-fazer é também porque extrapolamos para a totalidade do mundo as sequências regulares que observamos. Esquecemos que as relações causais são relativas a fragmentos da história de um mundo, que têm o caráter de sistema fechado. Mas a capacidade de pôr em movimento os sistemas produzindo seus estados iniciais é uma condição de

---

22. Arthur Danto, "What Can We Do?", *The Journal of Philosophy* 60, 1963; "Basic Actions", *American Philosophical Quarterly* 2, 1965.

seu fechamento. A ação está portanto implicada na própria descoberta das relações causais.

Detenhamo-nos neste estágio da demonstração. Teria fundamento dizer que a teoria dos sistemas dinâmicos fornece uma reformulação lógica do que já entendemos como sendo uma *ação*, no sentido forte do termo, isto é, que implica a convicção que um agente tem de poder fazê-la? Parece que não: a dianteira tomada pela ação sobre a causalidade, como sugere o texto citado há pouco, é definitiva. A explicação causal corre atrás da convicção do poder-fazer, sem jamais alcançá-la. A aproximação, nesse sentido, não é uma reformulação lógica sem resto, mas a redução progressiva do intervalo que permite à teoria lógica explorar a fronteira que ela tem em comum com a compreensão.

Deve-se ter notado que, na análise do fenômeno de intervenção, não distinguimos teoria da ação e teoria da história. Ou melhor, a teoria da história só foi considerada como uma modalidade da teoria da ação.

A extensão do modelo lógico inicial é guiada, na sua aproximação do campo histórico, por um outro fenômeno do qual temos uma compreensão tão originária quanto a do poder-fazer: a compreensão originária que temos do caráter *intencional* da ação. Esse caráter intencional estava, em certo sentido, implicitamente contido na análise anterior do "fazer". Com Danto, distinguimos com efeito as ações básicas, por meio das quais fazemos alguma coisa sem a intervenção de uma ação intermediária, e as outras ações, por meio das quais fazemos *de sorte que* alguma coisa aconteça, as coisas que fazemos acontecer e, entre elas, aquelas que fazemos outrem fazer. Veremos que extensão do modelo essa apreensão originária de sentido suscita e vamos nos indagar se a nova aproximação que essa extensão suscita pode tirar proveito de uma reformulação lógica integral da compreensão do caráter intencional da ação.

A adjunção da explicação *teleológica* à explicação *causal* é suscitada pela lógica do "tendo em vista...", do "de sorte que...". Deixemos de lado o caso da explicação quase teleológica que não passa de uma explicação causal disfarçada, como é o caso quando dizemos que uma fera é atraída por sua presa, ou que um foguete é atraído por seu alvo. A terminologia teleológica não consegue dissimular o fato de que a validade dessas explicações repousa integralmente na verdade das conexões nômicas. Os fenômenos de adaptação e, de modo geral, as explicações funcionais em biologia e em história natural remetem a esse tipo de explicação (inversamente, veremos mais adiante que a história apresenta explicações quase causais que, dessa vez, dissimulam em um vocabulário causal, no sentido nômico da palavra, segmentos de autêntica explicação teleológica). É sobre as condutas que imitam a ação (*action-like*) que a explicação teleológica versa. Nela, as fases da ação, sob seu aspecto exterior, não estão ligadas por um nexo causal; sua unidade constitui-se pela subsunção em uma mesma *intenção*, definida pela coisa que o agente tende a fazer (ou se abstém, negligencia até, de fazer).

Aqui, a tese de von Wright é que a intenção não pode ser tratada como uma causa humiana da conduta, se a definirmos pelo traço distintivo de que a causa e o efeito são logicamente independentes um do outro. Von Wright adota a chamada tese do "*Argumento da conexão lógica*", segundo o qual o vínculo entre uma razão de agir e a própria ação é um vínculo intrínseco e não extrínseco: "Trata-se aqui de um mecanismo motivacional e, como tal, não causal e sim teleológico" (p. 69).

A questão que se coloca é saber até que ponto a lógica da explicação teleológica dá conta do que já foi entendido como intenção. Assim como fizemos há pouco na análise da intervenção, descobrimos uma nova relação entre compreender e explicar. Já não se trata de incorporar um "eu posso" a um encadeamento para uma *inferência prática invertida*. Esta se escreve:

A tem a intenção de fazer acontecer *p*.

A considera que não pode fazer acontecer *p* a menos que faça *a*.

Portanto *A* se põe a fazer *a*.

Na explicação teleológica, a conclusão da inferência prática serve de premissa, e sua premissa maior serve de conclusão: *A* se põe a fazer *a* "porque" *A* tem a intenção de fazer acontecer *p*. Portanto, é a inferência prática que deve ser considerada.

Ora, "para se tornar explicável de maneira *teleológica*..., a conduta mencionada na conclusão deve ser entendida primeiro de maneira intencional" (p. 121). "Intencional" e "teleológica" são, pois, termos que se sobrepõem sem se identificar. Von Wright chama de intencional a *descrição* na qual a ação a explicar é enunciada, e de teleológica a própria *explicação* que põe em jogo uma inferência prática. Ambos os termos se sobrepõem, na medida em que a descrição intencional é requerida para constituir a premissa de uma inferência prática. Distinguem-se, na medida em que explicação teleológica se aplica aos objetos longínquos de uma intenção, que são precisamente atingidos ao término da inferência prática. Portanto, de um lado, a descrição intencional não constitui mais que a forma rudimentar de uma explicação teleológica, sendo que só a inferência prática faz passar da descrição intencional para a explicação teleológica propriamente dita. De outro lado, não haveria nenhuma necessidade de uma lógica do silogismo prático se uma apreensão imediata de sentido versando sobre o caráter intencional da ação não a suscitasse. Assim como, na corrida entre a experiência viva de agir e a explicação causal, a ação sairia sempre vencedora, será preciso dizer que, na corrida entre a interpretação intencional da ação e a explicação teleológica, a primeira sempre sai vencedora? Von Wright não está muito longe de concordar: "Para se tornar explicável de maneira teleológica, a conduta mencionada na conclusão [do silogismo prático] tem de ser primeiro entendida de maneira intencional" (p. 121). E mais: "Uma explicação teleológica da ação é normalmente precedida por um ato de compreensão intencionalista aplicado a uma conduta dada" (p. 132)[23].

---

23. Deixo de lado a longa análise mediante a qual von Wright se empenha em melhorar a teoria da inferência prática originada em Aristóteles e retomada na época moderna por E. Anscombe, Charles Taylor e Malcolm. O argumento que von Wright chama de "Argumento da conexão lógica" – por oposição ao da conexão causal não lógica, ou seja, extrínseca – não foi apresentado, segundo ele, de maneira convincente por aqueles que o precederam. É em termos de *verificação* que von Wright formula o problema. É uma dupla questão: como, perguntaremos, podemos ter certeza de que um agente tem uma certa intenção?

Vejamos mais uma vez em que ponto estamos: ao completar a explicação causal com a explicação teleológica, conseguimos alcançar a compreensão da história que, de minha parte, vinculo à inteligência narrativa?[24] A bem dizer, ainda não expusemos o que distingue a teoria da história da teoria da ação. O silogismo prático só permitiu, por assim dizer, alongar o alcance intencional da ação. É por isso que a explicação teleológica, por si só, não permite distinguir a história da ação. De fato, até agora falamos de história apenas em um sentido extremamente formal: um sistema, dissemos, é "um fragmento da história de um mundo" (p. 49). Mas essa asserção valia para todo mundo possível que satisfizesse os critérios de um "*Tractatus-world*". Uma única vez o termo história, no sentido concreto de "*story*", aparece na análise da explicação teleológica. É in-

---

Por outro lado, como descobrir que sua conduta é uma daquelas sobre as quais se supõe que a intenção seja a causa? O argumento nesse caso é o seguinte: caso se constate não ser possível responder à primeira pergunta sem responder à segunda, então a intenção e a ação não serão logicamente independentes: "É nessa dependência mútua entre a verificação das premissas e a verificação das conclusões nos silogismos práticos que consiste, a meu ver, a verdade do Argumento da conexão lógica" (p. 116). Não resumirei a demonstração dessa relação circular que não é necessária para meus propósitos.

24. Desconsidero aqui a discussão concernente à compatibilidade entre explicação teleológica e explicação causal. Só falo dela na medida em que o argumento confirma a irredutibilidade da primeira à segunda. O argumento consiste essencialmente em dizer que ambas as explicações não têm o mesmo *explanandum*; são fenômenos situados em descrições diferentes: movimentos corporais do lado da explicação causal, uma conduta intencional do outro. Como não têm o mesmo *explanandum*, as duas explicações são compatíveis. O que fica excluído, em contrapartida, é que eu adote ao mesmo tempo as duas explicações: assim, não posso ao mesmo tempo levantar o braço e observar, por exemplo numa tela, as mudanças que ocorrem no meu cérebro. Quando observo, deixo as coisas acontecerem; quando ajo, faço com que aconteçam. Portanto, é uma contradição nos termos deixar acontecer e ao mesmo tempo fazer acontecer a mesma coisa na mesma ocasião. Por conseguinte, ninguém pode observar as causas dos resultados de suas próprias ações básicas, no sentido da palavra resultado adotado acima. Irredutíveis uma à outra, compatíveis entre si, a explicação causal e a explicação teleológica se fundem no sentido que damos à ação: "Poder-se-ia dizer que a base conceitual da ação é em parte nossa ignorância (nossa não consciência) da operação das causas e em parte nossa certeza de que certas mudanças só ocorrerão se agirmos" (p. 130).

troduzido da seguinte maneira: pode-se observar com Wittgenstein que uma conduta intencional se parece com o emprego da linguagem – "É um gesto por meio do qual significo (*mean*) alguma coisa" (p. 114). Ora, o uso e a compreensão da linguagem supõem o contexto de uma comunidade linguística que é uma comunidade de vida: "Uma intenção, lemos nas *Investigações filosóficas* (seção 337), está inserida na situação, em costumes e instituições." Disso resulta que não poderíamos compreender ou explicar teleologicamente uma conduta que nos fosse totalmente estranha. É essa referência ao contexto da ação que suscita a observação de que "a intencionalidade da conduta é seu *lugar* em uma história (*story*) que concerne ao agente" (p. 115). Portanto, não basta estabelecer a equivalência entre intencionalidade e explicação teleológica para dar conta da explicação em história. Também é preciso dar um equivalente lógico à relação da intenção com seu contexto, que, em história, é feito de todas as circunstâncias e de todos os efeitos não desejados da ação.

É para se aproximar de um grau suplementar do estatuto particular da explicação em história que von Wright introduz o conceito de explicação quase causal.

De modo geral, a explicação quase causal tem a forma: "isso aconteceu porque". Exemplo: o povo se sublevou porque o governo era corrupto. A explicação é dita causal porque o *explanans* se refere a um fator que precedeu o *explanandum*. Mas a explicação é apenas quase causal por duas razões. Razão negativa: a validade dos dois enunciados não exige – como na explicação causal e na explicação quase teleológica – a *verdade* de uma conexão nômica. Razão positiva: o segundo enunciado tem uma estrutura teleológica implícita – o objetivo da sublevação era livrar-se do mal de que o povo sofria.

Qual é, então, a relação entre a explicação quase causal e a explicação teleológica?

Digamos inicialmente que ela não é o único modo de explicação. Do ponto de vista explicativo, a história parece antes constituir um gênero misto. Por isso, se há lugar para explicações de tipo causal, "esse lugar é particular e, em certo sentido, característico, subordinado a outros tipos de explicação" (p. 135)[25].

A explicação causal é encontrada em duas formas principais: a explicação em termos de condições suficientes (por que tal tipo de estado aconteceu necessariamente?); a explicação em termos de condições necessárias (como foi possível...?). A subordinação dessas duas formas de explicação causal aos outros tipos de explicação pode ser mostrada da seguinte maneira. Tomemos as ruínas de uma cidade. Qual foi a causa de sua destruição: uma inundação ou uma invasão? Temos uma causa humana – um acontecimento físico – e um efeito humano – um outro acontecimento físico (a conquista considerada como agente físico). Mas esse fragmento de explicação causal não é, como tal, da alçada da história. Remete apenas indiretamente à história, na medida em que, por trás da causa material, desenha-se um pano de fundo de rivalidades políticas entre cidades e em que, para além do efeito material, desenvolvem-se as consequências políticas, econômicas e culturais do desastre. É essa causa não humana e esse efeito não humano que a explicação histórica pretende ligar. Nesse primeiro tipo, portanto, "o papel da explicação causal propriamente dita é muitas vezes ligar causas humanas de seu *explanans* com os efeitos não humanos de seu *explanandum*" (p. 137)[26].

---

25. Numa importante nota (pp. 200-1), von Wright, fiel nesse sentido a Wittgenstein, resiste a qualquer reforma linguística que pretendesse excluir a terminologia causal da história, devido à confusão possível entre as categorias causais excessivamente dependentes do modelo hempeliano. Uma coisa é se indagar se a terminologia causal é apropriada para a história, outra, se determinada categoria causal se aplica a essa disciplina.

26. Esse primeiro tipo pode ser esquematizado assim (p. 137):

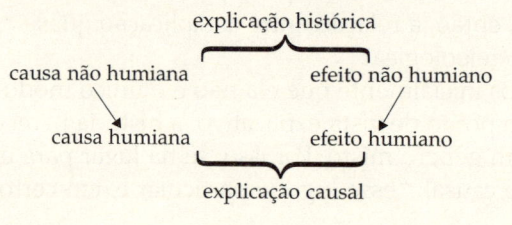

$$
\begin{array}{c}
\text{explicação histórica} \\
\overbrace{\text{causa não humana} \qquad \text{efeito não humano}} \\
\underbrace{\text{causa humana} \qquad \text{efeito humano}} \\
\text{explicação causal}
\end{array}
$$

Eis agora a explicação em termos de condições necessárias: como os habitantes daquela cidade puderam construir uma muralha tão colossal? O *explanandum* é um efeito humiano: os muros que permanecem de pé. O *explanans* é também uma causa humiana: os meios materiais aplicados na construção. Mas a explicação só é histórica se passar pela ação (urbanismo, arquitetura etc.). O *explanandum* é então o resultado dessa ação, no sentido em que dissemos que o resultado da ação não era um efeito humiano. Uma vez mais, a explicação causal é um segmento da explicação histórica, que comporta também um segmento não nômico (causal)[27].

Quanto à explicação quase causal, ela é singularmente mais complexa que as precedentes. Nela, a resposta à pergunta *por quê?* é extraordinariamente ramificada. O exemplo introduzido acima (o povo se sublevou porque seu governo era corrupto) mascara a complexidade real do trabalho do historiador. Tomemos a tese de que a Primeira Guerra Mundial eclodiu "porque" o arquiduque da Áustria foi assassinado em Sarajevo em julho de 1914. Que tipo de explicação é essa? Admitamos, em função da argumentação, que a causa e o efeito são logicamente independentes, em outras palavras, que os dois acontecimentos são considerados diferentes[28]. Nesse sentido, a explicação tem de fato forma causal. Mas a verdadeira *mediação* está garantida por todos os cursos de motivações que afetam todas as partes em jogo. Esses cursos de motivações devem ser es-

---

27. Esse segundo tipo pode ser esquematizado assim (p. 138):

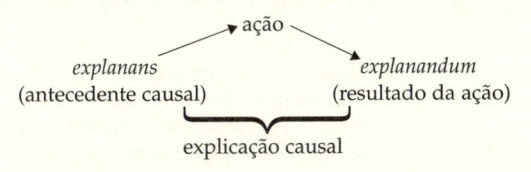

                    ↗ ação ↘
     explanans   *explanandum*
  (antecedente causal)   (resultado da ação)
            explicação causal

28. A explicação quase causal pode ser esquematizada assim (p. 143):

      premissas práticas
explanans   *explanandum*

quematizados pelo mesmo número de inferências práticas, que geram fatos novos (em virtude do laço que dissemos haver entre intenção e ação no silogismo prático); esses fatos constituem situações novas para todos os agentes; estes avaliam sua situação incorporando o fato consumado às premissas de suas novas inferências práticas, que por sua vez geram novos fatos, que afetam as premissas das novas inferências práticas operadas pelas diversas partes presentes[29].

Constata-se, pois, que a explicação quase causal é mais complexa que a explicação por razões proposta por W. Dray. Esta última só abarca segmentos propriamente teleológicos de um modelo "misto": causal-teleológico. Esses segmentos derivam decerto de "um conjunto de enunciados singulares que constituem as premissas de inferências práticas" (p. 142). Mas, embora seja verdade que esses segmentos de inferência não se reduzem a conexões nômicas, a explicação quase causal, em contrapartida, não se reduz à reconstrução de um cálculo como na explicação por razões.

Em suma, a explicação quase causal restitui corretamente várias características específicas da explicação em história. Primeiramente, a conjunção entre a explicação causal e a teoria da ação por meio do fenômeno de *intervenção* permite incluir no modelo misto a referência da história a *ações* humanas, cuja significação enquanto ação se comprova pela convicção que o próprio agente tem de poder fazer o que faz. Além disso, os segmentos teleológicos do esquema explicativo demonstram o fato de que é razoável um historiador se interrogar sobre as intenções dos atores da história nos termos de uma inferência

---

29. A independência dos dois acontecimentos, nota von Wright, é discutível se o acontecimento descrito for que a Primeira Guerra Mundial "eclode"; este não é um termo de *"coligação"*, cuja descrição completa inclui o incidente de Sarajevo? A discussão não teria fim se perdêssemos de vista que é sempre sob uma certa descrição que um acontecimento é dependente ou independente. Nesse sentido, a explicação quase causal depende de uma descrição particularmente analítica dos acontecimentos. Mandelbaum certamente lembraria nesse ponto que esse uso atomístico da causalidade deriva da apreensão global de processos ininterruptos, que afetam entidades contínuas do gênero da nação (cf. abaixo, cap. III, pp. 319 ss.).

prática que remete a uma lógica específica, aquela que foi inaugurada pela teoria aristotélica do silogismo prático. Por fim, o modelo exprime a necessidade de coordenar esses núcleos de poder-fazer e esses segmentos de inferência prática com segmentos não práxicos e não teleológicos de tipo propriamente causal.

Em contraposição, podemos indagar se, a despeito do extraordinário esforço para vincular os diversos modos de explicação a um modelo lógico de grande potência, os tipos de explicação não estão mais dispersos do que nunca.

Com efeito, foram propostos ao menos três esquemas de explicação histórica, sem que se mostre como os dois primeiros são incorporados ao terceiro. Além disso, um fator importante de dispersão aparece no nível causal: numa abordagem propriamente analítica, se é levado a distinguir entre fatores "externos" (clima, tecnologia etc.) e fatores "internos" (motivos, razões de agir), sem que se possa dizer quais são "causas", quais são "efeitos". Parece faltar um fator de integração, cuja importância, e talvez inevitabilidade, é destacada pelas ideologias. O campo da motivação, por sua vez, contém fatores tão disparatados como ordens, impedimentos, pressões normativas, marcas de autoridade, sanções etc., que se somam à dispersão da explicação. Não se consegue perceber de que maneira essas causas heterogêneas são incorporadas às premissas dos silogismos práticos. Chegamos aqui à pretensão das explicações globais como as do materialismo histórico. Como é igualmente impossível prová-lo por razões *a priori* ou refutá-lo apenas com base na experiência, deve-se reconhecer que "a medida primeira de sua verdade reside em sua fecundidade" (p. 145). A linha divisória entre explicação científica e ideologia mostra-se bem frágil, por falta de um esforço, que só encontraremos em Hayden White, para integrar à explicação histórica variáveis mais numerosas do que aquelas consideradas por Von Wright e para conferir a todos esses modos explicativos a unidade de um *estilo*.

Para nos atermos ao modelo da explicação quase causal, na sua apresentação mais elementar, podemos indagar o que garante a unidade entre os segmentos nômicos e os segmentos teleológicos no interior do esquema de conjunto: essa descontinuidade no interior do modelo, somada aos outros fatores de dispersão da explicação evocada há pouco, leva a indagar se não falta um fio condutor da ordem da compreensão para manter juntos os segmentos nômicos e os segmentos teleológicos da explicação quase causal. Esse fio condutor é, a meu ver, a intriga, como *síntese do heterogêneo*. A intriga, com efeito, "compreende", numa totalidade inteligível, circunstâncias, objetivos, interações, resultados não desejados. A partir daí, não se poderia dizer que a intriga é para a explicação quase causal o que a certeza do poder-fazer era, acima, para a intervenção de um agente em um sistema nômico e o que a intencionalidade era para a explicação teleológica? Do mesmo modo, a explicação causal não teria de ser precedida pela compreensão narrativa, no mesmo sentido em que se disse que "uma explicação teleológica da ação é normalmente precedida por um ato de compreensão intencionalista aplicado a *data* de conduta" (p. 132)? Não é pelo fato de, ao compreender uma intriga, tomarmos conjuntamente segmentos nômicos e segmentos teleológicos, que buscamos um modelo de explicação apropriado para esse encadeamento eminentemente heterogêneo que o diagrama da explicação quase causal destaca claramente?

Encontro na própria análise de von Wright uma certa justificação de minha interpretação: diz-se que cada resultado de um silogismo prático cria um fato novo que muda o "pano de fundo de motivação" aferente à ação dos diversos agentes históricos. Essa mudança não é aquilo que chamamos constantemente de circunstâncias da ação, e que a narrativa incorpora à unidade da intriga? A partir daí, a virtude do esquema explicativo não é de generalizar a noção de *circunstância*, a ponto de fazê-la designar não só uma situação inicial, mas todas as situações intercalares que, por sua novidade, constituem um pano de fundo de motivação no campo das interações? Que um fato afete as premissas de uma inferência prática, que um fato novo brote da conclusão das premissas, eis o que deve ser entendido como síntese do heterogêneo, antes que a lógica da explicação proponha sua reformulação mais adequada. Mas essa reformulação, longe de substituir a compreensão narrativa, continua sendo a aproximação de uma operação mais originária, de mesmo nível que a certeza do poder-fazer e que a descrição intencional de uma conduta.

2. Argumentos "narrativistas"

Como dissemos no começo deste capítulo, a aproximação entre história e narrativa surgiu da conjunção de dois movimentos de pensamento; ao enfraquecimento e à desagregação do modelo nomológico correspondeu uma reavaliação da narrativa e de seus recursos de inteligibilidade. O fato é que, para os defensores do modelo nomológico, a narrativa era um modo de articulação elementar e pobre demais para pretender explicar. Direi, no vocabulário proposto na primeira parte, que para esses autores a narrativa tem um caráter apenas episódico e nenhum caráter configurante[30]. É por isso que, entre história e narrativa, viam um corte epistemológico.

A questão, então, é saber se a reconquista dos aspectos configurantes da narrativa justifica a esperança de que a compreensão narrativa adquira valor de explicação, na própria medida em que, paralelamente, a explicação histórica deixa de ser medida pelo padrão do modelo nomológico. Minha própria contribuição para esse problema surgirá, como veremos[31], do reconhecimento de que uma concepção "narrativista" da história responde apenas parcialmente a essa expectativa. Essa concepção nos diz em que modalidade *prévia* de compreensão a explicação está inserida, mas não nos dá um equivalente ou o substituto narrativo da explicação. É por isso que estaremos em busca de um vínculo mais *indireto* entre explicação histórica e compreensão narrativa. A presente investigação não terá, no entanto, sido em vão, na medida em permitiu isolar um componente necessário, mas não suficiente, do conhecimento histórico. Um semifracasso ainda é um semissucesso.

---

30. Cf. primeira parte, cap. III, sobre as implicações temporais de *mímesis* II.
31. Cf. abaixo, cap. III.

1. A *"frase narrativa"* segundo Arthur Danto

É notável que a primeira tese em defesa de uma interpretação narrativista da história tenha sido formulada no próprio âmbito da filosofia analítica. Pode ser lida na obra de Arthur C. Danto, *Analytical Philosophy of History*[32] [Filosofia analítica da história].

O fio condutor do argumento não é tanto a epistemologia da historiografia, tal como é praticada pelos historiadores, mas o quadro conceitual que rege nosso emprego de um certo tipo de frases que chamamos narrativas. É uma pesquisa do âmbito da filosofia analítica, se entendermos esse termo como a descrição de nossas maneiras de pensar e de falar a respeito do mundo e, correlativamente, a descrição do mundo tal como essas maneiras nos obrigam a concebê-lo. A filosofia analítica, assim entendida, é essencialmente uma teoria das descrições.

Aplicada à história, essa concepção analítica da filosofia equivale a se perguntar em que medida nossas maneiras de pensar e de falar a respeito do mundo comportam frases que usam verbos no tempo passado e enunciados irredutivelmente narrativos. Segundo Danto, porém, esse é o tipo de questão cuidadosamente evitada pelo empirismo, que só conhece verbos no presente que correspondem a enunciados de percepção. A análise linguística implica, assim, uma *descrição metafísica* da existência histórica[33]. Por sua forma quase kantiana, a filosofia

---

32. Arthur C. Danto, *Analytical Philosophy of History*, Cambridge University Press, 1965.

33. Essa definição da tarefa da filosofia analítica se parece com a defesa pronunciada por Strawson, no começo de *Individus*, em favor de uma metafísica descritiva, que ele opõe a uma metafísica revisionista. Em contrapartida, essa implicação de uma metafísica descritiva em uma análise da rede conceitual e linguageira se opõe fortemente à tendência que o estruturalismo francês tem de conceber a rede conceitual e linguageira como fechada sobre si mesma e excluindo qualquer referência extralinguística. Aplicada à história, essa concepção tende a fazer do acontecimento um mero "efeito de discurso". Esse idealismo linguístico é totalmente estranho à filosofia analítica, para a qual a análise de nossas maneiras de pensar e de falar do mundo e a metafísica descritiva são mutuamente conversíveis. Nesse ponto, a filosofia analítica se aproxima ainda mais da filosofia hermenêutica, embora esta prefira proceder de uma explicação do ser histórico em direção à linguagem apropriada a esse ser histórico.

analítica da história exclui, em troca, por princípio e por hipótese, o que o autor chama de "filosofia substantiva" da história, ou seja, *grosso modo*, a filosofia da história de tipo hegeliano. Atribui-lhe a pretensão de apreender o todo da história, o que é verdade; mas interpreta da seguinte maneira essa pretensão: falar do todo da história é compor um quadro de conjunto do passado e do futuro; ora, pronunciar-se sobre o futuro é extrapolar configurações e encadeamentos do passado na direção do porvir; e essa extrapolação, por sua vez, constitutiva da profecia, consiste em falar do futuro em termos apropriados ao passado. Mas não pode haver história do futuro (nem, tampouco, como veremos mais adiante, história do presente) devido à natureza das frases narrativas, que redescrevem os acontecimentos passados à luz de acontecimentos posteriores ignorados pelos próprios atores. Tal significação, por sua vez, só pode ser conferida aos acontecimentos "no contexto de uma história narrada (*story*)" (p. 11). O vício das filosofias substantivas da história é, por conseguinte, escrever no futuro frases narrativas que só o podem ser no passado.

O argumento é impecável enquanto for formulado em termos negativos: se a filosofia da história é o pensamento do todo da história, não pode ser a expressão do discurso narrativo apropriado ao passado. Mas o argumento não pode eliminar a hipótese de que o discurso sobre o todo da história não seja de natureza narrativa e constitua seu sentido por outros meios. A filosofia hegeliana da história certamente não é narrativa. A antecipação do futuro em uma filosofia ou em uma teologia da esperança tampouco é narrativa. Ao contrário, nela a narração é reinterpretada a partir da esperança, sendo que certos acontecimentos fundadores – o Êxodo, a Ressurreição – são interpretados como balizas da esperança.

Enquanto mantivermos o argumento na sua forma negativa, ele tem a dupla virtude de, por um lado, delimitar de modo um tanto kantiano o espaço de validade das frases narrativas e, por outro, de lhes impor um limite. O discurso narrativo é não só, como diz muito corretamente Danto, *intrinsecamente incompleto*, já que toda frase narrativa está sujeita à revisão por um historiador ulterior, mas tudo o que se diz de sensato sobre a história não é obrigatoriamente de caráter narrativo. Essa segunda implicação volta-se contra o que continua havendo de dogmático na filosofia analítica da história, a despeito de sua forma deliberadamente crítica quando ela estabelece os limites internos do conhecimento histórico. Não é certo que "o que os filósofos da história substantiva tentam é fazer sobre o futuro o mesmo gênero de asserções que os historiadores tentam fazer sobre o passado" (p. 26).

Postas as pressuposições de uma filosofia analítica da história, o estudo das frases narrativas se apresenta como estudo de uma *classe* de frases. Estabelece o traço *diferencial* do conhecimento histórico e, nesse sentido, satisfaz à característica *mínima* da história. Não diria, no entanto, que atinge o núcleo da compreensão histórica, na medida em que o "contexto de uma história" não se define pela estrutura da frase narrativa. Falta-lhe o traço propriamente discursivo que exporemos mais adiante.

O estudo baseia-se na teoria das descrições aplicada a um setor particular da realidade, que são as mudanças produzidas pela ação humana. Ora, uma mesma mudança decorrente da ação humana pode ser descrita de diversas maneiras. A frase narrativa é uma das descrições possíveis da ação humana. Exporemos mais adiante o que a distingue dos relatórios da ação feitos no âmbito do que é comumente chamado de teoria da ação.

A ideia engenhosa de Danto foi abordar a teoria da frase narrativa por um atalho: a crítica do preconceito de que o passado é determinado, fixo, eternamente parado em seu ser, ao passo que somente o futuro seria aberto, não decidido (no sentido dos "futuros contingentes" de Aristóteles e dos estoicos). Esse pressuposto repousa na hipótese de que os acontecimentos são recolhidos em um receptáculo onde se acumulam sem que possam ser alterados, sem que sua ordem de aparecimento possa mudar, sem que nada possa ser acrescentado a seu conteúdo, a não ser acrescentando à sequência deles. Uma descrição completa de um acontecimento deveria então registrar tudo o que aconteceu na ordem em que aconteceu. Mas quem conseguiria fazer isso? Somente um Cronista Ideal poderia ser a testemunha absolutamente fiel e absolutamente segura desse passado totalmente determinado. Esse Cronista

Ideal seria dotado da faculdade de dar uma transcrição instantânea do que acontece, de aumentar de modo puramente aditivo e cumulativo seu testemunho à medida que os acontecimentos se somam aos acontecimentos. Com relação a esse ideal de descrição completa e definitiva, a tarefa do historiador consistiria apenas em eliminar frases falsas, restabelecer a ordem perturbada das frases verdadeiras e agregar o que faltaria ao testemunho.

A refutação dessa hipótese é simples. Falta uma classe de descrições a essa crônica absoluta: é precisamente aquela na qual um acontecimento não pode ser comprovado por nenhuma testemunha, ou seja, em que a verdade inteira concernente a esse acontecimento só pode ser conhecida *a posteriori* e geralmente muito depois de ele ter ocorrido. Ora, é justamente esse o tipo de história (*story*) que somente um historiador pode narrar. Em suma, o que deixamos de fazer foi equipar o Cronista Ideal com o conhecimento do futuro.

Podemos agora definir as frases narrativas: "Elas se referem a pelo menos dois acontecimentos separados no tempo, embora descrevam apenas o primeiro acontecimento a que se referem" (p. 143). Ou, mais exatamente: "Referem-se a dois acontecimentos E_1 e E_2 distintos e separados no tempo, mas descrevem o primeiro desses acontecimentos a que se faz referência" (p. 152). Ao que devemos acrescentar o seguinte: ambos os acontecimentos têm de ser passados com relação ao tempo da enunciação. Portanto, há *três posições temporais* implicadas na frase narrativa: a do acontecimento descrito, a do acontecimento em função do qual o primeiro é descrito, a do narrador – as duas primeiras concernem ao enunciado, a terceira à enunciação.

O exemplo paradigmático em que se baseia a análise é a seguinte frase: em 1717 nasceu o autor de *Le neveu de Rameau* [*O sobrinho de Rameau*]. Ninguém, naquela data, podia pronunciar essa frase que redescreve o acontecimento do nascimento de uma criança à luz de um outro acontecimento, a publicação por Diderot de sua famosa obra. Em outras palavras, escrever *O sobrinho de Rameau* é o acontecimento sob a descrição do qual o primeiro acontecimento – o nascimento de Diderot – é redescrito. Mais adiante, levantaremos a questão de saber se essa frase, em si mesma, é típica da narrativa histórica.

Essa análise da frase narrativa tem várias implicações epistemológicas. A primeira adota a forma de um paradoxo sobre a causalidade. Se um acontecimento é significativo à luz de acontecimentos futuros, a caracterização de um acontecimento como causa de um outro pode advir após o próprio acontecimento. Poderia parecer, então, que um acontecimento ulterior transforma um acontecimento anterior em causa, portanto que uma condição suficiente do acontecimento anterior se produza depois do próprio acontecimento. Mas isso é um sofisma, pois, o que é determinado *a posteriori* não é algo do acontecimento, mas o predicado "ser causa de...". Deve-se portanto dizer: A_2 é uma condição necessária para que A_1, sob a descrição apropriada, seja uma causa. Simplesmente repetimos de outra forma que "ser causa de..." não é um predicado acessível ao Cronista Ideal e caracteriza apenas frases narrativas. Os exemplos desses empregos retrospectivos da categoria de causa são inúmeros. Um historiador dirá sem nenhum problema: "Aristarco antecipou em 270 antes de nossa era a teoria publicada por Copérnico em 1543 de nossa era." As expressões similares – antecipar, começar, preceder, provocar, suscitar – só aparecem em frases narrativas. Grande parte do conceito de significação decorre dessa particularidade das frases narrativas. Para quem visita o local de nascimento de um homem célebre, esse local só tem significação ou importância à luz de acontecimentos futuros. Nesse sentido, para o Cronista Ideal, embora testemunha perfeita, a categoria de significação não tem sentido.

Uma segunda implicação epistemológica é mais interessante, pois permite distinguir a descrição *propriamente narrativa* da descrição ordinária da ação. E é aqui que Danto diz algo que Dray não podia antecipar com seu modelo de explicação por razões, que só conhecia o cálculo dos atores da história no momento em que ela se produz. É certo que os dois modos descritivos têm em comum o fato de fazer uso de verbos que podemos chamar de verbos de projeto (*project verbs*). Esses verbos fazem mais do que simplesmente descrever uma ação particular; expressões tais como "fazer a guerra" ou "criar gado", "escrever um livro" contêm verbos que abrangem inúmeras ações singulares, que podem ser totalmente descontínuas e implicar muitos indivíduos em uma estrutura temporal que é da responsabilidade do narrador. Encontramos em história inúmeros empregos desses verbos de projeto, que organizam várias microações numa única ação global. Contudo, no discurso corrente sobre a ação, o sentido de um verbo de projeto não é afetado pelo *desfecho* da ação: pouco importa se ela se realiza ou não, se é bem-sucedida ou fracassa. Em contrapartida, se a história se caracteriza por enunciados que dão conta da verdade de uma ocorrência particular em função de certos acontecimentos posteriores – em particular em função de suas consequências não desejadas –, a verdade desses enunciados que falam dos acontecimentos posteriores importa para o próprio sentido da descrição narrativa.

A teoria da frase narrativa tem assim um valor discriminante relativamente ao discurso da ação na linguagem corrente. O fator discriminante reside no "realinhamento retroativo do passado" (p. 168) operado pela descrição propriamente narrativa da ação. Esse realinhamento vai muito longe: na medida em que a perspectivação temporal do passado põe a ênfase nas consequências não desejadas, a história tende a enfraquecer a ênfase intencional da própria ação: "Frequentemente e quase tipicamente, as ações dos homens não são intencionais nas descrições que delas se dão por meio de frases narrativas" (p. 182). Este último aspecto acentua a distância entre teoria da ação e teoria da história, "pois o principal desafio da história não é reconhecer as ações como poderiam fazê-lo as testemunhas, mas sim como o fazem os historiadores, com relação a acontecimentos posteriores e como partes de todos temporais" (p. 183)[34]. Essa distância entre teoria da ação e teoria narrativa permite compreender melhor em que sentido a descrição narrativa é apenas uma descrição entre outras.

Última consequência: *não há história do presente*, no sentido estritamente narrativo do termo. Ela só poderia ser uma an-

---

34. Voltarei a tratar na quarta parte da questão do testemunho como categoria irredutível da relação com o *passado*.

tecipação do que historiadores futuros poderiam escrever sobre nós. A simetria entre explicar e predizer, característica das ciências nomológicas, quebra-se no próprio nível do enunciado histórico. Se tal narração do presente pudesse ser escrita e conhecida por nós, poderíamos por nossa vez falsificá-la fazendo o contrário do que ela prediz. Não sabemos, de forma nenhuma, o que os historiadores do futuro dirão de nós. Não só não sabemos quais acontecimentos irão se produzir, como não sabemos quais acontecimentos serão considerados importantes. Seria preciso prever os interesses dos futuros historiadores para prever como descreverão nossas ações. A asserção de Peirce de que "o futuro é aberto" significa isto: "Ninguém escreveu a história do presente." Esta última observação nos leva para o nosso ponto de partida: o limite interno dos enunciados narrativos.

Em que medida a análise da frase narrativa esclarece o problema das relações entre a compreensão narrativa e a explicação histórica?

Danto não declara em nenhum lugar que a teoria da história se esgota com a análise das frases narrativas. Em nenhum lugar está dito que um texto histórico se reduz a uma sequência de frases narrativas. As determinações impostas à descrição verdadeira de um acontecimento pela estrutura temporal da frase narrativa constituem somente uma "caracterização mínima da atividade histórica" (p. 25).

É verdade que a própria escolha da frase narrativa como determinação mínima poderia dar a entender que os enunciados que descrevem acontecimentos pontuais, ou em todo caso datados, à luz de outros acontecimentos pontuais ou datados, constituem os átomos lógicos do discurso histórico. A única coisa que temos, ao menos até o capítulo X, são "descrições verdadeiras de acontecimentos no passado *deles*" (por oposição à pretensão dos filósofos da história de descrever também acontecimentos no futuro *deles*) (p. 25). Parece aceito que os acontecimentos históricos, tomados um a um, têm todos a forma: "O que aconteceu com X durante tal e tal intervalo de tempo?" Nada indica que o discurso histórico exija conectores distintos da estrutura da frase narrativa, em si mesma complexa, aliás. É por isso que *explicar* e *descrever* – no sentido da frase narrativa – foram considerados por muito tempo como indiscerníveis. Danto não quer nem ouvir falar da distinção que Croce faz entre crônica e história[35], nem da distinção de Walsh entre uma narrativa pura e simples (*plain*), que se limitaria a relatar o que aconteceu, e uma narrativa significativa (*significant*), que estabeleceria conexões entre os fatos. Pois uma simples narrativa já faz mais que relatar acontecimentos em sua ordem de aparecimento. Uma lista de fatos sem vínculos entre si não é uma narrativa. É por isso que descrever e explicar não se distinguem. Ou, segundo a forte expressão de Danto, "a história é feita de uma peça só" (*History is all of a piece*). O que se pode distinguir é a narrativa e as provas materiais que a justificam: uma narrativa não se reduz a um sumário de seu próprio aparato crítico, quer se entenda por isso seu aparelho conceitual ou seu aparelho documental. Mas distinguir entre a narrativa e seu suporte conceitual ou documental não equivale a distinguir dois níveis de composição. Explicar por que algo aconteceu e descrever o que aconteceu coincidem. Uma narrativa que não consegue explicar é menos que uma narrativa; uma narrativa que explica é uma narrativa pura e simples.

E nada indica que o algo a mais que a narrativa faz além de uma simples enumeração de acontecimentos seja diferente da estrutura de dupla referência da frase narrativa, em virtude da qual o sentido e a verdade de um acontecimento são relativos ao sentido e à verdade de um outro acontecimento. É por isso que a noção de intriga ou de estrutura narrativa não parece fu-

---

35. Voltaremos a falar dessa distinção, que não cabe aqui: ela não concerne a uma diferença epistemológica de grau, mas sim a uma relação diferente com o passado; para Croce, a crônica é a história destacada do presente vivo e, nesse sentido, aplicada a um passado morto. A história propriamente dita está visceralmente ligada ao presente e à ação: é nesse sentido que toda história é história contemporânea. Essa afirmação não pertence nem a um conflito de método, nem a um conflito entre método e verdade, e sim ao problema mais vasto das relações entre a retrospecção histórica e a antecipação do futuro ligada à ação, que será discutida na quarta parte.

gir à lógica da frase narrativa; é como se a descrição de um acontecimento anterior em função de um acontecimento posterior já fosse uma intriga em miniatura. Contudo, podemos indagar se as duas noções se superpõem. Quando o autor considera a atividade inevitavelmente seletiva da narrativa histórica, parece invocar um fator estrutural mais complexo: "Toda narrativa é uma estrutura imposta a acontecimentos, agrupando alguns deles com outros e excluindo outros como destituídos de pertinência" (p. 132); "uma narrativa menciona somente os acontecimentos significativos" (*ibid.*). Contudo, será que a organização narrativa que confere aos acontecimentos uma significação ou uma importância (o termo "*significance*" tem as duas conotações) é simplesmente uma expansão da frase narrativa?[36]

Na minha opinião, se a questão da relação entre texto e frase não é formulada como tal, isso se deve à ênfase excessiva na querela do autor contra o fantasma da descrição completa e ao fato de que esse fantasma é exorcizado pela análise da frase narrativa.

O problema ressurge, no entanto, com a questão de saber se a explicação por leis ainda tem lugar em história a partir do momento em que "uma narrativa já é, pela natureza das coisas, uma *forma* de explicação" (p. 201). Danto, com efeito, não se opõe de frente a Hempel: limita-se a observar que os partidários do modelo nomológico, tão preocupados com a estrutura forte do *explanans*, não veem que esse *explanans* funciona num *explanandum* que já é uma narrativa, que, portanto, já está "coberto" por uma descrição que vale como explicação. Não se pode cobrir um acontecimento com uma lei geral a não ser que ele figure na linguagem como um fenômeno pertencente a uma certa descrição, inscrito, portanto, em uma frase narrati-

---

36. Parece que sim no caso da "*consequential significance*": "Se um acontecimento anterior não é significativo no tocante a um acontecimento posterior em uma história, ele não pertence a essa história" (p. 134). Mas existem outros modos de significação ou de importância para os quais a estrutura textual e a estrutura de frase se superpõem menos facilmente: significação ou importância pragmática, teórica, reveladora etc.

va. A partir daí, Danto pode ser bem mais liberal e ambivalente que William Dray no tocante ao modelo nomológico[37].

2. Acompanhar uma história

A obra de W. B. Gallie, *Philosophy and the Historical Understanding*[38] [Filosofia e conhecimento histórico], centrada no conceito da *followability* de uma história narrada (*story*), nos faz avançar mais um grau na direção do princípio estrutural da narrativa. Esse conceito, a meu ver, preenche uma lacuna deixada pela análise da frase narrativa. Embora a dupla referência da frase narrativa ao acontecimento que ela descreve e a um acontecimento posterior à luz do qual a descrição é feita constitua um bom discriminante com relação a outras descrições da ação, por exemplo em função das intenções e das razões dos próprios agentes, a menção de uma diferença entre duas datas, entre duas localizações temporais, não basta para caracterizar uma narrativa como *conexão* entre acontecimentos. Subsiste uma distância entre a *frase* narrativa e o *texto* narrativo. É essa distância que a noção de uma história "que se pode acompanhar" tenta preencher.

Mas é no interior da mesma hipótese fundamental que Gallie propõe sua análise de que, "o que quer que a compreensão ou a explicação de uma obra de história contenha, esse conteúdo tem de ser avaliado (*assessed*) com relação à narrativa da qual ele procede e ao desenvolvimento para o qual contribui" (prefácio p. XI). A tese é tão prudente quanto é firme. Não nega que a explicação faça algo diferente do que simplesmente relatar; limita-se a afirmar, por um lado, que a explicação não surge do nada, mas "procede", de uma maneira ou outra, de algum discurso que *já* tenha a forma narrativa; por outro, que, de uma maneira ou outra, permanece "*a serviço* da" forma narrativa. Portanto, esta é ao mesmo tempo a matriz e a es-

---

37. A. Danto, cap. X: "Historical Explanation: The Problem of General Laws" (*op. cit.*, pp. 201 ss.).
38. *Op. cit.*

trutura de acolhida da explicação. Nesse sentido, a tese narrativista nada diz sobre a estrutura da explicação. Contudo, nesses limites precisos, tem uma dupla tarefa: mostrar, por um lado, com quais recursos de inteligibilidade a compreensão funda a explicação; por outro, que falta inerente à compreensão pede o suplemento da explicação. A noção de *followability* tem a ambição de satisfazer a essa dupla exigência.

Então, o que é uma história que narramos (*story*)? E o que é "acompanhar" uma história?

Uma história descreve uma sequência de ações e de experiências feitas por um certo número de personagens, reais ou imaginários. Esses personagens são representados em situações que mudam ou à mudança das quais eles reagem. Essas mudanças, por sua vez, revelam aspectos ocultos da situação e dos personagens, e geram uma nova situação difícil (*predicament*) que exige o pensamento, a ação ou ambos. A resposta a essa situação conduz a história à sua conclusão (p. 22).

Como se vê, esse esboço da noção de história (*story*) não está longe do que chamamos acima de composição da intriga. Se Gallie não considerou útil referir seu conceito de história ao de intriga, foi sem dúvida porque se interessou menos pelas exigências *estruturais* imanentes à narrativa do que pelas condições subjetivas sob as quais uma história é *aceitável*. São essas condições de aceitabilidade que constituem a capacidade que a história tem de ser acompanhada.

Acompanhar uma história é, com efeito, compreender as ações, os pensamentos e os sentimentos sucessivos como tendo uma direção particular (*directedness*): entenda-se por isso que o desenvolvimento nos leva para a frente na medida em que respondemos a essa impulsão com expectativas concernentes ao fim e ao desfecho do processo todo. Percebe-se desde já que compreensão e explicação estão inextricavelmente mesclados nesse processo: "Idealmente, uma história deveria se explicar por si mesma" (*Ideally, a story should be self-explanatory*, p. 23). Só pedimos uma explicação extra quando o processo é interrompido ou bloqueado.

Dizer que somos orientados numa certa direção é reconhecer que a "conclusão" tem uma função teleológica, aquela mesma que sublinhamos na nossa análise do "ponto final"[39]. Mas, em resposta ao modelo nomológico, deve-se acrescentar que uma "conclusão" narrativa não é nada que possa ser deduzido ou predito. Uma história que não comportasse surpresas, coincidências, encontros, reconhecimentos não prenderia a nossa atenção. É por isso que é preciso acompanhar a história até sua conclusão, o que é algo bem diferente de acompanhar um argumento cuja conclusão é obrigatória. Mais que previsível, uma conclusão tem de ser *aceitável*. Olhando para trás, da conclusão para os episódios intermediários, devemos poder dizer que aquele fim pedia aqueles acontecimentos e aquela cadeia de ações. Mas esse olhar para trás se faz possível pelo movimento teleologicamente orientado de nossas expectativas quando acompanhamos a história. A incompatibilidade, abstratamente formulada, entre a contingência dos incidentes e a aceitabilidade das conclusões é precisamente o que é desmentido pela capacidade da história de ser acompanhada. A contingência só é inaceitável para um espírito que vincula à ideia de compreensão a de controle: acompanhar uma história é "achar (os acontecimentos) intelectualmente aceitáveis *no final das contas*" (p. 31). A inteligência aqui exercida não é aquela que se prende à legalidade de um processo, mas aquela que responde à coerência interna de uma história que conjuga contingência e aceitabilidade.

O leitor não deixará de notar a incrível semelhança dessa afirmação com a noção de concordância discordante que extraí do tratamento aristotélico da *peripéteia* no âmbito da teoria do *mŷthos*. A principal diferença com a linhagem das críticas aristotelizantes deveria certamente ser buscada pelo lado do fator subjetivo introduzido pela noção de expectativa, de atração pelo objetivo: em suma, pela teleologia subjetiva que faz as vezes de análise estrutural. Nesse sentido, o conceito de *"followability"* está mais para uma psicologia da recepção que para uma lógica da configuração[40].

---

39. Primeira parte; cap. III, *mímesis* II.
40. O lugar dado à simpatia no que chamo de teleologia subjetiva confirma o diagnóstico: o que, diz Gallie, rege nossa expectativa não é alguma verdade

Se passarmos agora do conceito de "*story*" ao de "*history*", o que deve ser sublinhado em primeiro lugar é a continuidade de uma para a outra. A estratégia de Gallie consiste precisamente em inscrever a descontinuidade epistemológica – que ele não nega – no quadro da continuidade do *interesse* narrativo. É essa estratégia que, evidentemente, choca-se de frente com a problemática exposta no capítulo anterior. A questão será saber se a análise que se segue tem uma aplicação fora da história narrativa, que Gallie considera exemplar: seu objeto são as ações passadas que puderam ser registradas ou que podem ser inferidas com base em dossiês ou memórias; a história que escrevemos é a de ações cujos projetos ou resultados podem ser reconhecidos como aparentados aos de nossa própria ação; nesse sentido, toda história é fragmento ou segmento de um único mundo da comunicação; é por isso que esperamos das obras de história, ainda que sejam obras isoladas, que designem em suas margens a única história que, no entanto, ninguém pode escrever.

Se essa continuidade narrativa entre "*story*" e "*history*" foi tão pouco notada no passado é porque os problemas levantados pelo corte epistemológico entre ficção e história, ou entre mito e história, fizeram toda a atenção se voltar para a questão

---

de natureza indutiva, mas nossa simpatia ou nossa antipatia: uma vez tendo embarcado numa história de qualidade, "*we are pulled along by it, and pulled at by a far more compelling part of our human make-up than our intellectual presumptions and expectations*" [somos arrastados por ela e puxados por uma parte de nossa constituição humana muito mais irresistível que nossas expectativas e presunções intelectuais (N. da T.)] (p. 45). A preocupação de distinguir a análise da lógica do modelo nomológico envolve de fato o risco de fazê-la pender para o lado de uma psicologia centrada na resposta emocional; foi infelizmente essa propensão para a psicologia que facilitou a crítica da obra de Gallie pelos sucessores de Hempel. De minha parte, semelhante interesse pelas condições psicológicas de recepção de uma obra (narrativa ou outra) não me parece condenável; tem espaço em uma hermenêutica para a qual o sentido de uma obra se conclui na leitura; mas, segundo as análises que propus na primeira parte, das relações entre *mímesis* II e *mímesis* III, as regras de aceitabilidade têm de ser construídas ao mesmo tempo *na* obra e *fora* da obra. Tampouco a noção de interesse, à qual retornarei na quarta parte, pode ser eliminada de uma teoria da narrativa. Aceitar, receber, é estar interessado.

da prova (*evidence*), a expensas da questão mais fundamental de saber o que constitui o *interesse* de uma obra de história. Ora, é esse interesse que garante a continuidade entre a história no sentido da historiografia e a narrativa comum. Na qualidade de narrativa, toda história versa *sobre* "algum grande sucesso ou algum grande fracasso de homens que vivem e trabalham juntos, em sociedades ou nações ou em qualquer outro grupo organizado de modo duradouro" (p. 65). É por isso que, a despeito de sua relação crítica com a narrativa tradicional, as histórias que tratam da unificação ou da desintegração de um império, da ascensão e da queda de uma classe, de um movimento social, de uma seita religiosa ou de um estilo literário são narrativas. No tocante a isso, a diferença entre indivíduo e grupo não é decisiva: as *sagas* e as antigas epopeias já estavam centradas em grupos e não apenas em figuras isoladas: "Toda história (*history*) é, como a *saga*, fundamentalmente uma narrativa de acontecimentos nos quais o pensamento e a ação humana desempenham um papel predominante" (p. 69). Mesmo quando a história versa sobre correntes, tendências, "*trends*", é o ato de acompanhar a narrativa que lhes confere uma unidade orgânica. O "*trend*" só se manifesta na sucessão dos acontecimentos que acompanhamos. É uma "qualidade de forma desses acontecimentos particulares" (p. 70). É por isso que: 1) a leitura dessas histórias de historiadores deriva de nossa competência para acompanhar histórias (*stories*); nós as acompanhamos de ponta a ponta; e as acompanhamos à luz do desfecho prometido ou entrevisto na sequência dos acontecimentos contingentes; 2) correlativamente, o tema dessas histórias merece ser contado e seus relatos merecem ser acompanhados, porque esse tema se impõe aos interesses que nos são próprios como seres humanos, por mais afastado que esse tema possa estar de nossos sentimentos do momento. Por essas duas características, "a historiografia é uma espécie do gênero história narrada (*story*)"[41] (p. 66).

Como se nota, Gallie retarda o momento em que será preciso abordar o problema pela outra ponta: por que os historia-

---

41. "*History is a species of the genus story*" (*op. cit.*, p. 66).

dores procuram explicar de um jeito diferente dos contadores das histórias tradicionais, com os quais rompem? E como articular a descontinuidade introduzida pela razão crítica entre a história, por um lado, e a ficção ou as narrativas tradicionais, por outro? É aqui que a noção de *followability* revela uma outra face. Toda história, dissemos, se explica em princípio por si mesma: em outras palavras, toda narrativa responde à pergunta *por quê?* ao mesmo tempo em que responde à pergunta *o quê?*; dizer o que aconteceu é dizer por que aconteceu. Por isso, acompanhar uma história é um processo difícil, penoso, que pode ser interrompido ou bloqueado. Uma história, dissemos ainda, tem de ser aceitável, no final das contas; talvez fosse o caso de dizer: apesar de tudo. Isso, como sabemos desde nossa interpretação de Aristóteles, é verdadeiro para toda narrativa: o "um por causa do outro" nem sempre é fácil de extrair do "um depois do outro". A partir daí, a compreensão narrativa mais elementar já confronta nossas expectativas reguladas por nossos interesses e por nossas simpatias com as razões que, para ganharem sentido, têm de corrigir nossos preconceitos. A descontinuidade crítica se incorpora assim à continuidade narrativa. Percebe-se desse modo de que maneira a fenomenologia aplicada a essa característica que toda história narrada tem de "poder ser acompanhada" é capaz de expansão, a ponto de incluir um momento crítico no próprio cerne do ato básico de acompanhar uma história.

Esse jogo entre expectativas regidas por interesses e razões reguladas pelo entendimento crítico fornece um quadro apropriado para enfrentar os dois problemas especificamente epistemológicos expostos no primeiro capítulo: a mudança de escala das entidades de que trata a história contemporânea, e o recurso a leis, no nível da história científica.

O primeiro problema parece obrigar o narrativista a tomar partido numa querela entre duas escolas de pensamento. Para a primeira, que podemos chamar de "nominalista", as proposições gerais que se referem a entidades coletivas e lhes atribuem predicados de ação (falamos da política do governo, do progresso de uma reforma, de uma mudança de constituição etc.) não têm sentido autônomo; é certo que, tomadas ao pé da letra, essas proposições não se referem às ações identificáveis de indivíduos singulares; em última instância, contudo, uma mudança institucional não passa do resumo de uma grande quantidade de fatos que no fim são individuais. Para a segunda escola de pensamento, que podemos chamar de "realista", as instituições e todos os fenômenos coletivos comparáveis são entidades reais, que têm uma história própria, irredutível aos objetivos, esforços, empresas atribuíveis a indivíduos que agem sozinhos ou de concerto, em seu próprio nome ou em nome de grupos que eles representam; inversamente, para compreender ações imputáveis a indivíduos, é preciso fazer referência aos fatos institucionais nos quais elas são exercidas; e, finalmente, não estamos nem um pouco interessados no que os indivíduos como indivíduos fazem.

Contra toda expectativa, Gallie toma o cuidado de não tomar partido a favor da tese nominalista. O nominalista, com efeito, não explica por que é do interesse do historiador proceder a uma abreviação dos fatos individuais que os subordine à abstração de um fato institucional, nem por que é indiferente enumerar todas as ações e reações individuais para compreender a evolução de uma instituição. O nominalista não percebe o estreito elo entre o uso de abstrações e o caráter eminentemente seletivo do interesse histórico; tampouco percebe que, em grande parte, as ações atribuíveis a indivíduos não são feitas por eles na qualidade de indivíduos, mas na medida em que cumprem um papel institucional; enfim, o nominalista não vê que para entender fenômenos globais tais como "descontentamento social", "instituições econômicas", é preciso recorrer a *"dummy variables"*: a um x qualquer que marque o lugar em potencial de todas as interações ainda inexploradas suscetíveis de ocupar o lugar desse x^{42}. Por tudo isso, o método

---

42. Com sua crítica do nominalismo, Gallie não está longe de coincidir com a assunção dos historiadores da escola dos *Annales*: "Historical understanding therefore is not founded on individual kings – or chaps – but on those changes in a given society which can be seen to make sense in the light of our general knowledge

weberiano dos "tipos ideais" revela-se o mais apropriado para explicar esse gênero de abstração. No entanto, embora a prática do historiador desminta a tese extrema de que só existem as coisas individuais, entre elas pessoas, ela tampouco justifica a tese realista de que toda ação humana implica uma referência tácita a algum fato social ou institucional de caráter geral e está suficientemente explicada depois de explicitada essa referência institucional. A tese nominalista, apesar de sua inadequação epistemológica, designa o objetivo do pensamento histórico, que é o de dar conta de mudanças sociais que nos interessam (porque dependem das ideias, das escolhas, dos lugares, dos esforços, dos sucessos e dos fracassos de homens e mulheres individuais) (p. 84). O realista, no entanto, explica melhor como a história realiza esse objetivo: recorrendo a todo conhecimento disponível que trate da vida em sociedade, desde os truísmos tradicionais até os teoremas e modelos abstratos das ciências sociais.

Longe, portanto, de alinhar a teoria narrativista à tese nominalista, Gallie tende a buscar uma combinação entre a epistemologia implicada pela tese realista e a ontologia fundamentalmente individualista implicada pela tese nominalista. Esse ecletismo seria frágil se não representasse exatamente o que o historiador profissional faz na prática, quando aborda os momentos *cruciais* de sua obra: todo o seu esforço consiste então em determinar do modo mais exato possível como esse ou aquele indivíduo ou grupo de indivíduos adotou, manteve, abandonou ou não conseguiu conservar certos papéis institucionais. Em contrapartida, entre esses momentos cruciais, o historiador se contenta com sumários gerais, formulados em termos institucionais, porque nesses intervalos prevalece o anônimo até que alguma ruptura digna de ser contada venha alterar o

---

of how institutions work, of what can be and what cannot be done by means of them" [Portanto, a compreensão histórica não se baseia em reis – ou semelhantes – tomados individualmente, mas naquelas mudanças numa determinada sociedade que percebemos fazer sentido à luz de nosso conhecimento geral de como as instituições funcionam, do que pode e não pode ser feito por meio delas] (*op. cit.*, p. 83).

curso do fenômeno institucional ou social. É o que ocorre em grande medida na história econômica e social, onde reina o anonimato maciço das forças, das correntes, das estruturas. Mas mesmo essa história, que no limite se escreve sem data nem nome próprio, não deixa de considerar as iniciativas, disposições mentais, a coragem, o desespero, o faro de homens individuais, "ainda que seus nomes tenham em geral sido esquecidos" (p. 87).

Quanto ao segundo problema – o da função das *leis* na explicação histórica –, é importante precaver-se contra uma falsa interpretação do que o historiador espera de suas leis. Não espera delas a eliminação das contingências e sim uma melhor compreensão da contribuição delas para a marcha da história. É por isso que seu problema não é nem deduzir, nem predizer, mas compreender melhor a complexidade dos encadeamentos que, ao se cruzarem, convergiram para a ocorrência de determinado acontecimento. Nisso, o historiador difere do físico; não busca ampliar o campo das generalidades ao preço da redução das contingências. Quer entender melhor o que aconteceu. Existem até terrenos em que são essas contingências que concentram seu interesse, quer se trate dos conflitos entre Estados/nações, das lutas sociais, das descobertas científicas ou das inovações artísticas[43]. O interesse por esses acontecimentos, que eu compararei à *peripéteia* aristotélica, não significa que o historiador ceda ao sensacional: seu problema consiste precisamente em incorporar esses acontecimentos a uma narrativa aceitável, portanto, em inscrever nela a contingência num esquema de conjunto. Esse aspecto é essencial para a *followability* de qualquer fato suscetível de ser narrado.

Desse primado do conceito de *followability* resulta que as explicações, cujas leis o historiador toma emprestado às ciências às quais une sua disciplina, não têm outro efeito senão permitir que acompanhemos melhor uma história quando nossa visão de seu encadeamento se obscurece ou quando nossa ca-

---

43. Gallie (*op. cit.*, p. 98) gosta de citar essas palavras do geral de Gaulle em *Le Fil de l'épée*: "É sobre as contingências que é preciso construir a ação" (ed. 1959, p. 98).

pacidade de aceitar a visão do autor é solicitada até o ponto de ruptura.

Portanto é um erro completo ver nisso formas enfraquecidas de um modelo nomológico forte: elas simplesmente auxiliam nossa capacidade de acompanhar uma história. Nesse sentido, sua função em história é "ancilar" (p. 107).

Semelhante tese seria inaceitável se não soubéssemos que toda narrativa se explica por si mesma, no sentido de que narrar o que aconteceu já é explicar por que aquilo aconteceu. Nesse sentido, a menor história incorpora generalizações, sejam elas de ordem classificatória, causal ou teórica. A partir daí, nada se opõe a que generalizações e explicações cada vez mais complexas e emprestadas de outras ciências venham se inserir e em certa medida se interpolar na narrativa histórica. Portanto, embora toda *narrativa* se explique por si mesma, em outro sentido nenhuma narrativa *histórica* se explica por si mesma. Toda narrativa histórica está em busca da explicação para interpolar, porque não conseguiu explicar-se por si mesma. É preciso, então, colocá-la de volta nos trilhos. Por isso, o critério de uma boa explicação é pragmático: sua função é eminentemente corretiva. A explicação pelas razões de W. Dray satisfazia a esse critério; reconstruímos o cálculo de um agente quando um curso de ação nos surpreende, nos intriga, nos deixa perplexos.

No tocante a isso, a história não faz algo diferente da filologia ou da crítica textual: quando a leitura de um texto consagrado ou a de uma interpretação consagrada aparece como discordante com relação a outros fatos aceitos, o filólogo ou o crítico reordenam os detalhes para tornar o conjunto novamente inteligível. Escrever é reescrever. Para o historiador, tudo o que gera enigma torna-se desafio no que tange aos critérios do que, a seus olhos, faz com que uma história possa ser acompanhada e aceita.

É nesse trabalho de remodelação (*recasting*) das maneiras anteriores de escrever a história que o historiador mais se aproxima da explicação de tipo hempeliano: confrontado com um curso estranho de acontecimentos, construirá o modelo de um curso normal de ação e se perguntará o quanto o comportamento dos atores envolvidos se afasta dele; toda exploração dos possíveis cursos de ação recorre a essas generalizações. O caso mais frequente e mais notável de remodelação é aquele em que um historiador tenta uma explicação que não só não estava acessível aos atores, como difere das explicações oferecidas pelas histórias anteriores, que para ele se tornaram opacas e enigmáticas. Explicar, nesse caso, é justificar a reorientação da atenção histórica, que conduz a uma re-visão geral de todo um curso de história. O grande historiador é aquele que consegue tornar aceitável uma nova maneira de acompanhar a história.

Mas em nenhum caso a explicação excede sua função ancilar e corretiva no que diz respeito à compreensão aplicada à *followability* da narrativa histórica.

Vamos nos indagar, no capítulo III, se essa função "ancilar" da explicação basta para dar conta do *desnível* operado pela investigação histórica com relação às entidades e aos procedimentos da narrativa.

3. O ato configurante

Com Louis O. Mink, aproximamo-nos do argumento principal da concepção "narrativista", segundo o qual as narrativas são *totalidades altamente organizadas*, que exigem um ato específico de compreensão, da natureza do *juízo*. O argumento é ainda mais interessante na medida em que não faz nenhum uso do conceito de intriga em crítica literária. Em contraposição, essa ausência de referência aos recursos estruturais da narrativa de ficção pode explicar uma certa insuficiência da análise de Mink, que discutirei no final desta seção. Resta o fato de que ninguém foi tão longe quanto Mink no reconhecimento do caráter sintético da atividade narrativa.

Já num artigo de 1965[44], os argumentos contrários ao modelo nomológico abrem caminho para uma caracterização da

---

44. Louis O. Mink, "The Autonomy of Historical Understanding", art. citado. Retomado em William Dray, *Philosophical Analysis and History*, Harpel and Row, 1966, pp. 160-92. (Cito essa edição.)

compreensão histórica como ato do juízo, no duplo sentido que a primeira e a terceira *Crítica* kantianas dão a esse termo: a função sintética de "tomar juntamente" e a função reflexiva vinculada a toda operação totalizante. Nesse artigo, Mink passa em revista as principais discordâncias, já sublinhadas por outros, entre as exigências altamente prescritivas do modelo e a compreensão efetiva empregada pela historiografia corrente; mostra que só é possível dar conta dessas discordâncias se a autonomia da compreensão histórica estiver corretamente estabelecida.

Por que os historiadores podem ter a ambição de explicar, se não podem predizer? Porque explicar nem sempre equivale a subsumir fatos a leis. Em história, explicar é muitas vezes operar "coligações", para empregar o termo de Whewell e de Walsh –, o que significa "explicar um acontecimento retraçando suas relações intrínsecas com outros acontecimentos e situá-lo em seu contexto histórico". Esse procedimento é característico ao menos da explicação sequencial. Por que as hipóteses não são falsificáveis em história do modo como o são em ciência? Porque as hipóteses não são o alvo, mas sim referências para delimitar um campo de investigação, guias a serviço de um modo de compreensão que é fundamentalmente o da narrativa interpretativa, que não é nem crônica, nem "ciência". Por que os historiadores costumam recorrer à reconstrução imaginativa? Porque a tarefa de uma visão global consiste em "compreender" [os acontecimentos constituintes] em um ato de juízo que visa antes a apreendê-los juntos do que a passá-los em revista *seriatim*. A partir daí, essa visão global não é nem um "método", nem uma técnica de prova, nem mesmo um simples órganon de descoberta, mas um "tipo de juízo reflexivo" (p. 179). Por que não é possível "destacar" as conclusões de um argumento ou de uma obra de historiador? Porque é a narrativa tomada como um todo que sustenta essas conclusões. E elas são antes exibidas pela ordem narrativa do que demonstradas: "A significação efetiva é fornecida pelo contexto total" (p. 181). A noção de síntese compreensiva, de juízo sinóptico, semelhante à operação que nos permite interpretar uma frase como um todo, passa claramente para o primeiro plano com este argumento: "A lógica de confirmação é aplicável ao se colocar à prova conclusões destacáveis: mas significações integráveis exigem uma teoria do juízo" (p. 186). Por que acontecimentos históricos podem ser únicos e semelhantes a outros? Porque similaridade e unicidade são alternadamente acentuadas em função dos contextos disponíveis. Uma vez mais: a compreensão histórica significa "compreender um acontecimento complexo apreendendo juntos esses acontecimentos em um juízo total e sinóptico que nenhuma técnica analítica pode substituir" (p. 184). Por que os historiadores têm a ambição de se dirigir a um público potencialmente universal e não simplesmente a um fórum científico? Porque o que eles se propõem comunicar é uma espécie de juízo mais próximo da *phrónesis* segundo Aristóteles do que da "ciência": o problema do historiador "torna-se inteligível... se discernirmos nele a tentativa de comunicar a experiência que consiste em ver-as-coisas-juntas no estilo necessariamente narrativo em que uma coisa-vem-depois-da-outra" (p. 188).

A conclusão desse artigo merece ser citada: o historiador "cultiva o hábito especializado de compreender o que transforma amontoados de acontecimentos em encadeamentos e o que sublinha e amplia o alcance do juízo sinóptico na nossa reflexão sobre a experiência" (p. 191). O autor admite de bom grado que essa identificação entre o pensamento histórico e o "juízo sinóptico" deixa abertos os problemas epistemológicos propriamente ditos, tais como "a questão de saber se 'sínteses interpretativas' podem ser logicamente comparadas, se há razões gerais para preferir uma à outra e se estas últimas constituem critérios de objetividade e de verdade histórica" (p. 191). Mas essas questões epistemológicas pressupõem que tenhamos identificado "o que distingue o pensamento histórico elaborado tanto das explicações cotidianas do senso comum como das explicações teóricas da ciência natural" (pp. 191-2).

É principalmente em um artigo de 1968[45] que Mink *especifica* sua própria abordagem, baseando-se na crítica de Gallie.

---

45. "Philosophical Analysis and Historical Understanding", *Review of Metaphysics* 20 (1968), pp. 667-98. Mink reconhece sua dívida para com Morton

A *fenomenologia aplicada à capacidade que uma história tem de ser acompanhada é indiscutível* enquanto estivermos lidando com histórias cujo *desfecho é desconhecido* do ouvinte ou do leitor, como ocorre quando acompanhamos uma partida de um jogo. O conhecimento das regras não nos ajuda em nada a predizer o desfecho. Temos de acompanhar a série de incidentes até sua conclusão. Para uma compreensão fenomenológica, as contingências se resumem a incidentes surpreendentes e inesperados em circunstâncias dadas. Esperamos uma conclusão, mas ignoramos qual desfecho, entre vários possíveis, irá se dar. É por isso que temos de acompanhar do começo ao fim. É também por isso que nossos sentimentos de simpatia ou de hostilidade devem manter o dinamismo do processo todo. Mas, afirma Mink, essa condição de ignorância e, em consequência, a atividade irrefletida que consiste em acompanhar a história não são características dos procedimentos do historiador: "A história não é a escrita, mas a reescrita das histórias" (1967). O leitor, em troca, entrega-se a um "acompanhar reflexivo", que corresponde à situação do historiador recontando ou reescrevendo. A história advém quando *a partida terminou*[46]. Sua tarefa não

---

White, *Foundations of Historical Knowledge* (1965), Arthur Danto, *Analytical Philosophy of History* (1965), e W. B. Gallie, *Philosophy and the Historical Understanding* (1964), sem nenhuma ambiguidade.

46. Esse argumento combina perfeitamente com a análise da "frase narrativa" de Danto em função de uma teoria original da descrição; a história, lembremos, é uma das descrições das ações (ou das paixões) humanas, qual seja, a descrição de acontecimentos anteriores sob a descrição de acontecimentos posteriores desconhecidos dos agentes (ou dos pacientes) da primeira ocorrência. Segundo Mink, há algo mais a dizer no que concerne à compreensão histórica, mas não menos. Há algo mais a dizer na medida em que a redescrição do passado implica técnicas de conhecimento de aquisição recente (econômico, psicanalítico etc.) e sobretudo novas ferramentas de análise conceitual (por exemplo, quando falamos do "proletariado romano"). A partir daí, à assimetria temporal defendida por Danto entre o acontecimento anterior descrito e o acontecimento posterior sob a descrição do qual o primeiro é descrito, deve-se acrescentar a assimetria conceitual entre os sistemas de pensamento acessíveis aos agentes e aqueles introduzidos pelos historiadores posteriores. Essa espécie de redescrição é, como a de Danto, uma descrição *post eventum*. Mas põe a ênfase mais no processo de reconstrução em funcionamento do que na dualidade dos acontecimentos implicada pelas frases narrativas. Desse modo, o "juízo histórico" diz mais que a "frase narrativa".

consiste em acentuar os acidentes, mas em reduzi-los. O historiador não cessa de percorrer pistas recuando: "Não existe contingência na progressão regressiva" (p. 687). É somente quando contamos a história que "nossa marcha para a frente repassa pelo caminho já percorrido para trás"[47]. Isso não quer dizer que, conhecendo o desfecho, o leitor pudesse prevê-lo. Ele acompanha, para "ver" a série dos acontecimentos "como configuração inteligível de relações" (p. 688). Essa inteligibilidade retrospectiva repousa numa construção que nenhuma testemunha poderia ter operado quando os acontecimentos ocorreram, porque essa marcha regressiva era-lhe então inacessível[48].

Mink acrescenta dois comentários: numa fenomenologia que se limita à situação em que uma história é acompanhada pela primeira vez, a função da explicação corre o risco de ser muito pouco sublinhada e se reduzir à arte de preencher lacunas ou afastar as obscuridades que obstruem o fluxo narrativo. A explicação parece menos ancilar e, por conseguinte, menos retórica se a tarefa do historiador consistir em proceder de modo regressivo e se, como dissemos, "não existe contingência quando se procede por via regressiva". "A lógica da explicação deveria ter algo a ver com a fenomenologia da compreensão; a primeira, assim esperamos, deveria servir para corrigir a segunda e a segunda para enriquecer a primeira."[49]

O segundo comentário é mais discutível: "Gallie, diz Mink, quer transferir a abertura e a contingência de nosso *futuro presente* para a narrativa dos acontecimentos passados, porque, segundo ele, não podemos concebê-los senão como tendo sido alguma vez futuros" (p. 688). Assim fazendo, Gallie professa-

---

47. "*We retrace forward what we have already traced backward*" (*op. cit.*, p. 687).
48. Em um artigo de 1970 ("History and Fiction as Modes of Comprehension", *New Literary History*, 1979, pp. 541-58) podemos ler: "... a diferença entre acompanhar uma história e ter acompanhado uma história marca mais que uma diferença acidental entre uma experiência presente e uma experiência passada" (p. 546); o que a lógica da narração reflete é "não o que são as estruturas ou as características genéricas das narrativas, nem o que significa 'acompanhar', mas o que significa 'ter acompanhado uma história'" (*ibid.*).
49. "Philosophical Analysis and Historical Understanding", art. citado, p. 686.

ria uma ontologia errônea do tempo, guiada pelo "princípio de que passado e futuro não são categoricamente diferentes um do outro: o passado consistiria no futuro passado e o futuro no passado futuro" (p. 688). O argumento não parece convincente. Primeiro, não acho que futuros passados e passados futuros sejam categorialmente semelhantes; ao contrário, a ausência de simetria entre eles alimenta o que Mink chama muito corretamente de "o caráter pungente da consciência histórica" (*ibid.*). Depois, o caráter determinado do passado não implica excluir o tipo de mudanças retroativas de significação para as quais Danto chamou a atenção com sucesso. Em terceiro lugar, o processo que consiste em percorrer de novo no sentido progressivo o caminho que já percorremos no sentido regressivo pode perfeitamente reabrir, por assim dizer, o tipo de contingência que uma vez pertenceu ao passado quando ele era presente; pode restituir uma espécie de espanto instruído, graças ao qual as "contingências" recuperam uma parte de seu poder inicial de surpreender. Esse poder pode perfeitamente decorrer do caráter de *ficção* da compreensão histórica, que discutiremos mais tarde. Mais precisamente, pode estar ligado ao aspecto da ficção que Aristóteles caracteriza como a *mímesis* da ação. É no nível das *contingências* iniciais que certos acontecimentos desfrutam do estatuto de terem sido futuros com relação ao curso de ação reconstruído retrospectivamente. Nesse sentido, deve haver um lugar para futuros passados mesmo em uma ontologia do tempo, na medida em que nosso tempo existencial é forjado pelas configurações temporais que a história e a ficção estabelecem juntas. Voltaremos a essa discussão na quarta parte de nossa investigação.

 Prefiro sublinhar o tipo de unilateralidade resultante da substituição da apreensão direta de uma história acompanhada pela primeira vez por uma fenomenologia da apreensão retrospectiva. Mink não corre o risco de abolir, no nível do ato de recontar, aspectos da operação narrativa que contar e recontar na verdade têm em comum, porque remetem à própria estrutura da narrativa: a dialética entre contingência e ordem, entre episódio e configuração, entre discordância e concordância? Através dessa dialética, não é a *temporalidade* específica da narrativa que corre o risco de ser ignorada? O fato é que, nas análises de Louis O. Mink, observa-se uma tendência a despojar de qualquer caráter temporal o próprio ato de "apreender conjuntamente", característico da operação configurante. A recusa em considerar que os acontecimentos narrados foram futuros já fazia prever essa orientação. Ela parece reforçada pela insistência no ato de recontar *a expensas* do de acompanhar uma história pela primeira vez. Um terceiro artigo de Louis O. Mink evidencia claramente esse propósito[50].

O ponto forte desse artigo está em construir o modo *configurante* como um dos três modos da "compreensão" (*comprehension*) *em sentido amplo*, ao lado do modo *teórico* e do modo *categorial*. Segundo o modo teórico, os objetos são "compreendidos" a título de casos ou de exemplos de uma teoria geral: o tipo ideal desse modo está representado pelo sistema de Laplace. Segundo o modo categorial, muitas vezes confundido com o anterior, compreender um objeto é determinar a que tipo de objeto ele remete, que sistema de conceitos *a priori* dá forma a uma experiência que, na sua ausência, ficaria caótica. Foi a essa compreensão categorial que Platão visou e a ela aspiram os filósofos mais sistemáticos. O modo configurante tem como característica própria colocar os elementos em um complexo único e concreto de relações. É o tipo de compreensão que caracteriza a operação narrativa. Mas os três modos têm um propósito comum, que não está menos implícito no modo configurante que nos outros dois modos. A *compreensão em sentido amplo* define-se como o ato de "apreender conjuntamente em um único ato mental coisas que não são experimentadas juntas ou nem podem sê-lo, porque estão separadas no tempo, no espaço ou de um ponto de vista lógico. A capacidade de produzir esse ato é uma condição necessária (embora não suficiente) da compreensão" (p. 547). A compreensão, nesse sentido, não se limita nem ao conhecimento histórico nem a atos temporais. Compreender uma conclusão lógica como resultado de suas premissas é uma espécie de compreensão que não tem

---

50. "History and Fiction as Modes of Comprehension", art. citado.

caráter narrativo: implica, evidentemente, algumas pressuposições temporais, na medida em que o que tentamos pensar junto são as "relações complexas entre partes que só podem ser experimentadas *seriatim*" (p. 548). Mas isso não é mais que uma maneira de repetir depois de Kant que toda experiência se produz no tempo, mesmo aquela que também se produz no espaço, porque temos de "percorrer", "reter", "reconhecer" todos os componentes e todas as etapas da experiência narrada. Em suma, "a compreensão é o ato individual de ver-coisas-juntas e nada mais" (p. 553).

Além disso, a compreensão em sentido amplo apresenta um fato fundamental que tem consideráveis implicações para o modo narrativo de compreensão. Toda compreensão, declarou Mink, tem por ideal, mesmo que esse objetivo esteja fora de seu alcance, apreender o mundo como *totalidade*. Para dizê-lo em outras palavras, o objetivo está fora de alcance porque essa compreensão seria divina, mas está carregado de sentido porque o projeto humano consiste em ocupar o lugar de Deus (p. 549). Essa súbita intrusão de um tema teológico não é de forma nenhuma marginal. Esse alegado objetivo último dos três modos de compreensão procede da transposição, para a epistemologia, da definição que Boèce deu do "conhecimento que Deus tem do mundo como *totum simul* em que os momentos sucessivos do tempo inteiro estão copresentes em uma única percepção, que faria desses momentos sucessivos uma paisagem de acontecimentos"[51] (p. 549).

Mink não hesita em reportar para o modo configurante a intenção da compreensão em *sentido amplo*: "O *totum simul* que Boèce atribui ao conhecimento que Deus tem do mundo seria

---

51. É verdade que Mink matiza de duas maneiras a tese de que é em função desse objetivo ideal que toda compreensão parcial pode ser julgada. Em primeiro lugar, existem diferentes descrições desse objetivo ideal de compreensão: o modelo segundo Laplace, de um mundo que pode ser previsto nos mínimos detalhes, não coincide com a *sinopse* de Platão no livro VII da *República*. Em segundo lugar, essas descrições são extrapolações dos três modos diferentes e mutuamente excludentes de compreensão. Mas essas duas correções não afetam o argumento principal de que o objetivo da compreensão é abolir o caráter da experiência no *totum simul* da compreensão.

certamente (*of course*) o grau mais elevado de compreensão configurante" (p. 551). À luz dessa declaração, a crítica anterior de uma fenomenologia limitada ao ato de acompanhar uma história ganha novo relevo. O que parece recusado à compreensão narrativa, em nome do *totum simul*, é a forma sequencial das histórias que essa fenomenologia conseguira preservar. Pergunto-me se o argumento, plenamente válido, de que a história consiste mais em ter acompanhado que em acompanhar não foi muito longe ou mesmo se enfraqueceu com a tese posterior de que, no ato de compreensão configurante, "ação e acontecimento, embora representados como ocorrendo na ordem do tempo, podem ser percebidos, por assim dizer, com um só olhar como estando ligados em uma ordem de significação – aproximação do *totum simul* que nunca podemos operar senão parcialmente" (p. 554).

Pergunto-me se o que é considerado o grau superior da compreensão configurante não marca antes sua abolição. Para evitar essa consequência desastrosa para a teoria narrativa, não se deveria atribuir uma função inversa à ideia de *totum simul*: qual seja, a função, precisamente, de *limitar* a ambição que a compreensão tem de abolir o caráter *sequencial* do tempo subjacente ao lado episódico da composição da intriga. O *totum simul* deveria, então, ser reconhecido como Ideia no sentido kantiano: ideia-limite, mais que objetivo ou guia. Voltaremos a esse ponto na quarta parte. Por ora, bastará indagar se esse objetivo ideal é de fato a extrapolação apropriada do que está implicado na compreensão *efetiva* das narrativas.

O que é discutível, num nível simplesmente fenomenológico – nível no qual *"ter-acompanhado"* opõe-se com razão a *"acompanhar"* – é a asserção de que "na compreensão de uma narrativa o pensamento da sucessão temporal como tal desaparece – ou, poderíamos dizer, se prolonga como o sorriso do Cheshire Cat*" (p. 554). Recuso-me a crer que "na compreensão configurante de uma história que acompanhamos... a necessidade das referências regressivas elimina (*cancels out*), por

---

* O "Gato Risonho" da obra *Alice no País das Maravilhas* de L. Caroll.

assim dizer, a contingência das referências progressivas" (*ibid.*).
Nenhum dos argumentos propostos é convincente.

O argumento segundo o qual na historiografia corrente a cronologia recua – e com ela a preocupação com a datação – é perfeitamente razoável. Mas continua em aberto a questão de saber até que ponto a superação da mera cronologia implica a abolição de todo modo de temporalidade. De Agostinho a Heidegger, toda a ontologia do tempo visa a extrair do tempo puramente cronológico propriedades *temporais* construídas com base na sucessão, mas irredutíveis tanto à mera sucessão como à cronologia.

O argumento de que a compreensão está completa quando se apreende uma certa ação como a resposta a um acontecimento ("enviar um telegrama" responde a "receber uma oferta") também está correto; mas o nexo entre enviar um telegrama e recebê-lo está garantido por um termo mediador: "aceitar a oferta", que gera uma *mudança* do estado de coisas inicial para o estado de coisas final. Por conseguinte, não temos o direito de generalizar a partir da "resposta", dizendo que "a ação e os acontecimentos de uma história entendida como um todo estão ligados por uma rede de descrições que se sobrepõem umas às outras" (p. 556). A abolição das frases marcadas por tempos verbais, nessa rede de descrições que se sobrepõem, é sinal de que a qualidade narrativa da história desapareceu junto com o elo temporal. Pode-se até dizer que, na retrospecção, todos os incidentes que ocorreram na *história* de Édipo podem ser apreendidos conjuntamente no *retrato* de Édipo. Mas esse retrato é equivalente ao "pensamento" da tragédia de Édipo. Ora, o "pensamento", que Aristóteles denominava *dianoia*, é um aspecto derivado da intriga do mesmo modo que os caracteres.

Resta-nos ver de que maneira uma transferência do conceito de intriga da crítica literária para a epistemologia da história pode aclarar a dialética concreta entre discordância e concordância na narração; dialética da narração narrativa que não foi suficientemente levada em conta numa análise do modo configurante de compreensão que tende a dissolver sua qualidade temporal em nome do objetivo que lhe atribuem de se igualar ao *totum simul* do conhecimento divino.

4. *A explicação por composição da intriga*

Com a obra de Hayden White[52], os processos de composição da intriga que expus acima sob o título de *mímesis* II são pela primeira vez atribuídos à estrutura narrativa da historiografia. Mesmo que não abarquem todo seu campo.
A força das análises de H. White está na lucidez com que ele explicita as pressuposições de suas análises de grandes textos históricos e define o universo de discurso em que essas pressuposições encontram lugar por sua vez.
Primeira pressuposição: ampliando o caminho aberto por Louis O. Mink, White reorganiza a relação entre história e ficção de acordo com linhas diferentes das de uma epistemologia para a qual a problemática da objetividade e da prova é o que determina o critério básico de qualquer classificação dos modos de discurso. Independentemente da pertinência dessa problemática, sobre a qual voltaremos a falar na quarta parte, a primeira pressuposição de uma "poética" do discurso histórico é que *ficção e história pertencem à mesma classe* quanto à estrutura narrativa. Segunda pressuposição: a aproximação entre história e ficção acarreta uma outra entre história e literatura. Essa reviravolta nas classificações usuais exige levar a sério a caracterização da *história como escrita*. "A escrita da história", para retomar um título de Michel de Certeau[53], não é alheia à concepção e à composição da história; não constitui uma operação secundária, que remete apenas à retórica da comunicação e que poderíamos desconsiderar como sendo de ordem simplesmente redacional. É constitutiva do modo histórico de compreensão. A história é intrinsecamente historio-grafia, ou, para dizê-lo de modo

---

52. Hayden White, *Metahistory: The Historical Imagination in Nineteenth-Century Europe*, Baltimore e Londres, The Johns Hopkins University Press, 1973. O autor intitula sua introdução "The Poetics of History" (pp. 1-42).
53. Michel de Certeau, *L'Écriture de l'histoire*, Paris, Gallimard, 1975.

deliberadamente provocativo, um artifício literário[54] (*a literary artifact*). Terceira pressuposição: a fronteira traçada pelos epistemólogos entre a história dos historiadores e a *filosofia da história* também deve voltar a ser questionada na medida em que, por um lado, toda grande obra histórica revela uma visão de conjunto do mundo histórico e em que, por outro, as filosofias da história lançam mão dos mesmos recursos de articulação que as grandes obras históricas. É por isso que, em sua grande obra, *Metahistory* [*Meta-história*], H. White não hesita em colocar no mesmo quadro Michelet, Ranke, Tocqueville, Buckhardt e Hegel, Marx, Nietzsche, Croce.

Essa "poética" da historiografia é chamada por seu autor de *Meta-história*, para distingui-la de uma epistemologia centrada no caráter de "*inquiry*" da história, e portanto fixada em condições de objetividade e de verdade que instauram o corte epistemológico entre a história como ciência e a narrativa tradicional ou mítica.

As três pressuposições que acabamos de enunciar acarretam, com efeito, um deslocamento e uma reclassificação da problemática. A atenção exclusiva dada às condições de "cientificidade" da história é tida por responsável pelo desconhecimento das estruturas que colocam a história no espaço da ficção narrativa. Somente uma meta-história pode ousar considerar as narrativas históricas como *ficções verbais*, próximas, por seu conteúdo e sua forma, de sua contrapartida literária.

---

54. No artigo de 1974 intitulado "The Historical Text as Literary Artifact", *Clio* III/3, 1974, pp. 277-303, reproduzido em *The Writing of History* de Robert A. Canary & Henry Kozicki, 1978, University of Wisconsin Press, H. White define assim um artifício verbal: "*a model of structures and processes that are long past and cannot therefore be subjected to either experimental or objectal controls*" [um modelo de estruturas e processos passados há muito tempo e que por isso não podem ser submetidos a controle nem experimental nem objetal] (*Clio*, p. 278). Nesse sentido, as narrativas históricas são "*verbal fictions, the contents of which are as much invented as found and the forms of which have more in common with their counterparts in literature than they have with those in the sciences*" [ficções verbais cujo conteúdo é inventado tanto quanto é descoberto e cujas formas têm mais em comum com seus equivalentes em literatura do que com seus equivalentes nas ciências] (*ibid.*).

Mais tarde teremos de nos indagar se é possível reclassificar a história assim, como artifício literário, sem desclassificá-la como conhecimento com pretensão científica.

Não se pode negar que esse deslocamento e essa reclassificação da problemática implicam uma transferência para a historiografia de categorias emprestadas da crítica literária. A ironia da situação é que esses empréstimos são feitos de autores que, precisamente, se opuseram a isso. Não esquecemos a firmeza com que Aristóteles exclui a *historia* de sua problemática do *mŷthos*. Para ter uma ideia da dimensão do gesto que infringe o interdito aristotélico, devemos entender as razões deste último. Aristóteles não se limita a constatar que a história é "episódica" demais para satisfazer às exigências da *Poética* (afinal, esse juízo é fácil de revogar, desde a obra de Tucídides). Diz por que a história é episódica: porque relata o que realmente aconteceu; ora, o real, diferentemente do possível que o poeta concebe e que a *peripéteia* ilustra, implica uma contingência que escapa ao controle do poeta. É finalmente pelo fato de este ser o autor de sua intriga que pode afastar-se do real contingente e elevar-se para o possível verossímil. A transferência da história para o círculo da poética não é, portanto, um ato inocente e não pode deixar de ter consequências quanto ao tratamento da contingência real.

A transgressão do interdito aristotélico não encontra menos resistências do lado da crítica literária, da qual, no entanto, a obra de H. White está mais próxima. Para Auerbach, Wayne Booth, Scholes e Kellogg, o imaginário define-se por oposição ao "real" e a história continua a oferecer o modelo do realismo da representação. O cúmulo da ironia é que Northrop Frye, de quem H. White tomou tantas coisas de empréstimo, é um dos guardiões mais vigilantes dessa fronteira: a ficção, segundo ele, concerne ao possível; a história, ao real; retomando Aristóteles, Frye dirá que o poeta opera a partir de (*from*) uma forma de unificação, o historiador em direção a (*towards*) ela[55]. Segun-

---

55. N. Frye, "New Directions from Old", in *Fables of Identity*, Nova York, Harcourt, Brace and World, 1963, p. 55.

do ele, somente filosofias da história como as de Spengler, Toynbee ou H. G. Wells podem parecer pertencer à mesma categoria "poética" que o drama ou a epopeia.

A meta-história segundo White tem, portanto, de quebrar duas resistências: a dos historiadores, que consideram que o corte epistemológico entre a história e a narrativa tradicional e mítica arranca a primeira do círculo da ficção, e a dos críticos literários, para quem a distinção entre o imaginário e o real é uma evidência inquestionável.

Não esgotaremos a discussão neste capítulo: reservamos para a quarta parte os aspectos da ficção verbal que obrigam a retrabalhar a noção de representação do real em história, problema que escolhemos pôr sob o título de *mímesis* III. Portanto, vamos nos manter aqui nos limites da ficção entendida como configuração, no sentido de *mímesis* II. Estou ciente do prejuízo que imponho à obra de H. White ao dividi-la entre suas análises mais formais e aquelas que concernem ao real histórico (a linha divisória passará, pois, entre suas considerações sobre a composição da intriga e aquelas que concernem à prefiguração do campo histórico que ele atribui a uma teoria dos tropos: metáfora, metonímia etc.). Mas esse dano me pareceu compensado pela vantagem de não vincular o destino das análises formais[56], que me parecem mais sólidas, ao da tropologia, que me parece mais frágil.

É importante que a composição da intriga só receba em H. White o tratamento de honra que lhe daremos sob a condição de não identificar totalmente com ela a noção de *"historical narrative"*. O autor toma o cuidado, tanto em *Meta-história* como em seus artigos, de enquadrar a composição da intriga (*emplotment*) entre várias operações, cuja enumeração varia, aliás, de uma obra para outra. Por isso, por preocupação didática, considerarei primeiro tudo o que não é "intriga" (*plot*), a fim de em seguida concentrar nela o essencial de meus comentários.

---

56. "*My method in short is formalist...*" [Meu método, para resumir, é formalista...] (*Metahistory*, p. 3). Veremos em que sentido a teoria do *emplotment* distingue esse formalismo do estruturalismo francês e o aproxima do de Northrop Frye, que discutiremos na terceira parte.

Num artigo de *Clio* (1972)[57], a intriga (*plot*) é situada entre a história narrada (*story*) e o argumento (*argument*). *Story* é tomado aqui em um sentido limitativo – "*telling stories*": no sentido de uma narrativa essencialmente sequencial, com começo, meio e fim. A bem dizer, é mais o conceito de "*story-line*", que traduzo por "o fio da história", que o de *story*, que nos serve de referência. É visível que, desse modo, o autor quer se ver livre do argumento de que história, tal como é escrita hoje, não é mais narrativa: a objeção, segundo ele, só vale se reduzirmos a história (*story*) ao fio da história (*story-line*).

A delimitação entre *story* e *plot*, desconcertante para muitos críticos, parece para H. White ter mais urgência em história do que em crítica literária; porque, em história, os acontecimentos que constituem a linha da história narrada não são produzidos pela imaginação do historiador, mas são submetidos aos procedimentos de prova. Quanto a mim, vejo nesse argumento uma maneira de responder ao interdito de Aristóteles: o preço a pagar por essa libertação é a própria distinção entre *story* e *plot*.

Ora, essa distinção nem sempre é fácil de manter, na medida em que a *story* já é um modo de organização e nisso ela se distingue de uma simples crônica de acontecimentos e se organiza em função de "motivos" ou de "temas" que unificam e delimitam nela subconjuntos[58]. É por isso que a história nar-

---

57. Hayden White, "The Structure of Historical Narrative", *Clio* I (1972), pp. 5-19. Em *Metahistory*, "story" será precedido de "chronicle" e o "modo de argumento" será completado pelo "modo de implicação ideológica".

58. "A organização por motivos é então um aspecto da elaboração da *story*, ela fornece um tipo de explicação, aquele em que Mink pensa quando diz que os historiadores fornecem uma 'compreensão dos acontecimentos' em suas histórias quando os 'configuram'" ("The Structure of Historical Narrative", p. 15). *Metahistory* confirma: "a transformação da crônica em história narrada (*story*) efetua-se pela caracterização de certos acontecimentos contidos na crônica em termos de motivos inaugurais, finais ou de transição" (p. 5). A *story*, por oposição à crônica, é "*motifically encoded*" (codificada em termos de motivos) (p. 6). Não concordo nem um pouco com essa redução do campo do ato configurante segundo Mink à *story*. White crê encontrar uma confirmação dessa correlação entre o ato configurante e a explicação por *story* na distribuição que Mink faz entre compreensão configurante, compreensão categorial e com-

rada já é capaz de um "efeito explicativo". É precisamente para fazer justiça a esse efeito explicativo próprio da *story* que *Metahistory* a distingue da "crônica" que se torna, então, a primeira de todas as articulações do campo histórico. Quanto à noção de "campo histórico" (*Metahistory*, p. 30), que encontraremos em Paul Veyne, ela mesma coloca o problema de uma articulação ainda prévia. Com efeito, do interior da narrativa já organizada, só se pode falar de um *unprocessed historical record* (*Metahistory*, p. 5), ou seja, de um pano de fundo pré-conceitual aberto para os processos de seleção e de arranjo[59].

A composição da intriga (*emplotment*) conserva um efeito explicativo distinto da história narrada (*story*), no sentido de que explica não os *acontecimentos* da história narrada, mas essa *própria história*, identificando a *classe* à qual ela pertence. O fio da história narrada permite identificar uma configuração única, a composição da intriga convida a reconhecer uma classe tradicional de configurações. Essas categorias de intriga em função das quais a própria história, não os acontecimentos da his-

---

preensão teórica. Acredita poder atribuir o modo categorial à explicação por *emplotment* e o modo temático à explicação por argumento ("The Structure of Historical Narrative", p. 18). Além de as duas tripartições – a de Mink e a de White – não poderem ser superpostas, não se faz justiça à análise do ato configurante feita por Mink reduzindo seu campo de aplicação à organização da *story*, com exclusão do *emplotment* e do *argument*. Assim como meu conceito de intriga, o ato configurante de Mink abrange a meu ver os três campos que White distingue. A chave da divergência está, na minha opinião, na redução inversa que White impõe à explicação por composição da intriga, ou seja, a identificação da intriga com um tipo, o da *categoria* de intriga à qual a história narrada pertence. Essa redução me parece arbitrária.

59. Essa regressão da *story* à crônica e depois da crônica ao campo histórico, em *Metahistory*, lembra a regressão que leva Husserl, em sua Fenomenologia genética, das sínteses ativas a sínteses passivas sempre prévias. Em ambos os casos, coloca-se a questão do que precede qualquer síntese ativa ou passiva. Essa questão perturbadora levou Husserl à problemática da *Lebenswelt*. Leva H. White a uma problemática totalmente outra, que remetemos para a quarta parte, ou seja, a articulação tropológica que "prefigura" (*ibid.*) o campo histórico e abre-o para as estruturas narrativas. O conceito de campo histórico não serve, portanto, apenas de limite inferior para a classificação das estruturas narrativas, marca mais fundamentalmente a transição entre o estudo dos "efeitos explicativos" da narrativa e o de sua função "representativa".

tória, é codificada têm afinidade com os "criptogramas relacionais"[60], que, segundo E. H. Gombrich em *Art and Illusion* [*Arte e ilusão*], regulam nossa maneira de "ler" a pintura.

H. White crê escapar dos argumentos antinarrativistas dos partidários de Hempel do seguinte modo: entregando-lhes a organização da história em termos de causas e de leis e subtraindo-lhes a explicação categorial própria da composição da intriga. O preço disso, contudo, é a disjunção entre explicação da história e explicação do acontecimento.

A fronteira entre intriga (*plot*) e *argument* tampouco é fácil de traçar. O argumento designa tudo aquilo em torno do que a história gira (*"the point of it all"* or *"what it all adds up to"*) (*Metahistory*, p. 11), em suma, a tese da narrativa. Aristóteles incluía o argumento na intriga sob o manto da probabilidade e da necessidade da intriga. Pode-se dizer, todavia, que é a historiografia, diferentemente da epopeia, da tragédia, da comédia, que exige essa distinção no nível dos "efeitos explicativos". É precisamente porque a explicação por argumento pode ser distinguida da explicação por composição da intriga que os lógicos inventaram o modelo nomológico. O historiador argumenta de modo formal, explícito, discursivo. Mas o que os partidários do modelo nomológico não viram é que o campo da argumentação é consideravelmente mais vasto que o das leis gerais, emprestadas das ciências conexas já constituídas fora do campo histórico. O historiador tem sua maneira própria de argumentar, que ainda pertence ao terreno narrativo. E esses modos de argumentar são tantos que exigem uma tipologia. Se assim é, é porque cada modo de argumentar exprime ao mesmo tempo uma pressuposição de caráter meta-histórico sobre a própria natureza do campo histórico e sobre o que se pode esperar da explicação em história. Quanto à tipologia, H. White a toma de empréstimo a Stephen Pepper em *World Hypotheses* [Hipóteses mundiais]. Distingue, assim, quatro grandes paradigmas: formista, organicista, mecanicista, contextualista[61]. Gosta

---

60. "The Structure of Historical Narrative", p. 16.
61. Para ler os detalhes dessa construção e sua ilustração pelos grandes historiadores do século XX, cf. *Metahistory*, pp. 13-21 *et passim*.

de destacar que, se os dois primeiros são tidos por mais ortodoxos e os segundos por mais heterodoxos e mais metafísicos (apesar dos mestres do gênero: Ranke e Tocqueville), é porque as pessoas desconhecem o estatuto epistemológico dessas hipóteses globais. Esquecem que "a história não é uma ciência; é, no melhor dos casos, uma protociência que inclui em sua constituição elementos não científicos especificamente determináveis" (*Metahistory*, p. 21).

A bem dizer, a explicação por esses grandes paradigmas confina com a explicação por implicação *ideológica*, que *Metahistory* coloca em quinto lugar entre as estruturas narrativas. H. White distingue este último modo explicativo do precedente pela tomada de posição ética característica de uma maneira particular de escrever a história. As pressuposições do modo precedente versavam, primordialmente, sobre a natureza do campo histórico. Essas pressuposições do modo ideológico versam, primordialmente, sobre a natureza da consciência histórica e, portanto, sobre o vínculo entre a explicação dos fatos passados e a prática presente[62]. É por isso que o modo ideológico de explicação também tem uma estrutura conflituosa, que requer uma tipologia apropriada. Remanejando-a amplamente, H. White toma esta última da classificação das ideologias feita por Karl Mannheim em *Ideologia e utopia*. Postula assim quatro posições ideológicas básicas: anarquismo, conservadorismo, radicalismo e liberalismo. Independentemente da conveniência ou não dessa tipologia para as grandes obras históricas do século XX, cujo exame constitui precisamente o objetivo principal de *Metahistory*, é importante sublinhar que, pela adjunção do modo ideológico, H. White satisfaz a duas exigências distintas, se não opostas. Por um lado, faz-se veraz ao reintroduzir, por inter-

---

62. "Por 'ideologia' entendo um conjunto de prescrições para tomar posição no mundo presente da práxis social e para agir sobre ele... Essas prescrições apoiam-se em argumentos que reivindicam a autoridade da 'ciência' ou do 'realismo'" (*Metahistory*, p. 22). H. White coincide aqui com as tentativas dos filósofos da escola de Frankfurt, seguidos por K. O. Apel e J. Habermas, bem como as de vários antropólogos como Clifford Geertz – e até de certos marxistas como Gramsci e Althusser –, de liberar o conceito de ideologia das conotações puramente pejorativas de que Marx o saturara em *A ideologia alemã*.

médio do conceito pós-marxista de ideologia, componentes do conhecimento histórico que a tradição do *Verstehen*, representada na França por Aron e Marrou, não cessara de sublinhar: a implicação do historiador no trabalho histórico, a consideração dos valores e o vínculo da história com a ação no mundo presente. As preferências ideológicas, que versam em última instância sobre a mudança social, sobre sua amplitude e seu ritmo desejáveis, concernem à meta-história na medida em que são incorporadas à explicação do campo histórico e à construção do modelo verbal mediante o qual a história ordena acontecimentos e processos em narrativas. Por outro lado, ao distinguir argumento e ideologia, o autor marca o lugar da própria crítica da ideologia e submete a ideologia à mesma regra de discussão que o modo de explicação por argumentos formais.

Assim enquadrada pelo fio da história (*story-line*) (nível ele mesmo desdobrado em crônica e cadeia de motivos) e pelo argumento (ele mesmo desdobrado em argumentos formais e em implicações ideológicas), a explicação por *composição da intriga* (*emplotment*) adquire em H. White um sentido estrito e limitativo, que permite dizer ao mesmo tempo que ela não é o todo da estrutura narrativa e que no entanto é seu pivô[63].

---

63. Podemos indagar o que constitui a unidade do narrativo, uma vez que seu domínio parece tão desmembrado. Como sempre, o recurso à etimologia ("The Structure of Historical Narrative", pp. 12-3) não ajuda muito; a *narratio* dos romanos é polissêmica demais e dependente demais de seus contextos próprios; quanto à raiz *na-*, supostamente comum a todos os modos de cognoscibilidade, ela não fornece mais nenhum critério determinante. Bem mais interessante é a seguinte sugestão: por trás de toda aptidão para conhecer, há um conhecedor; por trás de toda narração, um narrador; não seria, pois, pelo lado da voz narrativa que se deveria buscar a unidade e a diversidade dos efeitos explicativos? *"We might say then that a narrative is any literary form in which the voice of the narrator rises against a background of ignorance, incomprehension, or forgetfulness to direct our attention, purposefully, to a segment of experience organized in a particular way"* [Podemos então dizer que uma narrativa é qualquer forma literária na qual a voz do narrador se destaca de um fundo de ignorância, incompreensão ou desatenção para dirigir nossa atenção, intencionalmente, para um segmento de experiência organizado de um modo particular] (*ibid.*, p. 13). Mas então a unidade do gênero narrativo não deve mais ser buscada pelo lado das estruturas narrativas, de seu enunciado, e sim da narração como enunciação. Voltaremos a isso na terceira parte.

Por composição da intriga (*emplotment*) o autor entende bem mais do que a simples combinação entre o aspecto linear da história narrada e o aspecto argumentativo da tese defendida; entende o *tipo* (*kind*) ao qual a história narrada pertence, portanto uma dessas categorias de configuração que aprendemos a distinguir por nossa cultura. Digamos, para esclarecer o problema, que H. White recorre ao tema que desenvolvi longamente na primeira parte sobre o papel dos paradigmas na composição da intriga e sobre a constituição de uma tradição narrativa pelo jogo entre inovação e sedimentação. Mas, enquanto eu caracterizo a composição da intriga por toda a gama de trocas entre paradigmas e histórias singulares, H. White conserva exclusivamente, para sua noção de *emplotment*, a função de categorização deles: o que explica, em contrapartida, que ele remeta à noção de *story* o aspecto puramente linear. A composição da intriga assim concebida constitui um modo de explicação: "A explicação por composição da intriga" (*Metahistory*, pp. 7-11). Explicar, aqui, é fornecer um guia para identificar progressivamente a classe de composição da intriga ("The Structure of Historical Narrative", p. 9). "Consiste em fornecer o sentido de uma história identificando o tipo de história que foi narrada" (*Metahistory*, p. 7). "Um determinado historiador é forçado a compor em uma intriga o conjunto das histórias (*stories*) que compõem sua narrativa numa única forma inclusiva ou *arquetípica*" (*ibid.*, p. 8).

É da *Anatomia da crítica* de Northrop Frye que H. White toma emprestada a tipologia da composição da intriga *romanesca* (*romance*), *trágica*, *cômica* e *satírica*. (O épico é deixado de lado porque a epopeia aparece como a forma implícita da crônica.) O gênero satírico tem uma posição original, na medida em que, segundo Frye, as histórias construídas no modo irônico extraem seu efeito do fato de frustrarem o leitor na espécie de resolução que ele espera de histórias construídas no modo romanesco, cômico ou trágico. A sátira, nesse sentido, opõe-se polarmente ao gênero romanesco – que mostra o triunfo final do herói; mas também se opõe, parcialmente ao menos, ao trágico onde, embora não celebre a transcendência última do homem sobre o mundo decaído, oferece uma reconciliação ao espectador, a quem é dado perceber a lei que governa os destinos; a sátira, por fim, toma igualmente distância da reconciliação dos homens entre si, com a sociedade e com o mundo, que a comédia opera com seu final feliz; a oposição é contudo parcial: pode haver um trágico satírico e um cômico satírico. A sátira parte da inadequação última das visões de mundo dramatizadas pelo romanesco, pelo cômico e pela tragédia.

Que benefício a epistemologia do conhecimento histórico pode tirar dessa distinção entre todos esses "modos de explicação" (e seus "efeitos explicativos" correspondentes) e das três tipologias propostas no nível da intriga, do argumento e da ideologia, respectivamente? Essencialmente, uma teoria do *estilo* historiográfico, se entendermos por estilo uma intersecção notável entre as potencialidades abertas pelas diversas categorias narrativas implicadas (*Metahistory*, pp. 29-31).

Pode-se compor passo a passo essa teoria do estilo, seguindo a ordem de complexidade da combinatória.

Em um primeiro nível, a teoria do estilo joga com a trilogia básica: *story, emplotment, argument*. Assim, no artigo de 1972, a tripartição é ilustrada por três obras: a explicação em função do fio da história (*story-line*) pela obra de Ranke, *Deutsche Geschichte im Zeitalter der Reformation* [História da Alemanha no tempo da Reforma], a explicação em termos de argumento por *De la démocracie en Amérique* [A democracia na América], de Tocqueville, a explicação em termos de intriga por *Die Kultur der Renaissance in Italien* [A Cultura do Renascimento na Itália], de Burckhardt. Cada uma dessas obras comporta, por certo, fio da história, intriga e argumento, mas em proporções variadas. A ordem linear prevalece em Ranke: a história tem um começo, um meio e um fim, que termina antes do presente do leitor. Seu argumento se reduz às mudanças ocorridas na entidade alemã que conserva sua identidade. E a intriga se limita a mostrar "como uma coisa levou a outra" (p. 6). Nesse sentido, tudo é *story* para Ranke, que ilustra o tipo "narrativista" de historiografia. Tocqueville tem também uma *story*, mas aberta na extremidade voltada para nós, sendo que estamos encarregados de lhe dar um fim mediante nossa ação. Poderíamos dizer que tudo o que ele conta não é mais que o "meio" estendido de uma história narrada. Mas a ênfase está posta no tipo de estrutura que liga classes sociais, democracia política, cultura, religião etc. Poderíamos dizer, em contraposição, que em Burckhardt tudo é argumento: a história narrada serve apenas para ilustrar a tese do individualismo no Renascimento.

Insensivelmente, porém, a teoria do estilo histórico passa para um segundo nível, combinando a tripartição história narrada, intriga, argumento com a tipologia da composição da intriga. Se Burckhardt ilustra o primado do argumento sobre a intriga e sobre a história narrada, ilustra também o modo irônico de composição da intriga, pois uma história que não vai para nenhum lugar destrói a expectativa de uma conclusão moral ou intelectual, tal como a teriam forjado os outros paradigmas de composição da intriga: romanesco, cômico ou trágico. Michelet, em contrapartida, constrói sua história no modo romanesco, Ranke no modo cômico, Tocqueville no modo trágico.

Enfim, a teoria do estilo passa para um terceiro nível ao combinar as três tipologias da composição da intriga, da argumentação e da implicação ideológica, respectivamente. Obtém-se assim uma combinatória que dá conta, se não de todas as combinações possíveis, ao menos das "afinidades eletivas" que desenham a rede de compatibilidade de onde emergem estilos historiográficos identificáveis: "Na minha opinião, um estilo historiográfico representa uma *combinação* particular entre modos de composição da intriga, de argumento e de implicação ideológica" (*Metahistory*, p. 29)[64]. Mas seria um grande engano ver em um estilo histórico uma combinação necessária entre modos de explicação. O estilo é, antes, um jogo flexível entre afinidades: "A tensão dialética que caracteriza a obra de todo grande historiador resulta em geral de um esforço para casar um modo de composição da intriga com um modo de ar-

---

64. O autor propõe, em *Metahistory*, p. 29, um quadro das afinidades que regulam sua própria leitura dos quatro grandes historiadores e dos quatro filósofos da história aos quais a obra está principalmente dedicada.

gumento ou de implicação ideológica que é não consoante com ele" (p. 29)[65].

Assim, depois de um longo desvio, voltamos ao nosso tema da consonância dissonante[66]: uma primeira fonte de consonância dissonante procede da oposição entre os três modos que, tomados juntamente, conferem às estruturas narrativas uma função explicativa[67]. Uma outra fonte de consonância dissonante decorre do enfrentamento entre várias maneiras de composição da intriga, não só entre historiadores diferentes, mas também dentro de uma grande obra.

Resumindo, verifica-se que a noção de estrutura narrativa, da qual partimos, abarca um terreno mais amplo do que aquele que os autores "narrativistas" lhe concedem, ao passo que a noção de intriga recebe de sua oposição à de história narrada (*story*) e de argumento uma precisão pouco comum.

Sobretudo, porém, não se deve perder de vista que a tríplice tipologia sobre a qual repousa essa teoria do estilo historiográfico não reivindica nenhuma autoridade "lógica". Os modos de composição da intriga, em particular, são os produtos de uma tradição de escrita que lhes deu a configuração que o historiador aplica. Esse aspecto de tradicionalidade é finalmente o mais importante: o historiador, como escritor, dirige-se a um público capaz de reconhecer as formas tradicionais da arte de narrar. As estruturas, portanto, não são regras inertes.

---

65. A passagem de uma configuração para outra é sempre possível. O mesmo conjunto de acontecimentos pode conduzir a uma história trágica ou cômica, conforme a escolha da estrutura de intriga feita pelo historiador, da mesma maneira que, para uma classe, como diz Marx, "*o 18 Brumário de Napoleão Bonaparte*" pôde ser uma tragédia, mas para uma outra, uma farsa ("The Historical Text as Literary Artifact", art. citado, p. 281).

66. Hayden White expressa, a esse respeito, sua dívida para com Frank Kermode, *The Sense of an Ending*, no final de "Structure and Historical Narrative", p. 20.

67. A teoria dos tropos, sobre a qual nada digo aqui, agrega uma dimensão suplementar ao estilo histórico. Mas não agrega nada à explicação propriamente dita (*Metahistory*, pp. 31-2, e "The Historical Text as Literary Artifact", pp. 286-303 sobre o aspecto mimético da narrativa). Voltarei a isso na quarta parte, no âmbito da discussão sobre as relações entre o imaginário e o real na noção de passado.

Não são classes oriundas de uma taxinomia *a priori*. São as formas de uma herança cultural. Se podemos dizer que nenhum acontecimento é em si trágico e que somente o historiador o faz parecer assim codificando-o de uma certa maneira, é porque a arbitrariedade da codificação é limitada, não pelos acontecimentos narrados, mas pela expectativa do leitor de encontrar formas conhecidas de codificação: "A codificação dos acontecimentos em função de tal ou qual estrutura de intriga é um dos procedimentos de que uma cultura dispõe para conferir um sentido a um passado pessoal ou público" ("The Historical Text as Literary Artifact", p. 283). A codificação rege-se, assim, mais pelos efeitos de sentido esperados que pelo material a codificar.

Esse efeito de sentido consiste essencialmente em tornar familiar o não familiar. A codificação contribui para isso na medida em que o historiador partilha com seu público a inteligência das formas "que situações humanas significativas devem adquirir em virtude da participação do historiador no processo específico de formação do sentido que fazem dele o membro de uma herança cultural e não de outra" (*ibid.*, p. 283)[68].

Assim é restituído, por meio de seu caráter de tradicionalidade, o caráter dinâmico da composição da intriga, mesmo que só seja considerado seu caráter genérico. De resto, esse aspecto é compensado pela continuidade que a noção de *estilo* historiográfico restabelece entre crônica, cadeia de motivos, intriga, argumento e implicação ideológica. Por isso estamos autorizados – um pouco contra H. White, mas muito graças a ele

---

68. Esse papel da tradição na codificação narrativa fornece uma resposta para a objeção de que as três tipologias utilizadas nessa teoria do estilo historiográfico são tomadas de *empréstimo*. Sobre as formas herdadas de codificação deve-se dizer o mesmo que foi dito sobre as leis: o historiador não as estabelece, ele as emprega. É por isso que o reconhecimento de uma forma tradicional pode adquirir em história valor de explicação: White compara, a esse respeito, esse processo de refamiliarização com acontecimentos dos quais o sujeito se desfamiliarizou com o que acontece em psicoterapia ("The Historical Text...", pp. 284-5). A comparação opera nos dois sentidos, na medida em que os acontecimentos com os quais o historiador busca nos familiarizar foram muitas vezes esquecidos devido a seu caráter traumático.

– a considerar a composição da intriga a operação que *dinamiza* todos os níveis da articulação narrativa. A composição da intriga é muito mais que um nível entre outros: é ela que faz a transição entre narrar e explicar.

5. *"Como se escreve a história"*[69]

Pareceu-me interessante voltar, no fim deste capítulo, à historiografia francesa: a obra – isolada na paisagem francesa – de Paul Veyne, *Comment on écrit l'histoire* [*Como se escreve a história*], tem a notável vantagem de juntar um rebaixamento científico da história com uma apologia da noção de intriga. Paul Veyne está, assim, curiosamente situado na confluência das duas correntes de pensamento que acabamos de descrever, embora proceda de Max Weber e não da corrente "narrativista" anglo-saxã e mantenha com o positivismo lógico um vínculo que essa corrente rompeu. Ao colocá-lo, no entanto, nesse cruzamento estratégico, espero acrescentar condimento a uma obra que não carece de tempero.

O livro pode, com efeito, ser lido como um hábil entrecruzamento de dois motivos: a história não é "mais que uma narrativa verídica" (p. 13), a história é uma ciência "sublunar" demais para ser explicada por leis. Diminuir a pretensão explicativa, aumentar a capacidade narrativa: os dois movimentos se equilibram em um incessante jogo de báscula.

Aumentar a capacidade narrativa: o objetivo é atingido se unirmos como convém narrativa e intriga, o que nunca tentaram fazer nem Marc Bloch, nem Lucien Fèbvre, nem Fernand Braudel, nem mesmo Henri-Irénée Marrou, para quem a narrativa é aquela que os próprios atores fariam se ficassem entre-

---

69. Paul Veyne, *Comment on écrit l'histoire*, ampliado de "Foucault révolutionne l'histoire", Paris, Éd. du Seuil, 1971. Um exame mais completo poderá ser encontrado em meu ensaio *The Contribution of French Historiography to the Theory of History*. Cf., ademais, Raymond Aron, "Comment l'historien écrit l'épistémologie: à propos du livre de Paul Veyne", in *Annales*, 1971, n.º 6, nov.-dez., pp. 1319-54.

gues à confusão e à opacidade de seu próprio presente. Mas, precisamente porque a narrativa é construída, ela não faz nada reviver: "A história é uma noção livresca e não um existencial; é a organização pela inteligência de dados que se remetem a uma temporalidade que não é a do *Dasein*" (p. 90); e mais: "A história é uma atividade intelectual que, através das formas literárias consagradas, serve a fins de mera curiosidade" (p. 103). Nada liga essa curiosidade a algum fundamento existencial[70].

Em certo sentido, Veyne chama narrativa ao que Aron e Marrou chamavam de reconstrução. Mas a mudança de terminologia tem sua importância. Ao vincular a compreensão histórica à atividade narrativa, o autor permite levar mais longe a descrição do "Objeto da história" (título de sua primeira parte). Com efeito, se nos ativermos ao caráter intrínseco da noção de acontecimento – ou seja, toda ocorrência individual e não repetível –, nada o qualifica como histórico ou físico: "A verdadeira diferença não se estabelece entre os fatos históricos e os fatos físicos, mas entre a historiografia e a ciência física" (p. 21). Esta subsume fatos em leis, aquela os integra em intrigas. A composição da intriga é o que qualifica um acontecimento como histórico: "Os fatos só existem nas e pelas intrigas, onde ganham a importância relativa que lhes impõe a lógica humana do drama" (p. 70). E ainda: "Pelo fato de todo acontecimento ser tão histórico quanto outro, podemos recortar o campo factual com toda liberdade" (p. 83). Aqui, Veyne vai ao encontro dos autores "narrativistas" de língua inglesa que acabamos de estudar. Um acontecimento histórico não é só o que acontece, mas o que pode ser narrado, ou que já foi narrado em crônicas ou lendas. Além disso, o historiador não ficará constrangido por trabalhar apenas com documentos parciais: só se faz uma intriga com o que se sabe; a intriga é por natureza "conhecimento mutilado".

Ao *vincular* desse modo o *acontecimento à intriga*, Paul Veyne pode desdramatizar a querela entre o factual e o não factual,

---

70. Nem Aron nem sobretudo Marrou cortariam tão firmemente o cordão vital que ainda liga a história à compreensão de outrem, portanto a um certo aspecto do vivido.

inaugurada pela escola dos *Annales*. Tanto a longa duração como a curta são da ordem do factual se a intriga for a única medida do acontecimento. O não factual marca apenas a distância entre o campo indeterminado dos acontecimentos e o terreno já riscado de intrigas: "O não factual são acontecimentos ainda não saudados como tais: história das províncias, das mentalidades, da loucura ou da busca de segurança através dos tempos. Chamaremos portanto de não factual a historicidade de que não temos consciência como tal" (p. 31).

Mais ainda, se definirmos de forma bastante ampla o que conta como intriga, até a história quantitativa entra em sua órbita: há intriga sempre que a história compõe juntos objetivos, causas materiais, acasos: uma intriga é "uma mistura muito humana e muito pouco 'científica' de causas materiais, de fins e de acasos" (p. 46). A ordem cronológica não lhe é essencial. A meu ver, essa definição é perfeitamente compatível com a noção de síntese do heterogêneo proposta em nossa primeira parte.

Enquanto se puder reconhecer essa combinação disparatada, há intriga. Nesse sentido, as séries não cronológicas, as séries por *itens* dos historiadores quantitativistas, continuam sendo do domínio da história devido a seu vínculo, por mais tênue que seja, com a intriga. O vínculo entre intriga e séries de *itens*, que não é claramente explicitado pelo autor, parece-me garantido pela noção tomada de empréstimo a Cournot (à qual Aron remete no começo de seu livro de 1937) de entrecruzamento de séries causais: "O campo dos acontecimentos é um entrecruzamento de séries" (p. 35). Mas será que todo entrecruzamento de séries é uma intriga?

P. Veyne acredita poder estender a noção de intriga até o ponto onde o conceito de tempo não lhe seja indispensável: "Que aconteceria com uma historiografia que terminasse de se libertar dos últimos restos de singularidades, das unidades de tempo e de lugar, para se entregar de corpo e alma exclusivamente à unidade de intriga? É o que veremos ao longo deste livro" (p. 84). O autor quer, desse modo, ir até o fim de uma das possibilidades abertas pela noção aristotélica de intriga que, como vimos, também ignora o tempo, mesmo que implique começo, meio e fim. Essa possibilidade de acronicidade também foi explorada por diversos autores de língua inglesa (cf., acima, Louis O. Mink). Ora, essa possível acronicidade está ligada ao traço fundamental da intriga sobre o qual Aristóteles constrói sua *Poética*, qual seja, a capacidade de ensinar o universal. Vimos, acima, como H. White explora a fundo esse recurso genérico categorial da composição da intriga.

Encontro o mesmo tom em Paul Veyne, quando desenvolve o paradoxo aparente de que a história não tem por objeto o indivíduo, mas o específico. É novamente a noção de intriga que nos desvia de toda defesa da história como ciência do concreto. Inserir um acontecimento em uma intriga é enunciar alguma coisa de inteligível, portanto de específico: "Tudo o que se pode enunciar de um indivíduo possui uma espécie de generalidade" (p. 73). "A história é a descrição do que é específico, ou seja, compreensível, nos acontecimentos humanos" (p. 75). Essa tese coincide com a da descrição por *itens* e com a do entrecruzamento das séries. O indivíduo está num cruzamento de séries de *itens*; com a condição de que um conjunto de *itens* ainda seja uma intriga.

Com esse componente inteligível da intriga, passamos para a outra vertente da obra: diminuir a pretensão explicativa.

Diminuir a pretensão explicativa: Veyne torna-se provocador: *a história, diz ele, tem uma crítica e uma tópica, mas nenhum método*. Nenhum método? Entendamos: nenhuma regra para fazer a síntese dos fatos. Se o campo histórico é, como dissemos, completamente indeterminado, tudo o que nele se encontra realmente ocorreu, mas muitos itinerários podem ser traçados. Quanto à arte de traçá-los, ela depende do gênero histórico, com os diferentes modos como foram concebidos através de todos os séculos.

A única "lógica" compatível com a noção de intriga é uma *lógica do provável*, cujo vocabulário Veyne toma de empréstimo a Aristóteles: a ciência e as leis reinam apenas na ordem supralunar, ao passo que "o sublunar é o reino do provável" (p. 44). É a mesma coisa dizer que a história remete ao sublunar e que procede por intrigas: a história "será sempre intriga porque será humana, sublunar, porque não será um pedaço de determinismo" (p. 46). O probabilismo é um corolário da capacidade que o historiador tem de recortar livremente o campo dos acontecimentos. Mas, como o provável é um caráter da própria intriga, não é possível distinguir entre narrativa, compreensão e explicação: "O que chamam de explicação não é mais que a maneira que a narrativa tem de se organizar numa intriga compreensível" (p. 111). Era de esperar: na ordem do sublunar, não existe explicação no sentido científico da palavra, isto é, no sentido de que uma lei explica um fato: "Explicar, por parte de um historiador, quer dizer 'mostrar o desenrolar da intriga, fazer com que seja compreendido'" (p. 112). A explicação da Revolução "é o *resumo* dela e nada mais" (p. 114). Por isso, a explicação sublunar não se distingue da compreensão. Instantaneamente, *desaparece o problema da relação entre compreensão e explicação* que tanto trabalho dera a Raymond Aron. Quanto à palavra causa, desvinculada da de lei, Veyne a emprega como Maurice Mandelbaum[71]: "As causas são os diversos episódios da intriga" (p. 115); e ainda: "A narrativa é logo de início causal, compreensível" (p. 118). Nesse sentido, "explicar mais é narrar melhor" (p. 119). Essa é a única profundidade que se pode atribuir à história. Se a explicação parece levar mais longe que a compreensão imediata, é porque pode explicitar os fatores da narrativa segundo as três linhas: do acaso, da causa material e da liberdade. "O menor 'fato' histórico comporta esses três elementos se for humano" (p. 121). Isso significa que a história não se explica inteiramente nem por encontros acidentais, nem por causas econômicas, nem por mentalidades, projetos ou ideias; e não existe regra para ordenar esses três aspectos. O que é outro modo de dizer que a história não tem método.

Uma aparente exceção à tese de que, em história, explicar é fazer compreender, está representada pela *retrodição* (pp. 176-209), essa operação indutiva por meio da qual o historiador preenche uma lacuna na sua narrativa pela analogia com um encadeamento semelhante, mas sem falha, em uma outra série. É

---

71. Cf. abaixo, cap. III.

aí que a explicação parece se distinguir mais claramente da compreensão, na medida em que a retrodição coloca em jogo uma explicação causal. Ora, esta parece intervir precisamente quando os documentos não fornecem nenhuma intriga; remonta-se então por retrodição a uma causa presumida (dir-se-á, por exemplo: impostos pesados demais tornaram Luís XIV impopular). Raciocinamos aqui do semelhante ao semelhante, sem garantia de que, numa circunstância particular, a analogia não nos trairá. Lembremos que a causalidade sublunar é irregular, confusa e só vale "geralmente" e "... salvo exceção"! É dentro desses limites estreitos do verossímil que a retrodição compensa as lacunas de nossos documentos. O raciocínio com o qual a retrodição mais se parece é a seriação praticada pelos epigrafistas, pelos filólogos e pelos iconógrafos. O que fornece ao historiador o equivalente da série é a semelhança assegurada pela estabilidade relativa dos costumes, das convenções, dos tipos, de uma civilização ou de uma época para outra. É ela que permite saber de forma geral o que esperar das pessoas de determinada época.

Portanto, a retrodição não faz sair das condições do conhecimento sublunar. Não tem nada em comum com uma lei de subsunção. Está mais próxima da explicação causal no sentido de Dray e de Mandelbaum (voltaremos a isso no próximo capítulo): "A explicação histórica não é nomológica, ela é causal" (p. 201). Afinal, é isso o que diz Aristóteles da intriga: ela faz prevalecer o "um por causa do outro" sobre o "um depois do outro".

Podemos nos indagar, contudo, se a explicação causal e a compreensão por intriga sempre coincidem. Esse ponto não foi seriamente discutido. Quando a ação desenvolve efeitos não intencionais – o que é a situação normal para um historiador, como Danto e Lübbe sublinham com argumentos diferentes –, a explicação parece de fato indicar a derrota da intriga. O autor parece concordar: "Esse intervalo entre a intenção e o efeito é o lugar que reservamos para a ciência, quando escrevemos a história e quando a fazemos" (p. 208). Talvez possamos responder que a intriga, sem coincidir com a perspectiva de um agente, mas exprimindo o "ponto de vista" daquele que a narra – a "voz narrativa", se quiserem –, não ignora os efeitos não desejados.

Devemos agora fazer justiça a duas teses complementares: que a história não tem método, mas tem uma crítica e uma tópica. Que é a *crítica*? Ela não é o equivalente ou o substituto de um método. Como seu nome – kantiano – diz, é antes a vigilância que o historiador exerce no tocante a conceitos que emprega. Com relação a isso, P. Veyne professa um nominalismo sem concessões: "As abstrações não podem ser causas eficientes, pois não existem... Tampouco existem forças de produção, existem apenas homens que produzem" (p. 138). Essa declaração ab-rupta não deve, creio eu, ser separada da tese enunciada acima de que a história não conhece o individual e sim o específico. Acontece que o genérico não é o específico. Aqui, o autor tem em mente algo como os "tipos ideais" de Max Weber dos quais sublinha o caráter heurístico e não explicativo. É porque remetem a uma heurística que o historiador nunca termina de reajustá-los para escapar dos contrassensos que suscitam. Os conceitos em história são antes representações compósitas, extraídas de denominações anteriores e estendidas a título exploratório a casos análogos; mas as continuidades que eles sugerem são enganosas e as genealogias abusivas. Esse é precisamente o regime dos conceitos sublunares, perpetuamente falsos, porque constantemente imprecisos. A vigilância, no tocante a isso, tem de ser particularmente severa quando a história entra, como tem de fazer, na via do comparatismo. Marc Bloch tinha razão, em *La société féodale* [A sociedade feudal], em comparar a servidão na Europa e no Japão. Mas a comparação não leva a descobrir uma realidade mais geral e não dá lugar a uma história mais explicativa. É apenas uma heurística que remete às intrigas particulares: "Que mais fazemos além de compreender intrigas? E não existem dois modos de compreender" (p. 157).

Resta a *tópica*. A história não tem método, mas tem uma crítica e também uma tópica (p. 267). A palavra é emprestada, a exemplo de Vico, da teoria aristotélica dos *tópoi* ou "lugares comuns", ela mesma aparentada com a retórica. Esses lugares comuns, como se sabe, constituem a reserva de perguntas apropriadas de que um orador precisa dispor para falar eficazmente perante uma assembleia ou tribunal. Para que pode servir a tópica em história? Tem uma única função: "*o alongamento do questionário*" (pp. 253 ss.); e o alongamento do questionário é o único progresso de que a história é capaz. Ora, como pode isso se dar, senão por um enriquecimento paralelo dos conceitos? Portanto, é preciso compensar o nominalismo, tão fortemente associado à teoria da compreensão, com uma apologia do progresso conceitual graças ao qual a visão do historiador moderno é mais rica que a de um Tucídides. É certo que Veyne não se contradiz formalmente na medida em que atribui a tópica histórica à heurística, portanto à arte de interrogar; não à explicação, se entendermos por ela a arte de responder às perguntas. Mas será que a tópica permanece contida na heurística e não transborda para a explicação? No caso mais frequente hoje, da história não factual, digamos da história "estrutural" (p. 263), é a tópica que permite ao historiador subtrair-se à ótica de suas fontes e conceituar os acontecimentos de maneira diferente do que teriam feito os agentes históricos ou seus contemporâneos e, portanto, racionalizar a leitura do passado. Veyne o diz, aliás, muito bem: "Essa racionalização se traduz por uma conceituação do mundo vivido, pelo alongamento da tópica" (p. 268).

Aqui, Veyne nos pede que aceitemos juntas duas teses à primeira vista díspares: que não há nada para compreender em história além de *intrigas*; que o alongamento do questionário equivale a uma progressiva *conceituação*. É verdade que o contraste entre as duas teses é menos forte se interpretarmos corretamente ambas as asserções. Por um lado, deve-se admitir que a noção de intriga não está ligada à história factual, que também há intriga na história estrutural; assim ampliada, a compreensão da intriga não só não contradiz, como pede o progresso da conceituação. Por outro lado, deve-se admitir que a conceituação não autoriza nenhuma confusão entre o conhecimento sublunar e uma ciência no sentido forte da palavra. É nesse sentido que a tópica é uma heurística e não muda o caráter fundamental da compreensão, que continua sendo compreensão de intrigas.

Para ser de todo convincente, Paul Veyne deveria explicar como a história pode continuar sendo uma narrativa quando deixa de ser factual e se torna ou estrutural, ou comparativa ou, por fim, quando reagrupa em série *itens* arrancados do *continuum* temporal. Em outras palavras, a questão que o livro de Paul Veyne coloca é saber até onde se pode estender a noção de intriga sem que ela deixe de ser discriminante. Essa questão está endereçada hoje a todos os defensores de uma teoria "narrativista" da história. Os autores de língua inglesa puderam evitá-la, porque seus exemplos são em geral ingênuos e não vão além do nível da história factual. É quando a história deixa de ser factual que a teoria narrativista é efetivamente posta à prova. A força do livro de Paul Veyne foi ter conduzido até esse ponto crítico a ideia de que a história não é mais que construção e compreensão de intrigas.

3. A INTENCIONALIDADE HISTÓRICA

Introdução

O capítulo que se inicia tem a ambição de explorar o vínculo *indireto* que na minha opinião deve ser preservado entre a historiografia e a competência narrativa, tal como esta última foi analisada no terceiro capítulo da primeira parte.

Que esse vínculo deva ser preservado, mas que esse vínculo não possa ser direto, é esse o *balanço* da confrontação entre os dois capítulos anteriores.

As análises do primeiro capítulo impõem a ideia de um *corte epistemológico* entre o conhecimento histórico e a competência para acompanhar uma história. O corte afeta essa competência em três níveis: o dos procedimentos, o das entidades, o da temporalidade.

No nível dos *procedimentos*, a historiografia como investigação – *historia, Forschung, enquiry* – nasce do uso específico que faz da explicação. Ainda que concordemos com W. B. Galbe que a narrativa é "autoexplicativa", a história-ciência destaca da trama da narrativa o processo explicativo e o erige em problemática distinta. Isso não significa que a narrativa ignore a forma do por quê e do porquê, e sim que suas conexões são imanentes à composição da intriga. Com o historiador, a forma explicativa torna-se autônoma; torna-se o tema distinto de um processo de autenticação e de justificação. No que a isso se refere, o historiador está na situação do juiz: é posto numa situação real ou potencial de contestação e tenta provar que determinada explicação é melhor que outra. Busca, portanto, "garantias", a principal das quais é a prova documental. Uma coisa é explicar narrando. Outra é problematizar a própria explicação para submetê-la à discussão e ao juízo de um público, se não universal, ao menos reputado competente e composto em primeiro lugar pelos pares do historiador.

Essa autonomização da explicação histórica com relação aos esboços de explicação imanentes à narrativa tem vários corolários que acentuam sem exceção o corte entre história e narrativa.

Primeiro corolário: ao trabalho de explicação está ligado um trabalho de *conceituação* que alguns até consideram o principal critério da historiografia[1]. Esse problema crítico só pode fazer parte de uma disciplina que, embora não tenha método, segundo Paul Veyne, tem precisamente uma crítica e uma tópica. Não há epistemologia da história que não chegue, num momento ou outro, a tomar partido na grande querela dos universais (históricos) e a refazer trabalhosamente, como os medievais, o vaivém entre o realismo e o nominalismo (Gallie). O narrador não se importa com isso: emprega sem dúvida universais, mas não faz a crítica disso; ignora a questão levantada pelo "alongamento do questionário" (P. Veyne)[2].

Outro corolário do estatuto crítico da história como investigação: sejam quais forem os *limites* da objetividade histórica, há um *problema da objetividade* em história. Segundo Maurice Mandelbaum[3], um juízo é dito "objetivo" "porque consideramos que sua verdade exclui a possibilidade de que sua negação possa ser igualmente veraz" (p. 150). Pretensão sempre desmen-

---

1. Paul Veyne, "L'histoire conceptualisante", in *Faire de l'histoire*, I, organizado por Jacques Le Goff e Pierre Nora, Paris, Gallimard, 1974, pp. 62-92. Cf. acima a menção às longas análises que Marc Bloch dedica ao problema da "nomenclatura" em história (cap. 1, 1).
2. Cf. acima, pp. 287-8.
3. Maurice Mandelbaum, *The Anatomy of Historical Knowledge*, Baltimore e Londres, The John Hopkins University Press, 1977, p. 150.

tida, mas pretensão incluída no próprio projeto de investigação histórica. A objetividade visada tem duas faces: primeiramente, é de esperar que os fatos de que tratam as obras históricas, tomados um a um, se *conectem* entre si à maneira de mapas geográficos, se forem respeitadas as mesmas regras de projeção e de escala, ou então como as facetas de uma mesma pedra preciosa. Embora não faça nenhum sentido pôr um depois do outro ou lado a lado contos, romances, peças de teatro, é legítimo e inelutável indagar-se como a história de tal período se conecta com a de tal outro período, a história da França com a história da Inglaterra etc., ou como a história política ou militar de tal país em tal época se conecta com sua história econômica, com sua história social, cultural etc. Um sonho secreto de cartógrafo ou de diamantista move a empreitada histórica. Ainda que a ideia de história universal continue sendo para sempre uma Ideia no sentido kantiano do termo, uma vez que não pode constituir um geometral no sentido leibniziano do termo, o trabalho de aproximação capaz de associar a essa ideia os resultados concretos obtidos pela investigação individual ou coletiva não é nem inútil nem insensato. A esse anseio de conexão do lado do fato histórico corresponde a esperança de que os resultados obtidos por diferentes pesquisadores possam se acumular, por um efeito de complementaridade e de retificação mútuas. O *credo* da objetividade nada mais é senão essa dupla convicção de que os fatos relatados por histórias diferentes podem se conectar e de que os resultados dessas histórias podem se completar.

Último corolário: precisamente porque a história tem um projeto de objetividade, pode formular como *problema* específico o dos *limites* da objetividade. Essa é uma questão estranha à inocência e à ingenuidade do narrador. Este espera de seu público, segundo as palavras tão frequentemente citadas de Coleridge, que ele "suspenda voluntariamente sua incredulidade" (*a willing suspension of disbelief*). O historiador se dirige a um leitor desconfiado, que espera dele não só que narre, mas que autentique sua narrativa. Nesse sentido, reconhecer entre os modos explicativos da história uma "implicação ideológica" (Hayden

White[4]) é ser capaz de reconhecer uma ideologia como tal, de discerni-la, portanto, dos modos propriamente argumentativos e colocá-la também sob o olhar de uma crítica das ideologias. Esse último corolário poderia ser chamado de *reflexividade crítica* da investigação histórica.

Conceituação, busca de objetividade, redobramento crítico marcam as três etapas da autonomização da explicação em história com relação ao caráter "autoexplicativo" da narrativa.

A essa autonomização da explicação corresponde uma autonomização semelhante das *entidades* que o historiador considera serem seu objeto suficiente. Se, na narrativa tradicional ou mítica, e também na crônica que precede a historiografia, a ação é remetida a agentes que podem ser identificados, designados por um nome próprio, tidos por responsáveis pelas ações narradas, a história-ciência se refere a objetos de um novo tipo, apropriado a seu modo explicativo. Quer se trate de nações, sociedades, civilizações, classes sociais ou mentalidades, a história coloca no lugar do sujeito da ação entidades anônimas no sentido próprio do termo. Esse corte epistemológico no plano das entidades é consumado na escola francesa dos *Annales* com o desaparecimento da história política em benefício da história econômica, social e cultural. O lugar anteriormente ocupado por aqueles heróis da ação histórica que Hegel chamava os grandes homens da história mundial passa a ser ocupado por forças sociais cuja ação não poderia ser imputada de maneira distributiva a agentes individuais. A nova história parece, pois, estar destituída de personagens. Sem personagens, não poderia continuar sendo uma narrativa.

O terceiro corte resulta dos dois anteriores: concerne ao estatuto epistemológico do *tempo histórico*. Este parece não ter relação direta com o da memória, da expectativa e da circunspeção de agentes individuais. Já não parece estar referido ao presente vivo de uma consciência subjetiva. Sua estrutura é exatamente proporcional aos procedimentos e às entidades que a história-ciência utiliza. Por um lado, o tempo histórico pare-

---

4. Cf. acima, pp. 273-4.

ce se resumir a uma sucessão de *intervalos homogêneos*, portadores da explicação causal ou nomológica; por outro, dispersa-se em uma *multiplicidade de tempos* cuja escala se ajusta à das entidades consideradas: tempo curto do acontecimento, tempo semilongo da conjuntura, longa duração das civilizações, duração muito longa dos simbolismos fundadores do estatuto social como tal. Esses "tempos da história", segundo a expressão de Braudel[5], parecem não ter relação discernível com o tempo da ação, com essa "intratemporalidade" sobre a qual dizíamos, com Heidegger, que ela é sempre tempo favorável ou desfavorável, tempo "para" fazer[6].

No entanto, a despeito desse tríplice corte epistemológico, a história não poderia romper todo vínculo com a narrativa sem perder seu caráter histórico. Inversamente, esse vínculo não poderia ser direto a ponto de a história poder ser considerada uma espécie do gênero "story" (Gallie[7]). As duas metades do capítulo II, ao convergirem sem se encontrar, aumentaram a exigência de uma dialética de um novo tipo entre a investigação histórica e a competência narrativa.

Por um lado, a crítica do modelo nomológico com a qual começamos desembocou em uma diversificação da explicação que a torna menos estranha à inteligência narrativa, sem que por isso seja negada a vocação explicativa pela qual a história se mantém no círculo das ciências humanas. Vimos, primeiro, o modelo nomológico se enfraquecer sob a pressão da crítica; ao se enfraquecer, tornou-se menos monolítico, admitindo níveis mais diversificados de cientificidade para as alegadas generalidades, desde as leis dignas desse nome até as generalidades de senso comum que a história compartilha com a linguagem corrente (I. Berlin), passando pelas generalidades de caráter disposicional invocadas por G. Ryle e P. Gardiner[8]. Em seguida, vimos a explicação "por razões" se fazer valer plenamente com as mesmas exigências de conceituação, autentica-

---
5. Cf. acima, pp. 168 ss.
6. Cf. acima, primeira parte, cap. III (*Mímesis* I).
7. Cf. acima, pp. 251-2.
8. Cf. acima, p. 192-3.

ção e vigilância crítica que qualquer outro modo de explicação. Por fim, vimos, com G. H. von Wright, a *explicação* causal se distinguir da *análise* causal, e o tipo de explicação *quase causal* se separar da explicação causal-nomológica e incluir segmentos de explicação teleológica. Por essas três vias, a explicação própria da investigação histórica parece percorrer parte do caminho que a separa da explicação imanente à narrativa.

Ao enfraquecimento e à diversificação dos modelos de explicação propostos pela epistemologia "corresponde", do lado da análise das estruturas narrativas, uma tentativa simétrica de aumentar os recursos explicativos da narrativa e levá-los de certa forma ao encontro do movimento de explicação na direção da narração.

Disse acima que o semissucesso das teorias narrativistas era também um semifracasso. Confessá-lo não deve enfraquecer o reconhecimento do semissucesso. A meu ver, as teses narrativistas têm razão fundamentalmente em dois pontos.

Primeira conclusão: os narrativistas demonstram com sucesso que *narrar já é explicar*. O *"di'állela"* – o "um pelo outro" que, segundo Aristóteles, constitui a conexão lógica da intriga – passa a ser o ponto de partida obrigatório de qualquer discussão sobre a narração histórica. Essa tese básica tem muitos corolários. Se, em virtude da própria operação de composição da intriga, toda narrativa põe em ação uma conexão causal, essa construção já é uma vitória sobre a simples cronologia e torna possível a distinção entre a história e a crônica. Além disso, se a construção da intriga é obra de juízo, ela liga a narração a um narrador e portanto permite que o "ponto de vista" deste último se dissocie da compreensão que os agentes ou os personagens da história possam ter tido de sua contribuição para a progressão da intriga; contrariando a objeção clássica, a narrativa não está de forma nenhuma ligada à perspectiva confusa e limitada dos agentes e das testemunhas imediatas dos acontecimentos; ao contrário, a tomada de distância, constitutiva do "ponto de vista", torna possível a passagem do narrador para o historiador (Scholes e Kellogg[9]). Por fim, se a composi-

---

9. Cf. abaixo, terceira parte.

ção da intriga integra numa unidade significativa componentes tão heterogêneos como as circunstâncias, os cálculos, as ações, as ajudas e os obstáculos e finalmente os resultados, então é igualmente possível que a história leve em conta os resultados não desejados da ação e produza descrições da ação distintas de sua descrição em termos simplesmente intencionais (Danto[10]).

Segunda conclusão: as teses narrativistas respondem a uma diversificação e a uma hierarquização dos modelos explicativos com uma *diversificação* e uma *hierarquização* comparáveis dos *recursos explicativos da narrativa*. Vimos a estrutura da frase narrativa se adaptar a um certo tipo de narrativa histórica baseado em uma datação documentada (Danto). Assistimos em seguida a uma certa diversificação do ato configurante (Mink[11]); vimos, com o mesmo autor, como a explicação configurante torna-se ela mesma uma modalidade explicativa entre outras, em ligação com a explicação categorial e a explicação teorética. Finalmente, com H. White[12], num primeiro tempo, o "efeito explicativo" característico da composição da intriga se situa a meio caminho entre o da argumentação e o do fio da história (*story-line*), a tal ponto que o que ocorre aqui não é mais apenas uma diversificação, mas uma desagregação da função narrativa. Num segundo tempo, a explicação por composição da intriga, já dissociada da explicação inerente à história narrada, entra em uma nova configuração explicativa ao se juntar à explicação por argumento e à explicação por implicação ideológica. A reorganização das estruturas narrativas equivale, então, a uma condenação das teses "narrativistas", novamente associadas ao nível inferior do fio da história.

Assim, um destino comparável ao do modelo nomológico apoderou-se da tese narrativista simples: para alcançar o plano da explicação propriamente histórica, o modelo narrativista diversificou-se a ponto de se desintegrar.

Essa aventura conduz ao limiar da principal dificuldade: uma tese narrativista, refinada a ponto de se tornar antinarra-

---

10. Cf. acima, p. 238.
11. Cf. acima, pp. 263-4.
12. Cf. acima, pp. 270-1.

tivista, tinha alguma chance de substituir o modelo explicativo? É preciso responder francamente que não. *Subsiste uma distância* entre a explicação narrativa e a explicação histórica, que é *a própria investigação*. Essa distância exclui a possibilidade de considerar, como Gallie, a história como uma espécie do gênero "*story*".

No entanto, os índices cruzados de uma convergência entre o movimento mediante o qual o modelo explicativo tende para a narração e o movimento mediante o qual as estruturas narrativas apontam para a explicação histórica são prova da realidade do problema para o qual a tese narrativista dá uma resposta curta demais.

A solução do problema remete ao que podemos chamar de método de questionamento regressivo*. Esse método, praticado por Husserl em *Krisis*, pertence a uma fenomenologia genética, não no sentido de uma gênese psicológica, mas de uma gênese de sentido. As questões que Husserl levantava a respeito da ciência galileana e newtoniana, nós as levantamos a respeito das ciências históricas. Vamos nos interrogar sobre o que passarei a chamar de *intencionalidade do conhecimento histórico* ou, por abreviação, de *intencionalidade histórica*. Entendo por isso o *sentido da perspectiva noética* que constitui a qualidade histórica da história e a protege de se dissolver nos saberes aos quais a historiografia vem se juntar por seu casamento de interesse com a economia, a geografia, a demografia, a etnologia, a sociologia das mentalidades e das ideologias.

A vantagem que podemos ter sobre Husserl em sua investigação do "mundo da vida" ao qual remete, na sua opinião, a ciência galileana é que o questionamento retrospectivo aplicado ao saber historiográfico remete a um mundo cultural já estruturado e não a uma vivência imediata. Remete a um mundo da ação já configurado por uma atividade narrativa, anterior quanto ao sentido à historiografia científica.

Essa atividade narrativa, com efeito, já tem sua dialética própria, que a faz percorrer estágios sucessivos da *mimésis*, desde

---

* No original, "questionnement à rebours", ou "question en retour", foi a tradução dada por Derrida para a *Rückfrage* de Husserl. (N. da T.)

as prefigurações inerentes à ordem da ação, através das configurações constitutivas da composição da intriga – no sentido amplo do *mŷthos* aristotélico –, até as refigurações suscitadas pela colisão entre o mundo do texto e o mundo da vida. A partir daí, minha hipótese de trabalho fica mais precisa: proponho-me explorar por quais vias *indiretas o paradoxo do conhecimento histórico* (no qual desembocam os dois capítulos anteriores) *transpõe para um grau superior de complexidade o paradoxo constitutivo da operação de configuração narrativa*. Em virtude de sua posição mediana entre o antes e o depois do texto poético, a operação narrativa já apresenta os aspectos opostos cujo contraste o conhecimento histórico incrementa: por um lado, nasce da ruptura que abre o reino da fábula e o cinde da ordem da ação efetiva; por outro, remete à compreensão imanente à ordem da ação e às estruturas pré-narrativas da ação efetiva[13].

A questão é portanto a seguinte: por quais mediações o conhecimento histórico consegue transpor para a sua ordem própria a constituição dupla da operação configurante da narrativa? Ou seja: por quais derivações indiretas o tríplice corte epistemológico que faz da história uma investigação procede do corte instaurado pela operação configurante no plano de *mímesis* II – e continua no entanto a visar obliquamente a ordem da ação, segundo seus recursos próprios de inteligibilidade, de simbolização e de organização pré-narrativa no plano de *mímesis* I?

A tarefa é ainda mais árdua na medida em que a conquista da autonomia científica da história parece ter por corolário, se não por condição, um *esquecimento* premeditado de sua derivação indireta a partir da atividade de configuração narrativa e de sua remissão, através das formas cada vez mais afastadas da base narrativa, ao campo práxico e a seus recursos pré-narrativos. Esse aspecto assemelha, uma vez mais, minha empresa à de Husserl em *Krisis*: também a ciência galileana rompeu

---

13. Reservo para a quarta parte a outra vertente do paradoxo: o retorno da composição narrativa à ordem da ação, a qual contém em germe o problema clássico da relação entre a história, ciência do passado, e a ação presente, principalmente política, aberta para o futuro.

suas amarras com o mundo pré-científico, a ponto de tornar quase impossível a reativação das sínteses ativas e passivas constitutivas do "mundo da vida". Nossa investigação, contudo, pode ter uma segunda vantagem com relação às empresas husserlianas de fenomenologia genética, essencialmente orientadas para a "constituição da coisa" através do fenômeno perceptivo: a vantagem de encontrar, no próprio conhecimento histórico, uma série de *passagens* para o questionamento regressivo. Nesse sentido, o esquecimento da derivação nunca é tão completo que ela não possa ser reconstruída com alguma certeza e algum rigor.

Essa reconstrução seguirá a ordem na qual apresentamos acima as modalidades do corte epistemológico: autonomia dos *procedimentos* explicativos, autonomia das *entidades* de referência, autonomia do *tempo* – ou antes, dos *tempos* – da história.

Começando pelos *procedimentos* explicativos, gostaria de retomar, estimulado pelas análises de von Wright, a questão controvertida da *causalidade* em história, mais precisamente da atribuição ou da *imputação causal singular*: não mais para opô-la, num espírito polêmico, à explicação por leis, mas, ao contrário, para discernir nela a estrutura de *transição* entre a explicação por leis, geralmente identificada à explicação pura e simples, e a explicação por composição da intriga, geralmente identificada à compreensão. Nesse sentido, a imputação causal singular não constitui uma explicação entre outras, mas o nexo de qualquer explicação em história. Nesse sentido, constitui a *mediação* buscada entre os pólos opostos da explicação e da compreensão, para conservar um vocabulário agora caduco; ou melhor, entre a explicação nomológica e a explicação por composição da intriga. A afinidade preservada entre a imputação causal singular e a composição da intriga autorizará a falar da primeira, por transferência analógica, em termos de *quase intriga*.

Continuando com as *entidades* introduzidas pelo discurso histórico, gostaria de mostrar que elas não pertencem todas à mesma categoria, mas podem ser ordenadas segundo uma hierarquia precisa. A história, a meu ver, continua histórica na medida em que todos os seus objetos remetem a *entidades de primeira ordem* – povos, nações, civilizações – que trazem a marca indelével do pertencimento participativo dos agentes concretos oriundos da esfera prática e narrativa. Essas entidades de primeira ordem servem de *objeto transicional* entre todos os artefatos produzidos pela historiografia e os personagens de uma narrativa possível. Constituem *quase personagens*, capazes de guiar a remissão intencional do nível da história-ciência ao nível da narrativa e, através desta, aos agentes da ação efetiva. Entre a passagem pela imputação causal singular e aquela pelas entidades de primeira ordem – entre o nexo da explicação e o objeto transicional da descrição –, há uma intensa troca. A distinção entre as duas linhas de derivação – derivação dos procedimentos, derivação das entidades – tem, no tocante a isso, um caráter simplesmente didático, já que ambas as linhas estão muito imbricadas. Contudo, é importante mantê-las distintas para melhor compreender sua complementaridade e, por assim dizer, sua gênese recíproca. A remissão às entidades primeiras, que chamo de pertencimento participativo, se dá principalmente pelo canal da imputação causal singular. Reciprocamente, a perspectiva que atravessa a imputação causal é guiada pelo interesse que o historiador conserva pela contribuição dos agentes históricos ao seu destino, mesmo quando este lhes escapa em decorrência dos efeitos perversos que, precisamente, distinguem o conhecimento histórico da mera compreensão do sentido imanente da ação. Assim, quase intriga e quase personagens pertencem ao mesmo plano intermediário e têm uma função similar de passagem no movimento da pergunta retrospectiva da historiografia para a narrativa e, para além da narrativa, para a prática efetiva.

Uma última colocação à prova de minha hipótese de trabalho concernente à intencionalidade histórica impõe-se de modo evidente: concerne ao estatuto epistemológico do *tempo histórico* com relação à temporalidade da narrativa. Nossa pesquisa sobre a historiografia deverá avançar até esse ponto se quiser permanecer fiel ao principal objetivo desta obra: narratividade e temporalidade. É importante mostrar duas coisas: por um lado, que o tempo construído pelo historiador é *construído* no segundo, no terceiro, no enésimo nível, *sobre* a temporalidade construída, cuja teoria elaboramos na primeira parte com o título de *mímesis* II; por outro lado, que esse tempo construído, por mais artificial que seja, não cessa de *remeter à* temporalidade práxica de *mímesis* I. Construído sobre..., remetendo a...: essas duas relações imbricadas são também aquelas que caracterizam os procedimentos e as entidades edificadas pela historiografia. O paralelismo com as duas outras mediações vai ainda mais longe. Assim como busco na causalidade histórica e nas entidades de primeiro nível as passagens capazes de guiar a remissão das estruturas do conhecimento histórico ao trabalho de configuração narrativa, que remete ele mesmo às prefigurações narrativas do campo práxico – gostaria de mostrar de maneira similar, no *destino do acontecimento histórico*, o índice da distância crescente do tempo histórico com relação ao tempo da narrativa e ao tempo vivido *e, ao mesmo tempo*, o índice da remissão inextinguível do tempo histórico ao tempo da ação através do tempo da narrativa.

Nesses três registros sucessivos, iremos recorrer apenas ao testemunho da historiografia, quando esta leva até o fim a reflexão crítica sobre si mesma.

1. *A imputação causal singular*

A imputação causal singular é o procedimento explicativo que faz transição entre a causalidade narrativa – a estrutura do "um pelo outro" que Aristóteles distinguia do "um depois do outro" – e a causalidade explicativa que, no modelo nomológico, não se distingue da explicação por leis.

A busca dessa transição encontra apoio nas análises de W. Dray e de H. von Wright expostas no começo do capítulo precedente. O primeiro nos familiarizou com a tese de que a análise causal de um curso particular de acontecimentos não se reduz a aplicar uma lei causal. A dupla prova, indutiva e pragmática, por meio da qual são verificadas as qualificações desse ou daquele candidato à função de causa não está longe da lógica de imputação causal de Max Weber e Raymond Aron. Mas falta uma conexão entre a teoria da análise causal e a da análise por razões. Essa ligação é realizada por H. von Wright na sua análise da explicação quase causal. A explicação por razões é identificada aos segmentos de inferência teleológica encadeados nesse tipo específico de explicação. Ora, a inferência teleológica repousa, por sua vez, na compreensão prévia que temos da intencionalidade da ação. E esta, do mesmo modo, remete à familiaridade que temos com a estrutura lógica do fazer alguma coisa (fazer acontecer alguma coisa, fazer com que alguma coisa aconteça). Ora, fazer acontecer alguma coisa é intervir num curso de acontecimentos, pondo em movimento um sistema e garantindo assim seu fechamento. Por essa série de encaixes – inferência teleológica, compreensão intencional, intervenção prática –, a explicação *quase causal* que, como explicação causal, só se aplica às ocorrências individuais de fenômenos genéricos (acontecimentos, processos, estados) remete em última instância ao que agora designaremos pelo termo de *imputação causal singular*.

A exposição mais precisa da lógica de imputação causal singular pode ser lida no estudo crítico que Max Weber dedicou à obra de Edouard Meyer, *Zur Theorie und Methodik der Geschichte* [Sobre teoria e metodologia da história] (Halle, 1901)[14], ao qual devemos acrescentar os desenvolvimentos, decisivos para nossa investigação, de Raymond Aron na terceira seção de sua *Introduction à la philosophie de l'histoire*[15]. Essa lógica consiste

---

14. "Études critiques pour servir à la logique des sciences de la 'culture'", *Archiv für Sozialwissenschaft und Sozialpolitik*, t. XXII, retomado em *Ges. Aufsätze zur Wissenschaftslehre*, 2.ª ed., Tübingen, Mohr, 1951; trad. fr., Julien Freund, in *Essais sur la théorie de la science*, Paris, Plon, 1965, pp. 215-323.

15. O lugar que R. Aron atribui à causalidade histórica é significativo. Gaston Fessard, em *La Philosophie historique de Raymond Aron*, Julliard, 1980, nos sensibiliza para a ordem das razões na *Introduction*... , por meio de uma comparação ousada com os "Exercícios espirituais" de Inácio de Loyola (cf. em particular as pp. 55-86 dedicadas à reconstrução das etapas e do movimento da *Introduction*...). A análise da causalidade histórica segue-se imediatamente à teoria da compreensão à qual é dedicada a segunda seção, sendo que a conclusão da segunda seção versa sobre "os limites da compreensão" (pp. 153-6). Colocada no começo da terceira seção, intitulada "O determinismo histórico e o pensamento causal", inaugura uma pesquisa conduzida em três etapas, colocadas sucessivamente sob o signo do juiz, do cientista e do filósofo. A primeira é dedicada à "causalidade de uma consecução única", a segunda às "regularida-

essencialmente na construção *pela imaginação* de um curso diferente de acontecimentos, seguida da avaliação das prováveis consequências desse acontecimento real, e por fim na *comparação* dessas consequências com o curso real dos acontecimentos. "Para esclarecer as relações causais reais (*wirkliche*), construímos outras irreais (*unwirkliche*)" (Max Weber, *op. cit.*, p. 287). E Aron: "*Todo historiador, para explicar o que aconteceu, se pergunta o que poderia ter acontecido*" (p. 164).

É essa construção imaginária probabilística que apresenta uma dupla afinidade, por um lado com a composição da intriga, que também é uma construção imaginária provável, e por outro com a explicação segundo leis.

Acompanhemos um pouco mais de perto a argumentação de Max Weber[16].

Consideremos, por exemplo, a decisão de Bismarck de iniciar a guerra contra o Império Austro-Húngaro em 1866: "Não há nada de 'inútil' – observa Max Weber – em levantar a pergunta: *que teria acontecido* se Bismarck não tivesse tomado a decisão de fazer a guerra?" (p. 266). Compreendamos bem a pergunta. Consiste em indagar: "Que *significação* causal deve-se, no fundo, atribuir a essa decisão individual dentro da totalidade dos elementos infinitamente numerosos que tinham de ser organizados precisamente dessa maneira e não de outra para levar

---

des e às leis", a terceira à "estrutura do determinismo histórico" (p. 160). Essa última etapa conduz por sua vez ao início da quarta parte propriamente filosófica: "História e Verdade". A pesquisa sobre a causalidade está assim duplamente delimitada, primeiro pelo lugar da terceira seção na economia de conjunto da obra e depois pelo lugar, dentro da terceira seção, da causalidade histórica com relação à causalidade sociológica e às supostas leis da história. Não se poderia sublinhar melhor o papel de transição atribuído à causalidade histórica entre a compreensão, que tem todas as características da inteligência narrativa, e a causalidade sociológica, que tem todas as características da explicação nomológica.

16. Pode ser lida na segunda parte do ensaio de Max Weber com o título: "Possibilidade objetiva e causalidade adequada em história" (pp. 266-323). Voltaremos mais adiante a tratar da primeira parte do ensaio. Raymond Aron começa seu próprio estudo com uma exposição do "esquema lógico" do argumento que ele denomina "probabilidade retrospectiva" (pp. 163-9). Veremos o que Aron agrega à análise propriamente lógica.

a esse resultado, e qual o lugar dessa decisão na exposição histórica?" (*ibid*.). É a cláusula "dessa maneira e não de outra" que marca a entrada em cena da imaginação. O raciocínio, a partir desse momento, move-se entre condicionais irreais passados. Mas a história só se transporta para o irreal para melhor discernir o necessário. A pergunta passa a ser: "Que consequências *dever-se-ia* 'esperar' se uma outra decisão tivesse sido tomada?" (p. 267). Intervém então a exploração dos encadeamentos prováveis ou necessários. Se o historiador puder afirmar que, modificando ou omitindo em pensamento um acontecimento singular em um complexo de condições históricas, seguir-se-ia um desenvolvimento diferente de acontecimentos "concernentes a certas relações históricas desse acontecimento", então o historiador pode formular o juízo de imputação causal que decide sobre a significação histórica do acontecimento em questão.

É esse raciocínio que, a meu ver, está voltado para dois lados: para a composição da intriga por uma parte, para a explicação científica por outra.

A bem dizer, nada no texto de Max Weber indica que o autor tenha percebido a primeira conexão. Somos nós que temos de estabelecê-la, com os recursos contemporâneos da narratologia. Mas duas observações de Max Weber vão nesse sentido. O historiador, diz ele para começar, está e não está na posição do próprio agente que, antes de agir, avalia os meios possíveis de agir, tendo tais fins e tais meios à sua disposição. A pergunta que formulamos é uma pergunta que Bismarck poderia ter feito, com a diferença de que conhecemos seu resultado; é por isso que a formulamos "com chances mais favoráveis" (p. 267) que o herói. A expressão "chances mais favoráveis" anuncia sem dúvida a lógica da probabilidade que evocaremos mais adiante; mas acaso não remete primeiro a esse extraordinário laboratório do provável que são os paradigmas da composição da intriga? Max Weber nota também que o historiador se parece com o criminalista e difere dele: ao inquirir sobre a culpa, este também inquire sobre a causalidade; mas à imputação causal acrescenta a imputação ética; ora, que é a imputação causal despojada da imputação ética, senão a experimentação de esquemas alternativos de intrigas? Mas a imputação causal remete em todos os seus estágios à explicação científica. Em primeiro lugar, a explicação supõe uma análise fina em fatores, visando à "seleção dos elos de causalidade a serem recolhidos na exposição histórica" (p. 269, n. 1). É certo que esse "isolamento em pensamento" é orientado por nossa curiosidade histórica, ou seja, por nosso interesse por uma certa classe de resultados. É esse um dos sentidos do termo importância: no assassinato de César, o historiador só se interessa pelas consequências do acontecimento importantes para o desenvolvimento da história do mundo, que ele considera como sendo o mais significativo. Mas uma discussão que se enredasse novamente na querela da subjetividade e da objetividade em história passaria ao largo do caráter altamente intelectual da operação abstrativa que precede a possibilitação. Em segundo lugar, modificar em pensamento, em um sentido determinado, tal ou qual fator previamente isolado é construir cursos alternativos de acontecimentos entre os quais o acontecimento cuja importância estamos avaliando é decisivo. É então a avaliação das consequências do acontecimento supostamente suprimido que dá sua estrutura lógica ao argumento causal. Ora, como construir as consequências que deveriam ser esperadas da suposta supressão de um fator, senão inserindo no raciocínio aquilo que Max Weber chama de "regras da experiência" (p. 276), isto é, em última instância, um saber que somos obrigados a chamar "nomológico" (p. 277)? É certo que essas regras da experiência geralmente não vão além do nível de um saber disposicional, como diriam G. Ryle e P. Gardiner: Max Weber tem especificamente em vista as regras "concernentes à maneira como os homens costumam reagir a situações dadas" (*ibid.*). No entanto, elas bastam para mostrar como leis podem ser, como dissemos acima, empregadas em história, mesmo não tendo sido estabelecidas pela história.

Contudo, esses dois primeiros aspectos: análise em fatores, recurso a regras da experiência, não são de todo alheios à "lógica" narrativa, sobretudo se a deslocarmos da superfície do texto para sua gramática profunda, como veremos na terceira parte. A verdadeira marca da cientificidade de que é capaz uma construção, irreal e ao mesmo tempo necessária, resulta da aplicação, à avaliação comparada das causas, *da teoria da "possibilidade objetiva"* que Max Weber toma de empréstimo ao fisiologista von Kries[17]. É esse terceiro aspecto que marca a verdadeira distância entre a explicação pela narrativa e a explicação por imputação causal.

A teoria em questão visa essencialmente alçar as construções irreais à categoria do juízo de possibilidade objetiva que dota os diversos fatores de causalidade de um índice de *probabilidade relativa*, permitindo assim situar esses fatores numa mesma *escala*, embora as gradações às quais esse juízo dá lugar não possam ser quantificadas como naquilo que, em sentido estrito, é chamado de "cálculo das probabilidades". Essa ideia de uma causalidade graduada dá à imputação causal uma precisão que a probabilidade invocada por Aristóteles em sua teoria da intriga ignora. Os graus de probabilidade ocupam assim uma escala que vai de um patamar inferior, aquele que define a *causalidade acidental* (como, por exemplo, entre o movimento da mão que joga dados e um certo número que sai) e um patamar superior, que define, nas palavras de von Kries, a *causalidade adequada* (como no caso da decisão de Bismark). Entre esses dois extremos, pode-se falar da influência mais ou menos favorável de um certo fator. O perigo está evidentemente em que, por um antropomorfismo insidioso, materializemos os graus de probabilidade relativa atribuídos às causas que nosso raciocínio coloca frente a frente sob forma de tendências antagônicas lutando pela transformação da possibilidade em realidade. A linguagem corrente leva a isso quando nos faz dizer que tal acontecimento favoreceu ou contrariou o surgimento de tal outro acontecimento. Para dissipar esse mal-entendido, basta lembrar que os possíveis são relações causais irreais que construímos por meio do pensamento, e que a objetividade das "chances" pertence ao juízo de possibilidade.

---

17. Cf. as longas notas de rodapé (p. 269) sobre o uso que von Kries faz do argumento probabilista e sua transposição para o plano da criminologia e da jurisprudência.

É somente ao final dessa colocação à prova que um fator recebe o estatuto de causa suficiente. Esse estatuto é objetivo, no sentido de que o argumento não decorre de uma mera psicologia da descoberta das hipóteses mas, seja qual for a genialidade do grande historiador, que não tem de ser menor que a do grande matemático, constitui a estrutura lógica do conhecimento histórico ou, segundo o próprio Max Weber, o "sólido esqueleto da imputação causal" (p. 279).

É fácil notar onde reside a continuidade e onde se situa a descontinuidade entre composição da intriga e imputação causa singular. A *continuidade* está no nível da imaginação. A esse respeito, poderíamos dizer sobre a composição da intriga o que Max Weber diz sobre a construção pelo pensamento de um curso diferente de acontecimentos: "Para esclarecer as relações causais reais, *construímos* outras *irreais*" (p. 287). A descontinuidade recai sobre a análise em fatores, sobre a inserção das regras da experiência e sobretudo sobre a atribuição de graus de probabilidade que rege a determinação da causalidade adequada.

É por isso que o historiador não é um mero narrador: fornece as razões pelas quais considera um fator *e não outro* a causa suficiente de determinado curso de acontecimentos. O poeta cria uma intriga que também se sustenta por seu esqueleto causal. Mas este não é objeto de uma argumentação. O poeta se limita a produzir a história e a explicar narrando. Nesse sentido, Northrop Frye tem razão[18]: o poeta procede a partir da forma, o historiador na direção da forma. Um produz, o outro argumenta. E argumenta porque sabe que é possível explicar *de outro modo*. E ele o sabe porque, assim como o juiz, está numa situação de contestação e de processo, e porque sua tese de defesa nunca termina: pois a prova para eliminar candidatos à causalidade é mais concludente, como diria William Dray, do que aquela para coroar um só definitivamente.

No entanto, queremos insistir, a filiação da explicação histórica a partir da explicação narrativa não se rompeu, na medida em que a causalidade adequada permanece irredutível à necessidade lógica exclusivamente. Encontramos a mesma rela-

---

18. Cf. acima, p. 269.

ção de *continuidade* e de *descontinuidade* entre explicação causal singular e explicação por leis que entre a primeira e a composição da intriga.

Primeiro, a descontinuidade. Ela está mais bem sublinhada na análise de R. Aron do que na de M. Weber. No parágrafo que dedica à relação entre causalidade e acaso, R. Aron não se limita a situar o acidente em uma das extremidades da escala da probabilidade retrospectiva, em oposição à probabilidade adequada. A definição do acidente como aquilo cuja possibilidade objetiva é quase nula só vale para séries isoladas. A consideração, tomada de empréstimo a Cournot, dos fatos de coincidência entre séries ou entre sistemas e séries dá um destaque à noção de acidente, sublinhada pela relatividade da teoria probabilista de Weber: "Um acontecimento pode ser dito acidental com relação a um conjunto de antecedentes e adequado com relação a outro. Acaso, porque séries múltiplas se cruzaram; racional, porque, em um nível superior, encontramos um conjunto ordenado" (p. 178). Deve-se ademais contar com "a incerteza vinculada às delimitações dos sistemas e das séries, à pluralidade das estruturas fortuitas que o cientista pode livremente construir ou imaginar" (p. 179). Por todas essas razões, uma reflexão sobre o acaso não pode ser encerrada em uma simples oposição à causalidade adequada, dentro de um raciocínio de probabilidade retrospectiva.

Quanto à continuidade entre a explicação causal singular e a explicação por leis, ela não é menos marcada que a descontinuidade. A relação entre história e sociologia é com relação a isso exemplar. Raymond Aron a define nos seguintes termos: "A sociologia se caracteriza pelo esforço para estabelecer leis (ou, ao menos, regularidades ou generalidades), ao passo que a história se limita a relatar acontecimentos em sua sequência singular" (p. 190). No mesmo sentido: "A investigação histórica se fixa nos antecedentes de um fato singular, a investigação sociológica, nas causas de um fato suscetível de se reproduzir" (p. 229). Nesse caso, contudo, a palavra causa muda de sentido: "A causa, aos olhos dos sociólogos, é o *antecedente constante*" (p. 191). Todavia, as interferências entre ambas as modalidades de causalidade – causalidade histórica e causalidade sociológica – são mais notáveis que suas disjunções. Assim, o estabelecimento por parte do historiador da probabilidade retrospectiva de qualquer constelação histórica inclui, a título de segmento nomológico, generalizações empíricas que suscitam a busca de regularidades por aquele que Raymond Aron chama de "cientista" para opô-lo ao "juiz". Todo o estudo que a *Introduction*... dedica à causalidade sociológica tende a mostrar a originalidade da empresa e ao mesmo tempo sua dependência com relação à causalidade histórica, portanto com relação à imputação causal singular. Por isso, a causalidade histórica tem o estranho estatuto de uma investigação que fica devendo no que se refere à busca de regularidades e de leis e que se excede em comparação com as abstrações da sociologia. Constitui um limite interno à pretensão de cientificidade da sociologia, ao mesmo tempo em que empresta desta última regularidades que fundamentam seu probabilismo.

Essa ambivalência epistemológica, por sua vez, faz com que o determinismo histórico, que pretendia se elevar a um grau superior ao da explicação sociológica, seja roído por dentro pela contingência que a causalidade histórica preserva: "As relações causais são dispersas, não se organizam em sistema, de tal modo que não se explicam umas às outras como as leis hierarquizadas de uma teoria física" (p. 207). Nesse sentido, a causalidade sociológica mais remete à causalidade histórica do que a absorve em si mesma: "O determinismo parcelar só se desenrola regularmente em uma constelação singular que nunca se reproduz de modo exato" (p. 226). E ainda: "As relações abstratas nunca esgotam a constelação única" (p. 230).

Deve-se portanto concluir que, na segunda vertente da mediação operada pela imputação causal singular entre o nível narrativo e o nível epistêmico, a mesma dialética de continuidade e de descontinuidade só se observa na primeira vertente: "A um só tempo complementares entre si e divergentes, a causalidade sociológica e a causalidade histórica se evocam reciprocamente" (p. 190).

Também aqui se afirma a originalidade de R. Aron em comparação com Max Weber. Ela resulta da perspectiva filosófica que atravessa toda a obra. Por isso, a insistência com a qual é sublinhada a dependência do determinismo parcelar com relação à causalidade histórica singular está em profunda harmonia com "a filosofia histórica" (para retomar o título de Gaston Fessard) a que está submetida a epistemologia da *Introduction à la philosophie de l'histoire*: a luta contra a ilusão de fatalidade criada pela retrospecção histórica e a tese em defesa da contingência do presente exigida pela ação política. Voltando a ocupar o segundo plano desse grande projeto filosófico, a lógica da probabilidade retrospectiva se reveste de uma significação precisa que interessa diretamente nossa investigação sobre a temporalidade histórica: "O sentido da pesquisa causal do historiador, diz Aron, é menos de desenhar as grandes linhas do relevo histórico do que de conservar ou restituir ao passado a incerteza do futuro" (pp. 181-2). E mais: "As construções irreais devem ser parte integrante da ciência, mesmo que não sejam mais que uma verossimilhança equívoca, pois oferecem o único meio de escapar da *ilusão retrospectiva de fatalidade*" (pp. 186-7). Como pode isso ser possível? É preciso entender que a operação imaginária por meio da qual o historiador supõe pelo pensamento um dos antecedentes desaparecidos ou modificados e depois tenta construir o que teria acontecido considerando-se essa hipótese tem uma significação que vai além da epistemologia. O historiador se comporta aqui como narrador que redefine, com relação a um presente fictício, as três dimensões do tempo. Devaneando um outro acontecimento, opõe a ucronia à fascinação do acabado. A avaliação retrospectiva das probabilidades reveste-se assim de uma significação moral e política, que extrapola sua significação puramente epistemológica: lembra aos leitores de história que "o passado do historiador foi o futuro dos personagens históricos" (p. 187). Por seu caráter probabilista, a explicação causal incorpora ao passado a imprevisibilidade que é a marca do futuro e introduz na retrospecção a incerteza do acontecimento. As últimas linhas do parágrafo intitulado "Limites e significação da causalidade histórica" (pp. 183-9), que fecha a análise da causalidade histórica, ocupam desse modo uma posição estratégica na economia da *Introduction*...: "O cálculo antecipado é a condição da conduta racional, as probabilidades retrospectivas da narrativa verídica. Se desconsideramos as decisões e os instantes, substituímos o mundo vivido por uma natureza ou uma fatalidade. Nesse sentido, a ciência histórica, ressurreição da política, faz-se contemporânea de seus heróis" (p. 187).

Não quero terminar essa defesa da função mediadora da causalidade histórica entre composição da intriga e explicação por leis sem responder a uma objeção que irá ligar a presente discussão àquela que faremos no próximo parágrafo a respeito das *entidades* características do conhecimento histórico.

Pode-se com efeito objetar que, se ainda é possível perceber um laço de filiação entre composição da intriga e imputação causal singular, é devido aos limites do exemplo escolhido por Max Weber: a decisão de Bismarck de atacar o Império Austro-Húngaro em 1866. Essa escolha não confina desde o começo toda a argumentação à esfera política e, portanto, ao plano da história *factual*? Não a condena a não ser mais que uma variante da explicação por "razões"? Não, se o argumento puder ser estendido analogicamente a acontecimentos históricos de grande amplitude em que a causa, sem deixar de ser singular, já não é o indivíduo.

Essa extensão analógica torna-se possível pela própria natureza da pergunta feita sobre o exemplo *princeps*[19]. Mesmo quando o historiador se indaga sobre a responsabilidade de um indivíduo num curso de acontecimentos, distingue expressamente a imputação causal, da responsabilidade ética por um lado e da explicação nomológica, por outro. No que concerne ao primeiro ponto, deve-se dizer que "a análise causal nunca emite juízos de valor e que um juízo de valor não é de forma nenhuma uma explicação causal" (p. 225). No exemplo escolhido por Max Weber, na esteira de E. Meyer, a imputação causal consiste em se perguntar "por que a decisão de fazer a guerra foi precisamente naquele momento o meio apropriado para atingir o fim que consistia na unificação da Alemanha" (p. 223). O emprego das categorias de meio e fim não deve nos iludir:

---

19. A discussão que se segue nos leva para trás, para a primeira parte do ensaio de Max Weber intitulada: "Elementos para uma discussão das ideias de Édouard Meyer" (pp. 215-65).

o argumento comporta decerto um segmento teleológico, mas é globalmente causal. Concerne ao valor causal que deve ser atribuído à decisão em um curso de acontecimentos que comporta outros fatores além do núcleo racional da decisão considerada e, entre eles, as motivações não racionais de todos os protagonistas do curso de ação, além de fatores "destituídos de sentido" de natureza física. É somente a imputação causal que pode dizer até que ponto o desfecho da ação decepcionou ou traiu as intenções dos atores. A distância entre a intenção e as consequências é precisamente um dos aspectos do valor causal vinculado à decisão.

Essas observações vão ao encontro da tese que tantas vezes enunciamos de que a explicação causal, mesmo quando concerne à função histórica de uma decisão individual, se distingue de uma fenomenologia da ação, na medida em que avalia as intenções não só em termos de objetivos, mas de resultados. Nesse sentido, a imputação causal segundo Max Weber coincide com a explicação quase causal de von Wright, que compõe segmentos teleológicos e segmentos epistêmicos[20].

Portanto, se o argumento da imputação causal singular se estende de direito a encadeamentos de acontecimentos nos quais a causa não é de ordem individual, mas coletiva, é porque, já no exemplo *princeps* (a significação histórica de uma decisão individual), a imputação histórica é irredutível à imputação moral.

---

20. É nesse mesmo sentido que Aron distingue responsabilidade moral, responsabilidade jurídica e responsabilidade histórica: "O moralista visa às *intenções*, o historiador aos *atos*, o jurista confronta *intenções e atos* e os julga comparando-os aos *conceitos jurídicos*" (p. 170). "É *historicamente* responsável aquele que, por seus atos, desencadeou ou contribuiu para desencadear o acontecimento cujas origens pesquisamos" (*ibid.*). Assim fazendo, o historiador contribui, eu diria, para dissociar a noção de imputação da de incriminação: "A guerra..., aos olhos do historiador, não é um crime" (p. 173). Se acrescentarmos que a imputação causal também deve ser distinguida da interpretação psicológica das intenções, é preciso reconhecer que essas distinções são sutis e frágeis. Isso explica o tom de Raymond Aron, bastante diferente do de Max Weber: este conduz sua análise com bastante segurança. Raymond Aron é mais sensível ao que complica e até certo ponto embaralha "o esquema lógico". Já vimos isso com a análise do acaso.

A objeção poderia, é verdade, ressurgir sob outra forma: por que, perguntarão, ainda falar de imputação quando já não há nenhuma responsabilidade moral em jogo? A noção de *imputação* conserva, ao que parece, uma função diacrítica na medida em que fornece um critério para a distinção entre explicação causal e explicação nomotética. Mesmo quando o curso de acontecimentos oferecido à explicação causal põe em jogo fatores não individuais, como veremos mais adiante com outros exemplos, esse curso de acontecimentos é considerado pelo historiador em sua singularidade. Nesse sentido, eu diria que o indivíduo (a decisão individual) não é mais que o primeiro analogado da causa singular. É por isso que o argumento extraído do exame da significação histórica de uma decisão individual se reveste de um valor exemplar. Tomemos as cartas de Goethe a Madame de Stein (o exemplo também é tomado do ensaio de Max Weber sobre a teoria da história de Edouard Meyer): uma coisa é interpretá-las causalmente, isto é, mostrar como os fatos que essas cartas revelam são "elos reais em um encadeamento causal", qual seja, o desenvolvimento da personalidade da obra de Goethe; outra coisa é concebê-las como um exemplo de uma maneira de conceber a vida, ou como um caso para uma psicologia do erotismo. A explicação causal não fica limitada ao ponto de vista individual, embora continue singular, pois esse tipo de conduta pode por sua vez ser integrado a um conjunto causal da história da cultura alemã: nesse caso, não é o próprio fato individual que entra na série causal histórica, mas ele serve para "*revelar* os fatos que merecem ser integrados a essas séries causais" (p. 244). Essas séries causais são, por sua vez, singulares, embora integrem fatos típicos. É essa *singularidade das séries causais* que diferencia entre imputação causal e explicação nomotética[21]. É porque a explicação causal é singular e, nesse sentido, *real*, que se coloca a questão da importância de um fator histórico. A noção de importância

---

21. Max Weber alude aqui à distinção estabelecida por Windelband no discurso reitoral de Estrasburgo (*Geschichte und Naturwissenschaft*, 1894), entre método nomotético (próprio das ciências da natureza) e método idiográfico (próprio das ciências da cultura).

só intervém na linha da explicação causal, não na da explicação nomotética[22].

A tese de que a noção de imputação causal singular pode em princípio se estender para além da imputação causal a indivíduos recebe uma confirmação de um outro exemplo, que Max Weber toma mais uma vez de E. Meyer. O historiador pode se indagar sobre o alcance histórico da batalha de Salamina, sem decompor esse acontecimento numa miríade de ações individuais. A batalha de Salamina é para o historiador, numa certa situação de discurso, um acontecimento único, na medida em que, como tal, pode ser objeto de uma imputação causal singular. É o que acontece na medida em que se possa mostrar que esse acontecimento é a decisão entre duas possibilidades, cuja probabilidade pode ser apreciada sem ser quantificada: por um lado, a de uma cultura teocrático-religiosa que teria sido imposta à Grécia se a batalha tivesse sido perdida, que podemos reconstruir com base em outros fatores conhecidos e por comparação com situações similares, em particular o protetorado persa sobre os judeus na volta do Exílio; por outro lado, o espírito helênico livre, tal como ele efetivamente se desenvolveu. A vitória de Salamina pode ser considerada a causa adequada desse desenvolvimento; com efeito, ao suprimir o acontecimento em pensamento, suprimimos uma cadeia de outros fatores: a construção da frota ática, o desenvolvimento das lutas pela liberdade, a curiosidade historiográfica etc., fatores estes que resumimos sob o título da "possibilidade" escolhida pelo acontecimento. É sem dúvida o apreço que temos pelos valores culturais insubstituíveis do espírito helênico livre que faz com que nos interessemos pelas guerras médicas. Mas é a construção do "quadro imaginário" criado por abstração e a avaliação das consequências do suposto acontecimento suprimido que constituem a estrutura lógica do argumento causal. Assim, este

---

22. Max Weber marca essa diferença opondo *Real-Grund*, razão de ser, e *Erkenntnisgrund*, razão de conhecimento: "Em história, os elementos singulares e individuais são levados em conta não só como *meios de conhecimento*, mas simplesmente como *objeto* do conhecimento, assim como as relações causais têm importância não como *razão de conhecer*, mas como *razão de ser*" (p. 237).

continua sendo uma imputação causal singular, mesmo quando já não se aplica a uma decisão individual. Mas a obra própria de Max Weber nos oferece um exemplo bem mais notável de imputação causal singular fora do campo da decisão individual e da história político-militar. A argumentação desenvolvida em *Die protestantische Ethik und der Geist des Kapitalismus* [*A ética protestante e o espírito do capitalismo*] satisfaz perfeitamente o método de inferência causal que acabamos de descrever. A alegada conexão entre certas características da ética protestante e certas características do capitalismo constitui um encadeamento causal singular, embora não diga respeito a indivíduos tomados um a um, mas a papéis, mentalidades e instituições. Mais ainda, a conexão causal estrutura um processo único que torna a diferença entre acontecimento pontual e longa duração não pertinente. A tese defendida nessa obra de Max Weber é, nesse sentido, um caso notável de imputação causal singular.

Como está articulado o argumento? Fiel ao método abstrativo, Weber isola, do lado do fenômeno religioso, o componente específico da ética do trabalho, e do lado do fenômeno econômico, o espírito de aquisição caracterizado pelo cálculo racional, pela adaptação precisa dos meios disponíveis a fins desejados e pela valorização do trabalho como tal. O problema fica então bem delimitado: não se trata de explicar o surgimento do capitalismo como fenômeno global e sim a visão particular de mundo que ele implica. A própria concepção religiosa do protestantismo ascético só é considerada na sua relação de causalidade adequada relativamente ao espírito do capitalismo. Estando o problema assim delimitado, a questão é a da adequação da imputação causal na ausência de qualquer regularidade de tipo nomológico. Há decerto generalizações empíricas em jogo – como, por exemplo, a asserção de que uma doutrina como a predestinação, que retira do indivíduo sua responsabilidade última, só pôde ser suportável porque foi compensada por alguns fatores geradores de segurança, tais como a crença na escolha pessoal, atestada pelo engajamento ativo no trabalho. Mas generalizações empíricas desse tipo não são mais que segmentos argumentativos incorporados à inferência indutiva que conclui pela imputação do espírito do capitalismo à ética protestante, portanto por uma imputação causal singular, na medida em que essas duas configurações e sua conjunção são únicas na história. Para afirmar a imputação causal, a metodologia de Max Weber é exatamente aquela que ele preconiza no artigo dedicado a Édouard Meyer. Imagina um curso histórico no qual o fator espiritual considerado estivesse ausente e em que outros fatores teriam desempenhado o papel assumido, por hipótese, pela ética protestante do trabalho: entre esses outros fatores, deve-se incluir a racionalização do direito, a organização do comércio, a centralização do poder político, a invenção tecnológica, o desenvolvimento do método científico etc. Um cálculo de probabilidade sugere que, na ausência do fator espiritual considerado, esses outros fatores não teriam sido suficientes para produzir o efeito em questão. Por exemplo, o advento do método científico teria podido produzir a fixação da energia num objetivo específico, a articulação precisa entre meios e fins. Mas teria faltado o poder emocional e a força de difusão que somente a ética protestante podia dar. Nesse sentido, a probabilidade de que o método científico tivesse podido transformar a ética tradicional em ética burguesa do trabalho é pequena. O mesmo raciocínio deve ser reproduzido com os outros candidatos à causalidade antes de podermos considerar a ética protestante a causa adequada do desenvolvimento do espírito do capitalismo. É por isso que a adequação da imputação causal não equivale a um argumento de necessidade, mas apenas de probabilidade.

Com essa extensão da imputação causal singular a desenvolvimentos históricos em que já não é possível discernir as decisões individuais e nem mesmo acontecimentos pontuais, atingimos o ponto em que a explicação histórica parece ter rompido suas amarras com a narrativa. No entanto, a filiação, cujas etapas acabamos de reconstruir por meio de uma leitura livre do texto de Max Weber e com a ajuda da *Introduction à la philosophie de l'histoire* de Raymond Aron, nos autoriza a aplicar *analogicamente* a noção de intriga a todas as imputações causais singulares. É isso, a meu ver, o que justifica o emprego do termo intriga por Paul Veyne para designar todas as configurações singulares que satisfazem ao critério da composição da intriga proposto por mim: a síntese do heterogêneo entre circunstâncias, intenções, interações, adversidade, fortuna ou infortúnio. Aliás, como vimos, é mais ou menos assim que Paul Veyne define a intriga: a conjunção dos objetivos, das causas e dos acasos. Todavia, para ser coerente com meu argumento da relação *indireta* entre a explicação histórica e a estrutura da narrativa, falarei de *quase intriga*, para sublinhar o caráter *analógico* da extensão da imputação causal singular, a partir de seu exemplo *princeps*, a explicação causal dos resultados de uma decisão individual.

Será essa analogia que tomaremos como tema, passando da questão dos procedimentos explicativos para a das entidades básicas do conhecimento histórico.

2. As entidades de primeira ordem da historiografia

Distingui, por razões didáticas, três itinerários do questionamento regressivo: aquele que remete dos procedimentos explicativos da história científica à força explicativa incluída na *composição da intriga* da narrativa; aquele que remete das entidades construídas pelo historiador aos *personagens* da narrativa; aquele que remete dos tempos múltiplos da história à dialética *temporal* da narrativa.

Esses três itinerários são inseparáveis, da mesma forma que as três modalidades do corte epistemológico descrito na introdução a este capítulo, e caracterizados não só 1) por um mesmo estilo de *filiação indireta*, que liga a historiografia à inteligência narrativa, mas também 2) por um mesmo recurso a *passagens* que a própria historiografia oferece ao trabalho de reconstrução da intencionalidade histórica.

1) Começaremos insistindo nesse caráter indireto da filiação narrativa, caráter que se verifica tanto no plano das entidades como no dos procedimentos. O *corte* epistemológico entre entidades historiográficas e personagens narrativos é, a meu

ver, a pressuposição de que devemos partir aqui. Um personagem pode ser identificado, designado por um nome próprio, tido por responsável pelas ações que lhe são atribuídas; é seu autor ou sua vítima; elas o tornam feliz ou infeliz. Ora, as entidades a que a história refere as mudanças que ela se empenha em explicar não são, se nos ativermos à sua epistemologia explícita, personagens: as forças sociais que agem por trás das ações individuais são, no sentido próprio da palavra, anônimas. Essa é uma pressuposição cujo valor o "individualismo epistemológico", segundo o qual toda mudança social pode, em princípio, ser resolvida em ações elementares, atribuíveis a indivíduos que são seus autores e responsáveis últimos, parece ignorar. O erro do individualismo metodológico está em exigir, em princípio, uma operação redutora que nunca pode efetivamente ser levada a bom termo. Vejo nisso a expressão de uma exigência de derivação *direta* que ignora a natureza específica do questionamento regressivo, o único praticável nesse terreno. Somente uma derivação indireta pode respeitar o corte epistemológico sem romper a perspectiva intencional do conhecimento histórico.

2) A questão passa a ser saber se essa perspectiva intencional dispõe efetivamente, no plano das entidades historiográficas, de uma *passagem* semelhante à da imputação causal singular no plano dos procedimentos explicativos.

Essa passagem existe, na forma das entidades de primeira ordem do conhecimento histórico, isto é, de *entidades sociais* que, embora *indecomponíveis* numa miríade de ações individuais, fazem contudo *menção*, em sua constituição e em sua definição, a indivíduos suscetíveis de serem considerados personagens de uma narrativa. Na introdução a este capítulo, denominei essas entidades de primeira ordem de *entidades de pertencimento participativo*. A sequência da discussão justificará essa denominação.

É a essas entidades de primeira ordem que se aplicam, de modo privilegiado, os procedimentos explicativos que intitulamos imputação causal singular. Em outras palavras, aos *procedimentos de mediação* entre a explicação científica e a explicação por composição da intriga correspondem *objetos transicionais* que fazem a mediação entre as entidades historiográficas e as entidades narrativas que denominamos os personagens da narrativa. O pertencimento participativo está para as entidades assim como a imputação causal singular está para os procedimentos da historiografia.

Todo historiador – e o exemplo de Braudel, ao qual retornaremos na terceira seção, comprova-o amplamente – é levado, em um momento ou outro, mesmo que desconfie da epistemologia concebida por filósofos, a *ordenar* as entidades que põe em cena no seu discurso. A fenomenologia genética quer *acompanhar* e tornar explícito esse trabalho de ordenação. Se para o historiador profissional a ordenação das entidades está suficientemente justificada por sua fecundidade heurística, a fenomenologia genética busca relacionar a *hierarquização* dos níveis de discurso com a *intencionalidade* do conhecimento histórico, com sua perspectiva noética constitutiva. Para tanto, empenha-se em mostrar que a ordenação praticada pelo historiador não se reduz a um expediente metodológico, mas comporta uma *inteligibilidade* própria, que pode ser descrita reflexivamente. Essa inteligibilidade consiste na possibilidade de percorrer nos dois sentidos a hierarquia estabelecida pelo discurso histórico entre suas entidades de referência. O primeiro percurso – ascendente, por assim dizer – delimitará a *distância* crescente entre o plano da narrativa e o plano da história-ciência. O segundo – descendente – delimitará a série das *remissões* que remetem entidades anônimas do discurso histórico aos personagens de uma narrativa possível. A inteligibilidade da ordenação resulta da reversibilidade de ambos os percursos.

É nessa busca de inteligibilidade que ocorre a determinação das entidades básicas do discurso histórico. Essas entidades de pertencimento participativo se situam no cruzamento do itinerário ascendente com o itinerário descendente. É essa posição estratégica que faz de sua determinação o eixo da pergunta regressiva.

1. Para levar a bom termo a empresa de derivação indireta, encontraremos algum socorro na obra de Maurice Mandelbaum, *The Anatomy of Historical Knowledge* [A anatomia do conheci-

mento histórico], apesar de sua hostilidade às teses narrativistas[23]. Aprendi com ele duas lições que incorporo ao método de questionamento regressivo. A primeira concerne à ordenação das entidades supostas pelo discurso do historiador. A segunda concerne à correlação entre o que Mandelbaum considera entidades de primeira ordem do conhecimento histórico e o procedimento de imputação causal que teorizamos anteriormente: essa segunda lição permitirá interligar as duas linhas do questionamento regressivo, a linha das entidades e a linha dos procedimentos. Mas comecemos com a reflexão sobre as *entidades* básicas.

A epistemologia de Maurice Mandelbaum situa-o numa posição equidistante dos defensores do modelo de subsunção e dos defensores da versão narrativista. *Contra os primeiros*, afirma que, apesar do caráter típico das situações e acontecimentos de que trata a história e apesar de seu recurso a generalizações, a história trata fundamentalmente do "que foi tipicamente verdade de alguns lugares particulares durante um lapso particular de tempo... Por isso, a tese comum de que os historiadores se ocupam mais do particular do que de estabelecer generalizações explicativas me parece bem fundamentada" (p. 5). Em outras palavras, Mandelbaum leva em conta a distinção estabelecida por Windelband entre ciência idiográgica e ciência nomotética[24]. *Contra os segundos*, o autor considera que a história é uma investigação, isto é, uma disciplina preocupada em autenticar seus enunciados, em explicar as relações que estabelece entre acontecimentos: é por isso que seu interesse pelas constelações singulares não poderia impedi-la de interpolar regularidades em suas cadeias de relações. Não discutirei essas pressuposições, que concordam bastante com as conclusões de nossos capítulos I e II.

É desse pano de fundo que se destaca a tese que irá concentrar minha atenção: a tese de que o objeto irredutível da história é de ordem *social*. A história vê os pensamentos, os sen-

---

23. M. Mandelbaum, *The Anatomy of Historical Knowledge*, Baltimore, The Johns Hopkin's University Press, 1977.
24. W. Windelband, *Präludien* (5.ª ed., Tübingen, Mohr, 1915) 2, pp. 144-5.

timentos e as ações dos indivíduos no contexto específico de seu meio social: "É somente na medida em que os indivíduos são considerados relativamente à natureza e às mudanças de uma sociedade existente em um tempo e em um espaço particulares que eles interessam os historiadores" (p. 10). À primeira vista, essa tese, tomada isoladamente, apenas confirma a descontinuidade entre o nível da história e o da narrativa, cujos personagens têm de poder ser identificados como indivíduos responsáveis por sua ação. Mas uma determinação mais precisa do termo *sociedade* nos põe na via da problemática específica das entidades básicas. Ela resulta da distinção entre duas modalidades de historiografia: a "*história geral*" e as "*histórias especiais*" (p. 11). A história geral tem por tema sociedades particulares, como povos e nações, cuja existência é *contínua*. As histórias especiais, por sua vez, têm por tema aspectos *abstratos* da cultura, tais como a tecnologia, a arte, a ciência, a religião, que, por não terem uma existência contínua própria, só estão ligados entre si pela iniciativa do historiador responsável pela definição do que conta como arte, como ciência, como religião etc.

A noção de *sociedade*, como referência última da historiografia, recebe de sua oposição à de *cultura* uma determinação que me permitirá caracterizá-la posteriormente como *objeto transicional* entre o plano da narrativa e o plano da história explicativa.

Especifiquemos esse conceito de sociedade, na sua oposição ao de cultura: "Uma *sociedade*, diria eu, consiste em indivíduos que vivem em uma comunidade organizada, dona de um território particular; a organização dessa comunidade está garantida por instituições que servem para definir o estatuto assumido por diferentes indivíduos e lhes atribui os papéis que devem desempenhar, ao mesmo tempo em que perpetuam a existência ininterrupta da comunidade" (p. 11).

Os três componentes dessa definição são importantes: o primeiro liga a comunidade e, portanto, sua duração a lugares; o segundo a vincula a indivíduos, atribuindo-lhes um papel institucionalizado; o terceiro caracteriza a comunidade por sua existência ininterrupta. Esse terceiro componente permitirá lançar mais adiante uma ponte entre as entidades básicas e os procedimentos de conexão causal que lhes correspondem nesse nível.

A noção de *cultura* abarca todos os conhecimentos adquiridos, oriundos de uma criação social e implicados no uso individual, e transmitidos por uma tradição: a linguagem, as técnicas, as artes, as atitudes e crenças religiosas ou filosóficas, na medida em que essas diversas funções estão incluídas na herança social dos indivíduos que vivem numa sociedade particular. É com certeza difícil manter a diferença em todos os casos. Por que, perguntarão, as *instituições*, incluindo os sistemas de parentesco, a distribuição dos bens e a organização do trabalho, que definem os papéis individuais, são atribuídas à sociedade e não à cultura? A resposta é dada pela terceira característica da sociedade: a saber, que ela é particular e existe continuamente; disso resulta que uma instituição remete à sociedade e não à cultura na medida em que constitui o fator de integração de uma sociedade particular que existe de maneira contínua. Em contrapartida, as atividades que definem a cultura são abstraídas das sociedades particulares, e suas modalidades são reagrupadas sob um mesmo conceito classificatório pela definição que os historiadores dão delas e que pode diferir enormemente de um autor para outro.

Essa distinção entre a história de *sociedades particulares* e a de *classes de atividades* marca os dois pólos extremos de uma gama de casos intermediários. Assim, o fenômeno social pode ser analisado por aspectos – político, econômico, social etc. – cuja distinção, definição e relações decorrem de escolhas metodológicas que fazem deles artefatos, da mesma maneira como as atividades incluídas na categoria de cultura. No entanto, enquanto esses aspectos forem concebidos como as "facetas" de uma sociedade particular, eles a caracterizam em última instância; as facetas podem ser relacionadas com o fenômeno social global devido à notável característica que este tem de ser constituído por uma rede de instituições e de poderes cuja *densidade indefinida* se presta a investigações de escala variada, à maneira dos mapas geográficos. Essa capacidade que o fenômeno social tem de se deixar analisar em aspectos, dimensões ou facetas garante a transição da história geral (preferiria dizer:

global) para as histórias especiais (ou melhor: especializadas). Uma coisa, porém, é abstrair esses aspectos e reagrupá-los em *classes* que se tornam o tópico dominante de uma história especializada; outra coisa é relacionar esses aspectos com uma sociedade particular, caracterizá-la de modo cada vez mais denso e mais refinado e, assim, restituir sua identidade singular. Pode-se fazer o raciocínio inverso relativamente às histórias especializadas; elas tomam, a cada vez, por tema diretor uma "classe" de atividades separadas – técnica, ciência, arte, literatura, filosofia, religião, ideologia; ora, uma classe não é uma totalidade concreta, é um artefato do método; assim, um historiador da arte transforma obras descontínuas em coleção, segundo critérios que dependem da concepção que ele tem da arte; no entanto, essa delimitação por estipulação não está totalmente à discrição do historiador da arte; as obras se inscrevem em tradições e em redes de influências que exprimem seu enraizamento na continuidade histórica das sociedades particulares e recebem desta uma continuidade *emprestada*. Desse modo, as histórias especializadas remetem à história geral ou global.

Portanto, conforme a ênfase esteja colocada no caráter artificial das conexões entre produtos culturais ou nas tradições que fazem com que participem da continuidade temporal de sociedades particulares, a investigação pende para o lado da história especializada ou para o lado da história global. É a semi-autonomia das instituições e das atividades que permite relacioná-las, seja com as constelações singulares que definem um fenômeno social, seja com as classes de produtos e obras que definem um fenômeno cultural[25].

---

25. Não resta dúvida de que Maurice Mandelbaum introduziu essa distinção com o propósito de salvar o debate que ele mesmo suscitara sobre a objetividade em história com sua obra de 1938, *The Problem of Historical Knowledge*. Pode-se, com efeito, esperar mais objetividade da história "geral" que da história "especial", porque a existência contínua de seu objeto está dada previamente ao trabalho de recorte e de correlação do historiador; portanto, é possível em princípio *conectar* (*overlocking*) entre si pontos de vista diferentes sobre os mesmos acontecimentos ou conectar entre si as facetas (política, econômica, social, cultural) dos mesmos acontecimentos. As histórias especializadas relacionam-se de forma bem mais clara com as concepções controvertidas dos histo-

Por que viés a noção de sociedade, no sentido de Mandelbaum, serve de *passagem* para a derivação das entidades históricas a partir dos personagens da narrativa? Assim como a imputação causal singular apresenta uma afinidade com a composição da intriga que justifica falarmos a seu respeito de quase intriga, ou até de intriga numa acepção ampla da palavra, também a sociedade, a partir do momento em que é tratada como uma entidade singular, figura no discurso histórico como um *quase personagem*. E essa transferência analógica não se reduz a um efeito retórico. Está duplamente fundamentada, na teoria da narrativa e na estrutura do fenômeno social.

Por um lado, com efeito, nada na noção de personagem, entendido no sentido daquele que faz a ação, exige que ele seja um indivíduo. Como a análise literária de nossa terceira parte comprovará amplamente, o lugar do personagem pode ser ocupado por *qualquer um* que seja designado na narrativa como sujeito gramatical de um predicado de ação, na frase narrativa básica "X faz R". Nesse sentido, a história apenas prolonga e amplifica a dissociação operada pela composição da intriga entre personagem e ator real. Pode-se até dizer que ela contribui para dar ao personagem toda a sua dimensão narrativa. O indivíduo responsável é apenas o primeiro de uma série de análogos entre os quais figuram os povos, as nações, as classes e todas as comunidades que exemplificam a noção de sociedade singular.

Por outro lado, o próprio fenômeno social comporta uma característica decisiva que regula a extensão analógica do papel de personagem. A definição que Mandelbaum dá de uma sociedade singular não poderia ficar completa sem uma referência *oblíqua* aos indivíduos que a compõem. Essa referência oblíqua,

---

riadores, tamanha é a variação entre eles dos critérios de classificação. É por isso que é bem mais difícil aplicar a elas os procedimentos de corroboração, de retificação e de refutação sobre os quais se estabelece a objetividade da história geral. De minha parte, não é o debate sobre a objetividade que me interessa aqui, mas os recursos que a distinção entre a singularidade das sociedades e a generalidade dos fenômenos de cultura oferece para uma fenomenologia genética aplicada às entidades do discurso histórico.

por sua vez, permite tratar a própria sociedade como um grande indivíduo, *análogo* aos indivíduos que a compõem. Era nesse sentido que Platão falava da Cidade como uma alma escrita em letras maiúsculas, e que Husserl, na *Quinta Meditação Cartesiana*, chama as comunidades históricas de "personalidades de categoria superior".

Dois pontos devem ser assinalados nesse argumento. O primeiro concerne à referência *oblíqua*, em qualquer definição do fenômeno social, aos indivíduos que compõem a sociedade. O segundo concerne ao aporte dessa referência oblíqua à extensão analógica do papel de personagens às entidades de primeiro grau do discurso histórico.

A referência *oblíqua a* indivíduos está inscrita nas características por meio das quais Mandelbaum define a sociedade: organização territorial, estrutura institucional, continuidade temporal. As três remetem a indivíduos que habitam o território, que cumprem as funções atribuídas pelas instituições e que garantem, pela sucessão de gerações, a continuidade histórica da sociedade considerada. Chamo essa referência de *oblíqua* porque não faz parte do discurso *direto* do historiador, que pode, sem grandes escrúpulos, ater-se a entidades coletivas, sem referência explícita a seus componentes individuais. Contudo, embora não caiba à história, como disciplina de ambição científica, tematizar essa referência oblíqua, é tarefa de uma fenomenologia genética descobrir no fenômeno do ser-em-comum a origem do vínculo entre os indivíduos e as sociedades particulares. Encontra-o no fenômeno de *pertencimento participativo* que liga as entidades históricas de primeira ordem à esfera da ação. Esse vínculo qualifica os portadores da ação de *membros de...* Esse vínculo pode ser dito real, ontológico, na medida em que tem prioridade sobre a consciência que os membros tomam dele; é certo que é próprio desse vínculo poder ser reconhecido como tal, ou seja, experimentado e declarado; mas esse reconhecimento está fundado no próprio vínculo que ele mantém com a linguagem. Deve-se afirmar com a mesma força a anterioridade ontológica do vínculo de pertencimento e o papel das mediações simbólicas – normas, costumes, ritos etc. – mediante os quais se comprova seu reconhecimento. Disso resulta que nem os graus de consciência, nem as modalidades de sua tomada de consciência são constitutivos desse vínculo. Com essa ressalva na memória, coloquemo-nos por um momento do ponto de vista dos graus de consciência: o vínculo de pertencimento pode ser experimentado com grande intensidade de sentimento, como no patriotismo, na consciência de classe ou no provincianismo; mas pode também ser esquecido, negligenciado, dissimulado, até negado com veemência, por aqueles que o resto da sociedade qualifica de renegados ou traidores, ou aqueles que consideram a si mesmos dissidentes, exilados ou fora-da-lei. Nesse caso, será tarefa de uma crítica das ideologias desmascarar sua lealdade oculta; mas essa crítica, por sua vez, pressupõe a anterioridade do vínculo relativamente à consciência (e à possibilidade de trazê-lo à consciência explícita). Agora, no tocante às modalidades de consciência explícita, a atestação do pertencimento participativo pode ser valorada com as cores mais diversas, opostas até; a gama delas estende-se entre os pólos extremos da aprovação e da rejeição, da comemoração e da execração (segundo uma expressão de François Furet, em *Penser la Révolution française*[26] [*Pensando a Revolução Francesa*], à qual retornarei na terceira seção).

A tríplice referência do fenômeno social ao indivíduo, extraída mais acima da definição que Mandelbaum dá dele, deriva claramente do vínculo de pertencimento participativo definido pela fenomenologia genética. À organização territorial corresponde o ato de habitar, isto é, de qualificar o espaço humano por um conjunto de gestos instauradores: construir um abrigo, marcar e transpor uma soleira, viver junto, exercer a hospitalidade etc. À atribuição de um estatuto aos indivíduos pelas instituições correspondem as modalidades múltiplas de assunção de papéis pelos membros do grupo, isto é, os modos de trabalhar, de exercer uma profissão, de juntar trabalho e lazer, de se situar nas relações de classe, de hierarquia e de poder. À perpetuação da existência social corresponde o vínculo entre

---

26. Paris, Gallimard, 1978; cf. abaixo, pp. 366 ss.

gerações que entrelaça o amor e a morte e dá aos vivos não só contemporâneos, mas predecessores e sucessores[27].

Resta a segunda parte do argumento: a saber, que a referência *oblíqua* do fenômeno social aos indivíduos justifica a extensão *analógica* do papel de personagens às entidades de primeira ordem da história. Em virtude dessa analogia, as entidades históricas de primeira ordem podem ser designadas como os sujeitos lógicos de verbos de ação e de paixão. Em troca, a analogia não exige nada além da referência *oblíqua* do fenômeno social aos indivíduos. Dizer que a França *faz* isso ou *sofre* aquilo não implica de forma alguma que a entidade coletiva em questão deva se *reduzir* aos indivíduos que a compõem e que suas ações possam ser designadas distributivamente a seus membros tomados um a um. Sobre a transferência de vocabulário do indivíduo para as entidades de primeira ordem da historiografia, deve-se dizer que ela é *apenas* analógica (e portanto não implica nenhum reducionismo) e, ao mesmo tempo, que ela está *bem fundamentada* no fenômeno de pertencimento participativo.

O reconhecimento desse vínculo entre o caráter *oblíquo* da referência ao indivíduo e o caráter *analógico* da transferência de

---

27. Voltarei na quarta parte a essa tripla estrutura temporal da realidade social tão magistralmente analisada por Alfred Schutz. No próprio Maurice Mandelbaum encontramos um argumento a favor dessa referência oblíqua. Ele concorda que a explicação, com seu estilo analítico e descontínuo, não poderia se propor reconstruir o processo totalizador e contínuo de uma sociedade particular se o historiador já não estivesse familiarizado com essas mudanças globais por sua própria experiência de vida em sociedade: "The original basis for our understanding of societal structures is then the experience of an individual in growing up in his society, and the enlargement of horizons that comes through a knowledge of other societies" [A base original da compreensão das estruturas sociais é, portanto, a experiência de um indivíduo que cresce na sua sociedade e a ampliação de horizontes que lhe vem pelo conhecimento de outras sociedades] (p. 116). A historiografia, lembra Maurice Mandelbaum, não surge do nada. Não parte de uma miríade de fatos que estariam esperando o trabalho de síntese da história para receber uma estrutura; a história nasce sempre de uma história anterior que ela vem corrigir. E, por trás dessa história primordial, desenha-se a prática social, com suas contradições internas e seus desafios externos.

vocabulário não deixa de ter consequências epistemológicas: permite que a história e as outras ciências sociais escapem às dificuldades do individualismo metodológico. Ao dar um peso equivalente ao momento ontológico e ao momento reflexivo, o vínculo de pertencimento participativo dá um peso equivalente ao grupo e ao indivíduo. Mostra o indivíduo situado desde o início no que Hannah Arendt gostava de chamar de "esfera pública de aparecimento". Nesse sentido, nenhuma das três características constitutivas do fenômeno social pode ser derivada do indivíduo isolado: nem a organização de um território, nem a instituição dos papéis, nem a continuidade de existência. Em contrapartida, nenhuma dessas três características pode ser definida *sem referência* à ação individual e à interação entre indivíduos. Disso resulta que o objeto transicional do conhecimento histórico apresenta uma polaridade insuperável, resumida na expressão pertencimento participativo[28].

A noção de *quase personagem,* que adoto por simetria com a de quase intriga, deve o mesmo tanto a cada um dos argumentos: é *porque cada sociedade está composta de indivíduos* que ela se comporta na cena da história como um grande indivíduo e que o historiador pode atribuir a essas entidades singulares a iniciativa de certos cursos de ação e a responsabilidade histórica – no sentido de Raymond Aron – por certos resultados, ainda que não intencionalmente visados. Mas é *porque a técnica da narrati-*

---

28. Na quarta parte, voltaremos a falar da ontologia do ser em comum pressuposta pelo presente argumento. Vamos nos perguntar se, no final da *Quinta Meditação,* Husserl podia conseguir derivar da intersubjetividade as personalidades de categoria superior. Chegaremos até a nos perguntar se a definição da "ação social" que Max Weber dá no começo de *Economia e Sociedade* permite escapar às dificuldades do individualismo metodológico. Quero expressar desde já minha dívida para com o pensamento e a obra de Alfred Schutz em sua *Fenomenologia do ser social.* Com efeito, Schutz não se limitou a conciliar Husserl e Weber, integrou os conceitos deles de intersubjetividade e de ação social a um conceito de ser em comum tomado de Heidegger, sem perder a força das análises dos dois primeiros, nem se limitar a um ecletismo cômodo entre todos esses mestres. A fenomenologia do ser social de Alfred Schutz recebe ademais um reforço decisivo da antropologia de Herbert Mead, de Richard Turner e de Clifford Geertz, para com os quais minha dívida não é menor do que aquela que tenho para com Alfred Schutz.

va nos ensinou a separar o *personagem* do *indivíduo* que o discurso histórico pode operar essa transferência no plano sintático. Em outras palavras, as entidades historiográficas de primeira ordem só constituem uma passagem entre as entidades de segunda ou até de terceira ordem e o plano da ação real porque a noção narrativa de personagem constitui ela mesma uma *passagem* no plano da configuração entre essas entidades de primeira ordem de que a história trata e os indivíduos atuantes que a prática real implica. As entidades de primeira ordem do historiador só visam as entidades da esfera da ação, aquelas de que falamos na primeira parte sob o signo de *mímesis* I, através da categoria narrativa de personagem, que remete ao registro de *mímesis* II.

2. A simetria entre a teoria do quase personagem e a da quase intriga decorre naturalmente do fato de que a imputação causal singular, na qual vimos o procedimento de transição entre explicação histórica e explicação narrativa, tem seu campo privilegiado de aplicação precisamente no plano das entidades de primeira ordem do discurso histórico. Uma função essencial da atribuição causal é, com efeito, restabelecer a *continuidade* de um processo cuja unidade de desenvolvimento, por um motivo ou outro, parece interrompida ou até inexistente. No entanto, lembramos que a existência contínua é, no vocabulário de Maurice Mandelbaum, uma característica importante da distinção entre sociedade e cultura.

Essa função da explicação causal é uma das principais teses da obra de Maurice Mandelbaum. Essa tese rompe deliberadamente com a tradição empirista iniciada com Hume, segundo a qual a causalidade exprime uma ligação regular entre dois tipos de acontecimentos logicamente distintos; segundo essa tradição, o caráter nomotético da relação de causalidade é estritamente solidário do caráter atomista das noções de causa e efeito. O autor ataca esse caráter atomista da ligação causal em ligação com sua caracterização do fenômeno social básico como existência contínua[29].

---

29. A tese de Maurice Mandelbaum deve muito à obra de H. L. A. Hart e A. M. Honoré, *Causation in the Law* (Oxford, Clarendon Press, 1959): "It is no

No nível perceptivo, a causalidade traduz a continuidade de um processo singular: a causa é o processo inteiro, o efeito seu ponto terminal; para o observador, o fato de chutarem uma bola é a causa de seu movimento; e a causa está incluída no acontecimento completo. É somente por comodidade que isolamos do processo inteiro o fator mais variável e fazemos dele uma causa distinta de seu efeito: por exemplo, o mau tempo para a colheita fraca. Contra Hume, deve-se dizer que "analisar a causa de uma ocorrência particular consiste em remontar aos vários fatores que são conjuntamente responsáveis pelo fato de a ocorrência ser o que foi e não diferente"[30] (p. 74).

A explicação causal consiste sempre em "reconstituir os aspectos de um processo único de curso ininterrupto" (*to constitute aspects of a single ongoing process*, p. 76). Inversamente, a explicação por *um* antecedente discreto é o indicador de uma explicação resumida e truncada. A vantagem pragmática dessas explicações truncadas não deve fazer esquecer que "a causa é o conjunto completo de ocorrências ou acontecimentos efetivamente em curso (*actually ongoing*), que culminam nesse efeito particular e em nenhum outro" (p. 93). Nesse sentido, há

---

exaggeration to say that since its appearance in 1959 the whole tenor of discussions of causation in anglo-american philosophy has changed" [Não é um exagero dizer que desde seu surgimento em 1959 todo o teor das discussões sobre a causalidade na filosofia anglo-americana mudou] (p. 50). Maurice Mandelbaum, contudo, não segue esses autores na tese de que a explicação causal e a formulação de leis gerais se aplicariam a campos diferentes do conhecimento: a história e o direito por um lado, as ciências por outro. Seguindo antes as análises de J. L. Mackie em *The Cement of the Universe: a Study of Causation* (Oxford, Clarendon Press, 1974), M. Mandelbaum percebe, mais que uma dicotomia entre dois grandes campos de aplicação, uma sucessão de níveis explicativos indiferentes aos campos de aplicação, partindo da percepção da causalidade, passando pela atribuição causal no nível do juízo e alçando-se ao estabelecimento das leis, como "cimento" do nexo causal. Essa tese se afasta da de W. Dray depois de dela ter-se aproximado: com ele e contra os defensores do modelo nomotético, Mandelbaum afirma o primado e a irredutibilidade da atribuição causal singular; contra ele, recusa-se a opor definitivamente causalidade singular e regularidade e admite que a explicação por leis venha "cimentar" a atribuição causal.

30. Uma precisão: um efeito não diferente autoriza uma aproximação entre essa análise e a constituição das sequências irreais no raciocínio de probabilidade retrospectiva segundo Weber e Aron.

um abismo lógico entre a explicação causal, que sempre versa sobre fatores responsáveis por uma ocorrência *particular*, e a enunciação de uma lei, que versa sobre a conexão invariável entre *tipos* de acontecimentos ou de propriedades. As leis têm uma gama de aplicações ilimitadas, precisamente "porque não visam a estabelecer vínculos entre ocorrências efetivas, e sim entre propriedades características de ocorrências de determinados tipos" (p. 98), ou, se preferirem, "entre tipos de fatores mais que entre tipos de acontecimentos efetivos" (p. 100). Disso resultam duas consequências, cuja importância para a teoria da história não deveria ser subestimada. A primeira concerne à inserção de regularidades em uma atribuição causal singular. Se, no curso da explicação de um processo singular, recorre-se a generalidades, a leis, essa generalidade das leis não substitui a singularidade da explicação causal; se dissermos: *x* foi morto por uma bala que atravessou seu coração, as leis fisiológicas relativas à circulação do sangue encadeiam fatores abstratos, não fases concretas do processo efetivo; fornecem o cimento, não os materiais. As leis só se aplicam *seriatim* à sequência das condições: portanto, é preciso dar conta causalmente das séries de ocorrências que conduzem ao resultado final para poder aplicar leis a essas séries[31].

Segunda consequência: a explicação faz aparecer o efeito de um processo contínuo como necessariamente determinado, uma vez dado o estado inicial do sistema; nada além desse resultado particular podia ocorrer. Mas isso não quer dizer que o acontecimento, como um todo, foi determinado. Pois é sempre *dentro de um sistema fechado* que um processo pode ser dito determinado. Seria preciso poder considerar o universo inteiro como um único sistema para igualar a ideia de determinação causal à de determinismo. Não se pode dizer que as condições iniciais acarretem logicamente seu efeito, porque este último re-

---

31. O argumento vale para o exemplo encontrado em Hempel da explosão de um radiador de água em baixa temperatura: as leis físicas em jogo não se aplicam *todas ao mesmo tempo* (*all at once*) às condições iniciais; aplicam-se a uma série de ocorrências: são instrumentos da explicação causal e não substitutos dessa explicação (p. 104).

sulta do fato contingente de que cada uma das ocorrências tomadas no ponto de partida ocorreram em tal momento e em tal lugar. A necessidade causal é portanto uma necessidade condicional: *dado* todo o conjunto das condições causais que ocorreram (e não outras), foi *necessário* que o *efeito* efetivamente produzido adviesse. Essas duas consequências confirmam a posição irredutível, mas não exclusiva, da explicação causal[32].

A característica decisiva – e até onde sei sem equivalente em outra parte – da teoria da explicação causal em Maurice Mandelbaum é, como anunciei, sua estreita afinidade com a análise das entidades de primeira categoria em história. Com efeito, é a história geral – no sentido definido acima – que ilustra de modo mais completo a tríplice tese concernente à explicação causal: que a causalidade é o vínculo interno de um processo contínuo; que as generalizações em forma de leis devem ser inseridas na explicação causal singular; que a necessidade causal é condicional e não implica nenhuma crença no determinismo. Retomemos cada um desses três pontos.

A afinidade entre o raciocínio causal e o caráter contínuo dos fenômenos sociais é fácil de explicar: como dissemos acima, a história passa da descrição para a explicação assim que a questão do *por que* se liberta da questão do *o que* e se torna um tema distinto da investigação; e a questão do por que se autonomiza assim que a análise em fatores, em fases, em estruturas, se liberta ela mesma da apreensão global do fenômeno social total. A explicação causal deve então *reconstruir a continuidade* rompida pela análise.

A própria reconstrução pode seguir dois caminhos, conforme ponha a ênfase na continuidade temporal ou na unidade estrutural. No primeiro caso, o da análise longitudinal, por assim dizer, o fenômeno social pede a análise e o trabalho de reconstrução devido ao fato de que o tecido factual tem a notável propriedade de constituir "uma série indefinidamente densa" (p. 123); essa propriedade permite todas as mudanças de escala; assim, todo acontecimento pode ser analisado em

---

32. Esse argumento lembra o de Henrick von Wright concernente à explicação em sistemas fechados, ver acima, p. 226.

subacontecimentos ou integrado a um acontecimento de escala maior. Nesse sentido, a diferença entre curto prazo, médio prazo, longo prazo não é mais que o aspecto temporal da relação entre a parte e o todo que domina a explicação em história[33].

A essas mudanças de escala na análise longitudinal correspondem graus igualmente variáveis na análise estrutural: uma sociedade é um tecido institucional de malhas mais ou menos estreitas que permite graus variáveis de abstração na tópica institucional; por isso, pode-se tomar como ponto final da análise a distinção maciça entre a economia e a ideologia, como faz Marx, ou entre fenômenos políticos, econômicos, sociais e culturais; mas também é possível tomar cada um desses termos como ponto de partida de uma análise funcional.

Ambas as linhas de análise são amplamente autônomas, devido ao fato de "ser improvável que todos os aspectos da vida social e todos os aspectos da cultura mudem de maneira sincrônica" (p. 142). Essas discordâncias estimulam a fragmentação da história geral em histórias especiais. Em contraposição, essa fragmentação torna mais urgente e mais específica a tarefa da história geral: "O grau de unidade que podemos encontrar em cada época torna-se o contrário de um princípio explicativo: é um traço que tem de ser explicado" (*ibid.*). Mas esse grau de unidade não deve ser buscado em outro lugar que não seja na relação entre as partes: "A explicação do todo dependerá da compreensão dos vínculos que existem devido ao fato de suas partes tomarem forma" (p. 142).

Quanto à segunda tese, a inserção necessária das generalidades na explicação causal singular, ela resulta do caráter analítico da explicação: o campo histórico é um campo relacional no qual nenhuma conexão, longitudinal ou transversal, é considerada adquirida. É por isso que generalizações de toda ordem,

---

33. O conceito de densidade variável ilimitada nos permitirá, no próximo parágrafo, retomar a questão da história não factual desde o começo. Já nos permite afirmar que curto prazo e longo prazo são sempre permutáveis em história. No tocante a isso, *La Méditerranée*... de Braudel e *Le Carnaval de Romans* de Le Roy Ladurie ilustram maravilhosamente bem essa permutação permitida pelos graus de densidade do tecido temporal da história.

de todo nível epistemológico e de toda origem científica são necessárias para "cimentar" a causalidade; concernem igualmente às estruturas institucionais e às disposições que conferem à conduta humana uma estabilidade e uma relativa acessibilidade à predição. Mas essas generalizações só funcionam *historicamente* sob a condição de explicar as estruturas e as sequências temporais, cuja coesão resulta do fato de serem as partes de um todo contínuo.

Finalmente, a distinção entre necessidade causal condicional e determinismo universal é perfeitamente homogênea com a distinção entre história geral e histórias especiais. Sendo as sociedades singulares que constituem o termo último de referência da história geral inevitavelmente múltiplas, a necessidade a que o historiador pode se remeter ao reconstruir a continuidade de sua constituição sequencial ou estrutural permanece fragmentária e de certo modo regional. O raciocínio de Mandelbaum junta-se aqui ao de H. von Wright no que concerne ao fechamento dos sistemas, ao papel da intervenção dos agentes na própria operação de fechamento e à impossibilidade que qualquer sujeito tem de ser ao mesmo tempo o observador dos vínculos sistêmicos e o operador ativo que põe em movimento o sistema. Mandelbaum concorda também com a distinção feita por Max Weber entre causalidade adequada e necessidade lógica. Por fim, reforça o argumento de Raymond Aron contra a ilusão retrospectiva de fatalidade e sua defesa de um determinismo fragmentário, aberto para uma ação política livre.

Contudo, a raiz da distinção entre necessidade causal condicional e determinismo universal deve ser buscada na própria natureza das entidades de primeira ordem, que são sempre sociedades singulares. Não importa o que se ponha depois dessa palavra – nação, classe, povo, comunidade, civilização –, o pertencimento participativo que funda o laço social gera quase personagens que são tão múltiplos quanto as quase intrigas das quais são os heróis. Assim como para o historiador não há uma intriga única que englobaria todas as intrigas, tampouco há para ele um personagem histórico único que seria o super-herói da historiografia. O *pluralismo* dos povos e das civilizações é um fato incontornável da experiência do historiador, porque é um fato incontornável da experiência daqueles que fazem ou sofrem a história. É por isso que a atribuição causal singular, que opera nos limites desse pluralismo, só pode pretender a uma necessidade causal condicionada pela hipótese de que está dada determinada sociedade singular onde existem homens agindo em comum.

3. Falarei brevemente das entidades de segunda e de terceira ordem construídas pelo historiador bem como da correlação entre os procedimentos explicativos e essas entidades derivadas.

A passagem da história geral para as histórias especiais em Maurice Mandelbaum continua sendo um bom guia. Lembremos as características que ele atribui aos fenômenos culturais sobre os quais versam as histórias especiais: tecnologia, ciências, artes, religiões etc. São fenômenos 1) *descontínuos*, 2) *delimitados pelo próprio historiador*, que estabelece por estipulação o que vale como fenômeno cultural dessa ou daquela classe, 3) por conseguinte, *menos suscetíveis de objetividade* que a história geral. Como meu tema não é o debate entre objetividade e subjetividade em história, mas sim o estatuto epistemológico das entidades construídas pelo historiador, porei entre parênteses tudo o que concerne ao grau de arbitrariedade permitido pelas histórias especiais e me concentrarei na relação de derivação que liga as histórias especiais à história geral.

Essa derivação torna-se possível pela análise em fases e em estruturas que já prevalece no plano da história geral, assim como pelo recurso a termos gerais no curso da explicação causal.

A partir desse duplo trabalho de abstração, o interesse do historiador não encontra dificuldade para se deslocar do fenômeno social, na sua continuidade e singularidade, para os fenômenos culturais e genéricos. As novas entidades que ocupam então a cena histórica são os simples correlatos do trabalho de *conceituação* característico da história erudita. É preciso convencer-se de que essas entidades são classes, seres genéricos, não singularidades; são tomadas de empréstimo essencialmente das ciências sociais com as quais a história tem afinidades: economia, demografia, sociologia das organizações, sociologia das mentalidades e das ideologias, ciência política etc. O historiador ficará ainda mais tentado a tomar essas entidades por realidades históricas na medida em que conseguir tratá-las como invariantes das quais as sociedades singulares não são mais que variantes, ou melhor, variáveis.

É o que Paul Veyne faz em *L'Inventaire des différences*[34] [*O inventário das diferenças*]. Constrói a invariante *imperialismo* e, entre suas variantes, um imperialismo que consiste em ocupar todo o espaço disponível para conseguir o monopólio do poder; a singularidade romana será localizada, sem consideração de espaço e de tempo, no trajeto de especificação da invariante tomada como ponto de partida. O mecanismo de pensamento é perfeitamente legítimo e de grande força heurística e explicativa. Só se torna falho quando *esquecemos* que as entidades de segundo grau, tais como o imperialismo, *derivam* – quanto à sua existência – das entidades de primeira ordem, às quais indivíduos atuantes pertenceram e das quais participaram com suas ações e interações. Talvez o historiador só possa "crer" nesses seres de razão esquecendo e invertendo a verdadeira ordem de derivação. A virtude do argumento de Maurice Mandelbaum está em combater esse esquecimento, lembrando que uma história da arte, da ciência ou de qualquer outra função de uma sociedade dada só conserva uma significação histórica se, ao menos implicitamente, o historiador mantém em seu campo de visão as entidades concretas das quais foi abstraída. Em outras palavras, essa história não tem significação em si mesma, apenas por referência às entidades continuamente existentes que são as *portadoras* dessa função.

A derivação das entidades de segunda ordem a partir das entidades de primeira ordem tem por corolário a derivação que observamos constantemente da explicação nomológica para a explicação causal singular. Não retomarei o argumento pro-

---

34. Paul Veyne, *L'Inventaire des Différences*, "Leçon inaugurale" no Collège de France, Éd. du Seuil, 1976. Falo mais demoradamente dessa obra em *The Contribution of French Historiography to the Theory of History, op. cit.*

priamente dito, mas apenas um de seus aspectos que exprime mais diretamente o parentesco entre as duas linhas de derivação, a dos procedimentos e a das entidades. Estou pensando naquele tipo de querela dos universais suscitada no campo dos estudos históricos pelo trabalho de *conceituação* sobre o qual dissemos, na introdução deste capítulo, ser um dos corolários do corte epistemológico que gera a história como investigação científica. A tese de Maurice Mandelbaum segundo a qual os objetos próprios das histórias especiais são classes e não singularidades serve de reforço para o nominalismo moderado professado por muitos epistemólogos relativamente ao estatuto do aparelho conceitual usado pelos novos historiadores.

Henri-Irénée Marrou, em um capítulo intitulado "L'usage du concept" [O uso do conceito] (*op. cit.*, pp. 140 ss.), distingue cinco grandes categoriais de conceitos: a) a história, diz ele, utiliza "conceitos de ambição universal", menos raros do que a crítica relativista costuma admitir, concernentes ao que há de menos variável no homem: de minha parte, incluiria aí a rede conceitual constitutiva de uma semântica da ação (*mímesis* I); b) a história faz além disso "um uso analógico ou metafórico... de uma imagem singular": é o caso do adjetivo barroco, tomado fora de contexto e transposto com base em uma comparação bem fundamentada para outros períodos além do Barroco propriamente dito; c) em seguida, vem a nomenclatura dos "termos especiais que designam instituições, instrumentos ou ferramentas, modos de agir, de sentir ou de pensar, em suma, fatos de civilização" (p. 151); seu limite de validade nem sempre é percebido, por exemplo, quando são extrapolados de um setor determinado do passado para um outro: por exemplo, cônsul, virtude romana etc.; d) mais importante é a classe dos tipos ideais de Max Weber, se entendermos por tipo ideal "um esquema de valor relativamente geral construído pelo historiador com elementos observados no estudo dos casos particulares, esquema orgânico de partes mutuamente dependentes..., expresso, por fim, com rigor e precisão pelo historiador numa definição que esgota seu conteúdo" (pp. 153-4): é por exemplo a noção de Cidade antiga, tal como foi elaborada por Fustel de Coulanges; ora, observa Marrou, "o *Ideal-týpus* só será legitimamente usado se, como sublinhava com insistência Max Weber, o historiador mantiver sempre plena consciência de seu caráter estritamente nominalista" (p. 156); portanto, todo cuidado é pouco para evitar a tentação de reificar os "tipos ideais"; e) vêm, enfim, as designações, tais como Antiguidade clássica, Atenas, o Renascimento, o Barroco, a Revolução Francesa: "São agora termos singulares, não suscetíveis de uma definição exaustiva, que denotam um conjunto, por exemplo um período mais ou menos vasto da história de um meio humano determinado, ou da história da arte, do pensamento etc., ou seja, a totalidade do que conseguimos conhecer do objeto assim definido" (p. 159).

Na minha opinião, esta última classe é heterogênea com relação às anteriores, porque designa entidades de terceira ordem, que integram, em novas entidades holísticas, os temas, os procedimentos e os resultados das histórias especiais. Essas totalidades não são de forma alguma comparáveis às totalidades concretas características das entidades de primeira ordem. Estão separadas destas pelos procedimentos complexos das histórias especiais. Seu caráter sintético é a contrapartida do espírito deliberadamente analítico que regula a construção das entidades de segunda ordem. Nesse sentido, apesar de terem uma aparência concreta, essas entidades são as mais abstratas de todas. É por isso que os procedimentos que reinam nesse nível estão tão afastados quanto possível dos procedimentos de composição da intriga que podem ser estendidos analogicamente aos "heróis" coletivos da história geral[35].

O nominalismo dos *conceitos* históricos é, a nosso ver, um corolário epistemológico do caráter derivado das *entidades* de segunda e terceira ordem. Com essas entidades, lidamos com "constructos", cuja base narrativa e, com mais razão ainda, base de experiência, são cada vez mais difíceis de reconhecer. Já não

---

35. Henri Marrou: "Nos termos de sua elaboração, o conhecimento histórico revela seu nominalismo radical, bem mais radical do que Max Weber imaginava, apesar de sua profissão de fé" (pp. 158-9). Falando mais precisamente dos termos singulares que povoam sua quinta classe de conceitos: "O uso dessas noções é perfeitamente legítimo se ao menos se tomar o cuidado de conservar para eles um caráter estritamente nominalista" (p. 159).

conseguimos discernir nesses constructos o equivalente do que chamamos projeto, objetivo, meio, estratégia ou mesmo ocasião e circunstância. Em suma, nesse nível derivado, já não se pode falar de quase personagem. A linguagem apropriada às entidades de segunda ou terceira ordem está distante demais da linguagem da narrativa, e mais ainda da linguagem da ação real, para conservar os traços de sua derivação indireta. É somente através da relação de derivação das entidades de segunda ordem a partir das entidades de primeira ordem que essa filiação pode ser reativada.

Portanto, é só o método muito refinado da pergunta retrospectiva que pode reconstruir os canais pelos quais não só os procedimentos mas as entidades da investigação histórica remetem indiretamente ao plano da compreensão narrativa. Somente a pergunta retrospectiva explica a inteligibilidade da história como disciplina *histórica*[36].

3. Tempo da história e destino do acontecimento

O leitor não ficará surpreso se eu terminar minha pesquisa sobre a epistemologia da historiografia com a questão do tempo histórico: na verdade, é isso o que está em jogo em toda esta segunda parte. A questão do estatuto epistemológico do tempo histórico relativamente à temporalidade da narrativa foi algo

---

36. O leitor talvez lamente que a análise causal em história tenha sido tratada em três contextos diferentes: uma primeira vez com William Dray, no âmbito da discussão do modelo nomológico; uma segunda vez com Max Weber e Raymond Aron, a respeito dos procedimentos transicionais entre narrativa e explicação; uma terceira vez com Mandelbaum, em conexão com o estatuto das entidades de primeira ordem. Considerei não dever evitar esse tripleto. Trata-se efetivamente de três problemáticas diferentes: a primeira é determinada pelo surgimento, em filosofia analítica, de um modelo de subsunção com o qual Max Weber e Aron não tiveram de se confrontar; a segunda é determinada pela questão levantada, na tradição alemã do *Verstehen*, sobre o grau de cientificidade a que podem pretender as ciências idiográficas cuja autonomia não é contestada; a terceira brota do novo ciclo de problemas decorrentes da correspondência entre dois tipos de continuidade, a das entidades últimas postas pelo historiador no plano da existência e a do processo causal no plano epistemológico.

constantemente antecipado nos dois parágrafos precedentes. A imputação causal singular revelou ser parente próxima da formulação pelo historiador de entidades de primeira ordem, que têm como uma de suas características principais a *existência contínua*. Embora essa característica não se reduza à continuidade *temporal*, uma vez que concerne a todos os aspectos estruturais das relações entre partes e todo, a noção de *mudança* aplicada às relações estruturais não cessa de referir à questão do tempo histórico.

Será que a tese de que tanto os procedimentos como as entidades decorrentes do corte epistemológico característico da história-ciência remetem, por via indireta, aos procedimentos e entidades do nível *narrativo* tem um equivalente também nesse terceiro registro? Podemos demonstrar que o tempo construído pelo historiador provém, por uma série de desvios, da temporalidade própria da narrativa? Também aqui busquei uma *intermediação* apropriada. Creio tê-la encontrado no uso, extremamente ambíguo, que os historiadores fazem da noção de *acontecimento*.

Para essa demonstração, irei me apoiar mais uma vez na historiografia francesa. É claro que considero dado o que foi amplamente demonstrado acima, ou seja, que a história de longa duração ganhou a batalha e tende a ocupar todo o campo dos estudos históricos[37]. Retomando a tese em defesa da longa duração do ponto de vista do destino do acontecimento, vou me empenhar em detectar nela uma expansão – própria da história – da dialética entre a configuração do tempo pela composição narrativa e as prefigurações temporais da vivência prática.

---

37. Para estabelecer a ligação com os problemas discutidos nas duas seções anteriores, lembrarei apenas o estreito parentesco entre esse pressuposto central e as outras inovações reivindicadas pela escola dos *Annales*: a revolução documentária, a ampliação do questionário, o primado da problemática sobre o "fato" histórico dado, o matiz deliberadamente conceitualizante da investigação. Nesse sentido, a longa duração não é mais que um componente do deslocamento global da linha de frente da investigação histórica. Mas ela tem seus critérios próprios que exigem discussão.

Lembremos primeiro o que a configuração "mítica" – no sentido aristotélico da palavra – faz do acontecimento. Todos se recordam dos postulados epistemológicos e ontológicos vinculados a essa noção de acontecimento. Deixemos de lado por ora os postulados ontológicos, que reencontraremos na quarta parte, quando debateremos a referência da história ao passado. Limitemo-nos aos postulados epistemológicos implícitos no uso corrente do termo *acontecimento* – singularidade, contingência, desvio – e empenhemo-nos em reformulá-los no contexto de nossa teoria da intriga, sob o título de *mímesis* II. Essa reformulação procede da principal conexão entre acontecimento e narrativa por meio da intriga. Como mostramos acima, os *próprios acontecimentos* recebem uma inteligibilidade derivada de sua contribuição à progressão da intriga. Disso resulta que as noções de singularidade, de contingência e de desvio devam ser seriamente modificadas...

Com efeito, as intrigas são em si mesmas a um só tempo singulares e não singulares. Falam de acontecimentos que só acontecem nessa intriga; mas existem tipos de composição da intriga que universalizam o acontecimento.

Além disso, as intrigas combinam contingência e verossimilhança, ou até necessidade. Como a *peripéteia*, segundo a *Poética* de Aristóteles, os acontecimentos chegam de surpresa, transformando, por exemplo, a fortuna em infortúnio; mas a intriga faz da própria contingência um componente do que Gallie chama com razão de *followability* da história narrada; e, como nota Louis O. Mink, é antes na situação em que se conta, lendo a história de trás para a frente, de sua conclusão para seu começo, que entendemos que as coisas deviam "tomar o rumo" que tomaram.

As intrigas, por fim, combinam submissão aos paradigmas e desvio. O processo de composição da intriga oscila entre a conformidade servil à tradição narrativa e a rebelião ante qualquer paradigma estabelecido. Entre esses dois extremos estende-se toda a gama de combinações entre sedimentação e invenção. Os acontecimentos seguem, a esse respeito, o destino da intriga. Também eles seguem a regra e quebram a regra, sua gênese oscilando para um lado ou outro do ponto mediano da "deformação regrada".

Assim, por serem narrados, os acontecimentos são singulares *e* típicos, contingentes *e* esperados, desviantes *e* tributários de paradigmas, nem que seja de modo irônico.

Minha tese é de que os acontecimentos históricos não diferem radicalmente dos acontecimentos organizados por uma intriga. A derivação indireta das estruturas da historiografia a partir das estruturas básicas da narrativa, estabelecida nas seções precedentes, permite pensar que é possível, por meio de procedimentos apropriados de derivação, estender para a noção de *acontecimento histórico* a reformulação que a noção *de acontecimento-composto-em-intriga* impôs aos conceitos de singularidade, de contingência e de desvio absolutos.

Gostaria de voltar aos *Escritos sobre a história* de Fernand Braudel, apesar de – ou graças a – sua condenação da história factual, para mostrar em que sentido *a própria noção de história de longa duração deriva* do acontecimento dramático, no sentido que acabamos de expor, isto é, do *acontecimento-composto-em-intriga*.

Partirei da conclusão irrecusável da metodologia braudeliana, ou seja, da ideia da *pluralidade* do tempo social. A "decomposição da história em planos escalonados", para retomar os termos do prefácio de *La Mediterranée...* (*Écrits*, p. 13), é uma grande contribuição para a teoria do tempo narrativo. Portanto, é dela que o método de questionamento regressivo deve partir. É preciso indagar o que torna pensável a própria distinção entre uma "história quase imóvel", uma "história em ritmo lento" e uma "história da dimensão do indivíduo", ou seja, a história factual que a história de longa duração tem de destronar.

Creio que devemos buscar a resposta no princípio de *unidade* que, apesar da distinção das durações, mantém juntas as três partes da obra. O leitor não pode se contentar em reconhecer o direito que cada uma dessas partes tem de existir separadamente – "Cada uma, diz o prefácio, é em si uma tentativa de explicação" (p. 11). Também o título da obra, por sua dupla referência, por um lado ao Mediterrâneo e por outro a Filipe II, convida o leitor a se perguntar de que modo a longa duração faz transição entre a estrutura e o acontecimento. Compreender essa mediação da função da longa duração é, na minha opinião, reconhecer o caráter de *intriga* que o *conjunto* constituído pelas três partes da obra tem.

Gostaria de apoiar minha interpretação não mais nas declarações de método reunidas em *Escritos sobre a história*, mas numa leitura paciente de *La Méditerranée et le monde méditerranéeu à l'époque de Philippe II* (leitura que fiz da terceira edição, de 1976). Essa leitura revela o papel considerável de estruturas de transição que garantem a coerência do conjunto da obra. São essas estruturas que, por sua vez, autorizam a tratar o agenciamento da obra inteira em termos de quase intriga.

Por estrutura de transição entendo todos os procedimentos de análise e de exposição que fazem com que a obra tenha de ser lida de frente para trás e de trás para a frente. No tocante a isso, poderia dizer que se a primeira parte conserva um caráter histórico, apesar da predominância da geografia, é em virtude de todas as marcas que anunciam a segunda e a terceira partes e montam a cena sobre a qual o resto da obra dispõe os personagens de seu drama. A segunda parte – propriamente dedicada à longa duração dos fenômenos de civilização – tem por função manter unidos os dois pólos: o Mediterrâneo, referente do primeiro volume, e Filipe II, referente do terceiro. Nesse sentido, constitui simultaneamente um objeto distinto e uma estrutura de transição. É esta última função que a torna solidária das duas outras seções entre as quais está inserida.

Mostremos isso mais detalhadamente.

Tomemos o primeiro nível: mais que o tempo, o espaço parece ser seu tema. O que é imóvel é o Mar Interior. No entanto, não há nada escrito que já não pertença a uma história do Mediterrâneo[38]. Tomemos os três primeiros capítulos, dedi-

---

38. Sob o signo de uma certa geografia atenta sobretudo aos dados humanos, a pesquisa de primeiro nível é "também e mais ainda a investigação de uma certa história" (I, p. 21). Uma "história em marcha lenta, reveladora de valores permanentes" (*ibid.*), que portanto faz uso da geografia como se fosse um meio. No tocante a isso, chama a atenção que o autor tenha postergado até mais ou menos a p. 200 suas reflexões sobre "a unidade física" do Mediterrâneo; embora se possa reconhecer que "o próprio Mediterrâneo não é responsável pelo

cados a esse mar entre as terras. Trata-se apenas dos espaços habitados ou inabitados, incluindo as planícies líquidas. O homem está presente em toda parte e com ele um pulular de acontecimentos sintomáticos: a montanha figura ali como refúgio e como abrigo para homens livres. Quanto às planícies costeiras, não são evocadas sem a colonização, o trabalho de drenagem, o beneficiamento das terras, a disseminação das populações, os deslocamentos de todo tipo: transumância, nomadismo, invasões[39]. Depois temos os mares, seus litorais e suas ilhas: é também na escala dos homens e de sua navegação que eles figuram nessa geo-história. Estão lá para serem descobertos, explorados, singrados. Não é possível, nem mesmo no primeiro nível, falar deles sem evocar as relações de dominância econômico-política (Veneza, Gênova etc.). Os grandes conflitos entre os impérios espanhol e turco já lançam sua sombra sobre as paisagens marinhas. E com as relações de força os acontecimentos já começam a despontar[40].

É assim que o segundo nível está não só implicado mas antecipado no primeiro: a geo-história transforma-se rapidamente em geopolítica. Com efeito, a primeira parte estabelece essencialmente a polaridade dos impérios turco e espanhol[41]. As

---

céu que o ilumina" (I, p. 212), a unidade física em questão aqui é antes de tudo a permanência das limitações – hostilidade do mar, rigor dos invernos, calor escaldante do Sol –, e tudo o que constitui a identidade do homem mediterrâneo, compensando todas essas carências, ajustando às estações suas guerras, seus negócios e seus complôs, sob a trindade inamovível, trigo, oliveira, vinha: "Ou seja, a mesma civilização agrária, a mesma vitória dos homens sobre o meio físico" (I, p. 215).

39. "O homem é o operário dessa longa história" (I, p. 57). "Toda a Espanha desenraíza seus homens em benefício dessas regiões do sul abertas para o mar" (I, p. 75). "Todos esses movimentos exigem séculos para ser realizados" (I, p. 92). Em suma, "a observação geográfica da longa duração nos conduz para as mais lentas oscilações que a história conhece" (I, p. 93).

40. "O acontecimento novo é a chegada maciça dos navios nórdicos a partir dos anos 1590" (I, p. 109). Tampouco é possível deixar de já nomear a guerra de Granada...

41. "Cada um desses grandes Mediterrâneos veiculou, criou de certo modo esse duplo imperialismo" (I, p. 125).

zonas marítimas são de saída zonas políticas[42]. O olhar pode tentar fixar-se na vida silenciosa das ilhas, em seu ritmo lento de arcaísmo e de novidade. A grande história não cessa de acostar às ilhas e acoplar as penínsulas[43], ao passo que a primazia política passa de uma para a outra "e, com ela, todas as outras primazias, as da economia bem como as da civilização" (I, p. 151). A geografia é tão pouco autônoma que os confins do espaço considerado não cessam de ser redesenhados pela história[44]. Avalia-se o Mediterrâneo por suas irradiações. O fenômeno do comércio já está imediatamente implicado. E é preciso estender o espaço mediterrâneo até o Saara e os istmos europeus. O autor não tem medo de declarar bem no meio de seu primeiro volume: "Repitamo-lo: não são os espaços geográficos que fazem a história, e sim os homens, senhores ou inventores desses espaços" (I, p. 206). De tal forma que o último capítulo desse primeiro nível conduz abertamente da unidade física à unidade humana "para a qual se orienta todo nosso livro" (I, p. 252). Eis o trabalho dos homens ("Não é a água que liga as regiões do Mediterrâneo, são os povos do mar"): ele produz um espaço-movimento feito de rotas, mercados, tráficos. Por isso já é preciso evocar o banco e as famílias industriais e mercantis e sobretudo as cidades cuja instalação remodela todas as paisagens[45].

O segundo nível é evidentemente aquele onde o historiador da longa duração se move de modo mais feliz. Mas é pre-

---

42. "A política não é mais que um decalque de uma realidade subjacente. Esses dois Mediterrâneos, comandados por senhores inimigos, são física, econômica e culturalmente diferentes um do outro; cada um é uma zona de história" (I, p. 125).

43. "Essas ligações, essas duplas vidas, umas que se desfazem, outras que se estabelecem, resumem a história do mar" (I, p. 151).

44. "O Mediterrâneo (I, e o maior Mediterrâneo que o acompanha) é tal como os homens o fazem, a roda do destino deles fixa o seu, amplia e encolhe seu domínio" (I, p. 155).

45. A cidade provoca, no discurso do geógrafo-historiador, uma florescência de datas (I, pp. 310-2), tamanha a presença da história das cidades, fazendo frente aos empreendimentos dos estados territoriais, inchando-se ou se extenuando ao sabor da conjuntura econômica. Sim, as cidades "exprimem a evolução, a conjuntura" (I, p. 322) sobre o fundo das constâncias, das permanências e das repetições que o primeiro patamar da análise estabelece.

ciso constatar até que ponto esse nível, considerado em si mesmo, carece de coerência. Oscilando entre o registro da estrutura e da conjuntura, põe em cena três sistemas de organização que concorrem entre si: o da conjuntura econômica, em crescimento geral; o da física-política, governado pela polaridade movente entre Espanha e Turquia; o das civilizações. Ora, esses três sistemas não coincidem perfeitamente; o que talvez explique a tentação crescente, de uma edição para a outra, de ceder ao materialismo unificador da conjuntura econômica.

Sob o título "as economias" – primeiro sistema organizador –, já são considerados problemas relativamente disparatados: as imposições do espaço e da quantidade de homens com relação à gestão dos impérios, o papel do afluxo de metais preciosos, os fenômenos monetários e a evolução dos preços, por fim o comércio e os transportes. É por ocasião do estabelecimento desse primeiro sistema que Braudel coloca com uma insistência crescente a questão de saber em que nível se situa o fator de totalização, se houver algum: "Será possível construir o modelo da economia mediterrânea?" Sim, se conseguirmos dar corpo à noção de uma "economia-mundo", considerada como uma "zona coerente em si" (I, p. 383), apesar de seus limites incertos e variáveis. Mas isso continua sendo uma empresa aleatória, devido à falta de medidas monetárias para contabilizar as trocas. Além disso, um pulular de acontecimentos datados, concernentes às quatro pontas do quadrilátero Gênova-Milão-Veneza-Florença e à história das outras praças mercantis, mostra que o nível III não cessa de interferir no nível II. E é o crescimento dos Estados, junto com o do capitalismo, que faz com que a longa história das economias esteja o tempo todo entregue ao factual[46]. Ao falar do comércio e dos transportes, o

---

46. No capítulo sobre os metais preciosos, as moedas e os preços (I, pp. 420 ss.), é impossível não datar as mudanças nas práticas comerciais, as entradas e saídas dos metais: "O avanço dos portugueses ao longo da costa alta da África é um acontecimento importante" (I, p. 427). E mais adiante: "Durante os duros anos de guerra, 1557-1558, as chegadas de navios carregados de metais foram os grandes acontecimentos do porto de Anvers" (I, p. 437). As datas pululam com o ciclo dos metais pelas rotas ocidentais. As bancarrotas reais são

autor reitera seu propósito: "O que nos interessa é um desígnio de conjunto" (I, p. 493). Mas comércio da pimenta, crise do trigo, invasão do Mediterrâneo pelos navios do Atlântico etc. obrigavam a atravessar muitos acontecimentos (a história da pimenta portuguesa, os contratos dos Welser e Fugger, a luta das rotas rivais) e no entanto ir ao mesmo tempo além das aparências da narrativa[47]. Os equilíbrios e as crises do trigo mediterrâneo, o "drama do trigo comercial" (I, p. 530), a chegada dos barcos a vela atlânticos que se torna invasão são todos acontecimentos datados ("Como os holandeses tomaram Sevilha sem encontrar resistência a partir de 1570", I, p. 573). A história nunca abandona de todo a tentação do acontecimento em prol da grande economia, da dinâmica das economias-mundo, encarregadas de explicar acontecimentos da proporção daqueles que acabamos de evocar.

E o segundo nível ainda tem de dar espaço para outros princípios organizadores: os impérios, as sociedades, as civilizações. Às vezes parece que são os impérios que fornecem a trama da história: "O drama do Mediterrâneo no século XVI é em primeiro lugar um drama de crescimento político, o estabelecimento dos colossos" (II, 9): Osmanlis no Leste, Habsburgo no Oeste. É certo que os personagens, Carlos V, Suleiman são acidentes, mas não seus impérios. Contudo, sem negar indivíduos e circunstâncias, deve-se antes voltar a atenção para a conjuntura obstinadamente favorável aos vastos impérios, com o crescimento econômico dos séculos XV e XVI e, de forma mais geral, para os fatores favoráveis ou desfavoráveis às vastas formações políticas, a cuja ascensão e começo do declínio

---

datadas (1596, 1607 etc.). Trata-se decerto de apreender seus motores permanentes, para confirmar o esquema explicativo; mas é efetivamente preciso atravessar a história factual com suas datas, nomes próprios, nomear Filipe II e levar em conta suas decisões. Por isso o nível III lança sua sombra sobre o nível II, por meio das interferências entre, por um lado, a política e a guerra e, por outro, as economias.

47. "Todos esses acontecimentos da guerra da pimenta e das especiarias correm o risco de ocultar o conjunto do problema visível em escala mundial, das minas de prata da América às ilhas Molucas ou à ponta oriental da ilha de Sumatra" (I, p. 515).

o século XVI assistiu[48]. Pode-se bem dizer que a unidade ibérica está no ar, no próprio sentido da conjuntura, assim como a criação de uma mística imperial, a da reconquista e da expansão rumo à África e depois à América. Como é difícil, contudo, não exclamar diante de acontecimentos da proporção da tomada de Constantinopla, depois da Síria, depois do Egito pelos turcos: "Que grande acontecimento!" (II, p. 17). Como não representar vigorosamente uma primeira vez personagens tão consideráveis como Carlos V e Filipe II, mesmo que se possa escrever que "o recuo de Filipe II para a Espanha é um recuo necessário para a prata da América" (II, p. 25)? Isso não impede o historiador de lamentar de passagem que Filipe II não tenha deslocado sua capital para Lisboa, em vez de se encerrar em Madri. Se, apesar de tudo, prevalece a longa duração é na medida em que os destinos dos Estados e das economias mantêm relações recíprocas. Ao contrário de Schumpeter, que põe uma ênfase excessiva na economia, é preciso dar o mesmo peso à política e a suas instituições[49]. Mas não se pode falar da política sem falar dos agentes de sua grandeza, dos legistas e sua venalidade, das dificuldades financeiras dos Estados, das guerras fiscais. A aventura política tem seus homens.

Contudo, nem as economias nem os impérios ocupam toda a cena do segundo nível. Há também as civilizações: "As civilizações são os personagens mais complexos, mais contraditórios do Mediterrâneo" (p. 95), pois são simultaneamente fraternas e exclusivas, móveis e permanentes, dispostas a irradiar e obstinadas em nada emprestar. A Espanha tem seu Barroco. A Contrarreforma é sua Reforma: "A recusa foi portanto voluntária, categórica" (II, p. 105). Para exprimir "essas incríveis permanências", Braudel tem uma frase magnífica: "Uma civilização é, basicamente, um espaço trabalhado, organizado pe-

---

48. "Nada mais difícil que essa cronologia que não depende de acontecimentos, mas somente de diagnóstico, auscultação, com as habituais chances de erros médicos" (II, p. 10).
49. O Estado "é, assim como o capitalismo, fruto de uma evolução múltipla. Na verdade, a conjuntura, em sentido *amplo*, também engloba em seu movimento as bases políticas, favorecendo-as ou abandonando-as" (II, p. 28).

los homens e pela história. É por isso que há limites culturais, espaços culturais de extraordinária perenidade: todas as misturas do mundo nada podem contra isso" (II, p. 107). Mortais? As civilizações com certeza o são, "mas as fundações permanecem. Não são indestrutíveis, são ao menos mil vezes mais sólidas do que se pensa. Resistiram a mil mortes supostas. Mantêm suas massas imóveis sob a passagem monótona dos séculos" (II, p. 112). Contudo, um outro fator intervém: as civilizações são múltiplas; é nos seus pontos de contato, de atrito e de conflito, que nascem novamente os acontecimentos: se a causa é a recusa por parte da hispanidade de qualquer mistura, é preciso narrar "o lento naufrágio do Islã ibérico" (II, p. 118), "o drama de Granada" e até as sobrevivências e as infiltrações que ainda fazem falar de "Granada depois de Granada" (p. 126), até a extirpação[50]. Em seguida, é preciso tratar do destino dos judeus seguindo o mesmo esquema, traçar um paralelo entre a obstinação dos marranos e a dos mouriscos. Mas, também nesse caso, é preciso resistir à tentação do factual e apreender o vínculo oculto entre o martirológio judeu e o movimento da conjuntura: "A maior culpa é da crise de todo o mundo ocidental" (p. 151). Assim, ao ser situada no fim de um período de regressão lenta, a data de 1492 perde um pouco de seu brilho sombrio. Mesmo sua condenação moral se vê, se não atenuada, ao menos matizada[51]. As conjunturas longas das civilizações entrelaçam-se às das economias. Resta que a rejeição do islamismo e do judaísmo é testemunha da especificidade das civilizações relativamente às economias. Por fim e sobretudo, devemos incluir na categoria de fenômenos de longa duração as formas da guerra, sem voltar à história-batalhas. Ainda assim, é preciso se aproximar dos acontecimentos para apreciar as técnicas bélicas, pesar as despesas de guerra – ruína dos impérios – e, sobretudo, discernir na guerra o próprio sinal da lon-

---

50. "De todas as soluções, a Espanha escolheu a mais radical: a deportação, arrancar completamente a planta de seu solo" (II, p. 130).
51. "Qual a civilização que teria, uma única vez no passado, preferido outra a si mesma?... A conjuntura também tem sua parcela de responsabilidade" (II, p. 153).

gevidade das civilizações. Conjunturas ideológicas de sinal contrário, que primeiro se afirmam e depois substituem uma à outra, permitem dar seu peso relativo a acontecimentos, tais como a batalha de Lepanto, que os protagonistas e as testemunhas superestimaram imensamente. São essas conjunções superpostas, portadoras de acontecimentos, que inscrevem no mar e nas terras o choque das economias, dos impérios, das sociedades e das civilizações. Essa concorrência entre vários princípios organizadores em ação no segundo nível não escapou a Braudel. No final do segundo volume – e nas últimas edições –, ele pesa os prós e os contras de uma história regida apenas pela conjuntura econômica ou então pela história de conjunturas múltiplas: pois não há uma, mas várias conjunturas. Não há nem mesmo uma conjuntura econômica, mas um "*trend*" secular (o limite de seu refluxo está, por sinal, datado diferentemente de uma edição para outra) e toda uma hierarquia de conjunturas longas, semilongas e curtas. Mas é preciso reconhecer sobretudo que as conjunturas culturais não se deixam superpor facilmente às conjunturas econômicas, mesmo no "*trend*" secular. O século de ouro espanhol não floresce depois da maior reviravolta secular? Como explicar essas florações fora de estação? O historiador hesita: apesar do canto das sereias da conjuntura econômica, reconhece que a história volta a ser multiplicidade, incerteza..., talvez o conjunto todo vá escorrer entre nossos dedos...

Portanto, nas duas primeiras partes, tudo conspira para coroar o edifício com uma história dos acontecimentos que põe em cena "a política e os homens". Essa terceira parte da obra não é de forma nenhuma uma concessão à história tradicional: em uma história global, as estruturas estáveis e as evoluções lentas talvez constituam o essencial, mas "esse essencial não é totalidade" (II, p. 223). Por quê? Primeiro, porque os acontecimentos dão testemunho das massas profundas da história. As duas primeiras partes, como vimos, fazem um enorme consumo desses "signos factuais" (II, p. 223), concomitantemente sintomas e testemunhos. O grande historiador não teme declarar aqui: "Não sou o inimigo, sem mais nem menos, do acontecimento" (II, p. 223). Mas há um outro motivo, qual seja, o de que os acontecimentos colocam o problema de sua coerência no seu próprio nível. O próprio Braudel dá, para a inevitável seleção que esse nível de explicação exige, uma dupla justificação. Por um lado, o historiador retém apenas os acontecimentos importantes, aqueles cujas consequências os tornaram importantes. Braudel reencontra aqui, sem nomeá-lo, o problema da explicação causal singular, tal como foi formulada por Weber e Aron, com sua lógica de retrodicção e sua busca de "adequação"[52]. Por outro lado, o historiador não pode negligenciar o juízo de seus contemporâneos sobre a importância dos acontecimentos, sob pena de não expor o modo como os homens do passado interpretaram sua história. (Braudel evoca aqui o corte que a noite de São Bartolomeu representa para os franceses.) Essas interpretações também fazem parte do objeto histórico.

Torna-se, pois, impossível fazer coincidir os dois encadeamentos, o das conjunturas econômicas e o dos acontecimentos políticos em sentido amplo, aquele pelo qual os contemporâneos tiveram preferência, sobretudo em um século em que, apesar de tudo, é a política que manda no jogo. No entanto, essas duas cadeias deixam entre si grandes intervalos que vimos serem preenchidos pela história dos impérios, das sociedades, das civilizações e da própria guerra[53].

---

52. É assim que Lepanto, de cujas poucas consequências Voltaire já zombara, foi "o mais retumbante dos acontecimentos militares do século XVI no Mediterrâneo. Mas essa imensa vitória da técnica e da coragem dificilmente ganha espaço nas perspectivas correntes da história" (p. 383). Lepanto teria provavelmente tido consequências se a Espanha tivesse se dedicado a lhes dar seguimento. No final das contas, "Lepanto não serviu para nada" (II, p. 423). No tocante a isso, notem-se as belas páginas dedicadas aos cálculos de Dom João – "operário do destino" (II, p. 365): a instância explicativa satisfaz exatamente o modelo de explicação por razões de William Dray, bem como o modelo weberiano da explicação pelas suposições contrárias.
53. Vemos, de tempos em tempos, Braudel voltar a entrar em guerra contra a história factual e se deixar tentar pela história conjuntural, não só por ocasião de Lepanto, como já dissemos, mas quando se confronta com o fenômeno maciço da desistência da luta por parte dos dois monstros políticos e com o declínio geral da guerra: teria a Espanha faltado para com sua missão geográfica ao renunciar à África? "Mas ainda falta defender todas essas causas bastante vãs. Amanhã, os historiadores da conjuntura talvez as retomem e lhes deem um sentido" (p. 430).

A arte de Braudel, aqui, está em estruturar sua história dos acontecimentos – e sua história é generosa em datas, batalhas e tratados –, não só dividindo-os em períodos, como fazem todos os historiadores, mas voltando a enraizá-los nas estruturas e conjunturas, da mesma maneira como antes convocara os acontecimentos como testemunhas das estruturas e das conjunturas. Aqui, o acontecimento reúne e amarra conjunturas e estruturas: "Filipe era, por si só, a soma desse império, de suas forças e de suas fraquezas" (II, p. 327). O que estrutura essa história política é uma espécie de "física política que estabelece compensações necessárias entre as grandes frentes de ataque mediante as quais o poderio turco pesa sobre o mundo exterior" (II, p. 451). Uma vasta translação de forças ocorre quando o império de Filipe se volta para o Atlântico e a América. Então, "a Espanha abandona o Mediterrâneo" (II, p. 467). Ao mesmo tempo, o Mediterrâneo sai da grande história[54].

Embora seja de fato esta a história que se conta, por que terminar com as páginas suntuosas sobre a morte de Filipe II, em 13 de setembro de 1598? Do ponto de vista da grande história do Mediterrâneo, essa morte não é um grande acontecimento[55]. Mas foi um acontecimento de primeira grandeza para todos os protagonistas "no crepúsculo de um longo reinado que parecera interminável para seus adversários" (II, p. 512). Ora, não dissemos que a perspectiva dos contemporâneos também é um objeto para a história? Talvez seja preciso ir mais longe – e esse comentário pode voltar a pôr em questão o belo agenciamento das três partes: a morte revela um destino indi-

---

54. Falando da oportunidade perdida de 1601: "A seu modo, a decadência da grande guerra é como o prenúncio da própria decadência do Mediterrâneo que certamente vai se delineando e já se torna visível com os últimos anos do século XVI" (II, p. 512).

55. "Não creio que a palavra Mediterrâneo alguma vez tenha flutuado em sua mente com o conteúdo que sugerimos para ela. Uma verdadeira geografia não fazia parte da educação dos príncipes. Todas estas são razões suficientes para que essa longa agonia, terminada em setembro de 98, não seja um grande acontecimento da história mediterrânea... Para que fique marcada, mais uma vez, a distância entre a história biográfica e a história das estruturas e mais ainda entre ela e a história dos espaços" (II, p. 514).

vidual que não se inscreve exatamente na trama de uma explicação cujas medidas não são as do tempo mortal[56]. E sem a morte que decide um tal destino ainda saberíamos que a história é a história dos homens?

Chego à minha segunda tese, qual seja, a de que é *juntos* que os três níveis da obra constituem uma *quase intriga*, uma intriga no sentido amplo de Paul Veyne.

Seria um erro limitar ao terceiro nível o parentesco da obra com o modelo narrativo da composição da intriga; perderíamos assim o maior benefício desse trabalho, que é o de abrir uma nova via para a própria noção de intriga e, dessa forma, para a de *acontecimento*.

Tampouco me disponho a buscar apenas no nível mediano essa nova fórmula da intriga, embora declarações do próprio Braudel o sugiram: ele não fala "do recitativo da conjuntura"? O que poderia constituir intriga na história econômica é seu caráter cíclico e o papel que nela desempenha a noção de crise[57]. O duplo movimento de crescimento e de enfraquecimento representa, pois, um interciclo completo, medido pelo tem-

---

56. "Esse homem deve ser entendido em conformidade com a vida religiosa, talvez na própria atmosfera da revolução carmelita" (II, p. 513).
57. No artigo "História e ciências sociais", lemos: "Aparece um novo modo de narrativa histórica, o 'recitativo' da conjuntura, do ciclo, ou até do interciclo, por assim dizer, que nos permite escolher entre uma dezena de anos, um quarto de século e, no limite extremo, o meio século do ciclo clássico de Kondratieff" (*Écrits sur l'histoire*, p. 48). Em *The Cambridge Economical History of Europe*, vol. IV, Braudel define assim o ciclo: "*Because the word cycle might be applied to a seasonal movement we should not be misled. The term designates a double movement, a rise and a fall with a peak in between which, in the strictest sense of the term, is called a crisis*" [O fato de a palavra ciclo poder ser aplicada a um movimento sazonal não deve nos enganar. O termo designa um duplo movimento, uma ascensão e uma queda com um pico no meio que, no sentido mais estrito da palavra, é chamado crise.] (p. 430). Devo a Reep, em um artigo inédito, a referência a esse texto, bem como a sugestão de que a noção de ciclo compartilha com o *mŷthos* aristotélico a dupla característica de constituir uma *mímesis* da vida econômica (no sentido de *mímesis* II, é claro) e de apresentar uma articulação mediana, uma peripécia, precisamente aquela que a noção de crise introduz, entre dois interciclos.

po da Europa e mais ou menos por aquele do mundo inteiro. O terceiro tomo de *Civilisation matérielle, économie et capitalisme* [*Civilização material, economia e capitalismo*], com o título *O tempo do mundo*, está totalmente construído em cima dessa visão da ascensão e do declínio das economias-mundo, de acordo com os ritmos lentos da conjuntura. A noção de "*trend*" tende então a ocupar o lugar da de intriga[58].

---

58. O próprio título, *Le Temps du monde* (Paris, Armand Colin, 1979), promete mais do que pode cumprir, segundo as próprias palavras de seu autor ("Avant-propos", p. 8). Embora tenha a ambição de apreender "em seus desenvolvimentos cronológicos e suas diversas temporalidades" (*ibid*.) a história do mundo, não esconde que esse tempo do mundo não abarca a totalidade da história dos homens. "Esse tempo excepcional governa, segundo os lugares e as épocas, certos espaços e certas realidades. Mas outras realidades, outros espaços lhe escapam e lhe permanecem alheios... Mesmo nos países econômica e socialmente avançados, o tempo do mundo não controlou tudo" (p. 8). O motivo disso é que a linha da obra privilegia uma história setorial, material e econômica. Dentro desses limites reconhecidos, o historiador aprende "a raciocinar por comparação, na escala do mundo – a única válida" (p. 9). Dessa altura, o historiador pode tentar "dominar o tempo, desde então nosso principal ou mesmo nosso único adversário" (p. 10). É também a longa duração que permite encadear as sucessivas experiências da Europa que merecem ser consideradas *economias-mundo*, 1) em um espaço que varia lentamente, 2) em torno de algumas cidades-capitais dominantes (Veneza, Amsterdam etc.) cujas primazias se sucedem, 3) por fim, segundo um princípio de hierarquização das zonas postas em comunicação. Trata-se, pois, da divisão do tempo (e do espaço) em função dos ritmos conjunturais dos quais o *trend* secular – "o mais negligenciado de todos os ciclos" (p. 61) – mostra-se o mais fecundo. Para minha própria reflexão sobre o tempo, registro que "o *trend* é um processo *cumulativo*. Acrescenta-se a si mesmo; é como se ele elevasse pouco a pouco a massa de preços e de atividades econômicas até o momento em que, no sentido inverso, com a mesma obstinação, põe-se a trabalhar para a sua baixa geral, imperceptível, lenta, mas prolongada. Ano após ano, pouco conta; século após século, mostra-se um ator importante (p. 61). A imagem da maré, com a superposição de suas ondas, intriga mais do que explica: "A última palavra nos escapa e, junto com ela, a significação exata desses ciclos longos que parecem obedecer a certas leis ou regras tendenciais que ignoramos" (p. 65). Será preciso dizer que aquilo que parece explicar mais é ao mesmo tempo o que faz compreender menos? Na quarta parte teremos de lidar com o problema de tentar dar um sentido ao que aqui não passa de um reconhecimento, de um truísmo até, de que "tempo curto e tempo longo coexistem e são inseparáveis... Pois vivemos simultaneamente no tempo curto e no tempo longo" (p. 68).

No entanto, não me inclino a fechar-me nessa equação; não só porque ela é uma violência tanto contra o conceito de ciclo como contra o de intriga, mas porque não dá conta do que acontece na obra em seus três níveis. A história econômica se presta a uma intriga quando escolhemos um termo inicial e um termo final, fornecidos por outras categorias que não a história conjuntural propriamente dita, a qual, em princípio, é sem fim, ilimitada em sentido próprio. Uma intriga tem de comportar não só uma ordem inteligível, mas uma extensão que não deve ser excessiva, sob pena de não poder ser abarcada pelo olhar como sublinha Aristóteles na *Poética* (1451, a 1). Ora, o que delimita a intriga do Mediterrâneo? É fácil dizer, sem hesitar: o declínio do Mediterrâneo como herói coletivo na cena da história mundial. O fim da intriga não é, nesse sentido, a morte de Filipe II, mas o fim do enfrentamento dos dois colossos políticos e o deslocamento da história na direção do Atlântico e da Europa do Norte.

Para essa intriga global concorrem os três níveis. Um romancista – Tolstoi em *Guerra e Paz* – tê-los-ia misturado numa única narrativa, mas Braudel procede analiticamente, por distinção de planos, deixando para as *interferências* a tarefa de produzir uma imagem implícita do todo. É assim que obtemos uma quase intriga *virtual*, dividida em várias subintrigas, que, embora explícitas, continuam sendo parciais e, nesse sentido, abstratas.

A obra está colocada em bloco sob o signo da *mímesis* da ação, pela evocação incessante de que "não são os espaços geográficos que fazem a ação e sim os homens, senhores ou inventores desses espaços" (I, p. 206). No tocante a isso, a história da conjuntura não pode compor sozinha a intriga. No próprio plano da economia, é preciso retratar economias e mais precisamente o antagonismo das duas economias-mundo. Já citamos este texto da primeira parte: "A política não é mais que um decalque de uma realidade subjacente. Os dois Mediterrâneos, comandados por senhores inimigos, são física, econômica e culturalmente diferentes um do outro; cada um é uma zona de história" (I, p. 125). Imediatamente, a trama da intriga fica sugerida: a grande oposição entre os dois Mediterrâneos e o declínio de seu enfrentamento[59]. Sendo justamente esta a história que Braudel narra, entende-se por que seu segundo nível – que supostamente também ocupa todo o campo da longa duração – exige, mais que o mero sobrevoo das economias, a adjunção da física política, que é a única a comandar a subintriga do enfrentamento dos impérios e do destino desse enfrentamento. Na sua fase ascendente, "o drama do Mediterrâneo no século XV é em primeiro lugar um drama de crescimento político, do estabelecimento de colossos" (II, p. 9). Além disso, desenha-se uma grande questão: o Atlântico pertenceria à Reforma ou aos espanhóis? Quando turcos e espanhóis voltam-se recíproca e simultaneamente as costas, a voz narrativa interroga: mais cedo que em outras bandas, não estaria soando no Mediterrâneo a hora do recuo dos impérios? A interrogação se impõe, pois, como no drama, a peripécia é portadora de contingência, isto é, de acontecimentos que poderiam ter tido outro desfecho: "Declínio do Mediterrâneo? Sem dúvida nenhuma. Mas não só. Pois a Espanha tinha total liberdade de se voltar vigorosamente para o Atlântico. Por que não o fez?" (II, p. 48).

A subintriga do conflito dos impérios e do alijamento desse conflito do espaço mediterrâneo exige, por sua vez, ser coordenada com a subintriga do choque das civilizações monolíticas. Lembremos a frase: "As civilizações são os personagens mais complexos, mais contraditórios do Mediterrâneo" (II, p. 95)[60].

---

59. "Pois foram essas necessidades profundas, essas rupturas e esses restabelecimentos de equilíbrio, essas trocas forçadas que tudo moveram e, de longe, tudo comandaram" (I, p. 126). Um pouco mais adiante, o autor fala do "esquema de conjunto" (II, p. 210): o alijamento do Mediterrâneo da grande história, seu recuo retardado até meados do século XVII. Falando ainda da substituição progressiva das cidades-Estado pelas cidades-capitais, ele escreve: "Falam a língua da evolução, da conjuntura, permitindo que adivinhemos de antemão a linha do destino: essa retração que tantos sinais do final do século XVI anunciam e que o século XVII acentuará" (I, p. 322).

60. Ao falar das formas da guerra, sobretudo das guerras exteriores (Cruzadas, Jihads), o autor evoca uma vez mais o envolvimento das civilizações, esses "amplos personagens" (II, p. 170). Os personagens, bem como os acontecimentos, são definidos de modo bastante clássico por sua contribuição à intriga principal.

Expusemos acima as peripécias desses enfrentamentos: destino dos moriscos, destino dos judeus, guerras externas etc. Temos de expor agora a contribuição dessas subintrigas à grande intriga. Ao evocar a alternância das guerras externas e internas "numa ordem bastante nítida" (II, p. 170), o dramaturgo escreve: "Ela sugere perspectivas no meio de uma história confusa e que de súbito fica clara, sem que haja trapaça ou ilusão. Não é possível evitar a convicção de que conjunturas ideológicas de sinal contrário se afirmam e depois substituem uma à outra" (II, p. 170). Assim, da mesma forma que Homero recortou nas histórias da guerra de Troia o conjunto que escolheu narrar na *Ilíada*, também Braudel recorta, no grande conflito das civilizações que faz alternar o Ocidente e o Oriente, o conflito cujos protagonistas são a Espanha e a Turquia na época de Filipe II e cuja trama é o declínio do Mediterrâneo como zona de história.

Dito isso, é preciso reconhecer que a grande intriga que constitui a unidade da obra continua sendo uma intriga virtual; o didatismo exige que as "três temporalidades diferentes" (II, p. 515) permaneçam disjuntas, com o propósito "de apreender, em suas maiores discrepâncias, todos os diversos tempos do passado, sugerir sua coexistência, suas interferências, contradições, sua múltipla espessura" (II, p. 515).[61] Mas não é por

---

61. Pergunto-me se Braudel não acreditou poder contornar o problema da unidade de conjunto de sua obra deixando para o tempo físico a tarefa de reunir os fragmentos da duração fracionada. Nos *Écrits* podemos ler: "Ora, esses fragmentos se juntam no final de nosso trabalho. Longa duração, conjuntura, acontecimento encaixam-se sem dificuldade, pois todos são medidos pela mesma escala" (p. 76). Que outra escala, senão a do tempo físico? "Para o historiador, tudo começa, tudo termina com o tempo, um tempo matemático e demiurgo, do qual seria fácil rir, tempo como que exterior aos homens, 'exógeno', diriam os economistas, que os empurra, os obriga, arrasta seus tempos particulares multicoloridos: sim, o tempo imperioso do mundo" (pp. 76-7). Mas então a longa duração torna-se um dos caminhos por meio dos quais o tempo histórico volta a coincidir com o tempo cósmico, não sendo mais um modo de multiplicar suas durações e suas velocidades. É certo que é contra o fundo do tempo cósmico que o tempo histórico ergue suas arquiteturas. Mas é no tempo físico que se deve buscar o princípio unificador dos "tempos particulares multicoloridos". Voltarei a esse ponto na quarta parte.

ser virtual que a intriga é menos atuante. Só poderia se tornar real se a história global se deixasse integrar sem violência[62].

Por fim, Braudel, com seu método analítico e disjuntivo, inventou *um novo tipo de intriga*: embora seja verdade que, até certo ponto, a intriga é sempre uma síntese do heterogêneo, a intriga virtual do livro de Braudel, ao conjugar temporalidades heterogêneas, cronologias contraditórias, ensina-nos a conjugar estruturas, ciclos e acontecimentos[63]. Essa estrutura virtual permite, contudo, arbitrar entre duas leituras opostas de *La Méditerranée*... A primeira subordina a história factual à história de longa duração e a longa duração ao tempo geográfico: a ênfase principal recai então sobre o Mediterrâneo; mas então o tempo geográfico corre o risco de perder seu caráter histórico. Para a segunda leitura, a história continua sendo histórica na medida em que o próprio primeiro nível é qualificado de histórico por sua referência ao segundo e na medida em que o segundo deriva sua qualidade histórica de sua capacidade de trazer em si o terceiro: a ênfase recai então sobre Filipe II; mas a história factual fica privada do princípio de necessidade e de probabilidade que Aristóteles vinculava a uma intriga benfeita. A intriga que envolve os três níveis dá um direito igual às duas leituras e faz com que se cruzem na posição mediana da história de longa duração, que se torna então o ponto de equilíbrio instável entre as duas leituras.

No meu entender, é esse longo desvio pelo caráter de quase intriga que finalmente permite questionar a noção de *acon-*

---

62. A polifonia é feita de dezenas de temporalidades, cada uma das quais implica uma história particular. "A soma delas, que só pode ser apreendida no conjunto das ciências do homem (que estão ao serviço retrospectivo de nossa profissão), constitui a história global, cuja imagem continua tão difícil de reconstituir em sua plenitude" (II, p. 515). Segundo essa imagem global, o historiador teria ao mesmo tempo o olho do geógrafo, do viajante ou do romancista; entre eles são nomeados com reconhecimento: Gabriel Audisio, Jean Giono, Carlo Levi, Lawrence Durrell, André Chamson.

63. Sobre estrutura e estruturalismo, leiam a declaração franca que encerra o livro (II, p. 520).

tecimento que Braudel considera canônica[64]. Para nós, o acontecimento não é necessariamente breve e nervoso como se fosse uma explosão. Ele é uma *variável* da intriga. Como variável, não pertence apenas ao terceiro nível, mas a todos, com funções diversas. Quando emerge no terceiro nível, retorna com o índice de necessidade ou de probabilidade que deve à sua travessia dos dois outros níveis: é por isso que Lepanto perde parte de seu brilho e regride na escala de importância; a morte de Filipe II só continua sendo um acontecimento importante devido à subintriga de "A política e homens"; ela tende para o não acontecimento, quando a colocamos na grande intriga da luta entre os gigantes políticos e na trajetória do declínio do Mediterrâneo, que só encontra sua conclusão relativa algumas décadas depois. No entretempo, vimos os acontecimentos proliferarem também no segundo e até no primeiro nível; neles, o acontecimento simplesmente perde seu caráter explosivo, para se revestir do caráter de sintoma ou de testemunho.

A verdade é que o acontecimento é o que distingue o conceito de estrutura do historiador daquele do sociólogo ou do economista. Para o historiador, o acontecimento não cessa de assaltar de dentro as estruturas. E isso de duas maneiras: por um lado, nem todas as estruturas mudam no mesmo ritmo. É quando as "diferentes velocidades da vida" (*Écrits*, p. 75) já não coincidem que sua discordância constitui acontecimento. Também as trocas entre múltiplas áreas de civilizações, os empréstimos e as rejeições, constituem fenômenos quase pontuais que não marcam uma civilização em todos os seus níveis ao mesmo tempo: "Não é a duração que é tão criadora de nosso espírito, mas as fragmentações dessa duração" (p. 76). Por outro lado, diferentemente do sociólogo, o historiador ao tratar de estruturas fica atento a seus pontos de ruptura, sua brusca ou lenta deterioração, em suma à perspectiva de sua extinção. No tocante a isso, Braudel não é menos obcecado que o historiador tradicional pela caducidade dos impérios. Em certo sentido, *La*

---

64. Uma última vez, na conclusão da grande obra, o historiador reafirma sua suspeita com relação a esses "acontecimentos *breves* e patéticos, os 'fatos notáveis' da história tradicional" (II, p. 519).

Méditerranée... é o lento avanço, a marcha retardada do principal acontecimento: a retirada do Mediterrâneo da grande história. Mais uma vez, é a fragilidade das obras humanas que passa para primeiro plano e com ela a dimensão dramática da qual a longa duração supostamente livraria a história.

Encontrei, em outros historiadores franceses do grupo dos *Annales*, comentários – muitas vezes furtivos – que traem esse retorno ao acontecimento pelo próprio viés da longa duração. Assim, no casamento da história com a antropologia que Le Goff preconiza e cujo fruto é *Un autre Moyen Age*, é certamente a longa duração – a muito longa duração – que ocupa o primeiro plano ("longa Idade Média", "a longa duração pré-industrial"). Por outro lado, porém, Le Goff não resiste menos vivamente que Braudel à sedução dos modelos intemporais de uma certa sociologia. Primeiro, porque essa duração não é sem acontecimentos, mas pontuada, antes, por acontecimentos repetidos ou esperados (festas, cerimônias, ritos etc.) que lembram o que há de litúrgico nas sociedades históricas. Em seguida, porque esse tipo de longa duração já não existe: a civilização medieval tem o nome certo: é uma sociedade de "transição". É certo que as mentalidades, destacadas pela etnografia histórica, são "o que menos muda" na evolução histórica (p. 339); mas "os sistemas mentais são historicamente datáveis, mesmo que carreguem consigo destroços de arqueocivilizações, tão prezadas por André Varagnac" (p. 340). Mas, sobretudo, para que a história continue sendo história na sua união com a antropologia, ela não poderia "se entregar a uma etnologia fora do tempo" (p. 347). É por isso que o historiador não poderia se submeter ao vocabulário da diacronia, tal como é importado da linguística; esta última, com efeito, opera "segundo sistemas abstratos de transformação muito diferentes dos esquemas de evolução que o historiador usa para tentar apreender o devir das sociedades concretas que ele estuda"[65] (p. 346). O historiador tem de se dedi-

---

65. "Especialista da mudança (ao dizer *transformação*, o historiador talvez se encontre em terreno comum com o etnólogo, com a condição de não recorrer ao *diacrônico*), o historiador deve desconfiar do devir insensível à mudança" (p. 347).

car, antes, a superar o "falso dilema estrutura-conjuntura e, sobretudo, estrutura-acontecimento" (p. 347).

Encontro, com efeito, em Le Goff um pressentimento da tese de que o passado deve sua qualidade histórica à sua capacidade de se integrar àquela memória que Agostinho chamava de "presente do passado". Le Goff caracteriza nos seguintes termos sua Idade Média "total", "longa", "profunda": "É a distância da memória constituinte: o tempo dos avós" (p. 11); "esse passado primordial em que nossa identidade coletiva, busca angustiada das sociedades atuais, adquiriu certas características essenciais" (p. 11). Por que a surpresa se, a partir daí, nessa memória constituinte, a longa duração se resume a quase acontecimentos? Nosso historiador não caracteriza o conflito entre o tempo da Igreja e o tempo dos comerciantes, simbolizado pelo enfrentamento entre os sinos e os relógios, "como um dos maiores acontecimentos da história mental desses séculos, em que se elabora a ideologia do mundo moderno, sob a pressão do deslizamento das estruturas e das práticas econômicas" (p. 48)? O que, com efeito, faz acontecimento é "a separação essencial e o encontro contingente" desses dois tempos.

O historiador das mentalidades topa com os mesmos problemas. Georges Duby, por exemplo, começa com uma análise sociológica totalmente não narrativa das ideologias – declara-as globalizantes, deformantes, concorrentes, estabilizantes, geradoras de ações –, mas vê o acontecimento infiltrar-se nas estruturas por meio não só dos empréstimos externos, das rejeições e dos conflitos internos, mas também das *dissonâncias*, das "discrepâncias de temporalidade" que surgem no ponto de articulação entre situações objetivas, representações mentais e condutas individuais ou coletivas. O historiador é assim levado a sublinhar "os períodos críticos em que o movimento das estruturas materiais e políticas acaba por repercutir no plano dos sistemas ideológicos e torna mais agudo o conflito que os opõe"[66]. Fico tentado, tal como fiquei acima, de falar de qua-

---

66. G. Duby, "Histoire sociale et idéologies des sociétés", in *Faire de l'histoire*, I, p. 157. Já dissemos, desde o primeiro capítulo, que essa atenção às modali-

se acontecimento para caracterizar o que Georges Duby chama aqui "a força de aceleração", desencadeada pela polêmica, "dentro das tendências de longa duração que dirigem a evolução da ideologia dominante" (p. 157).

E, como tentei mostrar em Braudel, o veículo do quase acontecimento continua sendo a quase intriga. Gostaria de fazer a mesma demonstração a propósito da obra de Georges Duby, tecendo um paralelo entre o artigo metodológico "Histoire sociale et idéologies des sociétés" [História social e ideologias das sociedades], evocado acima, e a aplicação de suas hipóteses de trabalho em uma das obras mais representativas do que o autor entende por história das ideologias. Escolhi *Trois Ordres ou l'Imaginaire du féodalisme* [As três ordens ou o imaginário do feudalismo][67]. Proponho-me mostrar como também aqui o autor *dramatiza* uma estrutura ideológica mediante a construção de uma *quase intriga* que tem começo, meio e fim. A estrutura em questão é a representação imaginária da sociedade toda sob a forma de uma hierarquia de três ordens: os que rezam; os que guerreiam; os que alimentam o conjunto com seu trabalho. A formulação dessa representação imaginária é extraída de um autor do século XVII, Charles Loyseau, em *Traité des Ordres et Simples Dignités* [Tratado das ordens e simples dignidades], publicado em 1610. Mas não é o período de seis séculos, demarcado por formulações parecidas com as de Loyseau, que a obra cobre. Duby, apropriando-se da arte do autor da *Ilíada*, recortou entre todas as vicissitudes da imagem trifuncional uma história que tem um começo – as primeiras formulações por Adalberon de Laon e Gerard de Cambrai – e um fim – a batalha de Bouvines, em 1214. O meio está constituído pelas peripécias que dramatizam a historização dessa representação ideológica. Isso porque Duby se dedica a um problema diferente do de Georges Dumézil, advogado infatigável da imagem trifuncional. Este último se empenha em estabelecer – por via

---

dades temporais da mudança leva a reconstruir conceitualmente uma cadeia de acontecimentos tal como a Cruzada.

67. Georges Duby, *Les Trois Ordres ou l'Imaginaire du féodalisme*, Paris, Gallimard, 1978.

comparativa e por sua recorrência em constelações históricas diferentes – que esse esquema pertence às estruturas latentes do pensamento humano, para chegar à questão de saber *por que* e *como* "o espírito humano escolhe sem cessar entre suas riquezas latentes"⁶⁸, ao passo que Duby replica às duas perguntas de Dumézil com duas outras perguntas, de historiador: *onde* e *quando?* Escolhe mostrar como essa imagem trifuncional "funciona em um sistema ideológico como uma de suas principais engrenagens" (p. 19). O sistema ideológico em questão é o feudalismo nascente e depois triunfante. E, para descrever esse funcionamento, constrói o que chamo de uma quase intriga, na qual a imagem trifuncional constitui, nas suas próprias palavras, o "personagem central" (p. 19).

O plano que Duby segue é muito instrutivo no que a isso se refere. Uma vez que se trata efetivamente de uma estrutura, isto é, de uma representação mental que "resistiu a todas as pressões da história" (p. 16), ele intitula sua primeira parte "Revelação", para marcar claramente a transcendência do sistema relativamente às representações fragmentares. Mas o sistema já está fortemente historicizado pelas variantes das primeiras enunciações e pela restauração de seu quadro político, na época em que declinam a monarquia carolíngea e o poder que lhe era solidário, o dos bispos. É só ao término dessa primeira pesquisa que a articulação do "sistema" pode ser descrita (pp. 77-81): postulado de uma coerência perfeita entre o céu e a terra; conceito de ordem, que se tornou um atributo da cidade perfeita; bipartição da ordem dos bispos e da ordem dos reis; bipartição dos grupos dominantes: os padres e os nobres; adjunção, a esse binarismo interno às funções dominantes, de uma terceira ordem, a classe dos submetidos; por fim, conceito de mutualidade, de reciprocidade na hierarquia, que exige estruturalmente a ternaridade.

Ora, a mera descrição do sistema já mostra que a trifuncionalidade é equívoca e tem pouca semelhança com um verdadeiro sistema. Em primeiro lugar, a terceira função figura sob

---

68. Georges Dumézil, *Les Dieux souverains des Indo-Européens*, Paris, 1977, p. 210, citado por Georges Duby, *op. cit.*, p. 17.

forma de adjunção a duas oposições binárias (bispo/rei, padre/nobre). Em segundo lugar, a relação dominantes-dominados é acrescentada, como um outro sistema binário específico, ao binarismo interno da dominação (evocado instantes atrás); donde a extrema instabilidade do sistema. Por fim, o sistema não implica que os três postos sejam ocupados por papéis tão bem tipificados quanto os de Dumézil. Somente a *ordem* continua sendo a palavra-chave. Compreende-se a partir daí por que o sistema se torna presa tão fácil da história[69].

Antes de entrar na intriga propriamente dita, Duby procede, sob o título "Gênese", a uma espécie de visão retrospectiva, aplicada à formação do sistema, desde Gregório, Agostinho e Dionísio, o Areopagita. Mostra em seguida como pôde ocorrer a passagem da especulação teológica sobre as hierarquias celestes para a reflexão política sobre a ordem e as ordens, juntando assim a exemplaridade celeste e a distribuição ternária das funções terrestres[70].

A quase intriga começa de fato quando o sistema é submetido à prova das "circunstâncias" (pp. 153-207), sofre um "eclipse" duradouro (207-325), para finalmente ressurgir, sendo que essa "ressurgência" (325-fim) culmina na "adoção" do sistema, adoção não só simbolizada, mas efetuada e selada pela vitória em Bouvines do rei e, portanto, dos bispos, para quem o sistema fora previsto.

São essas as três principais peripécias entre as quais Duby distribui sua intriga. Ora, é digno de nota que seja a crise em que parece mergulhar a realeza que faz a história narrada engrenar[71]. Crise política, em primeiro lugar. Mas sobretudo, no plano sim-

---

69. "A adjunção de uma terceira função decorre do princípio da desigualdade necessária. É por isso que o esquema trifuncional se insere no início ou no fim de um discurso sobre a submissão e sobre a estrutura de uma sociedade, cujo topo reina na perfeição e cuja parte inferior rasteja no pecado. A triplicidade nasce de uma conjunção das dessemelhanças instauradas conjuntamente pela *ordo* – existem os padres e os outros – e pela *natura* – existem os nobres e os servos" (p. 81).
70. "Reconstituir a genealogia do sistema ajuda a entender sua estrutura e o lugar que foi designado para a figura trifuncional" (p. 87).
71. "Uma crise. As formações ideológicas mostram-se ao olhar do historiador nos períodos de mutação tumultuosa. Nesses momentos graves, os deten-

bólico, competição com sistemas rivais também eles tripartites: o modelo herético, o modelo da paz de Deus, o modelo monástico criado em Cluny. A polêmica aberta pela concorrência dos sistemas é o que dramatiza propriamente o modelo. O triunfo de Cluny anuncia o "eclipse"[72]. A ele se agrega a revolução feudal que impõe uma reclassificação de todas as ordens, para dar lugar a esse terceiro parceiro, o povo camponês. O que põe em estado de competição, no começo do século XI, não três, mas quatro modelos ideológicos (p. 200): o modelo destinado à vitória e os três modelos rivais citados acima.

Quanto ao modelo ideológico de Adalberon e de Gérard, ele fica na estranha posição não do reflexo mas da antecipação: antecipação do refluxo do monasticismo, antecipação da restauração do episcopado, antecipação do renascimento do Estado monárquico[73].

É essa curiosa defasagem entre um aparente resquício e uma antecipação real que rege o "eclipse" do sistema, narrado na quarta parte. É "o tempo dos monges", tirando proveito da fraqueza da realeza capetiana e, por conseguinte, da instituição episcopal. Mas "eclipse" não é desaparecimento. O tempo do eclipse é também a emergência dos "novos tempos": tempo dos cistercienses, tempo dos comerciantes, tempo dos clérigos, tempo dos mestres e dos escolares.

Quanto à "ressurgência", está marcada pela reconquista do primeiro lugar pelos clérigos em detrimento dos monges, pela ocupação do segundo lugar pelos cavaleiros, escudos dos príncipes, e do terceiro lugar pelos agricultores. Mas, se o tempo do eclipse foi para o modelo trifuncional o tempo da antecipação,

---

tores da palavra não param de falar. Saiamos agora da oficina. Para poder talvez compreender melhor por que as ferramentas foram manejadas dessa forma, e o material elaborado, nos meandros da memória e nos acasos da ação" (p. 151).

72. "O postulado da trifuncionalidade social foi portanto enunciado também contra os monges, e precisamente aqueles fascinados por Cluny. Foi enunciado no momento em que o monasticismo reformado triunfava" (p. 177).

73. "Tinha o futuro diante de si. No entanto, quando foi proclamado pelo bispo de Cambrai e pelo bispo de Laon, pareceu, com razão, atrasado. Além disso, não foi reconhecido por muito tempo" (p. 205).

o tempo da ressurgência é o do atraso: "O obstáculo, diz Duby, foi a França real... O obstáculo foi Paris, tesouro e símbolo de uma realeza aliada ao papa, aos bispos, à Igreja reformada, às escolas, às comunas, ao povo" (p. 370). É o que faz da ressurgência uma última peripécia. Somente a "adoção" constitui conclusão, na medida em que garante a reconciliação entre o modelo sonhado e a instituição real: Bouvines é o instrumento desse reencontro. O capetiano retomou o lugar do carolíngeo. Mas, coisa curiosa, para o espírito de sistema que parecia reger a obra, o rei não faz parte do esquema tripartite: "estando ele mesmo acima da ordem, isto é, das três ordens que compõem a sociedade da corte" (p. 413).

Sejam quais forem nossas dúvidas sobre a coerência do modelo trifuncional[74], a intriga termina quando o símbolo oscila do imaginário sonhado para o imaginário constituinte[75]. Portanto, é de fato a "adoção" que dá um fim à história narrada e ao mesmo tempo confere um sentido ao "meio", representado pela tríade: "circunstância", "eclipse", "ressurgência".

Isso era tudo o que eu queria demonstrar: os *quase acontecimentos* que marcam os períodos críticos dos sistemas ideológicos *inserem-se em quase intrigas*, que garantem seu estatuto narrativo.

Mas é no campo da história política que o retorno ao acontecimento se faz mais premente. "Como pensar um acontecimento como a Revolução Francesa?", pergunta François Furet no começo (p. 9) de uma obra que se chama precisamente *Pensando a Revolução Francesa*[76].

---

74. Com efeito, o que subsistirá até 1789 é o princípio binário da desigualdade. A tripartição funcional vem, antes, inserir-se "no intervalo entre o monarca e a plebe, ajudando o primeiro a manter o controle sobre a segunda" (p. 424).

75. "Escolhi terminar esse estudo em Bouvines: não por algum tipo de hábito ou porque superestime o acontecimento. Estou convencido de que termina, em 1214, a primitiva história da figura trifuncional, que, cristalizada desde então, projetada sobre todo o reino de França, já pode sair do imaginário, encarnar-se em uma instituição" (p. 414). E mais adiante: "Paro, pois nesse momento o postulado da trifuncionalidade retornou às suas origens" (p. 423).

76. *Op. cit.*, p. 349.

Pensar, o historiador pode fazê-lo caso se afaste da alternativa entre comemoração e execração em que fica encerrado enquanto continuar a participar da "obsessão pelas origens com que está tecida a história nacional" (p. 14) desde 1789. Então o historiador passa a estar animado apenas da curiosidade intelectual, como qualquer outro cientista. Por meio dessa tomada de distância, pode pretender conceituar o acontecimento sem assumir a crença dos atores na significação daquele acontecimento como ruptura com o passado e como origem de tempos novos, em suma, sem compartilhar da ilusão da Revolução Francesa sobre si mesma. Mas a que preço o historiador pode pensar a Revolução Francesa como *acontecimento*? É digno de nota que só consegue fazê-lo parcialmente cruzando duas explicações que, separadamente e talvez conjuntamente, deixam um resíduo, e esse resíduo é o próprio acontecimento.

Pensar a Revolução Francesa com Tocqueville é vê-la não como ruptura e origem, mas como remate da obra da Monarquia, enquanto dissolução do corpo social em proveito da administração de Estado. Há aqui uma distância extrema entre a historiografia e a tirania da vivência histórica dos atores, com seu mito das origens. O que Furet indaga é precisamente a distância entre as intenções dos atores e o papel que desempenham. Ao mesmo tempo, o acontecimento desaparece, ao menos como ruptura, a partir do momento em que a análise procede por conceitos explícitos. A análise quebra propriamente a narrativa histórica: Tocqueville, nota Furet, "trata de um problema, não de um período" (p. 33).

Mas o acontecimento não foi removido em todos os sentidos: embora Tocqueville efetivamente faça o *balanço* da Revolução – François Furet diz: "da revolução-conteúdo" –, ainda resta explicar o próprio *processo* da Revolução – François Furet diz: "da revolução-modalidade" –, a saber, a dinâmica particular da ação coletiva que faz com que o balanço da Revolução segundo Tocqueville não tenha sido obtido por uma evolução à moda inglesa e sim por uma revolução. Ora, é nisso que reside o acontecimento. "Resta o fato de que o acontecimento revolucionário, a partir do dia em que eclode, transforma de cabo a rabo a situação anterior e institui uma nova modalidade de ação histórica, que não está inscrita no inventário dessa situação" (p. 39).

É preciso, portanto, introduzir um segundo modelo para dar conta do aparecimento na cena da história de uma modalidade prática e ideológica da ação social que não estava inscrita em nada do que a precedera. Esse segundo modelo tem de levar em conta o que faz da Revolução "uma das consciências fundamentais da ação política" (p. 41), ou seja, "uma perpétua supervalorização da ideia em detrimento da história real, como se ela tivesse por função reestruturar mediante o imaginário o conjunto social despedaçado" (p. 42). Assim foi descrito o fenômeno jacobino.

O modelo explicativo de Augustin Cochin passa então a substituir o modelo de Tocqueville, para mostrar como uma nova sensibilidade política foi produzida paralelamente à antiga, sensibilidade esta que faz nascer um mundo novo a partir do indivíduo e não de seus grupos institucionais e tendo como único laço a opinião. A. Cochin encontra com efeito nas "sociedades de pensamento" a matriz de uma concepção do poder que repousa sobre o princípio de igualdade, sobre a transformação dos indivíduos isolados em povo – ator imaginário único da revolução – e sobre a supressão de qualquer separação entre o povo e seus porta-vozes autodesignados.

Mas o jacobinismo não é apenas uma ideologia, é uma ideologia que tomou o poder. A partir daí, nem a desmontagem do que o historiador considerava como uma "ilusão da política", nem a identificação dos canais pelos quais esse novo poder se exerceu sobre a sociedade saturam o acontecimento Revolução. A série de cisões e de complôs são realmente intrigas, no sentido mais comum da palavra. Pode-se, é certo, mostrar que a mentalidade do complô procede da nova sociabilidade política que transforma em inimigo todo aquele que não soube ocupar o lugar simbólico do poder tal como o sistema o define. No tocante a isso, as páginas sobre o complô, como consequência da nova simbólica política, são extremamente brilhantes e convincentes. Ainda assim, contudo, parece-me que tomar o poder continua sendo um acontecimento não deduzido do sistema ideológico que define o poder. Os acontecimentos, a cronologia e os grandes homens retornam com força sob o signo do complô. Ainda que deduzido do sistema ideológico, o complô, diria eu, *reintroduz o acontecimento com a intriga*. Pois, embora o complô possa fazer parte de um delírio, o delírio está em ação, gerando acontecimentos.

É por isso que Termidor é um acontecimento, sem dúvida pensado, mas somente até certo ponto: "É o fim da Revolução porque é a vitória da legitimidade representativa sobre a legitimidade revolucionária... e, como diz Marx, a revanche da sociedade real sobre a *ilusão da política*" (p. 84). Por sua vez, contudo, a "codificação ideológica" do fenômeno Robespierre não esgota, a meu ver, sua significação histórica. Dizer que ele encarna uma ideologia – a luta por um imaginário contra outro –, não é mais que, como na tragédia grega, nomear o tema que corresponde à intriga. Ora, é a intriga que faz com "que a Revolução fale através dele seu discurso mais trágico e mais puro" (p. 87). Da ideologia jacobina deduziu-se "o mais puro" do acontecimento, mas não "o mais trágico".

É por isso que eu não arriscaria dizer, como François Furet, que Termidor, ao marcar "a revanche do social sobre o ideológico" (p. 104), reconduz de Cochin a Tocqueville, pois a continuação do Antigo Regime passa não só pelo acelerador ideológico do jacobinismo, mas também pelas ações que essa ilusão política gerou. Nesse sentido, o segundo esquema da Revolução Francesa, o de Augustin Cochin, dá conta do acontecimento tão pouco quanto o primeiro, o de Tocqueville. Nenhuma reconstrução conceitual poderá fazer com que a continuidade com o Antigo Regime passe pela tomada do poder de um imaginário vivido como ruptura e origem. Essa própria tomada do poder é da ordem do acontecimento. É ela que faz com que a fantasia de origem também seja uma origem, para inverter a formulação de François Furet[77].

---

77. As últimas palavras do belo capítulo de síntese de sua obra também o admitem implicitamente: "Ora, a Revolução Francesa não é uma transição, é uma origem e uma fantasia de origem. É o que há de único nela que constitui seu interesse histórico e foi aliás esse 'único' que se tornou universal: a primeira experiência de democracia" (p. 109). Esse reconhecimento, concernente ao acon-

O autor terá conseguido "pensar" o acontecimento que é a Revolução Francesa? Direi, na linha de minha reflexão sobre a longa duração em Braudel, que o acontecimento é restituído ao término do trabalho de explicação tanto como resíduo de cada tentativa de explicação (do mesmo modo como a terceira parte de *La Méditerranée*... de Braudel constitui tanto um suplemento como um complemento) quanto como dissonância entre estruturas explicativas e por fim como vida e morte das estruturas.

Se a descoberta da longa duração não reconduzisse ao acontecimento segundo uma ou outra dessas três modalidades, haveria o risco de a longa duração arrancar o tempo histórico da dialética viva entre o passado, o presente e o futuro. Um tempo longo pode ser um tempo sem presente, portanto também sem passado nem futuro: nesse caso, porém, ele já não é um tempo histórico, e a longa duração reconduz somente o tempo humano ao tempo da natureza. É possível discernir traços dessa tentação no próprio Braudel, por falta de uma reflexão filosófica sobre a relação entre o que ele chama um pouco rápido demais de tempo subjetivo dos filósofos e o tempo longo das civilizações. É que a descoberta da longa duração pode exprimir o *esquecimento* do tempo humano, que sempre exige a referência do presente. Se o acontecimento de fôlego curto veda a tomada de consciência do tempo que não fazemos, a longa duração também pode vedar o conhecimento do tempo que somos.

Essa consequência desastrosa não pode ser evitada a não ser que se preserve uma *analogia* entre o tempo dos indivíduos e o tempo das civilizações: analogia do crescimento e do declínio, da criação e da morte, analogia do destino.

Essa analogia no nível da temporalidade tem a mesma natureza da analogia que procuramos preservar, no nível dos pro-

---

tecimento, não contém um outro, concernente à relação entre explicação e narrativa e concernente, em última instância, à própria atitude de distanciamento? Se esse único se tornou universal – ao menos o universal de nossa realidade política presente –, não seria o caso de dizer que um pouco de desinvestimento afasta da comemoração, mas que muito desinvestimento faz a ela tornar?

cedimentos, entre atribuição causal e composição da intriga e depois, no nível das entidades, entre as sociedades (ou as civilizações) e os personagens do drama. Nesse sentido, *toda mudança entra no campo histórico como quase acontecimento*.

Essa declaração não equivale de forma nenhuma a um retorno dissimulado ao acontecimento breve, cuja crítica é feita pela história de longa duração. Esse acontecimento de fôlego curto, quando não era o reflexo da consciência confusa e das ilusões dos atores, era igualmente um artefato metodológico, ou até a expressão de uma visão de mundo. No tocante a isso, é perfeitamente legítimo que Braudel exclame: "Afirmo contra Ranke ou Karl Braudi que a história-narrativa não é um método ou o método objetivo por excelência, e sim, também ela, uma filosofia da história" ("Prefácio... ", *Écrits*, p. 13).

Por *quase acontecimento* entendemos que a extensão da noção de acontecimento, para além do tempo curto e breve, é *correlativa* à extensão semelhante das noções de intriga e de personagem. Há quase acontecimento onde podemos discernir, ainda que muito indiretamente, obliquamente, uma quase intriga e quase personagens. O acontecimento em história corresponde ao que Aristóteles chamava de *reviravolta de fortuna – metabolé* – na sua teoria formal da composição da intriga. Um acontecimento, uma vez mais, é o que não só contribui para o desenrolar de uma intriga, mas dá a ele a forma dramática de uma reviravolta de fortuna.

Desse parentesco entre quase acontecimento e quase intriga resulta que a pluralidade dos tempos históricos, preconizada por Braudel, é uma expansão da característica cardinal do tempo narrativo, a saber, sua aptidão para combinar em proporções variáveis o componente cronológico do episódio e o componente não cronológico da configuração. Cada um dos níveis temporais exigidos pela explicação histórica pode ser visto como uma duplicação dessa dialética. Talvez possamos dizer que com o acontecimento breve o episódico continua a prevalecer em intrigas que no entanto são altamente complexas, e que a longa duração marca a precedência da configuração. Mas o surgimento de uma nova qualidade factual, ao término do trabalho de estruturação da história, soa como um lembrete. Um lembrete de que algo acontece até mesmo às estruturas mais estáveis. Algo lhes acontece: em particular, morrer. É por isso que, apesar de suas reservas, Braudel não pôde evitar terminar sua magnífica obra com o quadro de uma morte, certamente não a do Mediterrâneo, mas sim a de Filipe II.

CONCLUSÕES

    Permitam-me fazer um balanço dos resultados alcançados ao fim da segunda parte de meu estudo. Considerando-se as ambições expostas no capítulo III da primeira parte, esses resultados se mantêm dentro de limites bem precisos.
    Inicialmente, só foi submetido a exame um dos dois grandes modos narrativos, a história. Ficou excluído do campo da investigação tudo o que será incluído, na terceira parte, sob o título de *Narrativa de ficção*: digamos, da epopeia arcaica ao romance moderno. Portanto, apenas metade do terreno a ser coberto pela investigação foi percorrido.
    Ora, a restrição de nossas análises à narrativa histórica não teve como único efeito deixar *de fora* outros modos narrativos. Acarretou uma amputação da problemática interna à própria história. Com efeito, a *ambição de verdade*, mediante a qual a história, conforme uma feliz expressão de Paul Veyne, almeja o título de narrativa "verídica", só se reveste de toda a sua significação quando é possível opô-la à suspensão deliberada da alternativa entre verdadeiro e falso, característica da narrativa de ficção[1]. Não nego que essa oposição, entre narrativa "verdadei-

---

    1. No tocante a isso, quero lembrar a convenção de vocabulário que me esforço para respeitar: não tomo o termo *ficção* como sinônimo geral de *"configuração imaginada"*. Esta é uma operação comum à historiografia e à narrativa de ficção: nesse sentido, remete à *mímesis* II. Em contraposição, no meu vocabulário, o termo *ficção* é totalmente definido por sua antítese com relação à narra-

ra" e narrativa "semiverdadeira, semifalsa", repouse num critério ingênuo de verdade, que será seriamente questionado na quarta parte.

Essa primeira limitação acarreta, por sua vez, uma segunda mais grave, que concerne diretamente à relação da narrativa com o *tempo*. Como acabamos de mencionar, ao pôr entre parênteses a ambição de verdade da história, desistimos de tematizar em si mesma a relação da história com o *passado*. De fato, abstivemo-nos deliberadamente de tomar partido sobre o estatuto *ontológico* do passado histórico enquanto *tendo-sido*. Assim, quando discutimos o conceito de acontecimento, dissociamos cuidadosamente os critérios epistemológicos correntemente associados a essa noção (unicidade, singularidade, desvio) dos critérios ontológicos por meio dos quais distinguimos do que somente é fingido o que efetivamente aconteceu (advir, fazer acontecer, diferir em novidade de todo real já advindo). Ao mesmo tempo, a relação da história, como guardiã do passado dos homens, com o conjunto das atitudes mediante as quais nos relacionamos com o presente e com o futuro ficou em suspenso.

Consequentemente, a questão do tempo histórico não foi explorada em toda a sua amplitude. Foram levados em consideração apenas os aspectos do tempo diretamente implicados nas operações de configuração que assemelham a história à narrativa. Mesmo a discussão sobre a longa duração ficou dentro dos limites de uma epistemologia aplicada às construções características da explicação em história. Discutimos relações en-

---

tiva verdadeira: inscreve-se, pois, em um dos dois trajetos da referência da narrativa e remete à *mímesis* III, cuja problemática só será explicitamente enfrentada na quarta parte. Como disse acima, essa escolha tem seus inconvenientes; muitos autores não fazem nenhuma distinção entre ficção e configuração, uma vez que toda configuração é artificial, isto é, não dada nos materiais ordenados pela narrativa. Esses autores podem legitimamente considerar toda narrativa uma ficção, na medida em que não levam em consideração a totalidade do gênero narrativo. Não tendo de dar conta da pretensão da história a constituir uma narrativa verdadeira, não necessitam de um termo discriminante para distinguir as duas modalidades *referenciais* entre as quais se dividem grosseiramente as configurações narrativas.

tre longa duração e acontecimento, não procuramos saber em que consiste efetivamente a relação entre as temporalidades múltiplas distinguidas pelo historiador e o que este denomina, com certa desconfiança, o tempo subjetivo dos filósofos – entenda-se por isso a duração bergsoniana, o fluxo absoluto de consciência segundo Husserl ou a historicidade segundo Heidegger. Uma vez mais, a contribuição da historiografia a esse debate só podia ser esclarecida junto com a da narrativa de ficção. Foi o que demos a entender ao subordinar, no capítulo III da primeira parte, a questão do tempo refigurado pela narrativa à resolução do problema da referência cruzada entre narrativa verdadeira e narrativa de ficção. Cabe até suspeitar que, graças à sua maior liberdade no tocante a acontecimentos efetivamente ocorridos no passado, a ficção explora, no que concerne à temporalidade, recursos de investigação interditos para o historiador. Como diremos na terceira parte, a ficção literária pode produzir "fábulas a propósito do tempo" que não sejam apenas "fábulas do tempo". A partir daí, não é inconcebível que seja preciso esperar o grande desvio pelo tempo da ficção para se pronunciar definitivamente sobre a relação entre a história e o tempo.

Reconhecer os limites das análises de nossa segunda parte não obriga a minimizar a importância dos resultados que pensamos ter alcançado. Esses limites simplesmente lembram que toda a nossa investigação manteve-se no plano de *mímesis* II, sem considerar a função de mediação operada por esse estágio mimético entre a experiência pré-narrativa e uma experiência *refigurada* pelo trabalho da narrativa em todas as suas formas.

Toda a nossa segunda parte consiste numa investigação das relações entre a escrita da história e a operação de composição da intriga, elevada por Aristóteles à condição de categoria dominante na arte de compor obras que imitam uma ação. Com efeito, para que a confrontação posterior entre narrativa histórica e narrativa de ficção viesse a ter algum sentido, era preciso antes assegurar-se do pertencimento da história ao campo narrativo definido por aquela operação configurante. Ora, à medida que se confirmava, essa relação revelava ser de uma extraordinária complexidade.

Para delimitá-la, foi preciso, num primeiro momento, nos capítulos I e II, recorrer a uma estratégia *antitética* em que foram confrontadas as teses nomológicas em termos gerais e as teses globalmente narrativistas. Nessa polêmica, não foi submetida a crítica nenhuma tese que não tivesse contribuído, à custa de uma série de *retificações*, para uma primeira abordagem da relação entre a história e a narrativa. Algumas dessas retificações só apareceram mais tarde. Por exemplo, na primeira parte do capítulo I, a tese em defesa de uma história não factual, tida pelos historiadores franceses como incompatível com uma interpretação narrativa da história, ficou sem resposta crítica imediata até que um conceito mais refinado de intriga histórica permitiu, na última parte do terceiro capítulo, reintegrar a história não factual ao campo narrativo. Antes disso, porém, era preciso, descartando uma leitura ingenuamente narrativa da história, colocar o problema na situação epistemológica mais desfavorável a uma relação direta e imediata entre a história e a narrativa.

Em contraposição, embora o modelo nomológico tenha sido submetido sem tardança a uma crítica bastante viva, primeiro interna no fim do capítulo I e depois externa no capítulo II, essa dupla crítica não foi puramente negativa. Da passagem pelo modelo nomológico, retivemos a ideia de um corte epistemológico que afasta a explicação histórica, armada de generalizações em forma de lei, da simples compreensão narrativa.

Uma vez reconhecido esse corte epistemológico, já não era possível aderir à tese simples demais segundo a qual a historiografia seria uma espécie do gênero história narrada (*story*). Ainda que na soma final uma interpretação narrativista da história nos tenha parecido mais correta que a interpretação nomológica, as teses narrativistas cada vez mais refinadas que expusemos na sequência do capítulo II não nos pareceram fazer plenamente justiça à especificidade da história no campo narrativo. Seu principal defeito foi não ter levado suficientemente em conta as transformações que afastaram a historiografia contemporânea de uma escrita ingenuamente narrativa e não ter conseguido integrar a explicação por leis ao tecido narrativo da história. No entanto, a correção da interpretação narrativista foi ter percebido perfeitamente que a qualidade propriamente histórica da história só se preserva pelos laços, por mais tênues e dissimulados que sejam, que continuam ligando a explicação histórica à compreensão narrativa, a despeito do corte epistemológico que dissocia a primeira da segunda.

Essa dupla exigência de fazer justiça à especificidade da explicação histórica *e* preservar o pertencimento da história ao campo narrativo levou, no terceiro capítulo, a completar a estratégia antitética dos capítulos I e II por um método de questionamento retrospectivo, aparentado com a fenomenologia genética do último Husserl. Esse método visa dar conta do caráter *indireto* da filiação que vincula a história à compreensão narrativa, *reativando as fases de derivação* que garantem essa filiação. Rigorosamente falando, o questionamento retrospectivo já não concerne à epistemologia propriamente dita e menos ainda a uma simples metodologia no nível do ofício de historiador. Concerne a uma *gênese do sentido*, que é da responsabilidade do filósofo. Essa gênese do sentido, todavia, não seria possível se não fosse *apoiada* pela epistemologia e pela metodologia das ciências históricas. São estas últimas que fornecem as *passagens* capazes de guiar, em cada um dos três registros considerados, a reativação das fontes narrativas da historiografia científica. Assim, é a explicação causal singular que fornece a estrutura de transição entre a explicação por leis e a compreensão pela intriga. As entidades de primeiro nível às quais se refere em última instância o discurso da história orientam, por sua vez, o olhar para modalidades de pertencimento participativo que garantem o parentesco entre o objeto da história e os personagens da narrativa. Por fim, as discordâncias de ritmo entre as múltiplas temporalidades, imbricadas no devir global das sociedades, revelam um parentesco profundo entre as mudanças históricas menos pontuais e as reviravoltas bruscas da fortuna que, na narrativa, são consideradas acontecimentos.

Assim, ofício de historiador, epistemologia das ciências históricas e fenomenologia genética somam seus recursos para reativar essa perspectiva noética fundamental da história que, para sermos breves, chamamos de *intencionalidade histórica*.

O resultado mais significativo do exame crítico da historiografia ainda não foi sublinhado. Resulta do ricochete desse exame no modelo inicial proposto no capítulo III da primeira parte. É certo que os aspectos essenciais do modelo básico foram preservados nas análises de nossa segunda parte: caráter dinâmico da operação de configuração, primazia da ordem sobre a sucessão, competição entre concordância e discordância, esquematização pela narração das generalidades em forma de lei, concorrência entre sedimentação e inovação na formação das tradições durante o desenvolvimento das ciências históricas. Mas, como notamos quando a ocasião se apresentou, só cabia esperar de um estudo que sucedia a uma simples confrontação entre a *distentio animi* agostiniana e o *mŷthos* aristotélico que fornecesse "um esboço que ainda requer expansão, crítica e revisão".

De fato, nosso exame da historiografia não se limitou a verificar a pertinência do modelo, aplicando-o a um campo tão considerável de composição narrativa. Um bom exemplo de *expansão* do modelo é fornecido pela complexidade, sem igual na *Poética* de Aristóteles, da concordância discordante oferecida pela narração histórica. A ideia de *síntese do heterogêneo*, simplesmente sugerida na primeira parte, liberta-se totalmente dos limites que ainda lhe impunham os "gêneros" literários e os "tipos" de intriga conhecidos por Aristóteles. Poderíamos dizer que, com a historiografia, a "forma" da concordância discordante se separa dos "gêneros" e dos "tipos" com os quais ela ainda é confundida na *Poética*.

Por isso mesmo, a expansão do modelo inicial tende a uma *crítica*, se não do modelo como tal, ao menos das interpretações da explicação histórica que ainda estão muito próximas desse modelo. É o que ocorre sempre que a teoria da história não se distingue bem de uma teoria da ação e não dá às circunstâncias, às forças anônimas e sobretudo às consequências não desejadas o lugar que lhes é devido. O que transforma as ações em histórias, pergunta um filósofo? São precisamente os fatores que escapam a uma simples reconstrução do cálculo dos agentes da ação. Esses fatores dão à composição da intriga uma complexidade sem igual no modelo reduzido ainda regido, em Aristóteles, pela tragédia grega (sem esquecer, contudo, a epopeia e, em menor grau, a comédia). O modelo de explicação proposto por von Wright, para coordenar os segmentos teleológicos e os segmentos nômicos dentro de um modelo misto, dá a medida da crítica a que deve ser submetido um modelo puramente acional da explicação histórica.

Ousarei falar de uma *revisão*, pela teoria da história, do modelo inicial? Até certo ponto, sim. Prova disso são os conceitos de quase intriga, de quase personagem e de quase acontecimento que foi preciso construir para respeitar a forma muito indireta de filiação mediante a qual até a historiografia menos narrativa em seu estilo de escrita permanece tributária da inteligência narrativa.

Ao falar de quase intriga, de quase personagem e de quase acontecimento quisemos levar os conceitos iniciais elaborados sob o signo de *mímesis* II para perto de seu ponto de ruptura. Lembremos como a intriga que subjaz à grande obra de Braudel, *La Méditerranée et le monde mediterranéeu à l'époque de Philippe II*, está escondida na obra e é difícil de reconstruir. Tampouco esqueçamos a prudência exigida pelo manejo dos nomes próprios quando eles são aplicados às entidades de primeiro nível da história. Enfim, a noção de acontecimento teve de perder suas características usuais de brevidade e subitaneidade para se igualar às discordâncias e rupturas que pontuam a vida das estruturas econômicas, sociais e ideológicas de uma sociedade singular. O *quase* das expressões quase intriga, quase personagem, quase acontecimento atesta o caráter altamente *analógico* do emprego das categorias narrativas na história científica. Essa analogia exprime ao menos o vínculo tênue e dissimulado que mantém a história no campo da narrativa e assim preserva a própria dimensão histórica.

Impresso por :

gráfica e editora

Tel.:11 2769-9056